G494
c.16.

9347

GÉOGRAPHIE
DE
BUSCHING.

TOME II.

GÉOGRAPHIE
DE
BUSCHING

Abrégée dans les objets les moins intéressans, & augmentée dans ceux qui ont paru l'être;

Retouchée par-tout, et ornée d'un

PRÉCIS DE L'HISTOIRE DE CHAQUE ÉTAT.

Par Mr. BERENGER.

TOME SECOND,

Qui comprend la Boheme, la Moravie & Silesie Autrichienne, les Cercles d'Autriche, de Bourgogne, de haut Rhin, du bas Rhin, & de Souabe.

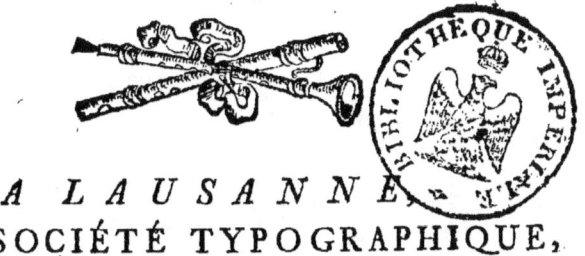

A LAUSANNE

Chez LA SOCIÉTÉ TYPOGRAPHIQUE,

M. DCC. LXXVII.

GÉOGRAPHIE DE BUSCHING.

PRÉCIS DE L'HISTOIRE D'ALLEMAGNE.

L'ALLEMAGNE a eu des limites tantôt plus étendues, tantôt plus resserrées; elle fut habitée par différens peuples, les uns étaient Celtes, tels que les *Helvétiens*, les *Boyens*, les *Tectosages*, les *Gothiniens*: les *Slaves* ou *Vandales* en couvrirent les parties orientales & septentrionales dans le cinquieme siecle. Parmi les peuples qu'ils subjuguerent, ou qui s'opposerent à leurs efforts, plusieurs se croyaient *Aborigenes*: leurs mœurs, leurs langues étaient différentes. Les noms de villes ou villages qui se terminent en *durum*, *dunum* ou *bona*, viennent des nations celtes; ceux qui se terminent en *itz*, *vitz*, *leven* ou *leben* viennent des Slaves. Celui de *Germanie* donné à toute la nation vient des Romains; celui de

Tome II.   A

Deutsch, vient des Theutons qui se répandirent dans toute l'Allemagne, & lui donnèrent leur nom; celui d'Allemand est formé, dit-on, d'*al* & *man* qui signifient *tout homme*: ou d'*alé-man*, multitude d'hommes.

Les premiers Germains n'eurent ni villes ni villages; ils regardaient les maisons comme des tombeaux; ils vivaient épars autour d'un bois ou d'une fontaine; quelques-uns se logeaient sous terre; les mœurs y étaient pures, les femmes respectées, les filles élevées, conduites par des meres chastes; leurs époux devenaient leurs maîtres, les acquéraient par des présens, les punissaient si elles violaient la foi. Quelques-uns n'avaient ni loix ni pudeur : on trouvait dans leurs cabanes enfumées le bétail, les enfans, le pere, la mere, nuds, mêlés & confondus. Tous étaient guerriers, plusieurs étaient navigateurs; ils révéraient la mer, en bravaient les écueils; ils n'avaient ni temples, ni statues; leurs dieux étaient les astres qui nous éclairent, la terre qui nous nourrit, le feu qui nous ranime, les héros dont le courage se fit redouter; tel fut *Odin* : après leur mort, ils espéraient aller à sa cour, y être honorés par leurs exploits, y boire de la biere dans les cranes enfoncés de leurs ennemis. Ils offraient au dieu Odin, au dieu de la guerre, des drapeaux déchirés, des javelots rompus, chargés de dépouilles sanglantes, des casques brisés, des têtes couvertes de plaies; on plaçait ces dons dans des forêts épaisses, & qui par leur obscurité, imprimaient une sorte d'horreur, & rendaient la religion plus redoutable : ils immolaient quelquefois à leurs dieux des victimes humaines : des femmes étaient les sacrificateurs dans ces barbares sacrifices; vêtues de blanc, couvertes d'un voile, elles avaient une ceinture d'or, les pieds nuds, lorsqu'elles consultaient les dieux & lisaient dans les entrailles fanglantes du malheureux qu'elles venaient d'égorger: quelques-uns brûlaient leurs captifs pour fe rendre les dieux propices; une partie de l'Europe ne peut les blâmer fans rougir pour fes peres. Le fort leur tenait lieu de prudence; dans les affaires publiques ou privées, des morceaux de bois jettés fur une étoffe blanche, le vol des oifeaux, le pas, le henniffement des chevaux décidaient du meilleur parti: c'était ce qui les faifait voler au combat en chantant des cantiques barbares fans harmonie & fans variété; leurs femmes les y fuivaient, les y excitaient; un chef les y conduifait; il était électif chez un peuple, héréditaire dans un autre, & partout ces chefs devaient donner l'exemple, & parlaient plus par des faits que par de vains difcours; leurs fonctions pacifiques étaient d'appaifer les querelles, de juger les différens, de recevoir des mains des peres les enfans qui avaient atteint l'âge de fervir l'état à qui dès lors ils appartenaient & de qui ils recevaient un bouclier, une lance qu'ils n'abandonnaient jamais, pas même durant leur fommeil. Les prêtres étaient les exécuteurs de la juftice: c'était aux dieux à punir par la main de leurs miniftres.

Jettons encore un coup d'œil fur leurs mœurs. La religion y permettait plufieurs femmes; mais les chefs feuls en profitaient; rarement une veuve redevenait époufe, elle finiffait fes jours dans la retraite & dans la douleur; les reines allaitaient leurs enfans, leur rang qu'elles tenaient du hazard, ne les difpenfaient pas d'un devoir que leur impofait la nature: toutes les femmes y enfantaient fans fecours, prefque fans douleur; dès que leurs enfans étaient fortis de leur fein, elles les plongeaient dans une rivière ou une fontaine. Ils devenaient robuftes, grands, & ne craignaient ni la faim ni le froid: ils étaient fobres;

cependant ils buvaient souvent avec excès ; ils ignoraient l'art de faire le pain ; mais ils cultivaient le blé, le conservaient dans des souterrains, le réduisaient en farine & le mangeaient en bouillie ; ils labouraient un champ sans s'en assurer la propriété, c'était pour éviter la tyrannie & nourrir l'égalité qu'ils maintenaient cette derniere institution avec soin ; ils vivaient sans maladies & sans soins ; le duel était pour eux un acte de religion ; le meurtre involontaire se rachetait avec de l'argent ; un simple gazon formait leurs tombeaux ; on y renfermait avec eux leurs chevaux & leurs armes. Tels sont les traits les plus frappans des coutumes de ces peuples.

Quand l'empire de Rome eut été abattu par le tems, les vices des sujets, la lâcheté des empereurs, on vit se former six nations principales dans la Germanie ; les Francs étaient une d'elles : s'étant rendus maîtres des Gaules, ils se soumirent les Souabes & les Allemans, les Frisons, les Saxons, les Thuringiens & les Briariens ou Bavarois. Sous Charlemagne, l'Allemagne ne fut qu'un état dépendant de la monarchie des Francs. Trente ans de guerre lui soumirent les Saxons qui habitaient un pays plus étendu que la Saxe ; des loix sanguinaires y domptèrent l'amour de l'indépendance. La Baviere, plus étendue aussi que celle que nous connaissons, fut jointe aux états du nouvel empereur, créé par le pape ; la Poméranie fut subjuguée, les Huns ou Abares renvoyés au de-là du Raab. La plupart de ces vastes provinces étaient gouvernées par des ducs, les comtes y étaient juges : des envoyés royaux s'y rendaient tous les trois mois, recevaient les plaintes, réprimaient les vexations, protégeaint le bon ordre. Les états, ou assemblées de la nation étaient consultées ; elles faisaient des loix avec le prince.

Précis de l'Histoire d'Allemagne.

L'Allemagne ne devint un royaume indépendant qu'en 843. Le traité de Verdun en fit l'appanage de *Louis de Germanie*, le moins méchant des fils de Louis le débonnaire : le Rhin fut sa limite vers le couchant ; il eut encore les trois villes de Worms, Spire & Mayence. Vers les dernieres années de sa vie, il y joignit encore une partie du royaume de Lorraine, & son fils en acquit l'autre moitié en 879. *Charles le gros* réunit sur sa tête toutes les possessions de Charlemagne, mais il n'eut pas ses talens, son activité ; il n'eut que son nom, & son sort fut différent du sien : déposé en Allemagne, méprisé de ses ennemis qu'il payait, menacé par le pape qu'il protégeait, trahi, abandonné, la charité d'un de ses sujets fournit à ses besoins ; il mourut enfin misérable. Son neveu *Arnould* devint roi d'Allemagne ; il sut vaincre, prit Rome, devint empereur ; mais il se servit des Huns pour combattre, & il leur apprit à ravager dans la suite les provinces qu'ils étaient venus défendre. Son fils Louis IV leur paya un tribut, & ne fit que détourner leur rapacité furieuse sur d'autres états. Il mourut bientôt après, en 911 ; les états d'Allemagne voulurent élire Otton de Saxe : ce prince était vieux, & l'état avait besoin d'une forte tête & d'un bras vigoureux, il s'y refusa, conseilla *Conrad* de Franconie, & en fut cru. Ce Conrad fut obligé comme son prédécesseur de payer un tribut aux Huns : il était descendant de Charlemagne par sa mere. Henri fils d'*Otton*, fut l'ennemi de Conrad, & n'en put être méconnu : Conrad le recommanda aux états comme l'homme le plus digne de lui succéder, & il lui succeda : cette générosité étoit rare, & fut heureuse ; *Henri* surnommé l'*Oiseleur* parce qu'il aimoit la chasse aux oiseaux, fut un grand homme, vainquit les Huns les Danois, soumit les Vandales, les Bohêmes, rétabli l'ordre dans l'état, fit entourer de murs les villes où il faisait renaître quelque liberté & quelque commerce, institua des milices, des jeux militaires d'où les lâches & les yvrognes étaient exclus : il doit être compté dans le nombre des bons rois : il l'est dans celui des empereurs ; mais il ne prit jamais ce titre ; il se contenta de celui de roi d'Allemagne, d'*avoué de Rome*, qui ne parut point à son élection, & qu'il sembla oublier pendant son regne. Otton, ou *Hatton* son fils lui succeda, & mérita d'avoir eu un tel pere ; il se fit respecter en Allemagne, vainquit les Danois, les Huns, les Grecs qu'il chassa de la Pouille, se fit reconnaître empereur, & déclarer le maître d'élire les papes, de donner l'investiture aux évêques ; il aima les arts, la religion, enrichit trop ceux qui en exerçaient les premieres dignités : il érigea 8 évêchés & des évêques devinrent ducs ou comtes ; bientôt ils abuserent de leur pouvoir contre ses successeurs. Sous lui, sous ses enfants, Rome toujours inquiéte & fiere ne céda qu'à la force ; elle se soumit aux empereurs quand elle ne pouvait plus se défendre : dès qu'ils s'éloignaient, elle reprenait les armes pour être libre : elle était trop faible, elle n'eut que le nom de rebelle & en eut le sort. Les papes plus heureux n'en furent que plus criminels. Ils arment les sujets de l'empire contre les empereurs, les Grecs, les Sarrasins excités par un pape, combattent & mettent en fuite Otton II : son fils le vange des Romains, fait élire un pape, mais il est bientôt empoisonné lui & son fils. Henri de Baviere son parent, lui succéda. Il eut une femme & la laissa vierge, comme il voulut l'être. La religion laissait méconnaître alors le but du mariage : elle autorisait le duel comme elle l'avait autorisé quand l'Allemagne était payenne ; & si aujourd'hui en Allemagne le neveu succéde à l'oncle préférablement au petit fils, c'eſt que le champion qui défendait le droit des neveux fut le plus fort, ou le plus adroit, ou le plus heureux dans un champ clos.

Henri II. eut des vertus, quoique ſa piété tînt à la ſuperſtition : il fut reſpecté, ſans être craint; c'eſt-à-dire qu'il mérita de l'être. Il eut une conférence célebre avec le bon Robert roi de France ; ils y montrerent de la générosité & du faſte, le roi offrit des préſens ſuperbes à l'empereur, & celui-ci n'accepta qu'un livre des évangiles. On l'a ſurnommé le *Saint*: l'Allemagne fut aſſez tranquille ſous ſon regne. La maiſon imperiale de Saxe finit en lui. Conrád II lui ſuccéda; on eſt incertain de ſon origine ; on l'eſt auſſi de celle de ſon ſurnom de *Salique*. Toujours en action pour que l'état fût tranquille, il vainquit les Italiens par ſon courage & le roi de Pologne par ſa générosité ; il ajouta le royaume de Bourgogne à ſes états, en ſépara le Danemarc, aſſocia ſon fils à l'empire : ce fils fut Henri III, ou le *Noir*. Sous ſon regne l'Italie fut ſoumiſe ; il y regna preſque deſpotiquement ; il nomma les papes à ſon gré, & ces papes n'étaient en quelque maniere que ſes premiers chapelains. Il força le roi de Bohême à lui payer un tribut de 120 bœufs & de 30 marcs d'argent ; abattit l'orgueil du roi de Hongrie, ſoumit une partie de ce royaume, rendit l'autre tributaire. Il mourut jeune encore, & avec lui ſe perdit en Italie la majeſté de l'empire. Henri IV, fier, impétueux, ſans ceſſe agité par ſes paſſions, par les paſſions des prêtres, ſon courage put ſeul lui conſerver long-temps le trône. Il combattit dans 62 batailles: forcé de ſe ſoumettre au pape qui l'avilit, qui l'irrite par ſes hauteurs, par les baſſeſſes qu'il en exige, il combattit Gregoire VII & ſes ſucceſſeurs toute ſa vie, & en fut ſans ceſſe perſécuté : ils armerent contre lui les prêtres, les princes, ses sujets, ses deux fils, dont le dernier le détrôna, & le fit mourir dans l'obscurité, dans la douleur; il eut même la barbarie de le faire exhumer, parce qu'il était mort excommunié. Ce fils, *Henri V*, soutint la même querelle que son pere, eut le même sort & le merita mieux. Cependant après avoir été excommunié, après avoir long-temps combattu, il céda, mourut tranquile, & en lui finit sa famille, qui depuis Conrad occupait le trône, & sous laquelle l'Allemagne, l'Italie furent ébranlées, dévastées, pour savoir avec quelle espece de bâton un evêque serait mis en possession de son évêché.

Lothaire fut élu après lui: il eut une plus grande réputation avant de monter sur le trône que lors qu'il y fut assis: il résista peu aux papes, & son regne en fut plus paisible, sans en être plus glorieux. *Conrad III*, neveu d'Henri V, monta sur le trône que la mort de Lothaire, dans une cabane des Alpes, laissa vacant: il le disputa d'abord à Henri le superbe, gendre du dernier empereur; mais devenu possesseur paisible, il alla combattre les mahométans pour en delivrer la terre sainte: il revint sans gloire avec moins de la dixieme partie de son armée; il mourut dit-on empoisonné, au moment où il allait pacifier l'Italie déchirée par les tyrans qu'elle nourrissait. Il établit la chambre de *Rothveisch*, elle gouverna en son absence: elle subsiste encore, son autorité n'est plus. Le neveu de Conrad III, *Frederic Barberousse* fut choisi pour remplir sa place. Intrépide, actif, aussi ferme qu'habile, il fut comparé à Charlemagne; & s'il eut moins de pouvoir, de bonheur, de gloire, c'est qu'il se trouva dans des circonstances moins favorables. Trop fier pour recevoir l'empire comme un fief du pape, la querelle longue & sanglante des empereurs avec les pontifes se renouvella, fit verser bien du sang & ne produisit aucun bien, ne décida même rien. Le plus faible ne cédait que dans l'espérance de redevenir le plus fort : les papes ne voulaient pas que des mains pures comme celles des évêques, entre lesquelles se formait tous les jours la divinité, rendissent hommage dans les mains sanglantes & souillées des empereurs & des rois ; & Frédéric disait, *que ces hommes saints se passent des fiefs de l'empire & je me passerai de leur hommage.* Malgré ses combats, sa fierté, il fut enfin obligé de baiser les pieds de son ennemi & de conduire son cheval par la bride. Après avoir joint le royaume d'Arles à ses états, forcé la Pologne à lui rendre hommage, à lui payer tribut, il alla dans la terre sainte en 1190, remporta deux victoires sur les Turcs, & mourut pour s'être baigné dans le Salif ou l'ancien Cydnus. Son fils *Henri* VI n'eût de grand que sa cruauté, son ambition, son avarice ; il voulut rendre l'empire héréditaire dans sa famille, & si le pape n'avait pas regardé l'empire comme un fief dont il devait disposer à son gré, peut-être il aurait réussi. Il augmenta ses états du royaume de Naples & de la Sicile : sa femme effrayée de sa perfidie & de sa cruauté, l'en punit en lui donnant du poison. Son fils *Frédéric* II ne fut d'abord que roi de Naples & de Sicile : pendant sa jeunesse, *Philippe* son oncle, *Othon* IV regnerent au milieu des troubles. Ce dernier, excommunié par le pape, battu à Bouvines par le roi de France, céda l'empire à Frédéric. On peut juger du sort du peuple en Allemagne sous une multitude de petits tyrans qui voulaient être indépendans, & ne méritaient pas d'être libres, par les premiers actes du regne du nouvel empereur ; il fit jurer les nobles de ne plus faire de fausse monnaie, de ne plus voler sur les grands chemins, Roi de la Lombardie, de Naples, de Sicile, les papes qui le craignaient, qui craignaient pour leurs prérogatives & pour leurs prétentions, devaient le haïr; ils oublierent envers lui l'humanité, la justice, la décence: pendant qu'il va combattre les infideles, on l'excommunie, on le rend un objet plus détestable que l'infidele n'était alors, parce qu'on le rédoutait davantage. Il recouvra Jérusalem, d'autres villes encore, procura aux chrétiens de ces lieux une paix de dix ans, & on lui fit un crime d'avoir plus fait que les autres princes & de n'avoir pas fait assez: il arrive dans ses états & triomphe; le pape est vaincu, n'a plus de ressources autour de lui & cependant est toujours craint. Fréderic en achete l'absolution pour 130000 marcs d'argent. Cette libéralité peu volontaire n'éteignit par l'ambition des papes, bientôt ils arment ses sujets & son fils même contre lui, mais ses sujets sont vaincus & son fils rebelle meurt en prison. Leur haine & leur pouvoir aussi inépuisable que la superstition, n'en furent point ébranlés; ils excommunient l'empereur, ils le déposent: une faction mue par les prêtres, élit empereur le landgrave de Thuringe, & celui-ci vaincu & mort, ils mettent à sa place un comte de Hollande. Fréderic cherche la paix, & ne vit qu'au milieu des armes; il meurt enfin ou empoisonné ou étouffé par un fils naturel: peut-être ce poison, cette cause de mort, ne fut que l'effet des chagrins qu'il éprouvait & des travaux qu'il était forcé de supporter. Son fils Conrad IV regna en 1250 au milieu des troubles & des revers. Il avait le courage de son pere & mourut, dit-on, comme lui par le poison.

L'empire ne devint qu'un vain nom en Italie & dans le royaume d'Arles après sa mort: son fils Conradin, dépouillé par le pape, par Charles d'Anjou, veut reprendre ses états, est vaincu, prisonnier, assassiné juridiquement avec son ami le duc d'Autriche, & en lui finit cette redoutable maison de Souabe qui avait possédé l'empire pendant plus d'un siecle.

Cependant l'Allemagne languit dans l'anarchie; les princes se rendirent indépendans; plusieurs villes les imiterent & formerent la ligue anséatique. Alors se forma le college des électeurs, qui ne furent d'abord que des ecclésiastiques; le domaine des empereurs fut déchiré, dévasté; on ne leur laissa qu'un grand nom, que de vains titres, qu'on craignait encore de mettre dans des mains puissantes. Cette raison fit élire *Rodolphe*, comte de Habsbourg, descendant d'un comte d'Alsace: il était pauvre, presque inconnu, avait été maréchal de cour d'Ottocare roi de Bohème qui avait refusé l'empire; mais son habileté, son courage, lui donnerent tout ce qu'il n'avait pas: il vainquit le roi de Bohème qui lui avait payé ses gages, mais ne voulait pas lui rendre hommage, & fit passer dans sa famille l'Autriche, la Stirie, la Carinthie, une partie de la Souabe: ce prince est l'origine de la maison d'Autriche éteinte dans ce siecle. Il abandonna l'Italie, vendit la liberté à Luques, à Gênes qui en jouissent encore, à Bologne qui n'en jouit plus. Ce n'est point à Rome qu'il voulut être couronné; il convenait à son économie autant qu'à sa politique de se dispenser de ce voyage: quoique peu à craindre pour le pape, celui-ci l'excommunia, parce qu'il différait d'aller en Asie contre les musulmans, parce qu'il préférait le bien de ses états à une entreprise insensée. Son fils ne put lui succéder, ce fut *Adolphe de Nassau*: celui-ci avait des talens, du courage; mais opiniâtre, vain, cruel dans ses vengeances, il irrita des hommes qui pouvaient détruire leur ouvrage, il fut déposé: *Albert* d'Autriche, fils de Rodolphe fut élu à sa place, le combattit, le tua. *Albert* quelquefois vaincu, quelquefois vainqueur, vécut au milieu des dissentions domestiques, & périt sous le poignard de son neveu, au moment où il allait combattre les Suisses, qui osaient parler de liberté. Ces deux derniers ne reçurent point la couronne impériale ; leur succeſſeur fit reconnaitre ſon pouvoir en Italie, & fut couronné à Rome par trois cardinaux nommés par le pape. Ce fut *Henri* VII comte de Lützelbourg ou Luxembourg, homme courageux, mais il n'était pas puiſſant : le pape voulut le faire enviſager comme ſon vaſſal, & il en fut révolté. Il avait juré de protéger le pape, de le maintenir dans ſes domaines ; il l'avait fait, diſait le pape, comme un vaſſal à ſon ſeigneur, & ſelon Henri, comme un prince juré de maintenir les droits de ſes ſujets. Il proteſta contre ſes prétentions, rompit avec lui, ſe prépara à la guerre contre le roi de Naples qu'il mit au ban de l'empire, & ſoumettait la Toſcane, quand un dominicain lui donna la mort avec l'hoſtie, avec ſon Dieu. *Fuyez* lui dit Henri, *échappez au ſort qui vous attend, je vous pardonne :* il ne put s'échapper & fut écorché vif. Le fils de Henri, Jean roi de Bohême, déchargea les dominicains de ce crime, mais la poſtérité le leur reprochera encore. *Louis de Baviere*, *Frédéric le beau*, duc d'Autriche, élus tous deux à la fois, ſe firent une guerre longue & ſanglante pendant ſept ans : Louis de Baviere fut enfin vainqueur & n'abuſa point de ſa victoire : il voulut que ſon rival conſervât le nom de roi des romains. Le pape devint ſon ennemi dès qu'il fut empereur paiſible, parce qu'il n'avait point conſenti à ſon élection, parce qu'il protégait des hérétiques, c'eſt-à-dire des Gibelins, qui combattaient les papes : il lui ordonnait, ou de ſe juſtifier, ou d'abdiquer l'empire ; il le menaçait de l'excommunication. Louis voulut ſe juſtifier ſans ſe ſoumettre, il ne fut point écouté. Alors il paſſe les Alpes, vient à Rome, s'y fait couronner empereur, y fait condamner le *prêtre Jean*, (Jean XXII) comme uſurier, ſimoniaque, hérétique, uſurpateur ; y fit défendre de lui obéir ; déclare le pape sujet de l'empire & obligé de sieger dans son église. On pense bien que Jean lui rendit la pareille. Après cet éclat, il quitta l'Italie, desira se réconcilier avec Jean, avec ses successeurs, & le desira en vain. Ceux-ci voulaient qu'il se declarât vassal du S. siège; Louis n'était pas un lâche, il voulait abdiquer; les états ne le voulurent pas, & il fut excommunié. Louis recherchait la paix, & le pape n'en voulait point avec lui. On acheta des voix, un nouvel empereur fut élu: c'était Charles, petit fils d'Henri VII. Cet empereur des prêtres fut battu par les soldats de Louis V, auquel il n'eut pas succédé peut-être, s'il ne fût pas mort peu de tems après sa victoire.

Charles IV acheta la renonciation de ses compétiteurs à force d'argent; il engagea, vendit les domaines de l'empire pour le posséder. Instruit, parlant bien, mais faible, sans courage, il acheta des honneurs par l'avilissement, se fit couronner à Rome à condition de n'y pas coucher, de n'y pas rentrer sans permission, y servit de diacre à un cardinal, vint ramper aux pieds du pape pour se faire couronner roi d'Arles; inutile tître qui ne pouvait flatter qu'un homme fastueux tel que Charles. Il vint en Allemagne, y pubila sa bulle d'or, bulle célebre, où l'on confirme sept électeurs, où l'on rend cette dignité élective. Le fond peut en être sage, mais l'éloquent Charles y dit bien des absurdités: tels sont ses sept péchés mortels, ses sept dons du S. Esprit, son chandelier à sept branches, pour justifier le choix du nombre des sept électeurs &c. Charles fit plus de bien à sa famille, qu'à l'empire; Prague fut sa ville favorite, il en fit un archevêché, y fonda une université. *Winceslas* son fils lui succeda, ce fut un yvrogne, mais non un monstre, ni un imbécille; il ne fut tel qu'aux yeux des moines, parcequ'il ne voulut pas qu'on opprimât les juifs, parcequ'il protegea Jean Hus. Il fut oublié dans l'empire jusqu'au moment où on le détrôna comme négligent, dissipateur, & parcequ'il faisait coucher des chiens dans sa chambre. *Robert* de Baviere, comte palatin, fut empereur, sans être un grand prince; il accrut son domaine particulier, il fut battu par Galeas duc de Milan, c'est-ce qu'il fit de plus mémorable. *Josse* marquis de Moravie, neveu de Charles IV, ne regna pas six mois, & déclara que les états de l'empire pouvaient, sans être infideles, s'opposer à l'empereur quand il viole les loix de l'empire. Sigismond frere de Winceslaw, fut empereur après Josse: ce prince fut, dit-on, le plus grand & le plus sage des rois de son tems; il semblait en effet que peu de princes devaient l'emporter sur lui par la puissance: il était empereur, roi de Hongrie, de Bohême, des Romains, électeur du Brandebourg, duc de Silesie, marquis de Moravie &c. Mais les jours de sa gloire furent ceux du concile de Constance où il parut suivi des électeurs, d'une foule de princes & d'ecclésiastiques; il manqua toujours d'argent & s'avilissait pour en acquérir: il était sans crédit dans l'empire, haï des Hongrais, peu connu des Romains; il fit toute sa vie la guerre aux Bohêmiens & la fit avec honte; cette guerre fut célebre par ses defaites: il fit brûler Jean Hus & son disciple, malgré le sauf-conduit qu'il leur avait donné, & cette injustice cruelle empoisonna sa vie: pour être reçu en Bohême, il promit qu'on pourrait communier avec du vin, qu'on éloignerait ces hommes décorés de capuches & de scapulaires: quand il eut été reçu, il oublia sa promesse, & les Bohêmiens s'armèrent, le chafferent; ils préférerent les horreurs de la guerre aux moines, & si c'était par prévoyance, ils avaient raison. Il vendit le Brandebourg, la Moravie &c. pour fournir à des besoins qui renaissaient sans cesse; il aima trop la représentation: ce ne fut pas cependant un homme méprisable: il eut des talens, parlait avec grace, était sobre, chaste, reconnoissant. *Albert d'Autriche* son gendre, regna après lui: ce fut sous cet empereur qu'on abolit l'ancien tribunal des Austregues & les jugemens secrets, par lesquels un homme était condamné sans qu'il en fût rien; maniere de juger qui n'est qu'une maniere d'assassiner. Il divisa l'empire en quatre cercles, puis en six; projet de Winceslas, qu'Albert ne put même faire suivre: son regne fut court, la dissenterie le termina. Son fils Fréderic III tint après lui les rènes de l'empire long-tems & sans gloire; il erra de projets en projets, ne fut ni assez méchant pour les remplir par le crime, ni assez juste pour n'en former que d'honnêtes; il n'employa d'autres armes que celles de l'artifice: la guerre l'effraya, & ce n'était que par elle qu'il pouvait s'agrandir avec rapidité: il se contenta d'amasser de l'argent, d'accroître ses domaines par des petites injustices. Il acquit à sa postérité des droits sur le trône de Hongrie, en donnant à *Matthias Corwin* qui regnait sur cet état, le nom de fils, en s'appellant son pere dans un traité: attaqué d'une maladie cruelle, il fallut lui couper la cuisse, & il trouvait alors, *qu'un paysan sain était plus heureux qu'un empereur mutilé*. Il aurait pu acquérir cette vérité à moins haut prix; cette opération ne le sauva pas. *Maximilien* son fils prit sa place: sans avoir plus de crédit ni de vraie puissance, il eut plus de titres & il vit de grandes espérances pour sa famille: emprisonné par les sujets de sa femme parcequ'il voulait être le tuteur de son fils, battu par les Suisses qu'il voulait soumettre & qu'il est forcé de reconnaitre peuple libre; battu encore par les Vénitiens parcequ'il voulait aller à Rome se faire couronner par le pape; soudoyé tour à tour par un duc de Milan, par un roi de France, par un roi d'Angle-

terre, il ne joue avec eux qu'un rôle subalterne; il veut être pape & ne le peut, il veut prendre le duché de Milan & s'enfuit de son armée parcequ'il n'a point d'argent pour la payer: il meurt enfin pour avoir trop mangé du melon. Il divisa l'empire en dix cercles, en nomma les directeurs, fit instituer le conseil aulique; il fut chaste, instruit; fit des vers que quelques courtisans trouverent beaux: il encouragea par des recherches celles des généalogistes, savans fort inutiles au bonheur des hommes: c'est dans ses dernieres années que Luther se montra, fit des prosélytes, ébranla la puissance des papes: Maximilien le vit sans peine, non qu'il pensât comme lui; mais c'était une division naissante dont il pouvait profiter pour étendre sa puissance. C'est ce qu'exécuta *Charlesquint* son petit fils, élu pour lui succéder: avant lui on n'exigeait des empereurs que le serment d'être juste, serment trop peu respecté, parceque sa violation est impunie: on contracta avec Charlesquint: ce prince était trop puissant pour ne pas inquiéter ceux-mêmes qui le choisissaient pour protecteur; & ce contract ne fut respecté qu'aussi longtems qu'il crut ne pouvoir l'oublier sans crainte: sa puissance s'accrut par des conquêtes & par la découverte du nouveau monde; mais il sembla d'abord n'avoir pas l'ame aussi grande que son pouvoir: il ne sut pas profiter de ses succès: les Français sont vaincus, leur roi est prisonnier; il se contente de négocier, de disputer sur de petites choses, sur des cérémonies, & quand il pouvait agir, il traite, fait céder ou promettre de céder à un prince captif, des provinces dont il eût pu s'emparer par les armes, & qu'il n'obtint jamais, parce qu'on ne tient pas des promesses arrachées par la nécessité, & qu'on a un grand intérêt d'oublier. Il est le maître en Italie, il est maître dans Rome; le pape est prisonnier, & en demeurant tranquille en Espagne,

pagne; il est bientôt sur le point d'être chassé de l'Italie : il s'y montre, s'unit au pape, & y commande : il est moins heureux en Allemagne. Elle était divisée en factions politiques & en factions religieuses : toutes se combattent; toutes se défient de l'empereur qui ne peut les appaiser, les réunir, & ne le veut pas assez : mais il oblige le grand *Soliman* à se retirer; il prend Tunis, y établit un roi vassal de sa couronne, y délivre deux cents mille esclaves chrétiens qu'il nourrit, qu'il rend à leurs familles par ses bienfaits; ces jours furent les jours de sa gloire. Il retourne en Afrique, veut prendre Alger & y perd la réputation qu'il avait acquise à Tunis. En Allemagne il combat la ligue formée par les luthériens ; il fait prisonnier l'électeur de Saxe qui en était le chef, y paraît tout puissant ; mais en abusant de sa victoire, il fait renaître une ligue aussi redoutable & plus heureuse : il fuit pour lui échapper & accorde aux protestans la liberté d'honorer Dieu à leur maniere sans perdre leurs droits politiques. Enfin, après des revers tempérés par des succès, voyant approcher la vieillesse & des soins, des travaux toujours trop pesants pour elle, il abdique l'empire, & remet à son fils ses autres états : il va s'enfermer dans un monastère où il s'occupe à troubler le sommeil des religieux & à régler des montres : il meurt enfin, assez peu regretté des peuples, & moins encore de son fils Philippe qui en avait trop reçu pour n'être pas ingrat.

Ferdinand I succeda à son frere en Allemagne. Son regne fut pacifique; il n'était pas assez puissant pour avoir des ennemis ardens, ni pour vouloir la guerre quand les circonstances n'aidaient pas à sa faiblesse. Son fils *Maximilien* II n'eut qu'un règne obscur, il ne put chasser les Turcs de la Hongrie, il ne put soutenir les Polonais qui l'avaient élu pour leur roi : il aima la retraite, la peinture, la chimie ; peut-être eut-il mieux convenu de cultiver des arts plus néceſſaires au chef d'un peuple libre. Il accorda la liberté de religion aux états d'Autriche, ou plutôt ceux-ci l'acheterent; mais ils n'en jouirent pas long-tems; on oublia l'argent qu'ils avaient donné, quand on put les impoſer arbitrairement. L'indolent Rodolphe II lui ſucceda. Son hiſtoire eſt courte, ſon regne fut long: il vit des guerres particulieres s'élever dans l'Allemagne & il écrivit des lettres pour les terminer: les Turcs viennent pour lui enlever la Hongrie; ſes alliés, ſon neveu, ſon frere combattent & il aſſemble une diette où l'on ordonne de mettre un tronc aux portes des égliſes d'Allemagne pour avoir de quoi payer les troupes: elles ſe mutinerent parce qu'on ne les payait point; la charité n'eſt pas riche en dons quand il s'agit d'un beſoin qui ne nous eſt pas perſonnel. Cette guerre ſe fit long-tems avec faibleſſe; Rodolphe ſemblait la regarder avec indifférence, comme le gouvernement de ſes autres états: Matthias ſon frere qui croyait être plus habile & plus heureux, l'obligea à lui céder toutes ſes provinces; il ne lui laiſſa que le titre d'empereur, que celui de roi & peu de revenus: il mourut peu après en 1612. L'Allemagne fut heureuſe & tranquille ſous ſon regne. Rodolphe ne fut qu'un empereur inutile, & c'eſt preſque un mérite de n'être pas mal faiſant. Il vécut en particulier ſur le trône & fut heureux: il travaillait au *tour* tandis que d'autres cherchaient à s'opprimer mutuellement: il fut chimiſte, il eſpéra de trouver la pierre philoſophale. Heureux les peuples quand leurs chefs ne cherchent des tréſors que dans des creuſets! mais on eſt trop inſtruit aujourd'hui pour les chercher là:

Matthias en effet devenu empereur, ne fut pas un vain fantôme; il agit, il ſe fit même craindre: il fit une paix heureuſe avec les Turcs qui le laiſſerent poſſeſſeur tranquille de la plus grande partie de la Hongrie;

mais il regna peu, & les dernieres années de sa vie furent remplies par les maux de la nature & par ceux que lui causa le soin de se chercher un successeur: il avait encore deux freres, il choisit son cousin *Ferdinand*, archiduc de Grats, fils de *Charles*, le dernier des fils de *Ferdinand* I.

Ferdinand II vit d'abord son élection disputée, une ligue puissante se former, la Bohême déclarée contre lui & la Hongrie menacée: sans agir que dans son cabinet, il bat & proscrit l'électeur Palatin que les Bohémiens avaient élu pour leur roi, s'empare, dispose avec pleine puissance des provinces qui lui appartenaient; il repousse les Danois, détruit la ligue évangélique, ou la force à se taire devant lui; il est despotique dans ses états, il annonce qu'il va l'être dans l'empire: ses généraux *Tilli* & *Valstein* deviennent la terreur de ses ennemis. Une trop grande confiance dans ses forces perdit *Ferdinand*: il voulut que tout cédât sous son pouvoir & que la religion catholique redevînt la dominante: il ordonna que les biens ecclésiastiques dont les princes s'étaient emparés fussent rendus: il irrite, il révolte, a 150000 soldats; mais point d'amis. *Gustave* sort de Suede, se rend à Leipsik, y combat, y renverse *Tilli* & son armée: la puissance de l'empereur disparait: on ne l'aurait point vu se soutenir encore, si *Gustave* n'eut pas été tué au milieu de sa victoire: elle eût reparu dans tout son éclat si *Ferdinand* eût agi par lui-même, eût paru à la tête ses armées; mais sa défiance l'en éloigna, sa défiance lui fit assassiner *Walstein*, le général qui l'avait mieux défendu. Quelques événemens heureux lui redonnent du courage & des espérances; mais ces mêmes événemens font que la France se joint à ses ennemis: il meurt enfin, laisse l'Allemagne ravagée, & un nom odieux qu'il eût pu rendre vénérable.

Ferdinand III voit la premiere année de son regne troublée par quatre défaites en moins de quatre mois, & c'est un général de *Gustave*, le duc de Saxe-Weimar qui les lui causa. *Banier*, autre général suédois, a les mêmes succès, mais tous les deux meurent bientôt. *Ferdinand* voulut alors la paix, mais la France, ou plutôt le cardinal de *Richelieu* ne la voulait pas: il essuye de nouveaux revers, & il résiste encore: la mort du roi de France, celle de *Richelieu*, lui donnaient des facilités pour obtenir la paix; les esperances qu'elles font renaître l'en éloignent; de nouveaux revers la lui font desirer: abandonné de tous ses alliés, seul contre la France & la Suede, cette paix est pour lui une nécessité: le traité qui en est la base fut rédigé en 1648 à Munster: il fait une loi perpétuelle & irrévocable dans l'empire: les biens ecclésiastiques ne furent point rendus, ils demeurerent aux princes qui s'en étaient emparés, ou qui avaient le plus de puissance; l'Alsace devint une province de France; les trois évêchés lui demeurerent, la liberté de conscience fut établie, & l'on vit des protestans dans le conseil aulique de l'empereur: aussi le pape protesta-t-il contre cette paix dont il avait été un des médiateurs: ce traité inviolable a déja reçu bien des atteintes; mais l'Allemagne est encore ce qu'il fut réglé alors qu'elle serait, une grande aristocratie, dont l'empereur était le chef: la diette, où les princes, les villes libres avaient leur voix, était le souverain: ce souverain est vieux aujourd'hui, il est faible & a un ministre bien vigoureux dans l'empereur: la diette n'est plus qu'un fantôme, elle prononce ce qu'on lui dicte & ses arrêts n'ont de pouvoir que celui que l'empereur leur donne. *Ferdinand* vit avant sa mort, les effets heureux de cette paix: les campagnes se repeuplerent, le commerce y jetta de l'activité, les villes se rebâtirent, s'accrurent, s'embellirent: il était moins puissant qu'il n'avait espéré de l'être; mais au moins ses dernieres années furent paisibles.

Léopold Ignace fut sur le point de n'être point empereur: il n'avait que dix-huit ans; mais la crainte qu'inspiraient les Turcs, celle de la France, firent qu'on sentit la nécessité d'un empereur puissant, & cette considération le fit élire. Il ne fut point guerrier & fut toujours en guerre; il la fit à la France parce qu'elle déploya dans ce tems une puissance menaçante & une ambition qui inquiéta l'Europe entiere: il voulut devenir despotique en Hongrie, & fit couler le sang des premiers hommes de cette nation sur des échaffauts; il irrita, & le fruit de ces violences juridiques fut de voir la Hongrie envahie, Vienne assiegée, l'empire menacé: la réputation & les armes de *Sobieski*, l'imprudence du général Turc, son ignorance présomptueuse fit triompher l'empereur, qui ne profita de son bonheur que pour assouvir sa vengeance sur les Hongrais: ce fut une boucherie d'hommes; le sang coula pendant neuf mois, & cette atrocité soumit la Hongrie; elle devint un royaume héréditaire: ainsi les peuples trouvent des peres dans leurs rois.

Sous *Leopold*, la diette dévint perpétuelle à Ratisbonne: les droits de l'empire s'exercerent en Italie; ils s'exercerent aussi dans la Prusse en créant un roi: il mourut en 1705 dans un tems où il paraissait avoir accablé la France. Il fut un empereur puissant, un grand prince, non un grand homme, ni un bon roi.

Son fils *Joseph*, fut l'empereur le plus puissant que sa maison eût donné à l'Allemagne. Son bonheur & la faiblesse de la France le rendirent absolu: il mit au ban de l'empire les princes qui oserent avoir un autre parti que le sien, donna, ôta des états, confisqua le Mantouan, donna le Milanez, la Mirandole;

il était maître de Naples, de Bologne, de Ferrare, d'une partie de la Romagne. On ne sait jusqu'où il aurait porté l'exercice ou l'abus de son pouvoir, s'il ne fût mort en 1711 à la fleur de son âge : c'est sous son regne que le duc d'Hanovre est devenu électeur.

Charles VI lui succéda : moins heureux que son frere, il fut long-tems le plus puissant prince de l'Europe après le traité de Rastadt. Il regna sur la Hongrie soumise ; ses états héréditaires étaient vastes & florissans ; il était roi de Naples, de Sicile, maître du Milanez, du Mantouan, de neufs provinces des Pays-Bas : il accrut encore ses états par les victoires du prince *Eugene*. L'Allemagne devint plus florissante qu'elle ne l'avait été encore ; les sciences, les arts y furent cultivées, les mœurs s'adoucirent, les villes devinrent plus belles. *Charles* VI déclara ses états héréditaires, indivisibles, & il eut lieu de croire que cette disposition serait respectée : mais il cessa d'être heureux, quand aidé de la Russie, il voulut faire un roi de Pologne & en chasser celui qu'on venait d'y élire, *Stanislas*, beau pere de *Louis* XV : la France s'arma contre lui, l'Espagne & d'autres princes se joignirent à elle, & l'empereur perdit Naples & la Sicile. Sa derniere guerre contre les Turcs, entreprise dans des circonstances favorables, fut encore plus malheureuse ; ses troupes furent vaincues, il fallut céder en 1740 aux *Ottomans*, un assez grand espace de pays vers le Danube & la Save ; il mourut bientôt après & ne laissa point de fils : *Charles* VII électeur de Baviere fut son successeur à l'empire & il sembla d'abord lui succéder dans tous ses états héréditaires : il y aspirait comme descendant de *Ferdinand* I : les troupes françaises & les siennes justifierent d'abord ses prétentions par des succès, que des revers précipités suivirent. Peu d'hommes furent plus malheureux que lui : orné d'un vain titre, privé de ſes états, pourſuivi dans l'empire dont il étoit le chef, accablé par les maux de la nature, par ceux de la ſociété, un inſtant de grandeur jetta de l'amertume ſur ſa vie entiere. Il mourut en 1745 plaint de ſes ennemis, & ſans être un objet d'envie pour l'homme malheureux qui gémit dans le mépris & les fers.

François Etienne de Lorraine lui ſucceda ſous de plus heureux auſpices. Son épouſe, fille & héritiere de *Charles VI*, admirée par ſa beauté, reſpectable par ſes vertus, venait de reconquérir ſes états ; elle menaçait à ſon tour ſes ennemis : mais elle avait cédé la plus grande partie de la Siléſie au roi de Pruſſe pour en obtenir la paix ; & lorſque, malgré cette ceſſion, elle ſe vit ſur le point d'attaquer la France, de lui rendre les maux qu'elle en avait reçus, le roi de Pruſſe vint encore arrêter ſes progrès ; il ne voulait pas qu'elle devînt trop puiſſante. Son invaſion en Bohème, les ſuccès du roi de France obligerent *Marie Thereſe* à faire une paix devenue néceſſaire par la dévaſtation d'une partie de l'Europe & par l'épuiſement des princes qui combattaient. Par ce traité, la Siléſie demeura au roi de Pruſſe, une partie du Milanez fut cédée au roi de Sardaigne, Naples & la Sicile à *Dom Carlos*, Parme, Plaiſance & Guaſtalle à *Dom Philippe*. Ces princes gagnerent à la guerre, mais les peuples en ſouffrirent ; tel eſt leur ſort.

Les querelles de la France & de l'Angleterre en Amérique firent renaître la guerre en Allemagne. La Pruſſe s'unit à l'Angleterre, l'Autriche à la France ; cette union fut un phénomene pour les politiques. Par elle l'impératrice *Marie Thérèſe* eſpéra de recouvrer la Siléſie. Après ſix ans de guerre, après avoir répandu bien du ſang, tout reſta en Allemagne dans le même état qu'auparavant : mais elle fut ravagée ou épuisée ; elle commence à l'oublier aujourd'hui.

L'empereur *François Etienne* était peu puissant par lui-même : la Toscane lui appartenoit ; c'était son seul patrimoine. Il mourut en 1765, son fils *Joseph II* lui succeda ; on en espere un grand prince : mais nous sommes trop éloignés de lui, pour percer au travers du nuage qu'élevent l'ignorance, l'adulation, ou la satyre.

L'empire d'Allemagne a aujourd'hui pour bornes, au nord, l'Eider & la mer Baltique : au levant, la Prusse, la Pologne, la Hongrie, l'Esclavonie, la Croatie : au midi, le golfe de Venise, l'Italie & la Suisse ; au couchant, le Rhin, les Provinces-Unies, la mer d'Allemagne. Il est dans sa plus grande étendue, renfermé entre le 45 degré 4 min. & le 54 degré 40 min. de latitude, & entre le 23 degré 30 min. & le 36 degré 52 min. de longitude. On lui donne les noms d'*Empire Germanique* & de *St. Empire Romain* : toutes ses parties ne jouissent pas d'un ciel également pur, d'un climat également doux, d'un sol également fertile : mais en général, l'air y est sain ; la vie des hommes y est aussi longue & plus longue peut-être que dans les contrées qui l'avoisinent : des chaines de montagnes s'y prolongent au loin : telles sont les *monts Sudetes* qui séparent la Silésie de la Bohème & de la Moravie ; le *Kahleberg* qui va du fleuve de l'Ens en Carniole. L'Allemagne a encore de vastes forèts : elle en étoit couverte autrefois ; aujourd'hui, il est des cantons où déja le défaut de bois fait recourir à la tourbe, au charbon de terre & à la paille. Le murier blanc s'y multiplie ; l'olivier y prospere en divers lieux ; le châtaigner y fournit un fruit nourrissant ; les sapins y forment diverses branches de commerce. On y voit des grottes naturelles, des antres souterrains. On y trouve des terres colorées, sigillées, glaises, de la porcelaine, du tripoli. Le marbre, l'albâtre, l'ardoise, la pierre de taille, l'agathe, le jaspe, le cristal, y sont assez communs. Diverses pierres précieuses, des minéraux, des métaux, des pétrifications, des ossemens d'animaux inconnus, des eaux minérales, des bains chauds sont dispersés sur sa surface, ou se tirent du sein de la terre. Ce pays qui n'avait autrefois que des cabanes dispersées, couvertes de paille ou de fumier, a de nos jours plus de 2300 villes & environ 80 mille villages. Des forts y existerent avant des villes: toutes les hauteurs furent dans la suite garnies de châteaux; les couvens furent fortifiés; tristes marques de la tyrannie subalterne, & de la foiblesse du gouvernement. On fait monter le nombre des habitans de l'Allemagne à 24 millions d'ames: les variétés dans la langue, celle dans le caractere des peuples qui l'habitent, annoncent que leur origine vient de diverses nations: eux-mêmes se sont répandus successivement dans l'Europe, & aujourd'hui, presque tous les rois de cette partie du monde sont du sang allemand.

 L'empire est composé d'un grand nombre de petits états: les uns sont libres, les autres ne le sont pas: ceux-ci soumis à des souverains, renferment des vassaux & des serfs. Les seigneurs territoriaux sont appellés *membres immédiats de l'empire*; leurs vassaux & sujets sont des *membres médiats*. Tous sont partagés en dix cercles. Cette institution fut établie pour faciliter l'ordre, & rendre la paix plus stable. Ces cercles n'ont point de rang déterminé; l'usage les place dans cet ordre. Le premier est le cercle d'Autriche, le second celui de Bourgogne, le troisieme celui du Bas-Rhin, le quatrieme celui de Franconie, le cinquieme celui de Baviere, le fixieme celui de Suabe, le feptieme celui de Haut-Rhin, le huitieme celui de Weftphalie, le neuvieme celui de Haute-Saxe, le dixieme celui de Baffe-Saxe. Les deux premiers font catholiques, les deux derniers font proteftans, les fix autres font mêlés. Cette diftribution eft imparfaite, parce qu'elle ne renferme pas tous les états de l'empire; parce qu'ils ne font pas divifés exactement, qu'une partie de l'un eft confondue dans celle de l'autre; qu'on renferme dans l'un des états qui n'y poffedent rien, & parce que le tems a ajouté aux uns & retranché aux autres.

Quatre cercles ont un prince qui les convoque, qui reçoit & communique les affaires, exécute les jugemens. Les fix autres en ont deux, l'un féculier, l'autre eccléfiaftique. Ils devoient tous avoir auffi un colonel, ou *général feld-maréchal*: mais il n'y a plus que ceux de Franconie & du haut-Rhin qui aient confervé cet officier. Leurs affemblées univerfelles compofées des *princes convoquans*, adjoints, &c. tombent dans l'oubli, parce qu'elles font rares, & le deviennent toujours davantage. Les affemblées particulieres n'ont point lieu dans les cercles d'Autriche & de Bourgogne, parce qu'ils dépendent d'un feul chef; des démêlés particuliers s'oppofent à celles des cercles de haute & baffe Saxe: celles des fix autres font compofées des membres & des états qui les forment, & qui font placés en différens rangs. Les cercles de Franconie, de Souabe & de Baviere, forment de ces affemblées pour l'évaluation des monnaies. La Bohème, la Luface, la Siléfie, la Moravie, le Monbelliard, &c. ne font point compris dans ces dix cercles.

Dès fon origine, l'empire fut électif: on prend l'empereur dans la même maifon: mais il renonce solemnellement à tout acte tendant à rendre l'empire héréditaire. Il peut être protestant & il ne l'a jamais été. Au moment qu'il est élu, l'autorité lui est conferée. Avant *Charles-Quint*, leur titre était celui d'empereur romain, & ils étaient couronnés à Rome. Depuis *Charles-Quint* on se dispense d'aller à Rome, & l'on ajoute au nom d'*empereur romain* celui d'*élu*. L'empereur qui vient d'être élu, envoie assurer le pape de sa révérence filiale; sa sainteté exigeait davantage autrefois.

L'empire de Rome a été souvent un titre sans objet, & il le serait toujours s'il ne possédoit 21 fiefs dans l'état ecclésiastique. Celui qui le possede est en même tems roi de Lombardie. Cette royauté consiste à donner des titres & des privileges à ceux qui habitent l'espace compris entre les limites de la Savoye, de la Suisse & celles de l'état ecclésiastique; à les faire comparaître dans le conseil aulique; à les mettre au ban de l'empire; à confisquer leurs biens s'ils désobéissent & s'ils se lient avec les ennemis de l'empire. L'empire possede plusieurs fiefs dans cette étendue: treize fiefs lombards, comme les duchés de Mantoue, de Milan, de Monferrat, les principautés de Gonzague, de la Mirandole, &c. Dix-neuf fiefs Liguriens, vingt fiefs Bononiens, dix de Toscane, onze de Ternisane: ces vassaux sont obligés de fournir des contributions en tems de guerre; ils le font quand on les y force. L'empereur ne peut rien statuer sur l'Italie sans le concours des électeurs: ses revenus y consistent en emphytéoses, en épices, sur-tout dans les revenus du duché de Mantoue qu'il possede comme fief retourné à l'empire. Il ajoute encore à ses titres celui de *roi de Germanie*, *de toujours auguste*, &c. Les anciens empereurs parcouraient leurs domaines, & rendaient eux-mêmes la justice: ils avaient des palais dans les provinces; ils en avaient dans les villes: mais ils n'ont point eu de réfidence défignée; ils choififfent ordinairement la capitale de leurs états héréditaires. Ils avaient autrefois de grands revenus que des provinces & des couvens devaient leur payer; ils avaient la dixme de tous les péages, de la monnaie, des mines, des falines. Réduits déja au tiers fous *Rodolphe I*, ces revenus ne font prefque plus rien aujourd'hui; ils ne rapportent pas 100000 livres. La piété en fit don aux couvens: les grands defleins & les petits moyens des empereurs, en firent vendre une partie; ceux qui exiftent encore font payés par quelques villes impériales. Pour les augmenter, on fe fert des taxes du confeil aulique, des dons gratuits de quelques états & colleges de l'empire, de ceux de la nobleffe immédiate: on a ordonné que les fiefs confifqués ou caducs, feroient incorporés au domaine.

Quand l'empereur n'eft plus, eft mineur ou abfent, il a pour fubftitut les électeurs Palatin & de Saxe, nommés *vicaires de l'empire*. Le premier vicariat eft exercé en commun entre les électeurs Palatins & de Baviere. Leur pouvoir meurt quand l'empereur a juré d'obferver les conditions qu'on lui impofe; quelques provinces de l'empire ne le reconnaiffent pas. Quand ils l'exercent, les décrets de la chambre impériale s'expédient en leur nom; ils préfentent aux bénéfices, aux prébendes, perçoivent les revenus, convoquent la diette, inveftiffent de leurs fiefs les vaffaux de l'empire.

Les prérogatives de l'empereur font d'avoir le rang de premier prince de l'Europe, d'être appellé l'avocat, le chef temporel de la chrétienté: fon pouvoir en Allemagne eft reftraint par les loix & par fon ferment. Comme avocat de la chrétienté, il protege le fiege de Rome, le pape & l'églife chrétienne. Il renouvelle les loix de l'empire fur la religion : mais fans y changer, fans y ajouter. Il confirme les bénéfices eccléfiaftiques, envoye des commiffaires aux élections d'archevêques, évêques & prélats, pour y maintenir l'ordre : mais ils n'y peuvent affifter eux-mêmes. Il a le droit de préfenter une fois, pendant fon regne, un candidat au premier bénéfice vacant dans toutes les abbayes, tous les chapitres de l'empire, catholiques ou proteftans, & cette préfentation doit donner la préférence ; il a encore celui d'accorder des lettres qui obligent ces abbayes, ces chapitres, d'entretenir celui qui en eft le porteur, &c.

Comme chef de l'empire, il crée des nobles, érige les terres à un rang plus éminent, donne des titres, des dignités, des emplois, des armoiries, des privileges, tels que celui de juger les caufes fans que la chambre impériale puiffe les évoquer à elle, &c. Il confirme les univerfités, accorde à tel lieu qu'il lui plaît le droit d'afyle, de marché, de foire ; à tel particulier le droit d'adoption & celui de prendre le nom de fes terres. Il réhabilite, fufpend l'exécution des jugemens, légitime, donne des fauvegardes, des difpenfes d'âge, confirme les conventions, les tranfactions des états de l'empire, releve des fermens forcés, prononce fur les fiefs & en inveftit. Il a le droit des poftes, & en inveftit les princes de la Tour Taxis comme d'un fief de l'empire. Il eft cependant des poftes particulieres ordonnées par différens états. Dans les guerres étrangeres, il peut fe mettre fur la défenfive : il permet aux puiffances d'enrôler dans l'empire, cependant il faut le confentement des feigneurs territoriaux. Mais pour faire la guerre, la paix, des alliances, des aliénations, des engagemens, des recouvremens de terres de l'empire, pour convoquer des diettes, il ne peut agir qu'avec les électeurs, il faut qu'ils y consentent, & cette prérogative, qu'ils ne partagent point, les expose à l'envie. Il faut que le consentement de quelques états se joigne à celui des électeurs pour décider sur les péages, les droits d'étapes, celui de battre monnaie, sur quelques autres immunités considérables. Il faut à l'empereur le consentement de tous les états, lorsqu'il s'agit de mettre au ban de l'empire quelqu'un de ses membres, ou d'en exclure des délibérations; d'aliéner des terres, de faire de nouvelles loix, d'y changer, de les expliquer, de déclarer & de faire la guerre, des alliances & la paix, d'ordonner des contributions, de construire des forteresses, de décider sur les monnaies, sur la religion, quand tous ces objets intéressent l'empire en général. C'est dans une diette qu'il les consulte ; c'est lui qui la convoque, il y annonce les objets de ses délibérations. L'empereur, les états, peuvent s'y rendre en personne, ou y envoyer des commissaires ou envoyés qui peuvent être chargés de plusieurs suffrages. Elle devrait se tenir à Nuremberg : aujourd'hui qu'elle est devenue perpétuelle, c'est à Ratisbonne qu'elle siege ; l'électeur de Mayence la dirige, ou ses envoyés en son nom.

Les états de l'empire forment trois colleges : deux supérieurs ; ce sont ceux des électeurs & des princes ; le troisieme est formé par les villes impériales. Ils délibèrent séparément, s'assemblent pour entendre l'avis de l'empereur, & les décrets de chacun d'eux. La pluralité des voix y décide, excepté lorsqu'il s'agit de religion, & d'affaires importantes & générales, où tous les états réunis ne font qu'un corps. S'ils sont d'accord, le résultat devient le *bon plaisir de l'empire*, & se présente à son chef. Si deux seulement sont de même avis, on présente les deux résultats. Si l'empereur approuve, ces résultats deviennent des loix. Le droit de voix & de séance à la diette de l'empire est attaché au domaine & non à la personne : de-là vient que pour être placé dans le nombre des états de l'empire, il faut être possesseur d'une principauté, comté ou seigneurie immédiate : il faut de plus se faire aggréger dans un cercle, payer une taxe réglée par la diette, obtenir le consentement de l'empereur, des électeurs, & du college où l'on veut être admis. L'indulgence a pu quelquefois faire passer sur ces regles, mais elle imposa des conditions qui y ramenaient. Le droit de séance & de suffrage peut être suspendu ou par le non usage ou par d'autres raisons, sans qu'on cesse d'être membre des états. La noblesse immédiate n'en est pas membre, quoiqu'elle ait l'empereur pour chef Ces états sont ecclésiastiques ou séculiers ; les premiers sont catholiques ou protestans. Ceux-ci ont le nom d'évêques, d'abbesses, &c. leur chapitre les élit ; ils ne sont confirmés ni du pape, ni de l'empereur ; ni reçoivent ni les ordres, ni le pallium ; ne prêtent aucun serment, ne reconnaissent point de métropolitain, ne payent point d'annates : mais il faut qu'ils reçoivent l'investiture de l'empereur avant l'an & jour écoulés après leur élection. Leur dignité est égale à celle des catholiques ; ils ont les mêmes titres : d'ailleurs, ils agissent comme séculiers, & peuvent même se marier. L'abbesse de Herford est réformée : tous les autres sont luthériens.

Les états ecclésiastiques catholiques sont des archevêques, des évêques, des abbés, &c. Comme séculiers, ils exercent dans leurs domaines les droits de souverain. Elus par leurs chapitres, confirmés par le pape, ou par l'évêque diocésain, ils doivent, avant d'être consacrés, jurer d'être fidelles au pape,

& faire leur confeſſion de foi. Ceux qui portent le *pallium*, payent une certaine redevance au pape : tous lui payent les *annates* ; c'eſt une partie de leurs revenus des deux premieres années de leur jouiſſance. Les archevêques dépendent du St. Siege ; leurs domaines ſont appellés *archevêchés* ; le territoire ſoumis à leur pouvoir ſpirituel a le nom de *province*, leurs églises, celui de *métropolitaines*. Ils ont des évêques pour ſuffragans ; leurs domaines ſont des *évêchés* ; leur territoire, quant au ſpirituel, ſont des *dioceſes* ; leurs égliſes ſont des *cathédrales*. Les abbés ſont dépendans des évêques : quelques abbés, quelques évêques ne relevent que du pape. Les princes eccléſiaſtiques donnent ordinairement les dignités de chambellan, d'échanſon, de ſénéchal, &c. de leurs couvens ou chapitres, comme des fiefs héréditaires, à des familles de diſtinction, qui les donnent ſouvent à d'autres comme des arrieres fiefs. Les états ſéculiers, ſont les électeurs, princes, comtes, barons, villes impériales. On parvient à ce rang par ſucceſſion, par donnation de l'empereur, par convention, ou par alliance ; il paſſe aux aînés, jamais aux filles ; les cadets reçoivent des appanages en terre ou en argent. Chacun doit épouſer ſon égale en rang, où les enfans ne ſuccedent point ; c'eſt ainſi que l'orgueil fait oublier la nature.

Les électeurs ſont au nombre de neuf. L'empire fut toujours électif : mais ſes électeurs ne furent d'abord déterminés, ni pour le nombre, ni pour le rang, ni pour les perſonnes. On croit trouver des traces des ſept électeurs dans l'élection de *Richard* d'Angleterre & d'*Alphonſe* de Caſtille ; il ſemble qu'ils exiſtaient depuis long-tems. Il eſt certain qu'il y avait ſept électeurs ſous *Charles IV*, qui les confirme dans ſa bulle d'or, & aſſure leurs droits & privileges.

Trois

Trois des neuf électeurs font eccléfiaftiques ; ce font les archevêques de Mayence, de Treves & de Cologne. L'empereur leur donne les noms de *révérendiſſime* & de *neveu*. Dans les adreſſes on leur donne le premier titre ; ceux qui ne font pas princes prennent le nom d'*alteſſe électorale*. L'empereur donne aux électeurs féculiers les titres de *féréniſſime* & d'*oncle*. On leur donne le premier dans les adreſſes ; ils le prennent eux-mêmes en y joignant celui d'*alteſſe électorale*: ce dernier titre l'emporte fur tous ceux que les électeurs poſſedent : cependant l'*archi-office* dont ils font revêtus, eſt mis avant la dignité électorale.

Joignons ici quelques-unes de leurs prérogatives à celles dont nous avons déja parlé. L'inveſtiture de leurs fiefs ne leur coûte rien. Leurs privileges & dignités doivent être confirmées par l'empereur d'abord après leur élection : ils en font les conſeillers intimes ; ils peuvent lui envoyer un ou pluſieurs miniſtres ; nommer chacun deux aſſeſſeurs de la chambre impériale dans le nombre de 50 que préſente l'empereur, & ceux qu'ils nomment ont le pas fur les autres. Leur électorat n'eſt point ſoumis à la juriſdiction de cette chambre ; il eſt indiviſible, héréditaire. Unis entr'eux, ils déliberent fur leurs intérêts communs, fur les beſoins de l'empire. Leurs envoyés précédent les princes de l'empire même : ils ſuivent ceux des rois, en reçoivent le nom de freres, & ne cédent le pas ni aux nonces du pape, ni aux cardinaux, ni aux républiques. Ils font majeurs à 18 ans. Les eccléſiaſtiques éliſent l'empereur & ne peuvent être élus pour lui ſuccéder : les féculiers éliſent & peuvent être élus. Voyons leur office particulier.

L'électeur de Mayence eſt *archi-chancelier* de l'empire, dirige le college électoral & s'en dit le doyen. Il convoque la diete d'élection, y préſide, reçoit le ferment, les fuffrages, annonce l'élection, oint l'empereur s'il eft couronné dans fon diocefe, alterne pour cet office avec l'électeur de Cologne, fi ce couronnement fe fait ailleurs que dans leurs diocefes. Il annonce la mort de l'empereur aux autres électeurs. On ne peut l'empêcher de porter une propofition dans le college des électeurs ou aux trois colleges affemblés. Il reçoit les lettres de créance, nomme le vice-chancelier de l'empire qui prête auffi ferment dans fes mains, nomme tous ceux qui font employés dans la chancellerie, eft leur juge, & l'infpecteur des archives de l'empire. Il vifite, au nom de l'empereur, le confeil aulique impérial & protege les poftes; fes confeillers font francs de port, &c.

L'électeur de Treves eft *archi-chancelier* de l'empire dans les Gaules & le royaume d'Arles; c'eft un titre fans fonction. Il vote le premier dans les dietes d'élection, précede l'électeur de Cologne, avec lequel il alterne pour le rang par-tout ailleurs & reçoit le ferment de celui de Mayence.

L'électeur de Cologne eft *archi-chancelier* de l'empire en Italie. A ce vain titre, il joint le droit de voter le fecond à la diete d'élection; & lorfque le couronnement fe fait à Aix la Chapelle, ou dans fon diocefe, il en fait les fonctions. Le roi & électeur de Bohême eft *archi-échanfon* de l'empire, & n'en porte cependant ni le titre, ni les armes. Cet électeur eft ordinairement l'empereur, un vicaire fait fon office; il prend le titre d'échanfon héréditaire: c'eft aujourd'hui le comte d'Althàn. Ce vicaire préfente à l'empereur qu'on vient d'élire, une coupe de douze marcs, remplie de vin & d'eau; cette coupe lui refte ainfi que le cheval. Cet électeur précede les électeurs féculiers, marche après l'empereur dans les proceffions folemnelles, eft fuivi de l'impératrice

& des électeurs de Mayence & de Cologne: il a la troisieme voix dans les dietes.

L'électeur de Baviere est *archi-sénéchal* ou *archi-maître d'hôtel* de l'empire: il en prend le titre, & porte dans ses armes le globe impérial. Il le porte au couronnement, pose sur la table de l'empereur quatre plats d'argent, du poids de douze marcs chacun, sert le premier mets, marche après le roi de Bohême: son vicaire est le comte de Vahlbourg.

L'électeur de Saxe est *archi-maréchal* de l'empire, & porte deux épées en sautoir dans ses armes. Dans les solemnités, il porte devant l'empereur l'épée impériale. Dans le couronnement, il entre à cheval dans une chambre où est un monceau d'avoine, & en remplit une mesure d'argent. Il a soin de la police dans la diete, est le juge de tous les domestiques; son maréchal héréditaire est le comte *Pappenheim*. Il a droit de protection sur la ville impériale de *Mulhaüsen*, & sur tous les trompettes de l'empire.

L'électeur de Brandebourg est *archi-chambellan* de l'empire, & porte devant l'empereur le sceptre impérial, qu'il a incorporé dans ses armes. Il présente à ce chef de l'eau dans un bassin d'argent, pour laver ses mains. Il peut disposer de ses fiefs, de ses états, comme des biens allodiaux, établir à son gré des péages & des moulins sur tous les fleuves de ses états. Son chambellan héréditaire est le prince de *Hohenzollern*.

L'électeur Palatin était autrefois ce qu'est aujourd'hui l'électeur de Baviere. Par le traité de Vestphalie il devint *archi-trésorier*. Au couronnement, il distribue au peuple des monnaies d'or & d'argent, porte à la procession la couronne impériale, est protecteur des chaudronniers d'une partie de l'Allemagne & de l'ordre de St. Jean, peut annoblir, accorder le titre de comte, réduire à l'état de serf les bâtards & les gens sans aveu, qui n'ont pas de maîtres depuis un an & un jour. L'office de trésorier héréditaire est attaché aux comtes *Sinzendorf*.

L'électeur de Brunswic-Lunebourg Hanovre fut créé en 1692, & admis au college électoral en 1708. Lorsqu'en 1706 l'électeur de Baviere fut mis au ban de l'empire, le Palatin obtint l'office d'*archi-sénéchal* qu'il avait possédé, & l'électeur d'Hanovre devint archi-trésorier. A la paix, tout fut remis dans l'ordre suivi avant la guerre, & Hanovre conserva un titre sans office.

Après les électeurs sont les princes de l'empire, qui, à la diete, ont le *votum virile*. Ils sont ou ecclésiastiques, ou séculiers, d'ancienne maison, ou de nouvelle création ; la limite qui sépare ces derniers est le traité de Westphalie. Le college des princes est divisé en trois bancs : le banc où siegent les princes ecclésiastiques, celui des princes séculiers, celui des évêques protestans.

Les princes ecclésiastiques sont,

Les archevêques de Salzbourg.
. . . . . Besançon. Ce dernier n'a plus que le titre de prince de l'empire.
Le grand-maître de l'ordre teutonique.
Les évêques de Bamberg.
. . . . . Würtzbourg.
. . . . . Worms.
. . . . . Eichstett.
. . . . . Spire.
. . . . . Strasbourg.
. . . . . Constance.

Les évêques de Augsbourg.
. . . . Hildesheim.
. . . . Paderborn.
. . . . Freyſingen.
. . . . Ratisbonne.
. . . . Paſſau.
. . . . Trente.
. . . . Brixen.
. . . . Basle.
. . . . Münſter.
. . . . Oſnabrück.
. . . . Liege.
. . . . Chur ou Coire.
. . . . Lubeck, & celui de Fulde.
L'abbé & prince de Kempten.
Le prévot & prince d'Elwangen.
Le grand-maître de l'ordre de St. Jean.
Le prévot & prince de Berchtolſgaden.
La prévoté & principauté de Weiſſenbourg.
Les abbés & princes de Prüm.
. . . . Stablo.
. . . . Corvey.

Les princes ſéculiers de l'empire ſont,

L'archiduc d'Autriche.
Le duc de Bourgogne.
Les ducs de Baviere & de Magdebourg.
La maiſon Palatine de Lautern, celles de Simmern & de Neubourg.
Le duc de Bremen.
La maiſon Palatine des Deux-Ponts, celles de Weldenz & de Lautereck.
Le duc de Saxe-Weimar.
Le duc de Saxe Eiſenach.

Les ducs de Saxe Cobourg.
,   ,   ,   Saxe Gotha.
,   ,   .   Saxe Altenbourg.
Les margraves de Brandebourg-Culmbach.
,   ,   ,   ,   Brandebourg-Onolzbach.
Les ducs de Brunfwic-Zell.
,   ,   ,   Brunfwic-Grubenhagen.
,   ,   ,   Brunfwic-Calenberg.
,   ,   .   Brunfwic-Wolfenbüttel.
Le prince de Halberftadt.
Les ducs de la Poméranie antérieure.
,   ,   ,   la Poméranie citérieure.
,   ,   .   Verden.
,   ,   ,   Mecklenbourg-Schwerin.
,   ,   .   Mecklenbourg-Guftrau.
,   ,   ,   Vurtemberg.
Les landgraves de Heffe-Caffel.
,   .   .   ,   Heffe-Darmftatt.
Les margraves de Bade-Bade.
,   ,   ,   Bade-Dourlach.
,   ,   ,   Bade-Hochberg.
Les ducs de Holftein-Glückftadt.
,   ,   .   Holftein-Gottorp.
,   ,   .   Saxe-Lavenbourg.
La principauté de Minden.
Le duc de Savoye. Il n'exerce point fon droit de fuffrage.
Le landgraviat de Leuchtenberg.
Les princes d'Anhalt.
Les comtes & princes de Henneberg.
Les principautés de Schwerin.
,   ,   ,   .   Camin.
,   ,   ,   ,   Ratzebourg.
,   ,   ,   .   Hersfeld.
,   ,   ,   ,   Montbelliard.

Les princes de nouvelle création sont,

Le duc d'Aremberg.
Les princes de Hohenzollern.
. . . Lobkowitz.
. . . Salm.
. . . Dietrichſtein.
. . . Naſſau-Hadamar.
. . . Naſſau-Dillenbourg.
. . . Auersberg.
. . . Oſt-Friſe.
. . . Furſtenberg.
. . . Schwarzenberg.
. . . Lichtenſtein.
. . . La Tour & Taxis : ſon ſuffrage lui eſt conteſté.
. . . Schwartzbourg.

Le rang eſt un ſujet de diſſentions entre ces princes, quelques-uns ſe ſont accordés, d'autres ſe diſputeront probablement longtems encore.

Pour recueillir les ſuffrages, on paſſe alternativement du banc eccléſiaſtique au banc ſéculier.

Les abbés, prevôts & abbeſſes ayant voix & ſéance à la diete, ſont partagés en deux bancs; chacun n'a qu'un ſuffrage : on les recueille alternativement avec celui des comtes.

Abbés & abbeſſes du banc de Souabe.

Abbés de Salmansweil.
. . Weingarten.
. . Ochſenhauſen.
. . Elchingen.

Les abbés de Yrſée.
- - - Ursberg.
- - - Kayſersheim.
- - - Roggenbourg.
- - - Roth.
- - - Weiſenau.
- - - Schuſſenried.
- - - Marchthal.
- - - Petershauſen.

Le prevôt de Vettenhauſen.
Les abbés de Zwiefalten.
- - - Gengenbach.
- - - Hegbach.
- - - Gutenzell.

Les abbeſſes de Rotenmünſter.
- - - Baind.
- - - Nereſheim.

Abbés & abbeſſes du banc du Rhin.

Le commandeur de l'ordre teutonique de Coblentz.
Le prévôt d'Odenheim.
Les abbés de Werden.
- - - de St. Ulric & Afra d'Augsbourg.
- - - de S. George d'Iſny.
- - - de Cornely Münſter.
- - - de S. Emeran de Ratisbonne.

Les abbeſſes & prin-
ceſſes
{ d'Eſſen.
de Buchau.
de Quedlinbourg.
de Hervorden.
de Gernrode.
de Nieder-Münſter.
d'Ober-Münſter.
de Ratisbonne.

Les abbesses de Burscheid.
. . . de Gandersheim.
. . . de Thoren.

Les deux colleges sont membres du corps catholique, quoique dans celui du Rhin, il y ait trois abbesses protestantes d'un rang distingué.

Les comtes & seigneurs se partagent en quatre colleges dont chacun a un suffrage à la diete : celui de Wetteravie alterne pour le rang avec celui de Souabe.

Colleges des comtes de Wetteravie.

Tous ses membres sont protestans.
Les princes & comtes de Solms.
. . . . d'Ysenbourg.
. . . . de Stolberg.
. . . . de Witgenstein, & les Rheingraves.
Les comtes de Linange-Hartenbourg.
. . de Linange-Wertenbourg.
. . de Reuss.
. . de Schœnbourg.
. . d'Ortenbourg.
Ceux de Wartenberg ont été exclus.
Les comtes de Wied-Runckel, à cause de Krichingen.
. . d'Hanau.
. . de Nassau-Saarbrück.
. . d'Usingen.
. . de Weilbourg.
Waldeck & Schwartzbourg se sont séparés de ce banc : Kœnigstein y appartenait.

College des comtes de Souabe.

Les possesseurs des comtés de Heiligenberg & Werdenberg.
Landgraviats & seigneuries de Strasberg.
. . . . . d'Alschhausen.

Landgraviats & seig-
   neuries d'Oettingen.
 .   .   de Montfort.
 .   .   d'Helfenstein.
 .   .   de Kletgau.
 .   .   de Kœnigsegg.
 .   .   de Waldbourg.
 .   .   d'Eberstein.
 .   .   d'Hohen-Geroldseck.
Les comtes de Fugger.
 .   .   d'Eglof.
 .   .   de Bondorf.
 .   .   de Thannhausen.
 .   .   d'Eglingen.
 .   .   de Khevenhüller.
 .   .   de Kuffstein.
 .   .   de Harrach.
 .   .   de Sternberg.
 .   .   de Neipperg.
Le prince de Colloredo.

Le suffrage des six derniers est attaché à leurs personnes; celui des autres l'est à leur territoire: tous les membres de ce college sont catholiques: l'électeur palatin, le duc de Würtemberg sont aggrégés à ce college: la maison d'Autriche a le droit d'y être, & le néglige.

College des comtes de Franconie.

Les comtes de Hohenlohe.
 .   .   de Castell.
 .   .   de Wertheim.
 .   .   d'Erbach.
 .   .   de Limbourg.
 .   .   de Seinsheim.

Les comtes de Rieneck.
, , de Wolffstein.
, , de Reichersberg.
, , de Wiesentheid.
, , de Windischgrätz.
, , de Rosenberg.
, , de Stahrenberg.
, , de Wurmbrand.
, , de Giech.
, , de Grävenitz.
, , de Puckler.

Le suffrage des sept derniers appartient à la personne : le plus grand nombre est protestant.

College des comtes de Westphalie.

Les comtes de Sayn-Altenkirchen.
, , de Sayn-Hachenbourg.
, , de Wied.
, , de Schauenbourg.
, , d'Oldenbourg.
, , de Delmenhorst.
, , de la Lippe.
, , de Bentheim-Bentheim.
, , de Tecklenbourg.
, , de Bentheim-Steinfort.
, , de Hoya.
, , de Virnebourg.
, , de Diepholz.
, , de Spiegelberg.
, , de Rittberg.
, , de Pyrmont.
, , de Gronsfeld.
, , de Reckheim.
, , d'Anhalt.

Les comtes de Winnebourg-Beilſtein.
. . de Holzapfel.
. . de Blanckenheim & Geroldſtein.
. . de Wittem.
. . de Gehmen.
. . de Gymborn-Neuſtadt.
. . de Wickeradt.
. . de Mylendonk.
. . de Reichenſtein.
. . de Schleiden.
. . de Kerpen & Lommerſum.
. . de Dyck.
. . de Saffenbourg.
. . de Hallermund.
. . de Rheineck.

Le plus grand nombre, dans ce college, eſt proteſtant.

Chacun de ces colleges a des directeurs, doivent leur dignité à l'élection, & la conſervent pendant leur vie : dans le college de *Franconie*, tous les membres dirigent tour-à-tour.

Les villes impériales ſe gouvernent par leurs magiſtrats, relevent immédiatement de l'empire, ont ſéance & voix à la diete. Le plus grand nombre ſont proteſtantes; quelques-unes ſont mixtes: quelques-unes different peu des véritables républiques. Il en eſt qui reconnaiſſent des juges nommés par l'empereur; il en eſt qui payent encore les anciennes contributions; mais elles ſont peu nombreuſes.

Elles ſe diviſent en deux bancs: celui de Souabe & celui du Rhin : en recueillant les ſuffrages on commence par celui-ci, enſuite de l'un on paſſe alternativement à l'autre.

Villes impériales du banc du Rhin.

    Cologne.
    Aix la Chapelle.
    Lübeck.
    Worms.
    Spire.
    Francfort sur le Mein.
    Goslar.
    Brême.
    Hambourg.
    Mühlhausen depuis 1769.
    Nordhausen.
    Dortmund.
    Friedberg.
    Wetzlar.

Villes impériales du banc de Souabe.

    Ratisbonne.
    Augsbourg.
    Nüremberg.
    Ulm.
    Eslingen.
    Reutlingen.
    Nœrdlingen.
    Rotenbourg sur le Tauber.
    Halle en Souabe.
    Rothweil.
    Ueberlingen.
    Heilbronn.
    Schwæbisch-Gemünd.
    Memmingen.
    Lindau.

Villes impériales du banc de Souabe.

  Dünkelsbül.
  Biberach.
  Ravensbourg.
  Schweinfurt.
  Kempten.
  Windsheim.
  Kaufbeuren.
  Weil.
  Wangen.
  Jsny.
  Pfullendorf.
  Offenbourg.
  Leutkirchen.
  Wimpfen.
  Weissembourg dans le Nordgau.
  Giengen.
  Gergenbach.
  Zell au Hammersbach.
  Buchhorn.
  Aalen.
  Buchau sur le Federsée.
  Bopfingen.

Il y a dans l'empire diverses cours de justices inférieures. Tel est le *conseil provincial de Souabe*, celui du *burggraviat de Nuremberg* qui dépend des marggraves d'Anspach: la principale de ces cours, est le *conseil aulique de Rothweil*; elle dépend de l'empereur: on appelle de ces conseils à deux tribunaux supérieurs: on est libre de porter sa cause à l'un ou à l'autre; mais de l'un on ne peut recourir à l'autre. L'exécution de la sentence est confiée au seigneur du territoire, ou au prince qui convoque le cercle dans lequel cet état est situé.

Ces tribunaux supérieurs sont; le conseil aulique & la chambre impériale. L'empereur est chef du premier, il y est juge suprême: il suit par-tout la cour impériale; six de ses conseillers doivent être protestans: il est divisé en banc des seigneurs & banc des savans. Les premiers ont d'appointemens 6370 livres de France; les seconds 9800: en payant davantage ceux-ci, on a consulté la sagesse.

La chambre impériale siege à Wetzlar, est composée de dix-sept assesseurs, neuf catholiques, huit protestans, d'un juge nommé par l'empereur, & de deux présidens dont l'un est protestant: ils sont nommés par l'empereur & par les états, ceux-ci seuls les payent. Le juge a environ 43120 livres d'appointemens. Les présidens 13436 livres. Les assesseurs 9800 livres. Ils jouissent de grands privileges.

L'empereur ordonne des collectes & leve des impôts avec le consentement des états: les impôts sont ordinaires; tels sont ceux que chaque état paye pour l'entretien de la chambre impériale: ils sont extraordinaires quand il s'agit de l'entretien de l'empereur, de l'armée de l'empire, des fortifications de Philipsbourg &c. Ce sont ces impôts extraordinaires qu'on appelle *mois romain*. Quand les empereurs se faisaient couronner à Rome, les états étaient obligés de fournir & d'entretenir une petite armée pendant six mois, ou de payer par mois vingt-neuf livres huit sous pour chaque cavalier & neuf livres seize sous pour un fantassin; de-là vient le nom de mois romains: chacun produit environ 122500 livres.

L'empereur n'a point d'armée: celle de l'empire est de 28000 fantassins & 12000 cavaliers. Chaque cercle fournit une partie de cette armée: le cercle d'Autriche est celui qui fournit le plus: il donne 2522 cavaliers & 5507 fantassins. Chaque cercle fournit aussi son contingent pour les opérations. Tel eft le gouvernement de l'empire, efpece d'ariftocratie, gouvernement fage pour fe conferver quand il n'a rien à craindre de fes voifins; qui ne fubfifte aujourd'hui que par fes ufages qu'on refpecte encore; mais qui ne peut plus défendre fes inftitutions par lui-même. On fait bien ce qu'il doit être: on ne fait pas bien ce qu'il eft: la plupart de fes inftitutions font fans force. Par elles l'empereur ne peut faire ni la guerre, ni la paix fans le confentement des états: cependant aujourd'hui il la dirige & la fait à fon gré: elles feront anéanties quand deux ou trois princes le voudront.

Sous les Romains, les hommes étaient dejà diftingués dans l'Allemagne en nobles, en hommes libres, en affranchis, en ferfs. Ceux qui du fecond rang ont paffé au premier, furent diftingués par le titre de baffe-nobleffe: ceux du premier rang étaient des *barons*, mot qui fignifiait un homme, qui défigna dans la fuite un feigneur, qui n'annonce aujourd'hui qu'un noble: le titre de comte fe donne au feigneur libre, à la haute-nobleffe. Tous ces noms défignent fouvent des tyrans du peuple, qu'ils regardent à peu-près comme leurs troupeaux, comme compofé d'animaux d'une efpece bien inférieure à la leur, & dans leurs châteaux antiques & fombres, le principe réligieux qui nous dit que les hommes font freres, qu'ils defcendent du même pere avec leurs laboureurs, leur paraît le plus abfurde & le moins admiffible.

La religion chrétienne y fut prêchée par des évêques anglais. *Winfried*, Anglais, fut facré à Rome en 723 évêque des Allemands au-delà du Rhin, fous le nom de *Boniface*: il employa la perfuafion & quelquefois la force pour étendre l'autorité du faint fiege,

devint

devint archévêque, eut pour fuffragans des Anglais qu'il fit prêtres. Bientôt ces prêtres devinrent riches, les couvens fe multiplierent avec la fuperftition qui accrut leurs richeffes. Bientôt ces couvens devinrent des petites fouverainetés, qui lutterent contre leurs évêques, qui facrifierent la vertu, l'humanité, la raifon à l'orgueil, en prèchant l'humilité : de-là vient ces diftinctions qui fubfiftent encore, quoique l'ignorance & la fuperftition qui les firent naître, voient leur empire ébranlé.

Ces abus firent naître la réformation, mais elle n'abolit qu'un grand nombre d'abus religieux : ceux qui s'étaient introduits fous le manteau de la religion & dont les hommes puiffans avaient profité, furent confervés : on n'aurait pas réuffi en propofant aux princes qui poffédaient des biens & une autorité, même injuftement acquife, de s'en dépouiller : on les enrichit au dépens de l'églife romaine, pour les oppofer à l'églife romaine qui ne confultait plus la décence pour s'enrichir. Le traité de Weftphalie laiffa aux princes les biens eccléfiaftiques : ce traité éclaircit, confirma les anciens, qui affuraient aux réformés l'exiftence civile & le libre exercice de leur religion : tout feigneur territorial eft obligé de maintenir fes vaffaux & fujets qui profeffent une autre religion que lui, dans l'exercice de leur culte public & particulier, dans la poffeffion de tout ce qui appartient à ce culte, comme écoles, églifes, rentes eccléfiaftiques &c. tels qu'ils en ont joui le 1 Janvier 1624 : le feigneur & les fujets ont une pleine liberté de faire des changemens à cet égard de leur plein gré de part & d'autre. Si le fujet change de religion comme il le peut, le feigneur peut auffi le tolérer ou le chaffer : ufer du premier pouvoir c'eft fageffe ; du fecond, c'eft tyrannie : Si le Seigneur promet de tolérer ses sujets, cette promesse est sacrée pour lui : s'il les chasse, ils ont trois ans pour regler leurs affaires, pour vendre ou faire administrer leurs biens : dans cette intolérance on écoute encore la justice, & c'est toujours un éloge pour les ministres qui firent ce traité : un serf même peut s'éloigner en payant une indemnité au seigneur.

Les états, à ces restrictions près, peuvent abolir une religion, en introduire une nouvelle, corriger leurs abus, expulser ou tolerer ceux qui ne professent point la religion dominante. Il n'est pas décidé si un seigneur peut introduire une religion qui n'existait pas dans ses domaines l'an 1624, quoiqu'elle ne nuise point à l'ancienne : s'il la professe, il peut en établir le culte dans son château : les états ecclésiastiques catholiques jouissent du pouvoir que leur donne le droit canonique : les séculiers laissent exercer ce pouvoir à leurs sujets ecclésiastiques ; beaucoup exercent cependant quelques-uns de ces droits par eux mêmes comme patrons, comme avoués ou protecteurs : le seigneur temporel confirme, transpose, avance, dépose, punit les pasteurs, les maitres d'écoles, ordonne des jours de fête, de jeunes, de pénitences ; établit des colleges ou conseils ecclésiastiques : ces colleges s'appellent consistoires chez les protestans : il sont composés d'ecclésiastiques & de séculiers ; le seigneur peut en resserrer ou en étendre l'autorité. Au dessus d'eux sont les synodes. Les pasteurs, les maitres d'école sont nommés, ici, par le seigneur, là, par le consistoire ou les anciens d'églises ; en quelques endroits, par les patrons ou par les paroissiens : il est encore chez les protestans d'autres dignités ecclésiastiques, telles sont celles d'inspecteurs & de super-intendans.

Le pouvoir qu'un état catholique a sur son sujet

protestant, un protestant l'a sur son sujet catholique. Les catholiques ne sont point soumis à la jurisdiction des évêques, si aucun d'eux ne l'a exercée sur eux en 1624: ils dépendent alors de leur seigneur pour ce qui concerne le culte; mais il ne peut leur ordonner des choses contraires aux principes fondamentaux de leur église. Si un couvent s'éteint dans un état protestant, on ne peut le remplir que de moines dont l'ordre fut institué avant la réformation : un état luthérien peut passer à la religion réformée, & *vice versa*, pourvu qu'il laisse à ses sujets le libre exercice de leur croyance. Le catholicisme, le luthéranisme, le calvinisme sont les trois religions approuvées par les loix de l'empire : on y tolère d'autres sectes; on y tolère les juifs, & ils y peuvent exercer leur religion en divers lieux : ils y ont joui de plus grands privileges; ont éprouvé des revers, des persécutions, & n'ont jamais mérité que la pitié.

Les sciences sont cultivées en Allemagne : l'émulation regne parmi les savans, le gout de la lecture se répand dans tous les états : on n'écrit, on n'imprime nulle part plus qu'en Allemagne : les ouvrages dignes d'être lus n'en sont pas le plus grand nombre comme par-tout ailleurs; mais on en voit beaucoup qui se distinguent de la foule. Les colleges, les universités y sont trop soumis aux regles anciennes dictées par l'ignorance, ou par le faux savoir plus dangereux encore. On y compte trente-sept universités dont dix-huit sont protestantes & deux mixtes : on y compte encore beaucoup d'academies nobles, de colleges, de gymnases, de séminaires, d'écoles latines, de sociétés littéraires, de bibliotheques publiques. Il est peu de sciences que les Allemands n'aient cultivées; ils ont eu de grands théologiens & de grands jurisconsultes : le droit romain, le droit en général y est mieux connu, plus étendu qu'en aucun autre lieu de l'Europe: la médecine, la botanique, l'anatomie, la chirurgie y sont cultivées avec succès: la chymie y a été plutôt perfectionnée qu'ailleurs: on doit à ses chymistes, la porcelaine, le phosphore, le verre de rubis, le bleu de Prusse & beaucoup de drogues salutaires. La philosophie, la phisique, les mathématiques, l'astronomie, l'histoire, la géographie & les belles lettres y sont enseignées & ont eu des hommes célebres qui étendirent leur empire & leur gloire: on y a vu de bons poètes, des musiciens célebres, des peintres distingués: la gravure est née en Allemagne; celle en bois, la maniere noire y ont été inventées: l'architecture, la sculpture, l'imprimerie, n'y ont pas été négligées, & il est probable que la derniere y a pris naissance. Les réfugiés français y ont porté diverses fabriques: on y travaille avec art, la soie, la laine, le lin, le chanvre, la terre: on y fait de belles glaces, on y prépare le vitriol, l'alun, le salpètre, le souffre: on y fait le cinabre, l'arsenic, le smalt, l'amidon, l'azur en poudre: la garence, le pastel s'y animent sous des mains industrieuses; les métaux s'y allient, y prennent toutes sortes de formes, toutes sortes de couleurs: on y blanchit, teint, fond, modèle la cire. Sa situation au centre de l'Europe, y appelle le commerce: on l'y facilite, on l'y encourage: si quelques obstacles s'opposent à ses progrès, c'est la multitude de ses petits états dont les intérêts se heurtent, & la multitude des loix qu'on fait pour le rendre florissant. Un grand nombre de villes lui doivent leur prospérité. Le droit de battre monnoie appartenait originairement à l'empereur: par la bulle d'or les électeurs en jouissent; d'autres loix l'accordent à tous les états qui ont des mines dans leurs enceintes, avec la restriction de n'employer que le métal qu'ils en rétirent : la plûpart des états de l'empire l'ont obtenu par des concessions : mais quelques-uns ne peuvent frapper que de l'argent, d'autres que du billon, quelques-uns ne peuvent faire que de certaines monnaies. Ce droit ne peut être vendu par celui qui le possède, ni mis en ferme : il ne peut y avoir que trois ou quatre villes qui battent monnaie dans chaque cercle. Les monnaies sont diverses dans les divers lieux ; il n'y a point de monnaie générale : cette diversité est un mal pour le commerce : quelques états l'ont senti, & ont voulu y rémédier ; mais ce remède devait être général pour être utile & il n'a pu l'être : dans cette confusion, on nous pardonnera quelques inexactitudes & de la prolixité (*).

Au titre de l'empire ou de Cologne, le marc d'or fin est de 23 carats 8 grains ; on en fabrique 67 ducats : le marc d'argent est de 7 onces 4 grains d'argent fin, on en fabrique 8 risdalers : de-là il est facile de trouver leur valeur.

L'Allemagne est arrosée par un grand nombre de fleuves & de rivieres, la plûpart navigables. Nous parlerons des principaux.

Le Danube, *Danubius*, *Donau*, prend sa source en Souabe près de la petite ville de Doneschingen, il devient navigable à Ulme quand il a reçu les eaux de l'Iler : il reçoit dans son cours l'Inn, l'Ens, beaucoup d'autres rivieres. Près de Grein, en haute Autriche, il forme un gouffre ; ses eaux y cachent des pointes de rochers où les bateaux se brisent, elles s'engloutissent en tournaiant avec violence, & entrainent ce qui flotte à leur surface : un contre courant serpente à droite autour de grands rochers : c'est là que passent les bateaux avec sureté quand les

(*) Voyez la Table qui suit la description de l'Allemagne.

eaux font hautes; mais il eſt à ſec lorſqu'elles ſont baſſes & n'eſt plus néceſſaire; les rochers ſont alors le ſeul danger à craindre au milieu du gouffre. Le Danube eſt le plus grand des fleuves d'Europe; il nourit le *Hauſen* ou *Antaceus*, le plus grand poiſſon d'eau douce; ſon cours eſt d'occident en orient: cette direction des fleuves eſt aſſez rare.

Le Rhin, *Rhenus*, prend ſa ſource au pied du mont S. Gothard, dans la ligue griſe: déja navigable près de Chur ou Coire, il traverſe le lac de Conſtance; en ſort & forme à une lieue de Schaffouſe près de Lauffen une cataracte ſingulière; il en fait une autre à Lauffenbourg: il reçoit dans ſon cours de grandes rivieres, la Thur, l'Aare, l'Ille, le Necker, le Mein &c. A Mayence il prend le nom de Bas-Rhin; après avoir formé un gouffre près de Goarshauſen & reçu encore diverſes rivieres, telle que la Lahn, la rapide Moſelle, le Roer, la Lippe, il ſe diviſe, s'affaiblit dans des canaux, perd ſa majeſté, ſon nom même avant d'arriver à la mer. Le ſaumon, le ſaumonneau, l'eſturgeon, la lamproye, le brochet &c. ſe nourriſſent dans ſon ſein: des monts d'Helvétie il détache des particules d'or, dont il enrichit le ſable qu'il dépoſe ſur ſes bords.

Le Mein, *Mœnus:* a deux ſources, l'une reçoit ſon nom de la terre rouge ſur laquelle il roule & ſort du Bareith; l'autre prend le ſien du ruiſſeau blanc qui s'y jette, elle ſort du Fichtelſée: elles ſe réuniſſent à Steinhauſen. Ce fleuve reçoit la Regnitz, la Saale, le Tauber, la Kintzig, nourrit la truite, le brochet, la carpe & d'autres poiſſons dans ſes eaux limoneuſes & troubles.

L'Elbe, *Albis*, a ſa ſource en Sileſie, ſur les monts de Rieſengebirg: il traverſe la Boheme où il reçoit la Moldau & l'Eger, arroſe la haute & la baſſe Saxe, où il se grossit des eaux de la Mulde, de la Saale, du Havel, de l'Ilmenau, forme un grand nombre d'isles près de Hambourg, s'élargit ensuite, reçoit encore les eaux de la Stoer, riviere profonde & navigable, & se jette dans la mer du nord par une vaste embouchure, le flux & reflux s'y font sentir à trente-six lieues de là, & le premier rend son cours presqu'imperceptible. Lors du flux & par le vent du nord, les vaisseaux chargés peuvent arriver au port de Hambourg : dans les autres tems, ils s'arrêtent à une lieue & demi de là où on les décharge en partie : l'Elbe nourrit dans ses eaux le saumon, l'esturgeon, la carpe, la tanche, la brasse, l'alandre &c.

L'Oder ou Ader, *Odera*, *Viadrus*, sort de la Moravie, près de Hoff entre Bautsch & Span : navigable à Ratibor, il reçoit le Bober, la Neisse, la Varte, se jette dans la Grosse-Haf & de là dans la mer baltique : il arrose la Silésie, le Brandebourg, la Poméranie ; nourrit le saumon, l'esturgeon, le zandre, deux sortes de lamproye &c.

Le Weser, *Visurgis*, est formé par la Verra & la Fulde ; l'une prend sa source dans la principauté d'Hildbourgshausen, l'autre dans l'évêché qui lui donne son nom : elles se réunissent près de Münden, le Weser alors grossit ses eaux par celles de l'Aller, de la Wümme, se forme un large lit, & se perd dans la mer du nord. Les vaisseaux ne peuvent arriver qu'à quelques lieues au dessous de Brème : il est riche en poisson ; mais on fait de vains efforts pour le rendre plus profond.

DE LA BOHEME.

LA *Boheme*, *Boheim* ou *Boierheim*, *demeure des Boyens*, tient son nom de ce peuple celtique qui habitait la forêt noire, & sortit des Gaules sous la conduite de *Sigovese:* chassé par les Marcomans, il vint habiter la Norique & lui donna le nom de Baviere: *pays des Boiens.* La Boheme conserva le nom qu'elle en avait reçu: au sixieme siecle les Marcomans furent chassés à leur tour par les Slaves, peuple qui habitait sur les côtes des palus méotides & de la mer noire, & portait le nom de Tschechiens qu'il conserve encore. Les Slaves formerent dans la Boheme différentes républiques: celle de Prague d'abord la plus puissante, engloutit toutes les autres, & finit bientôt elle même: la crainte des Francs lui fit élire un chef unique, & ce chef devint souverain. *Prezmislas* fit passer son pouvoir à sa postérité. *Charlemagne* rendit les Bohémiens tributaires, mais leur dépendance dura peu: leur premier chef chrétien fut *Borziwog:* il vivait sur la fin du neuvieme siecle: le christianisme y avait pénétré au commencement du septieme. On y suivit d'abord le rit grec, parceque les Grecs y prêcherent le christianisme: les Bohémiens payerent un tribut aux rois d'Allemagne: la Boheme était alors un duché: elle devint un royaume sous *Prezmislas* II ou *Ottocar.* Le roi le plus puissant qu'elle ait eu, fut *Ottocar* II: il joignait à son royaume l'Autriche, la Stirie, la Carinthie, la Carniole & l'Istrie, qui devinrent bientôt après l'apanage de la maison d'Autriche. *Ottocar* II perdit ces provinces & ne conserva que son royaume qui fut tributaire des empereurs: la famille de ces rois fut éteinte en 1306; *Venceslas* III en fut le dernier. Les Bohémiens élurent *Rodolphe* fils de l'empereur *Albert*, puis *Henri* comte de Carinthie qu'ils déposerent; ils mirent en sa place *Jean* de Lutzelbourg ou de Luxembourg, fils de l'empereur *Henri* VII. *Jean* eut des succès, il recouvra la Lusace, rendit les princes de Silesie feudataires de la Boheme: son fils *Charles* fut empereur; mais il aima plus la Boheme que l'empire, il la regardait comme un pere tendre, & l'empire comme une acquisition qu'il avait faite à trop haut prix. Il aggrandit son royaume, le rendit florissant, le voulut rendre héréditaire & n'y reussit pas: *Vinceslas* son fils, prince plus décrié que méprisable, vit naître les guerres de religion, guerres sanglantes & longues, qui nous prouvent que l'enthousiasme peut plus que la vertu. Après divers autres rois, la Boheme élut en 1547 *Ferdinand*, archiduc d'Autriche, qui priva les Bohémiens de leurs privileges, parcequ'ils penserent en devoir croire leur conscience plus que les ordres du prince sur la religion. Son fils *Maximilien* rendit la liberté aux sentimens sur ce sujet, mais ne rendit pas les privileges: on sait que le dur & intolérant *Ferdinand* II les fit révolter & élire l'électeur palatin pour leur roi. Après sa victoire sur cet électeur, la Boheme devint irrévocablement un royaume héréditaire: il fit périr par le fer, ou sur l'echaffaut, un grand nombre de ses sujets protestans & confisqua leurs biens qui monterent à plus de trois cent millions de livres; il céda la haute & basse Lusace à l'électeur de Saxe. Sous lui, sous son successeur, ce royaume fut ravagé par ses ennemis ou ses vengeurs: il demeura à la maison d'Autriche dont la branche masculine finit en 1740: *Charles* VII s'en fit alors déclarer roi; bientôt après l'heureuse *Marie Thérese* le récouvra, y fut couronnée & en voulut rendre les habitans heureux: ses guerres avec le roi de Prusse l'ont dévastée; mais le tems & les soins bienfaisans de l'impératrice en effacent chaque jour les tristes impressions. Elle a été plus peuplée qu'elle ne l'est: on y a compté, dit-on, plus de 700 villes & près de trois millions d'habitans: aujourd'hui on y voit encore

151 villes, 367 bourgs, environ 6000 villages, 1451 seigneuries, terres & fermes: ses habitans sont au nombre de deux millions; sans l'intolérance, qui força un grand nombre d'hommes a quitter leurs antiques foyers, pour chercher un azile plus doux, une religion plus humaine, des loix moins tyranniques, ce serait un des pays les plus riches & les plus peuplés de l'Europe: son sol est élevé, des fleuves y naissent & vont arroser les contrées qui l'environnent: l'air y est sain & temperé, (*) le terrain gras & fertile, en quelques endroits sablonneux: elle nourrit ses habitans & transporte au dehors une quantité considerable de blé sarrasin, de millet, de legumes, de houblons & autres fruits. Elle produit du saffran & du gingembre, le calmus, espece de roseau aromatique, des vins rouges recherchés: son bétail est beau, ses paturages sont bons: des chaines de montagnes l'environnent, de vastes forêts la traversent, la chasse y est abondante; on y trouve des martres, des blaireaux, des castors & des loutres. Les rivieres, les étangs y nourrissent diverses especes de poissons: on y voit des sources d'eaux salées: elle avait des salines qui n'existent plus; & aujourd'hui elle achete le sel de ses voisins: elle a encore des sources d'eaux ameres: il y en a sur les hauteurs de *Sedlitz* & de *Seydschütz*, on connait le sel qu'on y trouve: à *Tœplitz*, à *Carlsbad*, sont des bains chauds; à *Kukusbrunn*, un bain froid salutaire; à *Egra*, à *Desny*, des eaux aigres: quelques rivieres charient de l'or, quelques mines en donnent encore. Les mines d'argent de *Kuttenberg* sont les plus abondantes; les autres sont assez pauvres: La

(*) *Lenglet* dit qu'il est mal sain & y amene quelquefois la peste: *Buy de Mornas* le dit aussi & peut-être après lui: Ce pays en effet, a été mal sain pour les Français.

terre sigillée, le talc transparent, le charbon de terre s'y trouvent en plusieurs endroits. A *Chomutau*, à *Falkenau* on cuit l'alun, à *Falkenau* encore on trouve du souffre & du vitriol: à *Krauppen*, à *Schlacken-wald*, à *Lauterbach*, à *Schœnfeld*, sont de bonnes mines d'étain; à *Drayhaken* une mine de cuivre: ailleurs de la mine de plomb, du vif argent, du salpêtre. Les mines que possede la couronne, ont produit dans l'espace de neuf ans une somme de huit à neuf millions: le diamant, le rubis, la chrisolite, n'y sont pas dures, mais elles ont de l'éclat: on y trouve encore l'émeraude, le grénat, le saphir, la topase, l'amétiste, l'hiacinte, la berille, l'escarboucle, le jaspe, la chalcédoine, la carnéole, la turquoise; différentes especes de marbre: dans la *Watawa*, ou la *Witava*, on pêche des perles d'un blanc argenté & d'un blanc de lait.

Le commerce a pour objet toutes ces productions naturelles, & d'autres qui doivent leur existence à l'art, telles sont le papier, la potterie, les verres, les glaces, les armes blanches, le cuir, les bijoux, les dentelles, le fil, les draps, & sur-tout la toile: on les apporte en Autriche, en Baviere, en Saxe; même en Portugal, en Espagne, en Italie, en Turquie: une compagnie de toiles étend son commerce en Amérique: une autre se répand en Asie & en Egypte par le port de Trieste. Une chambre de commerce siège à Prague: elle est subordonnée à celle de Vienne & veille sur les fabriques, sur leur emploi: la caisse de commerce est riche, elle est soutenue encore par celle de Vienne. Cependant on peut dire que ce commerce est plus étendu que considérable: il est trop restraint, trop soumis à un systême compliqué de prohibition, de droits, de moyens particuliers, de petites vues, pour être bien florissant.

Les impositions y sont très fortes: cinquante mille personnes domiciliées y payent chacune environ 244 livres: il est d'autres impôts encore, & pour les objets militaires seuls, la Boheme fournit plus de seize millions, & vingt-quatre mille hommes de milice.

Le paysan y est esclave; mais sa servitude est adoucie par le droit de recours à son souverain: il en est qui peuvent acheter des biens fonds, en disposer, & ceux-là sont les plus industrieux: les biens libres y sont rares, les paysans qui les possedent sont soumis à des corvées: les nobles achetent successivement ces biens & les incorporent à leurs seigneuries. Ce royaume autrefois électif, aujourd'hui héréditaire, a des états provinciaux formés par les prélats, les seigneurs, les nobles & les villes royales: ils se tiennent à Prague tous les ans.

La religion catholique est la seule qu'on y professe: les protestans y furent long-tems assez puissans: sous *Ferdinand* II ils furent proscrits, & cette proscription subsiste encore; mais le bien des fabriques a fait accorder aux protestans la permission d'y habiter pendant un tems limité, qu'on prolonge avec facilité: ces fabriques se sont multipliées, & prosperent aujourd'hui: les plus considérables ont pour objet l'emploi du fer, de la laine, de la soie: les sciences y sont dans un état de langueur; Prague a une université, mais sa célébrité n'est plus.

Nous avons parlé de l'office qu'exerce le roi de Boheme comme électeur de l'empire: on croit que *Frédéric* I, en érigeant la Boheme en royaume, lui accorda cet archi-office auquel le droit d'élection est attaché: les rois ont eu ce droit depuis ce tems quoiqu'ils ne l'ayent pas toujours exercé, & ils l'ont encore: le droit de séance & de suffrages dans toutes les assemblées de l'empire leur a été assuré en 1708

DE LA BOHEME. 61

avec celui de se dispenser d'y paraitre quand ils le jugeraient à propos. La bulle d'or donne au roi de Boheme la préseance sur les autres électeurs séculiers. Les vicaires de l'empire n'ont point de jurisdiction dans ce royaume.

Les rois après leur couronnement, créent des chevaliers de S. Winceslas: l'ordre de l'étoile rouge existe encore en Boheme: il y a des chevaliers de S. Jean; mais en général, il n'y a d'ordres particuliers à la Boheme que le premier.

Le bourggrave, le chambellan, le grand bailli, les présidens du siege provincial, du siege féodal, de celui des finances qui s'assemblent à Prague &c: sont les premiers officiers du royaume: il en est quatre d'héréditaires, ce sont le maréchal, le sénéchal, l'échanson, le grand maitre. La chancellerie suit la cour: la justice souveraine est administrée par le tribunal des appels; les finances par un sénat: le gouvernement provincial est le conseil d'état de ce royaume.

L'archévêque de Prague a la jurisdiction suprême sur les ecclésiastiques, on n'appelle de ses jugemens qu'au roi, ou au S. Siege.

On divise la Boheme en seize cercles dans lesquels Prague n'est point comprise: chacun a son capitaine, ses adjoints, ses commissaires, sa chancellerie: chaque ville a ses magistrats & sa justice: les bourgeois sont jugés selon l'ancien droit municipal écrit, & le code *Thérésien*.

L'Elbe, l'Eger, la Moldau, sont ses principales rivieres.

La Boheme n'est point comprise dans la division de l'empire en cercles. Sa forme est un ovale d'environ 150 lieues de circonférence; elle est située entre le 29 & le 31 degré de longitude, & entre les 48 & 52 degrés de latitude.

Prague dans le centre du royaume, fur la Moldau qui la traverfe, riviere navigable depuis 1762 & dont le lit y a 700 pas de large. Sur elle eft un pont de pierre long de 1770 pieds, large de 33; il repofe fur 18 flèches, eft décoré de 29 ftatues de faints, deux en pierres, les autres de métal: celle de Jean Népomucene eft la plus réverée du peuple: ce faint fut précipité dans la riviere du haut de ce pont par ordre de *Winceslas* le brutal, parcequ'il n'avait pas voulu lui revéler la confeffion de la reine: les fortifications de la ville font peu rédoutables, des hauteurs les commandent. Prague a 4900 maifons, la plupart à trois étages & font bâties en pierre: on y compte 92 églifes ou chapelles, plus de 40 couvents, quelques beaux palais: elle a 70,000 habitans qu'entretiennent les métiers, les arts, le commerce, & furtout les brafferies de bierre.

Prague eft compofée de quatre villes, la vieille, la neuve, la haute, le petit côté: chacune a fon capitaine & fon magiftrat: la vieille ville n'eft pas la plus ancienne; elle eut le nom de *Wifcherad*: c'eft celui d'un vieux château, qui avait treize églifes & fut détruit par les Huffites: bâtie en 795, elle renferme le quartier des juifs: ce peuple y occupe mille maifons & les chrétiens 1600.

Près de la douane, ou cour du *Tein* eft une églife antique où l'on voit le tombeau de *Ticho-Brahé*: là encore eft l'univerfité fondée par *Charles IV*. & le collège le plus vafte de cet ordre fameux qui n'exifte plus, des jéfuites. Près de l'églife de S. Clément eft une belle bibliotheque & un obfervatoire. La ville neuve ou Karlftatt a pris le nom de fon fondateur *Charles* IV, elle jouit des mêmes privileges que la vieille : elle l'entoure, ses rues sont larges & droites, & l'on y compte près de deux mille maisons. Près de-là est le *Wischerad*, rébâti, fortifié de toutes parts : il a une église & un arsenal. Le petit côté, ou petite ville, est l'ancienne Prague fondée par la princesse *Libussa* : une partie est auprès d'une montagne, sur la Moldau ; un pont la joint à la vieille & à la nouvelle ville : elle comprend six cent maisons. L'église de S. Vinceslas en est la plus ancienne. La haute ville ou *Hradschin*, district du château, est placé sur la montagne : sur le penchant est le château très vaste & presque désert, au midi est la résidence royale, le gouvernement, les chambres de justice & de chancellerie, au nord sont les écuries, le manège, le jardin. L'abbaye des chanoinesses a été fondée par *Marie Thérèse* qui a donné au Hradschin les priviléges de ville : devant cette abbaye est une place, ornée d'une fontaine, au milieu de laquelle s'élève en bronze la statue de S. George terrassant un dragon : cet ouvrage a été fondu en 1373. L'église de S. Veit renferme les tombeaux de Jean Népomucene, de plusieurs ducs & rois, plusieurs réliques & de beaux ornemens : dans ce quartier est le *nouveau monde*, le Strahow, le Pohorséles. On y voit encore une chapelle de Lorette, & le palais archiépiscopal : cette partie de la ville renferme 800 maisons. Prague était un évêché en 971 ; elle devint un archévêché en 1343 : l'archévêque est légat né du S. siege, prince du S. empire, primat de la Boheme, & chancélier perpétuel de l'université : il couronne le roi, & a pour suffragans les évêques de Leutmeritz & de Königsgrätz : il n'a plus ni voix ni séance à la diete de l'empire. La longitude de Prague est de 32 degrés 20 minutes ; sa latitude de 50 degrés 6 minutes. De Prague partent de tous côtés dix grandes routes qui traversent la Boheme, tirées au cordeau, soutenues en plusieurs endroits par des massifs de maçonnerie; on a comblé les ravins qui se trouvaient dans leur direction & on a creusé de deux côtés deux profonds fossés pour en recevoir les eaux. A une lieue de la ville est la montagne de Weisse-Berg ou montagne blanche, toute formée de pierres calcaires & fameuse par la défaite de l'électeur palatin. On ne voit Prague que lorsqu'on en est près : elle présente un agréable mélange de maisons, de jardins, de champs renfermés dans un vallon de figure ovale où coule la Moldau : c'est la plus grande ville d'Allemagne; les maisons y sont belles, ceux qui les habitent sont misérables; les places, les rues sont sales : on dirait qu'ils se sont si bien ruinés à bâtir, qu'il ne leur reste rien pour nettoier les maisons. On y vend des cristaux travaillés en diverses formes; ce sont les juifs qui les travaillent, ils en font des bijoux, des verres à boire, & y gravent diverses figures : leur pauvreté les rend industrieux; mais cette industrie a dans eux un caractere de bassesse : ils y ont neuf sinagogues.

CERCLE DE BUNZLAW OU DE BOLESLAS.

Il est fertile en blés; produit du vin rouge recherché, sur-tout celui de Mielnick; & donne des pierres précieuses. Les montagnes de Riesengebirge, ou des géans, l'entourent d'un côté : on y compte sept villes médiocres, murées ou sans murs, trente-cinq villes ou bourgs, quarante-cinq sieges seigneuriaux, six hermitages & couvens, quatre images miraculeuses : il y en doit avoir par-tout où il y a des moines & de l'ignorance.

Mlada.

Mlada-Boleslaw ou *Jung-Bunzlaw*, *Boleslavia junior*, ſur l'Iſer ou *Gizera*, bâtie par *Boleslas* le jeune en 973 : le monticule ſur lequel elle repoſe, s'appellait *Hrobka*. Elle acheta la liberté de ſon ſeigneur en 1595, & devint une ville royale ſous l'empereur *Rodolphe* II : elle a un couvent de freres mineurs : quelques villages en dépendent.

Mielnick ou *Melnik*, eſt ſur une colline, près du confluent de l'Elbe & de la Mulda ; elle poſséde une ſeigneurie & fait partie elle-même d'une autre : près d'elle eſt le couvent de *Schopka*. Elle a un château : ſes environs ſont fertiles & produiſent du bon vin rouge.

Nymbourg ou *Niemberg*, dans une plaine, ſur les bords de l'Elbe & du Marlin : *Wenceslas* II l'aggrandit & en fit une ville royale.

Liſſa, près de *Nimbourg*, a des eaux minérales eſtimées : on les appelle bains de Kukus : elle a un château.

Benathi ou *Benatek*, petite ville ſur l'Iſer ; elle a un château : *Ticho-Brahé* y a vécu & y eſt mort en 1601.

Bub, *Dub*, ou *Böhmiſch-Aycha*, petite ville qui dépend du couvent de S. Jaques à Vienne : elle a un château, & dans ſon voiſinage ſont des eaux froides en été, chaudes en hyver ; phénomène peu rare ſi l'on ne conſulte ſur ce point que le ſens du toucher.

Sobotka, petite ville ouverte.

Turnaw, ou *Turnau*, ville ouverte, près de l'Iſer : elle renferme beaucoup d'artiſtes, qui fabriquent des pierres de compoſition, & les vendent à un prix médiocre.

Gablona, ou *Gabel*, paſſage important : un couvent de dominicains y a une belle égliſe.

Tome II. E

Alt-Bunzlaw, *Boleslavia vetus*, eſt un bourg: c'était autrefois une ville, bâtie par *Wratislaw* II en 915, aggrandie par ſon fils *Boleslas* le cruel, preſque détruite par les troubles du quatorzieme & quinzieme ſiecle. Il eſt ſur l'Elbe vis-à-vis de *Brandeiſs*.

Hradiſtie ou *Münchengrätz*, a un couvent de capucins: ce n'eſt qu'un petit bourg.

Koſmonos, bourg qui a un college des peres des écoles pieuſes & une manufacture de coton & de futaine.

Reichenberg, bourg ou ville où l'on fabrique environ 20000 pieces de draps par an.

Reichſtatt, eſt un bourg: il a un château; près de là eſt un couvent de capucins. C'eſt une ſeigneurie qui renferme encore ſept villages.

Weiſs-Waſſer, ou *Biela*, bourg où l'on a établi en 1767 une manufacture pour l'entretien des orphelins. Il a un château, non loin de là eſt le couvent de *Paſig* ſur une haute montagne: on y fait des pélerinages. Dans les environs était un beau parc.

CERCLE DE LEUTMERITZ, OU LITOMIERZISCHKO.

C'eſt le paradis de la Bohème. L'Elbe l'arroſe & le rend commerçant. Ses plaines ſont fertiles en bleds. Ses montagnes produiſent le vin connu & recherché de *Podskalſki*: ſes eaux minérales, ſes eaux améres ſont connues, le ſel de *Saidſchitz* ne l'eſt pas moins: on y trouve de l'étain, du charbon de pierre, des pierres précieuſes: on y compte neuf villes médiocres, vingt-ſept petites villes ou bourgs, cinquante-cinq ſieges ſeigneuriaux, un ſeul couvent, & cependant ſept images miraculeuſes: on aurait plus beſoin de ces ſources de miracles dans un pays triſte & ſtérile.

Leitomierkitz ou *Leutmeritz* est une ville royale, peuplée, bien bâtie. Elle a un évêché qu'érigea Alexandre VII en 1655. Divers ordres de moines y possédent des seigneuries : ses environs sont fertiles en bon vin, & l'Elbe y amène des saumons. Sa longitude est de trente un degrés cinquante minutes, sa latitude de cinquante degrés trente-quatre minutes.

Austi, *Aussig*, (Usta) sur les bords de l'Elbe, dans une vallée étroite. Le vin de Podskalski croit dans son territoire : il est rouge, doux & violent à la fois, toujours troublé, il se conserve peu : a quelque distance on trouve du charbon de pierre. Aussig est une ville royale & on dit qu'elle est belle.

Kamenitz, ou *Chemnitz*, ville de manufactures. En 1766 on y comptait deux cent trente-deux métiers pour la fabrique des bas; le nombre en a augmenté encore : dans les villages qui l'environnent, on taille, on polit, on dore le verre qu'on y apporte de divers lieux & qu'on répand ensuite dans presque toute l'Europe. Le château de Kamenitz est sur une montagne.

Dietschin, *Teschen*, ville sans murs, bien bâtie, sur un roc élevé au bord de l'Elbe. Elle commerce en bois & en bleds avec la Saxe.

Beneschow, *Pensen*, petite ville ouverte, où l'on fabrique le meilleur papier de la Bohème.

Lippey, *Behmisch-Leippa*, ville murée. C'est une des plus peuplées de la Bohème; elle renferme un grand nombre d'artisans; elle commerce en bleds, & son marché est très fréquenté : on y fait des draps, de beaux verres, de la potterie estimée.

Auschti, *Ausche*, ville qui appartenait aux jésuites. On y fabrique le drap; on y cultive le houblon : le commerce qu'elle en fait est assez considérable.

Trebenitz, petite ville; elle appartient à l'abbaye noble de Saint George de Prague.

Teplitz, petite ville célèbre par ses bains chauds découverts en 1762. Une partie est hors de la ville. Ils furent, dit-on, découverts par un sanglier.

Bilin, petite ville, où est un château, & une fontaine d'eaux aigres. Elle est sur un mont riche en plantes médicinales.

Duchtschow, ou *Dusc*, petite ville où l'on fabrique beaucoup de bas fins & très-beaux : le château placé hors de la ville, a des jardins magnifiques.

Krupka, *Krauppen*, ville ouverte, entre des montagnes : on y fabrique des bas & dans ses environs sont des mines d'étain.

Birckstein, bourg où l'on fabrique les miroirs, la toile cirée, le coton, de la futaine, du linge de table, où l'on commerce en verre. On y voit un hermitage dont les appartemens, les chapelles, les corridors sont taillés dans le roc.

Hainspach, ou *Hanspach*, bourg où l'on fabrique cette étoffe de coton qu'on nomme guingans, des rubans de fil, du fil tors, de la futaine, du papier fin.

Kreibitsch, petite ville où sont une fabrique de toiles & une bonne verrerie.

Lewin appartenait aux jésuites & renferme un grand nombre de potiers.

Lowositz, petite ville & château qui dépend du margrave de Bade-Bade. Elle fait un grand commerce en bleds : onze villages en dépendent, & l'Elbe y passe.

Maria-Schein, appartenait aux jésuites : ils y avaient un collège & on y venait en pélérinage à une Notre-Dame.

Ober-Leutersdorf, bourg où l'on fabrique le plus fin drap de la Bohême, sur-tout des londrins; on les transporte en Turquie.

Peterſwald, bourg ou l'on travaille beaucoup de boucles avec des métaux différens.

Rumbourg, bourg & château; dans ce lieu & dans les villages qui l'environnent, on fabrique la toile & le linge de table : on y voit deux grandes blanchiſſeries, des maiſons pour la teinture & beaucoup de tourneurs.

Schluckenau, bourg où l'on fait la toile, où l'on blanchit & tord le fil.

Schœnlinden, ſes blanchiſſeries ſont connues : on y tord du fil.

Schreckenſtein, château ſur une montagne dont l'Elbe arroſe le pied : ce fleuve forme là une cataracte.

Zinwald, bourg près des frontières de la Saxe ; une partie même appartient à cet Electorat. Il y a des mines d'étain aſſez abondantes.

Oſſeg, couvent de l'ordre de citeaux : il y a une bonne manufacture d'étoffes. Sa ſituation eſt riante : on conſerve dans ſon égliſe le doigt avec lequel Jean Baptiſte montra Jéſus : comment ce doigt-là eſt-il le ſeul préſervé ?

CERCLE DE SAATZ OU DE ZIATELZ.

Celui d'Elnbogen n'en forme plus qu'un avec lui : il a de belles prairies, la terre y eſt fertile en bled, on y cultive le houblon, & c'eſt le meilleur de la Bohème : on diſoit autrefois qu'une bonne récolte dans la vallée de *Lautſchka* nourrirait ſeule la Bohème & cette vallée eſt au centre du cercle. L'Eger le partage en deux parties égales. On compte dans l'ancien cercle de Saatz dix-ſept villes médiocres, quarante-trois petites villes ou bourgs, quatre-vingt & douze châteaux, un collége, trois couvens, dix images miraculeuſes.

I. *Vieux cercle de Saaz.*

Zatetz, Saatz, ville royale avec des fauxbourgs

assez beaux sur l'Eger : cette riviére par ses inondations, le feu par ses ravages l'ont bien endommagée. Près de là est un couvent de capucins. Elle a cinq ou six villages dans sa dépendance.

Most ou *Brüx*, ville royale sur le Bila, au pied d'une montagne. Elle est bien bâtie, a trois couvens, une commanderie de l'ordre de l'étoile rouge, & un collége des péres des écoles pieuses.

Launy; ville royale. Elle est sur l'Eger. Les escargots & les alouettes de son voisinage sont recherchés.

Kadan, *Caaden*, sur l'Eger, est une ville royale, qui a une riche confrérie, & où l'on fait de très bonne biere.

Chomoton ou *Commotau*, ville royale : elle avait un beau collège de jésuites. Ses environs fournissent de l'alun, & on l'y prépare dans des fournaux.

Mont Saint Sebastien, ville affranchie, ainsi que *Sonneberg*, *Weypert*, *Bœhmisch-Viesenthal* & *Presnitz* : ces villes n'ont rien de remarquable.

Falkenow, petite ville sur l'Eger, où l'on fait de l'alun, du soufre, & du vitriol.

Kupferberg, *Podhorsan*, *Millowitz*, *Buchau*, *Luditz*, *Rabenstein*, *Gerkow*, ou *Boreck*, sont des lieux honorés du nom de villes.

Basberg, est un bourg libre qui a un château fortifié.

Eisenberg est un bourg où l'on cuit de l'alun.

Sedlitz, village près de Brux, où le médecin Hoffmann, découvrit en 1724., une fontaine d'eau aigre, d'où l'on tire par la cuisson le sel purgatif qui porte ce nom.

Seitschitz, bourg voisin de Sedlitz : on y trouve une eau plus forte, plus aigre, que celle de ce village.

Stechnitz, bourg où l'on a découvert une source d'eau minérale qui a les vertus de celle de Spaa. On connait son sel purgatif.

II. *Cercle d'Elnbogen ou de Loket.*

Loket, ou *Elnbogen*, ville royale, située sur un roc coupé à pic, environné de montagnes escarpées : l'Eger baigne le pied de ce roc, un seul chemin étroit conduit au sommet. Quelques villages en dépendent : son nom signifie coude.

Wary, Carlsbad (Thermæ Carolinæ) ville royale & ouverte sur le *Tœpl.* Ses bains célèbres furent découverts en 1370, & dit on, par un chien de chasse qui s'y brûla les pattes : ses eaux se boivent; elles ont cent cinquante un degrés de chaleur au thermomètre de Fahrenheit, & ne contiennent ni fer ni soufre, mais un sel alkali, un sel moyen amer, dont les cristaux sont pointus & de figure prismatique ; une terre alkaline & sélénitique ; elle a le goût d'un bouillon faible sans sel. La principale source est le *Prudel*, le *Muhlenbad* est moins chaud ; le *Neve-Brunn* est moins chaud encore, & ses eaux sont semblables à celles d'Aix la chapelle : le *Bruchsœverling* a des eaux froides, d'un goût aigrelet & martial.

Jochmsthal ou *Joachimsthal*, ville affranchie, ouverte, célèbre par ses mines d'argent, les meilleures du royaume, découvertes en 1516, & travaillées depuis plus de deux siecles. Un comte qui fit frapper des écus qu'on appella *Joachim* comme lui, donna son nom à la ville.

Gottesgab ville franche sans murs, ainsi que *Platten, Bleystatt, Lauterbach, Schœnfeld* & *Petschau.*

Slawkow ou *Schlackenwald*, ville royale, où sont des mines d'étain.

Schlackenwerth, autrefois *Ostrow*, ville & château : on y voit de beaux jardins, & un petit collège qu'Hubner trouve très-beau. Six villages dépendent de cette ville.

Chulm ou *Culm*, bourg aux chevaliers de la croix

rouge : une image de la vierge y amène une foule de pélerins.

Graslitz a un château, est sur une montagne. On en tire beaucoup de laiton.

Dreyhaken est un bourg : on y trouve du cuivre pur.

III. Le district d'Egra est joint au cercle de Saatz. La ville qui lui donne son nom l'a reçu de l'Eger ou Egra qui l'arrose. Il a été partie des états du duc de Bavière. L'empereur Louis de Bavière l'engagea au roi de Bohême, Jean, pour 40000 marcs d'argent. Il renferme la ville d'Egra, & les seigneuries d'*Oberkunreit*, de *Palitz*, de *Pokrat*, de *Sauerbrunn*, de *Séeberg*, de *Séehof*, & de *Wildstein*.

Egra ou *Chebbe* est une ville forte, bien bâtie, qui a un collège, trois couvens, fut une ville impériale & possède des bourgs ou bailliages. Elle a conservé ses anciennes institutions & ses droits. Le sénat juge, & l'on n'appelle de ses jugemens qu'au roi : près d'elle sont d'excellentes eaux minérales ; ces eaux passent chez l'étranger dans des bouteilles cachetées aux armes de la ville : sa longitude est de trente degrés, sa latitude est de cinquante degrés & deux minutes.

Cercle de Pilsen.

C'est un pays de montagnes & il en sort différentes petites rivieres dont la *Msa* ou *Beraunka-Msa* est la plus forte : elle s'enrichit des eaux des autres rivieres, & se perd dans la Moldau. Ce qui fait la richesse & le commerce de ce pays, c'est la multitude des brebis qu'il nourrit, ce sont les fromages excellens que les habitans font de leur lait. Il y avoit autrefois des mines d'argent & on y fond aujourd'hui le fer. On y compte onze villes médiocres, quarante-sept petites villes ou bourgs, cent & douze châteaux, cinq couvens, douze images miraculeuses.

Pilſen, *Plſna*, ville royale bien bâtie, bien fortifiée, aſſez peuplée, la ſeconde ville du royaume, placée entre la *Mſa* & la *Radbuſe*. Un château & quelques villages lui appartiennent : on l'appelle auſſi *Neu-Pilſen* pour la diſtinguer du vieux Pilſen, nommée aujourd'hui *Plſenetz* : ſon hôtel de ville & l'égliſe de Saint Barthelemi méritent d'être vus. Sa longitude eſt de trente un degrés vingt minutes, ſa latitude quarante-neuf dégrés quarante-ſix minutes.

Klattowy, ville royale, bâtie en 775, ceinte de remparts & de murs en 1000. Son collége appartenait aux jéſuites, & ce collége était ſeigneur de pluſieurs villages. Elle a des mines d'argent.

Strſibro-Mies, ville royale ſur la Mſa. Son nom bohémien ſignifie argent, parce qu'en jettant les fondemens de ſes murs on y trouva de ce métal. Elle fut bâtie en 1131, & poſſède quelques villages.

Domazlitz ou *Taus*, ville royale, barriere élevée contre les Bavarois : on y fabrique des rubans de fil. Elle a un petit territoire.

Rokitſchany, ville royale : elle poſſède des villages, & a des forges.

Dobrſany, petite ville ſur la Radbuſe : elle appartient à un couvent de religieuſes de l'ordre des prémontrés.

Prſeſſtitz, petite ville ſur la Bradawke : elle appartient à des bénédictins.

Janowitz, *Droſchau*, *Neuern*, *Neumark*, *Teyn-Horſchow* ou *Teinitz*, *Neuſtadtl*, *Bor*, ou *Hayd*, *Tauſim*, ou *Deiſing*, *Wſcheruby*, *Plan*, ſont de petites villes qui n'ont rien de remarquable.

Neagedeyn, petite ville, a une belle manufacture d'étoffes de laine.

Kladrau appartient à un couvent de bénédictins. C'est une petite ville.

Tœpl sur la *Tœpl*, est une petite ville, a un couvent de prémontrés. Il est toujours singulier que des moines soient seigneurs de villes, & cependant c'est une chose assez commune.

Tachow était une ville royale; son château est célèbre. Elle est devenue seigneurie dépendante.

Kuttenplan est un bourg: dans son voisinage on fait du smalt.

Népomuk, bourg, lieu de la naissance de Saint Jean Népomucène. Près de là est le château de *Zélena*, *Horæ* ou *Grünberg*, autrefois couvent de l'ordre de citeaux, détruit par les Hussites.

Stab, & *Stankowy*, sur la Radbuse appartiennent à un couvent de religieuses.

Cercle de Prachim.

Un ancien château dont une haute montagne montre encore les ruines, lui donna son nom; on y trouve des pierres précieuses, de l'or, de l'argent. La Moldau y prend sa source: il touche à la Bavière, à l'Autriche, est hérissé de montagnes. On y compte dix villes médiocres, vingt-huit petites villes ou bourgs, soixante-cinq seigneuries ou châteaux, deux couvens, six images miraculeuses.

Pisek, ville royale sur la Watawa; son nom signifie *sable*; le sable que la rivière y déposait était mêlé de paillettes d'or. Elle possède plusieurs villages.

Sutchütz, *Schuttenhofen*, ville royale, dans une vallée, sur la Watawa: elle possède des villages, a un couvent de capucins, son nom signifie *Secher*; on y séchait les grains d'or qu'on retirait du sable de la rivière.

Wodnany ou *Wodnian*, ville royale sur la Blanitz ; les guerres l'ont désolée.

Barau, *Netolitz*, sont de petites villes ouvertes.

Kaschperski Hory ou *Berg Reichenstein*, ville royale sur une montagne où l'on trouve de l'argent : elle n'est guère habitée que par des mineurs, & possède divers villages.

Unter-Reichenstein, ville royale sur la Watawa.

Prachatitz fut une ville royale, appartient à un seigneur, est placée sur une montagne.

Wimberg ou *Winterberg* sur la Wolnika. Elle a un couvent de prémontrés, & on y fait le meilleur verre blanc de la Bohême.

Strakonitz appartient au grand prieur de Malthe en Bohême & c'est là qu'il réside.

Brsesnitz, est une petite ville ouverte où les jésuites avaient un assez riche collège.

Wolynie, *Unser-Lieben*, *Horasdiowitz* sont de petites villes.

Blatna, bourg, voisin d'un lac d'où sort l'Uslava.

Hluboka ou *Frauenberg*, bourg : il est sur les bords de la Moldau : son château est sur une montagne voisine.

Mirotitz, & *Mirowitz*, sont deux bourgs qui appartiennent au couvent de Schlægel en Autriche.

Raby, sur la rive de la Wotawa, bourg qui avait un château célèbre. Ziska perdit un œil en l'assiégeant.

Silberberg, bourg & château : ce nom leur fut donné parce qu'on y avait ouvert des mines d'argent, & de cuivre.

Cercles de Bechin du ressort de Budweis, et de Tabor.

Ils ne formèrent longtems qu'un seul cercle, & c'est pour cette raison qu'on les réunit ici : on y trouve des eaux minérales, des mines de sel, de l'or dans la rivière de Luschnitz. Ils renferment quatorze villes médiocres, cinquante petites villes ou bourgs, soixante un châteaux seigneuriaux, sept couvens, onze images miraculeuses.

Budiegowitz, *Budweiss*, ville royale sur la Moldau; elle est bien bâtie, fortifiée à l'ancienne, possède deux bourgs & quelques villages, a un collège dirigé par les pères des écoles pieuses, & un couvent de dominicains : dans ses environs on trouve de l'or & de l'argent & on y pêche des perles & des nacres.

Tabor ou *Hradischtie Hory Tabor*, ou camp du mont Tabor. Le château de *Hradischt* placé sur une montagne que les Hussites avaient nommé le Tabor, ayant été pris avec la ville d'Austi par *Ziska* leur chef, des ruines de cette ville & de ce château, il bâtit le *camp de Tabor*, qui donna son nom à ses troupes. Cette ville est forte par sa situation. Le *Luschnitz* l'arrose, & un fossé, des murs, d'antiques bastions l'environnent. L'empereur Sigismond en fit une ville royale. Plusieurs villages en dépendent. On y brasse de la bierre estimée.

Pelbrziinow, ou *Pilgram*, ville royale : son territoire est assez étendu, ses habitans aiment, dit-on, les arts, & les sciences, & ils les cultivent.

Patzow, *Milewsko*, deux petites villes appartenant, la premiere à des religieuses carmélites, la seconde à une abbaye de prémontrés.

Hradetsch Gindrischu, ou *Neuhaus*, ville où l'on voit un beau château, un grand collège & de bonnes fabriques de draps.

Kamenitz, *Sobieslaw*, *Teynna-Wttawa*, *Rosenberg*, *Gratzen*, *Potschatki*, sont de petites villes.

Bechyn, petite ville autrefois royale sur la Luschnitz. Son château est sur un rocher escarpé, elle a un couvent de recolets.

Trsebon, ou *Wittgenau*, petite ville dans des marais,

que d'autres nomment un grand lac. Elle a un château regardé autrefois comme une forteresse.

Neu Byſtrſitz, ou *Fiſtritz*, petite ville ſur la Luſ-chnitz. Elle a un château & un couvent de minimes.

Krumlow, *Crumau* ville forte bien bâtie, ſur les bords de la Moldau : elle a un beau château, un grand collège & un couvent de minimes : c'eſt un duché.

Hohenfurt, (*Vadum altum*), bourg ſur la *Molda* : il appartient à des bernardins dont l'abbé eſt ſeigneur de quelques villages :

Rudolpſtatt, bourg qui doit ſon nom à Rodolphe II. empereur. Il y avait dans ſes environs des mines d'argent qui rapportaient trente-mille marcs année commune. Il n'y a plus qu'une mine de ſel, & il dépérit.

Sainte couronne, ou *Gulden-Kron*, eſt une abbaye royale de l'ordre de citeaux.

Teſchenau, bourg. Dans ſes environs on trouve un bain chaud.

Cercle de Chrudim.

Parſemé d'étangs poiſſonneux & de prairies, il nourrit d'excéllens chevaux. On y compte huit villes médiocres, vingt-cinq petites villes ou bourgs, dix-neuf châteaux ou ſeigneuries, un couvent, quatre images miraculeuſes.

Chrudim, ville royale aſſez bien bâtie, eſt ſur le *Chrudimka*, & poſſède pluſieurs villages.

Wiſſoky-meyto, ou *Hohemaut*, ville avec un petit territoire.

Politſchka, ville royale : elle poſſède quelques villages.

Litomyſl, ou *Leitomiſchel*, ville où Charles IV avait fondé l'évêché qui fut tranſféré depuis à *Konigengratz*. On y commerce en toiles, & il y a un collège.

Pardubitz, ville petite & fortifiée. Elle a un château, est une seigneurie royale, qui renferme deux bourgs; elle est connue par ses manufactures d'épées & de couteaux. On y voyait une tour sur laquelle était élevée une pomme d'or.

Hermann-Miestetsch, petite ville où l'on travaille du marbre de diverses couleurs.

Prselautsch, *Landskrow*, sont de petites villes.

Teynetsch, *Hrochow*, bourg qui appartient a des prémontrés: on y fabrique du verre & ses environs sont couverts de bois.

Choltitz, est un bourg, il a un beau château. *Lusche* appartenait aux jésuites. *Daschitz* est un bourg libre.

Nassawrk, bourg; dans les environs duquel on trouve la couperose & du vitriol.

CERCLE DE CZASAW.

Il renferme des montagnes d'où coulent des rivières & d'où l'on tire de l'argent. On y compte cinq villes médiocres, trente-sept villes ou bourgs, treize châteaux seigneuriaux, trois couvens, trois images miraculeuses.

Kutna-Hora, ou *Kuttenberg*, ville royale, célèbre par ses mines d'argent autrefois très abondantes: les premiers gros y furent frappés en mille trois cens. Un moine découvrit ces mines en mille deux cent trente-sept, & de là vient son nom: car *kutte* en allemand signifie *moine*. *Kutna* est la troisième ville du royaume. Il y avait un beau collège de jésuites. Son territoire est étendu.

Csazlaw ou *Tschaslaw*, ville royale bâtie en 796: son église a la plus haute tour de la Bohême, on y voit le tombeau de Ziska, chef fameux des Hussites & on y conserve sa cuirasse & son sabre: la place du marché est un quarré très vaste. La Crudemka l'arrose. Sa longitude est de trente-trois degrés dix-huit minutes. Sa latitude quarante-neuf degrés cinquante minutes.

Brod-Niemetschki, ou *Deutschbrod*, ville royale bâtie en 793; son territoire renferme quelques villages.

Polna, petite ville ouverte où l'on fabrique des draps pour les soldats.

Ledetsch, petite ville acquise par Marie Thérèse: elle couta 240000 florins, ou plus de 700000 livres & on en dotta l'abbaye de dames nobles de Prague. Elle est sur la Safawa & a des justiciables.

Prsibislaw ou *Prymisl*, *Chotiebors*, *Swietla*, *Zbraslavitz*, petites villes.

Chotusitz est un bourg connu par une victoire du roi de Prusse en 1742.

Goltsch Jenikow, est un grand bourg où l'on fabrique des rubans & des étoffes & où l'on vient vénérer une image célèbre de Notre-Dame de Lorette.

Lukawetz, bourg qui renferme diverses manufactures.

Malin était une ville & n'est plus qu'un village: des mineurs y mirent le feu, elle n'a pu se rétablir.

Petzwar, seigneurie, grand bourg, où l'on voit un château bien bâti.

Zdiar, *Saar*, bourg où l'on voit un couvent de l'ordre de citeaux.

Frauenthal, *Sedletz*, ou *Sedlitz*, sont deux couvens de l'ordre de citeaux: le dernier a la plus belle église de la Bohême, & l'on aime à y être inhumé, parce qu'on dit y avoir transporté de la terre de Canaan. *Selau* ou *Sééau* est une abbaye royale & un couvent de prémontrés.

Cercle de Kaurzim.

C'est un pays de forêts dont le bois se transporte à

Prague par la Safawa & la Moldau; il est placé entre cette derniere & l'Elbe. On y compte cinq villes médiocres, trente petites villes ou bourgs, cinquante-quatre seigneuries, trois couvens, une image miraculeuse.

Kaurzim, ville royale très ancienne, assez grande, & dont le nom signifie de la fumée: on y avait établi des signaux.

Kolin, ville royale sur l'Elbe; elle a trois cens maisons & une grande place. Son territoire est considérable.

Bœmisch-Brod; ville royale: l'empereur Sigismond la fit libre; le feu la réduisit en un monceau de cendres en 1637, elle s'est relevée; mais n'est pas ce qu'elle a été.

Gyhlow, *Eylau* ou *Eule*, ville royale: on trouvait autrefois de l'or dans ses environs.

Beneschow, bourg où est un collége des péres des écoles pieuses.

Brandets est un bourg, un château, une seigneurie, qui renferme encore un bourg & quelques villages: ses jardins sur l'Elbe sont magnifiques, ses environs sont un pays de chasse; on y trouve de la terre sigillée.

Chotzemitz, *Planiany*, deux bourgs entre lesquels se donna une bataille en 1757.

Kosteletz, bourg sur une colline agréable, à côté de la forêt noire, appellée *Schwarz-Kosteletz*, ou *Kreutzel*. Ce bourg était une forteresse, dont les murs sont aujourd'hui démolis.

Lablkowitz, est un château connu. *Michowitz*, bourg a un couvent de Bénédictins. *Sternberg le Bohémien* est un bourg sur la *Sesawa*, *Zazawa* est encore à des bénédictins.

Zasmuki, est un bourg où des franciscains ont un cou-

couvent, où l'on voit une belle église construite en mémoire de la défaite des Prussiens à *Chotzemitz*, en 1757.

Saint Procope, couvent de Bénédictins sur la *Sa-sawa*.

CERCLES DE KŒNIGINGRÆTZ, OU DE HRADETZ.

Ils sont entourés au nord par les montagnes des géans. On les réunit ici, parce que leur division n'est pas ancienne, & qu'on n'en connait pas bien les limites mutuelles. C'est un pays fort élevé. Près de *Trautenau*, au village d'*Adorsbach*, on voit des pierres d'un volume immense, perpendiculaires, isolées comme des colonnes, hautes de cent à deux-cent pieds, réunies à leur pied qui ne forme qu'une même masse, & qui s'étend dans une espace de quelques miliers de pas : elles forment un labyrinthe dont l'entrée ressemble à un théâtre. On croit qu'une montagne minée, excavée par les eaux, a produit ce singulier monument : on trouve dans ces cercles des pierres précieuses, de grands étangs ou lacs, dont le plus grand est celui de *Blato*, dix villes médiocres, quarante-neuf petites villes ou bourgs, cinquante-trois seigneuries, neuf colléges & couvens, trois images miraculeuses. Les bons chevaux qu'on y nourrit valent mieux que ces couvens, & que ces images.

Kralowe-Hradetz, ou *Kœnigingrætz* ville royale, au bord de l'*Elbe*, près de l'*Adler* ou *Worlitz*, qui s'y jette : fondée en 782, elle est assez grande, & bien bâtie. Son évèché est étendu, & fut érigé en 1664; son chapitre est seigneur du bourg de *Skal*; son collége qui fut aux Jésuites y possède des droits seigneuriaux, l'ordre téutonique y a une commanderie, l'ordre de

Tome II. F

Saint François un couvent. La ville possède quelques villages.

Jaromirs, ville royale sur l'*Elbe*. Elle avait une abbaye d'Augustins, & n'a plus qu'un doyenné. Son territoire est peu considérable.

Kralowe Dwur ou *Koniginhof*, ville royale au bord de l'Elbe.

Neu-Bidschou, ville royale, au bord de la *Tschidlina*, c'est la capitale d'un de ces deux cercles.

Alt Bidschow était une ville qu'une incendie a réduit en village.

Trutnow ou *Trautenau*, ville royale sur l'Uppau, le feu la consuma en 1757, le commerce l'a rétablie, On y vend beaucoup de toiles: on y fabrique des draps recherchés par leur bonté, & leurs belles couleurs.

Hoslinney, *Arnau*, petite ville sur l'*Elbe*, ainsi que *Urchlab* ou *Hohenelb*.

Braunau, petite ville avec une riche abbaye de bénédictins qui en sont seigneurs. On y fabrique de bons draps rouges, verds & bleus.

Neustadt sur la *Métau*, est une petite ville.

Neu-Paka, petite ville commerçante en fil & en toiles.

Gitschin, jolie ville qui a un vaste collége, & une image miraculeuse de la vierge qui ne l'enrichit pas comme son commerce en blés. Près d'elle est la chartreuse de *Wattiz*.

Horsitz, petite ville fondée pour les invalides.

Freyheit, bourg qui a une blanchisserie de toile célèbre: dans ses environs sont des bains chauds.

Gilemnitz, ou *Starkenbach*, château, bourg où l'on fabrique une toile très-fine.

Hosteletz, bourg sur l'*Adler*; il a une bonne blanchisserie de toiles.

Kukus, bourg sur l'*Elbe*: il y a des bains célèbres, & appartient aux religieux des bons-hommes.

Nachod petite ville, chef lieu d'une seigneurie considérable: la *Metha* l'arrose.

Nechanitz, bourg où l'on fabrique des bas.

Opotschna, bourg où s'est établi une compagnie de commerçants en toiles: il y a une bonne blanchisserie.

Podibrad est une seigneurie royale, c'est là que naquit George roi de *Bohême*, en 1458.

Pöttenstein, bourg; il y a une manufacture de futaine & de linge de table, un magazin de toiles & une blanchisserie où l'on façonne les toiles à la maniere de *Silésie*.

Reschenau, bourg: il a une bonne manufacture de draps & une blanchisserie de toiles.

Schwartzenthal, bourg; on y a trouvé une mine d'or.

Skalitz, petite ville, couvent de l'ordre de citeaux, qui a un abbé commun avec *Sedlitz*.

Trzebechowitz, *Hohenbruk*, bourg, qui a une bonne blanchisserie de fil.

Opatowitz, couvent de bénédictins qu'on dit renfermer d'immenses richesses: peut-être ce qui le fait dire, c'est qu'il est aujourd'hui enseveli dans la terre.

Cercle de Rakownitz.

Il est montueux, couvert de forêts, fertile en blés, & nourrit de bons chevaux. On y trouve de la porcelaine fine & on y compte cinq villes murées, quinze petites villes ou châteaux, cinquante-deux seigneuries, six couvens, trois images miraculeuses.

Rakownitz où *Rakonitz* ville royale en 1588: elle a une enceinte resserrée & un bourg dans sa dépendance.

on y fait de la bonne biere, qui est le principal objet de son commerce.

Welwarn, petite ville bâtie en 956, & protégée par le bourgrave de Prague.

Slan, *Schlan* était une ville royale, c'est aujourd'hui une ville dépendante & pauvre.

Aunbost, *Unbost*, petite ville, *Rava* est sur l'Elbe, *Budyn* est sur l'Eger.

Burglitz est un bourg, & a un bon martinet de fer: il doit son nom à un château situé sur un mont voisin où l'on gardoit les prisonniers d'état.

Krsiwoklad ou *Pirglitz*, château où étoit le trésor royal, & où l'on enfermait les prisonniers d'état.

Slonitz, *Smetschna*, sont des bourgs, ont des châteaux, & n'en sont pas plus riches.

Teinetsch, bourg, qui appartient à des religieuses de Saint Agnés, *Wrany* appartient au chapitre de Prague.

Doxan, couvent de religieuses de l'ordre des prémontrés fondé en 1144. Deux bourgs lui appartiennent.

Plass, couvent d'hommes de l'ordre de citeaux.

CERCDE DE BERAUN.

Il est composé de celui de Podiebrad & de celui de Muldau: il abonde en poissons, bois & blés: la Moldau facilite le commerce de ses productions. On y fond du fer. On y compte quatre villes médiocres, vingt-trois petites villes ou bourgs, cinquante seigneuries, cinq couvens, trois images miraculeuses. On verra dans quelque tems si la superstition, n'aura point étendu son empire, c'est trop encore si elle le soutient.

Beraun est sur la Mies: bâtie en 746, son opulence n'égale pas son antiquité: on y fait de la belle potterie.

Prſibram, ville royale ſans murs; elle a un petit territoire.

Seltſchan, petite ville ſans murs.

Alt-Kenin eſt un château, & appartient aux chevaliers de la croix rouge.

Carlſtein, château célèbre à cinq lieues de Prague ſur une montagne, conſtruit par l'empereur *Charles IV*, deſtiné à conſerver les reliques, les joyaux & les privileges du royaume. On y voit un puits de 244 pieds de Prague de profondeur. La ſeigneurie appartient au roi. Il a dans ſa dépendance la petite ville de Hoſtomitz; & tombe lui-meme en ruines.

Horzovitz, bourg. Il a un martinet de fer blanc, & une verrerie où l'on ſe ſert de charbon de pierre.

Knin eſt une petite ville, qui a dans ſes environs une mine d'or. *Telin* l'a été: c'eſt aujourd'hui un village connu, parce que *Ste. Ludemille* y a perdu la vie.

Zbirow, bourg & château ſur une élévation: c'eſt une ſeigneurie royale dont dépendent trois bourgs & un château.

Sainte Benigne ou *Dobrotiwa*, couvent d'auguſtins fondé en 1163. *Le St. Mont* appartenait à des jéſuites.

Saint Jean ſous le Roc, couvent de bénédictins près de Carlſtein, fondé en 909; il poſsede le bourg de *Dawle* ſur la Moldau, & c'eſt le pélerinage le plus fréquenté des habitans de Prague: cependant, il n'en eſt pas bien éloigné.

Kœnigs-Saal (Aula-Regia), abbaye royale de l'ordre de citeaux.

Oſtrow, couvent de bénédictins dans l'isle de St. Jean formée par la Moldau. *Komorow* eſt un village voiſin d'une mine de fer.

LA SILÉSIE BOHEMIENNE.

Elle renferme une partie de la haute & de la basse Siléfie. Nous parlerons d'abord de celle-ci; c'eſt la moins étendue : elle ne comprend qu'une portion de la principauté de Neiſs; l'évêque de Breslau en eſt ſeigneur : on s'étendra davantage ſur ce ſujet dans l'article de la Siléſie Pruſſienne. La partie dont le roi de Bohême eſt demeuré ſouverain comprend cinq villes & pluſieurs villages. La Siléſie ne fait point partie des dix cercles de l'empire.

BASSE SILÉSIE.

Zuckmantel, petite ville épiſcopale ſans murs, & ſans commerce : ſes mines d'or, d'argent, de cuivre, furent autrefois riches, & ne le ſont plus.

Weidenau, petite ville déſolée par des incendies.

Jauernick eſt ſans murs, appartient à l'évêque de Breslau, touche d'un côté au château de Johanneſberg, & de l'autre au village de Jauernick.

Friedberg, petite ville épiſcopale ſans murs, mais non ſans aiſance.

Kaltenſtein, petite ville ſur la Billaw : elle eſt toute ouverte, & appartient à l'évêque.

Parmi les villages, celui de Weiſſwaſer eſt remarquable, parce qu'il y a un couvent de piétiſtes, & qu'on y conſerve une image de la vierge qui amene un grand nombre de pélerins. Il appartient à l'évêque d'Olmütz.

HAUTE SILÉSIE.

La partie Autrichienne renferme quatre principautés & huit ſeigneuries.

I. Une partie de la principauté de Troppau. Elle renferme cinq villes, un bourg & un grand nombre de villages.

Troppau ou *Oppawa*, capitale de la haute Silésie, est située sur l'Oppa dans une contrée fertile. On y voit un château antique, un college, trois couvens & une commanderie de Malthe. Elle est le siege de la régence pour la Silésie Bohémienne.

Kœnigsberg ou *Künsberg*, petite ville sans murs, qui a un château.

Wagstadt ou *Bilowes*, petite ville ceinte de murs, ornée d'un château.

Oder ou *Odrau*, petite ville murée, avec un château: elle est sur l'Oder.

Wigstadtel ou *Wakow*, petite ville sans murs: sur une montagne voisine est le château de Wingstein.

Grætz ou *Hradetz*, bourg & château sur la Mora.

II. Une partie de la principauté de Jægerndorf; elle renferme deux villes.

Jægerndorf ou *Karnow* est ceinte de murs, entourée de montagnes & traversée par l'Oppa. Elle a un couvent de mineurs & un château: sur des montagnes voisines sont une église & le château de *Schellenberg*; ses environs sont un pays de chasse, & c'est de là que vient son nom.

Bensche ou *Bendschin*, ville petite & sans murs; elle renferme encore que'ques châteaux & plusieurs villages.

III. *La principauté de Teschen.*

Elle est à l'orient de celle de Troppau, au nord de la Hongrie: le Krappak y commence, & les montagnes de la Moravie y finissent. Au midi, on trouve des marécages, des étangs & des lacs. Le sol y est cependant fertile; le bois y est abondant. La Vistule, l'*Olsa* ou l'*Usa*, y prennent leur source. Les

Walaques ou Heyduques habitent les montagnes ; on y parle allemand & polonais. L'efpece de fufil appellée Tefchinques y fut inventé, & fe fabrique dans fa capitale. C'eft à Tefchen que réfidait *Miécislas*, duc de la haute Siléfie ; elle fut encore la demeure de plufieurs de fes fucceffeurs. La tige mâle de fes ducs s'éteignit en 1625 : elle fut réunie à la Bohême, cédée au duc de Lorraine en échange de fes droits au Mantouan & au Montferrat, & à fon fils devenu empereur ; enfin, à fon gendre *Albert* de Saxe, fils du roi de Pologne *Augufte III*.

Tefchen eft fur l'Elfa, dans une campagne fertile, trop voifine de marécages : on y trouve un collège & deux couvens. Il y a une églife luthérienne & une école. Les luthériens ont fait un don de 37000 livres à l'empereur, en reconnaiffance de ce qu'il avait permis d'élever ces deux édifices. Sur une colline élevée font deux châteaux, dont l'un eft antique. On y commerce en cuirs, en laine & en vins de Hongrie : on y fabrique des armes à feu, & on y fait de la biere.

Jablunka, petite ville ouverte fur l'Elfa dans une vallée profonde ; au-delà eft le fort de *Jablunka*.

Sckozow ou *Skalfchau*, petite ville fur la Viftule, avec un château.

Schwarz-waffer, petite ville ouverte fur la Viftule. Elle faifait avec *Sckozow* une feigneurie particuliere ; cette principauté renferme encore près de cinquante villages paroiffiaux.

IV. *Principauté de Bilitz.*

Elle faifait autrefois partie de celle de Tefchen ; elle devint enfuite une feigneurie particuliere. L'empereur *François Etienne* l'érigea en principauté en 1752. La Biala la fépare de la Pologne, & on y compte une ville & fept villages.

Bilitz, petite ville fur la Biala ; elle eft ceinte de murs, & a un château fur une hauteur voifine.

Seigneurie d'Oderberg.

Une partie eft au roi de Pruffe : celle qui eft à la Bohème eft entre l'Oder & l'Elfa.

Oderberg, petite ville fur l'Oder ; elle a un château & trois villages.

Seigneurie de Freudenthal.

Elle eft entre la Moravie & les principautés de Jägerndorf & de Neiffe. L'empereur *Ferdinand II* s'en faifit. *Leopold* la céda au grand prieur de l'ordre teutonique, & depuis ce tems, les grands prieurs de Mergentheim font feigneurs de Freudenthal.

Freudenthal ou *Brunnthal*, ville dans un vallon agréable environnée d'un mur ; elle a un couvent & un château.

Engelsberg, petite ville ouverte : elle avoit des mines dans fon voifinage ainfi que *Wirbenthal*.

Cette feigneurie renferme encore le bourg d'*Eulenberg* en Moravie, & huit villages paroiffiaux.

Seigneurie d'Olbersdorf.

Elle appartenait aux jéfuites de Neyffe : elle renferme le bourg d'Olberdorf & onze villages.

Seigneurie de Friedek.

Elle touche à la Moravie d'un côté, & de l'autre à la principauté de Tefchen, dont elle a fait partie. Elle renferme la petite ville de Friedek, ceinte de murs, fur les bords de l'Oftrawice, & cinq villages paroiffiaux.

Seigneurie de Freyftadt.

Les princes de Croy la poffédent : elle a fait partie de la principauté de Tefchen. Elle renferme la petite ville de *Freyftadtel* près de l'Esla, & trois villages.

F 5

Seigneurie de Roy.

Elle est sur l'Elsa, & touche à celle de Freystadt; elle renferme quatre villages.

Seigneurie de Deutschleuten.

Elle est à côté de celle de Roy, & comprend aussi quatre villages.

Seigneurie de Reicherwaldau.

Elle confine à la précédente, & ne renferme comme elle que quatre villages.

MARQUISAT DE MORAVIE.

Cette province est à l'orient de la Bohême, au sud de la Silésie, au couchant de la Hongrie, au nord de l'Autriche. Elle peut avoir 160 lieues de circuit, & 1000 lieues quarées de surface. Des montagnes la séparent de la Silésie, de la Bohême & de la Hongrie: elles se répandent vers le centre, sont couvertes de vastes forêts & ont à leur pied des étangs, des marais: sur les monts, l'air est rude & froid, mais sain; dans la plaine il est épais, & l'eau y est malsaine. Les champs y sont fertiles: le froment, le lin, le chanvre, les légumes, les fruits y sont abondans: le ris & le safran y croissent; le vin y est bon & rare; les pâturages riches & féconds: on y recueille de l'encens, un mirrhe fossile semblable à l'ambre jaune & beaucoup de miel; le gibier y est commun. On y trouve le castor, le loup, l'ours, le léopard appellé *risove*, grand comme un chien, plus rempli que cet animal. Du marbre, des pierres précieuses, des minéraux tels que le fer, l'alun, le soufre, le vitriol, le salpêtre, l'or, l'argent, y sont répandus dans le sein de la terre, quelquefois à la surface; mais semés assez clair. On y voit des eaux chaudes; mais cette province manque de sel. L'*Oder* y prend sa source, & n'y est point navigable. La Morave ou March (Marus) la traverse dans son cours tortueux, & lui donne son nom: elle se perd dans le Danube près de Presbourg, & ne porte point bâteaux; ses rivières les plus petites, ses lacs, ses étangs, sont remplis de poissons.

Les Quades & les Marcomans habitaient ce pays; les Slaves leur succédèrent. *Charlemagne* soumit leur roi *Zamoslas*; *Louis* son fils eut pour vassal leur roi *Mégomer*: ce *Mégomer* ou *Mogemir*, ce *Zamoslas* devinrent chrétiens ainsi que leurs peuples: c'est-à-dire, qu'on leur fit imiter des cérémonies dont ils ne voyaient point le but, & prononcer des mots qu'ils ne comprenaient pas. En 908, la Moravie fut partagée entre la Pologne, la Hongrie & l'Allemagne. Une partie de ses peuples cherchèrent un protecteur dans *Wratislas I*, duc de Bohême; lui & ses successeurs réunirent par les armes, les parcelles de la Moravie, & *Henri IV* empereur en fit un marquisat. Les opinions des Hussites y pénétrèrent, & leurs guerres le ravagèrent: c'est un reste de Hussites qui a formé les frères Moraves, peuple doux & docile, toujours obligé de se cacher pour suivre ses principes & pour les enseigner, mais qui jusqu'à présent a paru être les fanatiques les moins dangereux pour les princes. La Moravie passa dans la maison d'Autriche par la vente qu'en fit l'empereur *Sigismond* à l'archiduc *Albert* son gendre & son successeur; elle n'en est plus sortie.

La Moravie est soumise à la jurisdiction ecclésiastique de l'évêque d'Olmutz qui prend le titre de duc, de prince de l'empire, de comte de la Chapelle royale de Bohême. Il est sous la dépendance immédiate du saint siège; son tribunal ecclésiastique est le seul de la Moravie. Sa jurisdiction exclut tout autre quand il s'agit du clergé, qui est très-nombreux dans cette province. L'évêque a un assez grand nombre de vassaux: les états sont composés du clergé, des seigneurs, des simples nobles & des députés des villes royales. Les diètes sont convoquées par le souverain, & se tiennent à Brünn.

Les sciences y sont languissantes, & le seront longtems. Cependant, Olmutz a une université qui n'a jamais été célèbre; il est possible qu'elle le devienne un jour. On y a formé une société littéraire, sous le nom des *inconnus*. Il y a des collèges dirigés par des prêtres. On y trouve quelques manufactures, & on y fabrique des draps: le commerce y est foible, mais il existe. Une chambre de commerce est établie à Brünn pour veiller sur cet objet. La langue sclavonne est celle du pays; l'allemand y est commun.

Le premier tribunal du pays est le *gouvernement*; les autres sont celui de la sénéchaussée, le conseil provincial, le comité des états, le directoire de la noblesse, l'officialité de l'évêque, &c. Les grands officiers sont, le grand sénéchal, cinq capitaines de milices, le grand chambellan, le grand juge provincial, le grand juge de la cour, le grand notaire, &c.

La Moravie entre environ pour le tiers dans les contributions tirées sur la Bohême. On y compte 99 villes, 159 bourgs, 2478 villages, qui forment un total de 87271 maisons. Le terrain des champs & des prairies s'y divise en *lahnes*, la lahne est un espace de terrain où l'on peut semer 100 boisseaux de grains si le sol est bon; s'il est médiocre, c'est un espace où l'on sème 125 boisseaux: s'il est mauvais, l'espace est plus grand encore, on y sème 150 boisseaux.

La Moravie n'entre point dans la division de l'empire en cercles. Elle est divisée en cinq petites provinces ou cercles que nous allons parcourir.

CERCLE D'OLMUTZ.

C'est le plus grand de tous, & on le subdivise en quatre quartiers. Le lin, le chanvre, les légumes, les fruits, en font les richesses. Il renferme 52 villes, 32 bourgs, 984 villages.

Olmutz ville royale, évêché, située dans un terrain marécageux, environnée par la Morave, elle est forte encore par tout ce que l'art peut ajouter à la situation. Bien bâtie, elle est peuplée sans être bien commerçante : on y compte treize églises, huit couvens, plusieurs hôpitaux, un collège, un séminaire & une université fondée en 1567. La ville ne peut être attaquée que du côté qui regarde l'Autriche. La partie qui regarde la Silésie peut être inondée; elle est inaccessible. Son territoire renferme un bourg & 24 villages où l'on compte 300 maisons & 169 lahnes. On voit dans la ville deux colonnes remarquables; l'une a 19 toises de haut & l'autre 12.

Le grand chapitre d'Olmutz possède dans ce cercle deux bourgs, 79 villages, 2083 maisons, environ 520 lahnes.

Le couvent de la *Toussaint* à Olmutz possède onze villages.

La chartreuse d'Olmutz possède la petite ville de Gibau, sept villages qui comprennent 58 lahnes.

Le couvent de Ste. Claire possede cinq villages & 35 lahnes. Celui de Ste. Cathérine sept villages & 58 lahnes.

Hraditz, abbaye composée de chanoines de l'ordre des prémontrés qui élisent leur chef : située sur une colline pierreuse, possède *Ostrow*, fauxbourg d'Olmutz, & *Swietauka*, petite ville, trois bourgs, 51 villages, qui contiennent 236 lahnes.

Mont-Sacré, église magnifique à une lieue & demie d'Olmutz; une image de la vierge y fait accourir les pélerins.

La terre d'*Aufgesd* renferme 24 maisons.

La seigneurie d'*Aussée* renferme la ville de ce nom, & 29 villages.

La terre de *Baussau* est à l'ordre teutonique, elle a un bourg & 13 villages.

La terre de *Birkupitz* a trois villages.

La seigneurie de *Boskowitz* renferme la ville de ce nom qui a 128 maisons, & 38 villages.

La seigneurie de *Carlsberg* renferme la petite ville de *Hoff* & 14 villages.

La terre de *Chudowein* a onze villages.

Les terres de *Dobromilitz*, de *Dolloplasse*, de *Dranowitz*, de *Dreschewanovit*, ont ensemble cinq villages.

La seigneurie d'*Eulenberg* renferme la petite ville de ce nom, celle de *Braunselffen*, de *Friedland* & 22 villages.

La seigneurie d'*Eisenberg* renferme la petite ville de *Schildberg* & 35 villages; près de la ville est un château fort.

La terre d'*Eywanowitz* a la petite ville de ce nom & trois villages.

La terre de *Gessenetz* renferme la petite ville de ce nom & sept villages.

La seigneurie de *Goldenstein* a les deux villes de *Goldenstein* & d'*Altenstatd* & 25 villages.

La seigneurie de *Hoenstad* renferme la petite ville de ce nom & 38 villages.

Les terres de *Hluchan*, de *Hradisko*, de *Jaromierzitz* ont trois villages.

La seigneurie de *Kogetin* : *Kogetin* est une petite ville de 203 maisons; elle a encore un bourg & quatre villages.

La terre de *Krakowetz* renferme dix villages.

La terre de *Kralitz* a le bourg de ce nom & trois villages.

Celle de *Krumpisch* a huit villages.

Les terres de *Laugendorf*, de *Lautschka-Studena*, de *Lauzian*, de *Leschin*, ont neuf villages.

La seigneurie de *Littau*. *Littau* ou *Littowle* sur la Morave, est une petite ville : autour d'elle sont sept villages.

Les terres de *Lübenitz* & de *Ludertschau* sont peu considérables.

Mæhrisch-Neustad, ville royale, possède plusieurs villages. On y cuit le salpêtre & on y fait du verre.

Loschitz ou *Lostice* est une petite ville de 105 maisons.

Mæhrisch-Trebau est une ville de 576 maisons; elle a un château. C'est une seigneurie qui renferme encore un bourg & 28 villages, &c.

La seigneurie de *Mirau* & *Zweltau* : *Muglitz* est une ville de 269 maisons : elle n'était qu'un village en 1150, & sous la protection de l'évêque d'Olmutz, comme *Zwittau* ville de 306 maisons. La seigneurie a encore un bourg, 48 villages & 1090 maisons.

La terre de *Markowitz* a un bourg & trois villages.

Celle de *Morschitz* a un bourg & quatre villages.

Celle de *Nauliesto* a un bourg & six villages.

Celles d'*Oppatowitz*, d'*Ottaslawitz*, de *Patschlawitz* ont un bourg & huit villages.

La seigneurie de *Plumenau* a trois villes (si l'on peut donner le nom de ville à *Plumenau* qui a 40 maisons, à *Kostelez* qui en a 58, à *Ubrtschutz* qui en a 45) & 27 villages.

La terre de *Prædlitz* a un bourg & deux villages; ce bourg, ces villages sont des hameaux.

Prosinitz, *Prostiegow*, ville de 447 maisons, habitée en partie par des Juifs; c'est une seigneurie qui a quatre villages.

La terre de *Ptyn* & *Sugdol* a trois villages & 87 maisons.

La seigneurie de *Rabenstein* tient son nom d'un château bâti sur la montagne. Elle a la ville de *Rœmerstein* ou *Rymarow* qui a 198 maisons, & doit son nom aux Romains : il y a une manufacture de fil d'archal, & des mines de fer dans le voisinage.

Bergstad est un bourg de 100 maisons ; la seigneurie a encore douze villages.

Les terres de *Raubanin*, de *Rothelhutten* ont neuf villages.

Schenberg ou *Schumberg*, ville de 421 maisons, jouit de grands privilèges ; on y fabrique de la panne. Elle est protégée par le prince de Lichtenstein à qui elle donne 3600 liv. par an ; son territoire renferme un village.

La seigneurie de *Frankstad* a un bourg & 212 maisons.

Celle de *Sternberg* renferme la petite ville de ce nom, bâtie en 1245, & qui a un riche couvent d'augustins qui possèdent dix villages. *Bæhrn*, petite ville de 108 maisons, un bourg & 27 villages font de cette seigneurie.

DE LA MORAVIE.

La seigneurie de *Tobitschau* renferme la ville de ce nom, & 17 villages.

La seigneurie de *Tyrnau* renferme un bourg & dix villages; celle d'*Ullesdorf* renferme quinze villages.

Les terres de *Skatilschka*, d'*Ubrspitz*, de *Wiesenberg*, de *Weisselbütten*, de *Langendorf*, de *Wranmowa*, de *Lhotta* renferment 25 villages & 713 maisons; ce qui suit est compris aussi sous le nom de cercle de Prerau.

La seigneurie d'*Alt-Tischein* renferme un bourg & treize villages.

Celle de *Bodenstadt* a *Podstata*, ville de 104 maisons & onze villages.

Celle de *Bistritz* a la petite ville de ce nom & 24 villages.

Les terres d'*Altendorf*, de *Baranki*, de *Charein*, de *Lautschka* ont dix villages.

La seigneurie de *Cremsier* ou *Kremsier*, ville de 1141 maisons, qui a une collégiale, un college, un couvent de franciscains. *Hulein*, ville de 128 maisons, *Liebau* qui en a 118, *Budissan* qui en a 175, un bourg & plusieurs villages.

Les terres de *Deutsch-Jasnig*, de *Deutsch-Pawlowitz*, de *Doeschna*, de *Grossée*, le fief du *Hansdorf* renferment neuf villages & 294 maisons.

La seigneurie de *Drschwohostitz* renferme la ville de ce nom & huit villages.

Celle de *Fulnek* comprend *Fulnek*, ville de 198 maisons placée sur une colline: elle a une manufacture de draps; autour d'elle sont onze villages.

Celle d'*Hennesdorf* a un bourg, cinq villages & 187 maisons.

Celle d'*Hochwald* a *Moehrisch-Ostrau*, ville de 90 maisons, *Freiberg* qui en a 261, *Frankstad* qui en

Tome II. G

a 147, deux bourgs & 34 villages. Elle a au midi le mont de *Rahnoft* où les anciens adoraient l'idole de *Radgoft*.

La seigneurie de *Holeschau* a *Holeschau*, ville de 200 maisons & 13 villages.

Celle d'*Hotzeplotz* renferme la ville de ce nom qui a 197 maisons.

Celle de *Keltsch* renferme aussi la ville de ce nom, qui a 102 maisons & 16 villages.

Les terres de *Hassopetschky*, de *Kaltendorf*, de *Kellesdorf*, de *Kistelowitz*, de *Kuhnewald*, de *Leuterdorf*, de *Laschna*, de *Litopetsch*, de *Malhotitz*, de *Matzdorf*, renferment la ville d'*Hassopetschky* de 55 maisons & 18 villages.

La seigneurie de *Keltsch* a la ville de ce nom & 16 villages.

Celle de *Leibnik* renferme la ville de ce nom, dont le fauxbourg est orné d'un college, & 25 villages.

La commanderie de *Maydelberg*, de l'ordre de Malthe, a quatre villages.

La seigneurie de *Rosenau* a deux bourgs & 24 villages.

Meserith, sur la *Betschwa*, a 157 maisons ; quatre villages forment son territoire, c'est un fief.

Neu-Titschein, ville de 370 maisons, elle est jolie, opulente, la plus riche du pays ; c'est une seigneurie qui a encore un bourg & 12 villages.

Prerau, petite ville, une des plus anciennes de la Moravie ; elle a 300 maisons : c'est une seigneurie qui s'étend encore sur quatre villages.

Weiskirch, petite ville sur la *Betschwa*, a 213 maisons, *Drahotausch* en a 96 : ces deux villes avec 29 villages forment la seigneurie de *Weiskirch*.

La seigneurie de *Roswald* a un bourg & huit villages.

De la Moravie.

Celle de *Weselitschko* a onze villages.

Vingt-cinq autres terres ou fiefs renferment environ 60 villages.

Cercle de Hradisch.

Il abonde en fruits, en vins, en bleds; ses prairies sont riantes. Il comprend 13 villes, 22 bourgs, 18 villages, 2224 lahnes, en champs ou prairies.

Hradist, ville royale sur la Morave, avec un collège & un couvent: son territoire renferme huit villages & 325 maisons; il est fertile en vins estimés.

Gaya ou *Kigow*, petite ville royale, dont le territoire a trois villages.

Brumau & *Klobuk*, deux petites villes partagées entre trois seigneurs; la derniere est la plus grande.

Bissenz, petite ville de 156 maisons; les campagnes qui l'environnent donnent le meilleur vin de la Moravie; c'est une seigneurie qui possède encore un bourg & trois villages.

Buchlowitz, bourg qui a une fontaine minérale: il fait partie de la seigneurie de *Buchlau*, qui renferme encore deux bourgs & cinq villages.

Hungarisch-Brod ou *Humbrod*, petite ville de 205 maisons, avec un couvent de dominicains, & une fontaine minérale. Elle fait partie de la seigneurie de *Hungarisch-Brod*, qui renferme encore 24 villages, formant ensemble 138 maisons.

Koritschane, bourg composé de 99 maisons: on trouve des carrieres de marbre dans ses environs.

Napayol ou *Napagedla*, bourg de 120 maisons; c'est une seigneurie qui renferme encore un bourg & 14 villages.

Ostrau, petite ville de 96 maisons, située dans une isle formée par la Morave: elle fait partie de la seigneurie de ce nom, qui renferme encore quatre bourgs & 18 villages.

Strasnitz, petite ville sur les bords de la Morave, elle a un château & un collège. Dans le village voisin, nommé *Petrau*, on trouve une fontaine minérale ; le village & la ville sont renfermés dans une petite seigneurie nommée *Strasnitz*.

Bogkowitz, petite ville de 137 maisons, fait partie de la seigneurie de *Swietlan* qui s'étend encore sur 13 villages.

Wellebrad, couvent de l'ordre de Citeaux, bâti sur les ruines de la ville célèbre de *Welebrad* ou *Welegrod* ; il possède le bourg de *Poleschowits* où résidèrent les évêques de Moravie, 12 villages & 670 maisons.

Wessely, petite ville dans une isle que forme la Morave. Son fauxbourg n'est pas bien grand, & il est cependant quatre fois plus grand que la ville même ; son seigneur possède encore trois villages.

Wissowitz, ville de 162 maisons : chef-lieu d'une seigneurie qui renferme encore 12 villages.

Wzetin, petite ville partagée entre trois seigneurs : sa seigneurie renferme 15 villages.

Zlin, petite ville de 125 maisons : sa seigneurie s'étend encore sur huit villages. Diverses seigneuries n'ont rien de considérable, & nous n'en parlons point. Dans ce cercle on trouve encore environ 40 terres nobles.

CERCLE DE BRUNN.

Il est divisé en haut & bas ; celui-ci est un pays uni : dans l'un & l'autre on trouve des carrières de marbre, des mines de fer, des forges pour le travailler, des verreries, des affineries d'alun, des fontaines minérales. Près de *Tischnowitz*, sur la montagne de *Kwietnitz*, on trouve de faux diamans & des amethystes. Le cercle renferme 19 villes, 57 bourgs, 676 villages, 20871 maisons, 4290 & sept huitiemes de lahnes, prairies ou champs.

Brünn ou *Brno* ville royale, la seconde pour le rang, la premiere par son commerce; elle est bien bâtie & peuplée. On y compte 1236 feux: elle est au confluent de la Schwartschawa & de la Surtawa. On y fabrique de fort beaux draps, des velours, & velours sur cotton, de la peluche. Là résident les cours souveraines de la Moravie. Là sont des édifices remarquables, tels que l'évèché, l'église collégiale du mont St. Pierre & divers couvens, dont les religieux sont seigneurs de plusieurs villages.

Le collège de *St. Pierre* l'est de 13 villages, le prieuré de ce nom l'est de cinq, le couvent de *Ste. Anne* de 11, celui de *St. Michel* de deux. La commanderie de *St. Jean* possède une rue de Brünn & trois villages. La chartreuse de *Kœnigsfeld*, au nord de la ville, est seigneur de quatre rues & de six villages. L'abbaye de prémontrés, appellé *Zabrdrowitz*, possède une rue de Brün, un bourg & neuf villages. Il est facile à ces moines seigneurs, de prêcher l'imitation de celui qui n'avoit pas où reposer sa tête: mais un tel exemple à proposer est indécent dans leur bouche. Une image miraculeuse de la vierge, peinte par le médecin *St. Luc*, rend célèbre le couvent des augustins de *St. Thomas*: mais peut-être estiment-ils encore davantage les revenus qu'ils tirent d'un bourg & de sept villages qu'ils possèdent.

A l'occident de la ville est le vieux Brünn où l'on trouve deux couvens, un hôpital; & sur le mont qui s'élève au-dessus est un château très-fort nom mé *Spilberg*. La longitude de Brünn est de 24 degrés 43 minutes, la latitude de 49 degrés & huit minutes.

Austerlitz ou *Slawkow*, petite ville de 134 maisons : elle a un beau château, des jardins magnifiques, & fait partie d'une seigneurie qui renferme un bourg & 16 villages.

Blansko, bourg sur la Switawa, chef-lieu d'un fief qui renferme encore 13 villages.

Butschowitz est une petite ville : un château, 100 maisons la composent ; la seigneurie de ce nom s'étend sur elle & 14 villages.

Bystritz a 132 maisons : cette ville fait partie d'une seigneurie qui s'étend encore sur 21 villages, tous assez petits & pauvres.

Unter-Turowitz, bourg de 149 maisons ; il fait partie de la seigneurie de *Darnholz* : le bourg de ce nom, celui de *Proedlowitz* & sept villages la composent.

Auspitz ou *Husopetz* est une ville de 200 maisons : elles sont petites & assez laides : la seigneurie de ce nom a encore un bourg & sept villages.

Göding ou *Hodoning*, petite ville de 119 maisons sur les bords de la Morave. C'est une seigneurie qui renferme encore une vingtaine de villages ; elle appartient à l'empereur. La ville a un château superbe qu'on a rendu utile ; il sert d'atelier à diverses manufactures établies par l'empereur François I ; elles y prospèrent.

Kanitz ou *Kavanitz* sur l'Iglawa est une ville de 153 maisons : sur une montagne voisine elle a un château. *Prahtz*, *Woslitz* sont deux bourgs, qui avec 15 villages forment la seigneurie dont elle est le chef-lieu.

Krsisanau, petite ville de 90 maisons ; elle appartient, avec neuf villages, au couvent de Saar-

Kunstatt appartient encore a un couvent du vieux Brünn : c'est une seigneurie qui renferme quarante-six villages, avec les deux bourgs de *Kunstatt*, & d'*Olleschitz-Els* : ce dernier à cent & vingt maisons.

Leitowitz, bourg, seigneurie qui renferme plus de vingt villages : on y trouve une fabrique de toiles.

Lomnitz, petite ville, seigneurie qui s'étend sur vingt-un villages.

Kostel ou *Podiwin*, petite ville autrefois plus étendue, & qui avait un évêché ; c'est le chef lieu de la seigneurie de *Lutenburg* ; elle a encore deux bourgs, & huit villages.

Neustædtel ou *Nowe Mesto*, ville de cent quatorze maisons, chef lieu d'une seigneurie qui renferme encore vingt-trois villages.

Nikolsbourg, ville de 207 maisons : elle a un chapitre, un collège, un couvent de capucins qui desservent l'église de Lorette, où l'on voit une image miraculeuse de la vierge & par conséquent un très beau trésor : la cupidité l'entasse & veille sur lui ; la superstition permet d'espérer qu'il grossira encore avant que de le dissiper : la ville a quelque commerce, renferme une colonie de Juifs & donne son nom à la seigneurie dont elle fait partie, & qui s'étend sur cinq bourgs & huit villages, son château est sur un roc escarpé.

Pernstein, château élevé sur un mont, donne son nom à une seigneurie qui renferme trois bourgs & quarante un villages.

Reygern est un couvent de bénédictins, sur la Schwarza fondé en 1048, c'est le plus ancien de la Moravie, son prieur dépend de l'abbaye de Braunau. Ce monastère possède un bourg & huit villages.

Eichhorn ou *Wewerai*, petite ville au pied d'une

montagne sur laquelle est un château : c'est le chef lieu de la seigneurie de *Ritschau*.

Saar couvent de l'ordre de citeaux, fondé en 1232, sous le nom de *Fontaine nôtre-dame*. Il possède la ville de ce nom qui n'a que cent & neuf maisons, deux bourgs, trente villages.

Pohrlitz ou *Bohorselitz*, ville ancienne, mais chetive, sur l'Iglawa : elle fait partie de la seigneurie de *Sellowitz*, qui renferme encore six bourgs.

Tschnowitz, ville de cent trente-huit maisons : c'est le chef lieu d'une seigneurie qui appartient à un couvent de filles de l'ordre de citeaux ; cette seigneurie comprend encore trente-quatre vill. .

Tscherna-hora, ville qui n'a que soixante maisons, près d'une montagne où est un château, c'est une seigneurie de dix-neuf villages.

Wischau, ville de cent cinquante-quatre maisons, protégée par l'évêque d'Olmutz : elle serait plus considérable sans la foudre, & sans le feu, qui l'ont désolée : elle étend sa seigneurie sur deux villages. Près d'elle est un couvent de capucins.

Pustumirtsch où *Pustomerz*, bourg qu'on croit être au centre de la Moravie. Il y avait autrefois un couvent de bénédictins, où l'on célébrait ce qu'on appellait la *Messe d'or*. Il est dans la seigneurie de *Wischau* qui renferme encore un bourg & dix-neuf villages.

On trouve encore dans ce cercle les seigneuries de *Possoritz*, de *Raytz*, de *Rossitz*, de *Rvetschkowitz*, de *Stanitz*, & trente-trois terres nobles.

CERCLE DE ZNOYM.

Cette province est d'une fertilité médiocre : elle renferme neuf villes, trente-trois bourgs, 344 vil-

DE LA MORAVIE.

lages, 8905 maisons, & 2652 ⅞ lahnes, tant champs que prairies.

Znoim, où *Znaïm* est une ville royale au pied d'une montagne qu'arrose la Taya, dans une situation agréable. Elle est bien bâtie, renferme 819 feux, & des manufactures de draps : placée d'abord non loin de là, démolie par Wladiflas en 1145, rebâtie où elle est en 1222, elle a vu mourir l'empereur Sigismond, & a été la résidence des marquis de Moravie : ses biens patrimoniaux renferment deux bourgs, dix villages, 305 maisons : elle a un château qui a titre de fief, ses couvens sont aussi seigneurs, celui de sainte Claire l'est de quatre villages ; celui de sainte Croix de trois : les jésuites l'étoient de six : le couvent de *Luka*, de l'ordre des prémontrés, possède deux bourgs, trente-cinq villages, 1010 maisons ; le couvent de Weltenberg, sur un mont, au-dessus de Znoym, possède un bourg, six villages, 213 maisons : on y voit des restes d'antiquités payennes.

Cromau ou *Kromlow*, ville formée par un couvent d'hermites de saint Paul : un château & soixante-trois maisons la composent.

Eibenschitz, *Ewanzitz*, ville qui a cessé d'être royale : elle est sur l'Iglava, a 189 maisons, & fait partie ainsi que la précédente de la seigneurie de Krumau, qui renferme encore quatre bourgs & trente-quatre villages.

Frein ou *Wranow*, petit bourg sur la Taya, chef lieu de la seigneurie de Frein qui renferme encore trois bourgs, dix villages, & 400 maisons.

Jamnitz ou *Gemnitz*, ville de 115 maisons sur une montagne élevée, sa seigneurie renferme encore huit villages.

Jaromieritz, petite ville, que quatre-vingt six maifons, un hôpital & un village compofent ; feigneurie qui renferme encore treize villages.

Jayſpitz, ville fur une montagne : elle eſt indépendante de la feigneurie de ce nom, & n'en eſt ni plus grande ni plus riche : elle n'a que cinquante-deux maifons petites & chétives.

Joſlowitz, bourg fur une montagne : il a un château, eſt le chef lieu de la feigneurie de ce nom, qui s'étend encore fur quatre bourgs & neuf villages.

Mahriſch Budveis ou *Budiegowitz*, petite ville qui avec fes trois fauxbourgs a 154 maifons : trois villages en dépendent, & elle dépend d'un feigneur.

Gros-Biteſch, ville ancienne de 118 maifons, chef lieu de la feigneurie de *Namieſt*, qui doit fon nom à un petit bourg fur l'Oslawa, vis-à-vis d'une montagne fur laquelle eſt un château, elle renferme encore un bourg, quarante-fept villages, 700 maifons.

Starſch, ville de quarante-cinq maifons : elle ne mérite pas plus ce nom par fa beauté ou fes richeſſes, que par fa grandeur. Elle fait partie de la terre de *Sadek*, qui renferme un château, & huit villages.

Wemislitz, bourg de foixante quatre maifons qui fait partie de la feigneurie de Tiſchowitz dans le cercle de Brünn.

Le cercle de Zenoym renferme encore la feigneurie d'*Ungarſchitz*, pluſieurs terres nobles, divers villages, indépendans fans être plus confidérables.

Cercle d'Iglau.

Ce cercle comprend fix villes, quinze bourgs, 294 villages, 6433 maifons, & une étendue de 12021 lahnes ¼.

Iglau, où *Gihlawa*, ville royale, bien bâtie, fortifiée, peuplée, fur l'Iglawa ; elle a 1196 feux, deux couvens, un collége ; on y fabrique de bons draps, qui passent en Italie par Trieste : le commerce du blé & du houblon y est considérable. Elle embrassa le luthéranisme au seixieme siecle, elle fut la premiere ville royale à l'adopter, mais il n'y paraît pas aujourd'hui : ses biens patrimoniaux renferment le bourg de *Stannerk*, & vingt-deux villages. Ses couvens ne sont pas de grands seigneurs, mais ils le sont cependant.

Datschitz est sur la Taya : elle a 170 maisons, est près d'une montagne sur laquelle est un couvent de Franciscains : elle donne son nom à une seigneurie qui renferme 18 villages.

Gros-Meseritsch, sur l'Oslawa : ville qui a 267 maisons, un doyenné assez riche, & qui est chef lieu d'une seigneurie qui s'étend sur un bourg & 30 villages.

Neureisch est un monastère de Prémontrés, qui possède le bourg de ce nom & 11 villages.

Purnitz, bourg de 100 maisons : il donne son nom à une seigneurie qui renferme deux autres bourgs, & 29 villages.

Teltsch, ville indépendante de la seigneurie de ce nom. La ville a un collége, & 236 maisons : la seigneurie est composée de trois bourgs, de 70 villages, de 1159 maisons.

Friesch est un bourg, 111 maisons le forment : sa seigneurie à laquelle il donne son nom renferme encore six villages, & a dans son enceinte des mines d'argent, d'abord abandonnées, mais qu'on exploite aujourd'hui depuis 1761.

Trebitsch, sur l'Iglawa, est une ville bien bâtie, où sont de belles manufactures de draps : elle a 332 maisons, est le chef lieu d'une seigneurie qui s'étend encore sur deux bourgs & 35 villages. *Wladislaw* est un de ces bourgs : à 500 pas vers l'Orient, au pied d'une colline sur laquelle est le village de Podziatek, est une source d'eau minérale, qui contient un souffre liquide, très volatil, assez semblable à l'esprit minéral dont parle *Hoffmann*, joint à une partie de terre.

Zlabings où *Slawonitz*, ville bâtie par les Slaves qui lui ont donné son nom : elle est ancienne, & a 2300 maisons.

Quelques seigneuries, terres nobles, villages indépendans font partie de ce cercle.

Dans le partage qu'on a fait de la Pologne, l'impératrice Reine Marie Thérèse a joint les duchés d'*Oswietzim*, ou d'*Auschwitz*, & de *Zator* à la Bohème : quelques ducs de ce nom en ont rendu hommage aux rois de Bohème. Oswietzim a été possédé par les ducs d'Oppeln & de Teschen, vassaux des rois de Bohème, & Zator était une dépendance d'Oswietzim : tels sont ses titres & ses droits ; mais les Polonais répondent, qu'avant & après le tems dont on parle, ces ducs avaient rendus hommage à la Pologne ; que les ducs d'Oppeln & de Teschen avaient reçu ces possessions de la libéralité de Casimir roi de Pologne : qu'enfin en 1453 le duc d'Oswietzim ayant attaqué la Pologne, Casimir IV. lui fit céder son duché pour une somme d'argent; que la Pologne l'avait possédé depuis ce tems, sans que la Bohème l'eut jamais reclamé.

Ces deux duchés sont resserrés entre la Silésie & la Hongrie.

Oswietzim, petite ville bâtie en bois ainsi que son château : elle est sur la Vistule, & elle avait un starofte & un castellan ; son district renferme encore les petites villes de *Keti* & de *Siwietz*.

Zator, petite ville, est aussi sur la Vistule : c'était le siege d'une diettine & d'une justice territoriale, son district renferme la petite ville de *Berwald*.

CERCLE D'AUTRICHE.

Borné au nord par la Moravie, la Bohème, & la Baviere, au sud par les états Vénitiens & la mer adriatique, il a au Levant l'Illyrie & la Hongrie, & au couchant la Suisse: l'espace qu'il renferme a environ 5625 lieues quarrées d'étendue: l'archiduché d'Autriche en fait la plus grande partie & lui donne son nom; formé par Maximilien I, en 1512, on y comprit d'abord quelques états qui en sont séparés aujourd'hui: la religion catholique y est exclusivement établie.

Il est composé de l'archiduché d'Autriche, de l'Evêché de Trente, de celui de Brixen, de quelques bailliages de l'ordre teutonique, de la seigneurie de Trasp dans le Tyrol: l'archiduc est premier directeur & colonel de ce cercle; il ne forme pas de diette, parce qu'il dépend d'un seul maître, de l'archiduc dont les autres états sont vassaux; mais il peut en former: il paye la cinquieme partie des subsides qu'on lève dans l'empire. La maison d'Autriche, exempte de tous subsides par des privilèges que lui ont accordés des empereurs qui en étaient chefs, s'est chargée volontairement de deux taxes électorales: elle nommait deux assesseurs à la chambre impériale, & c'est un droit attaché au cercle: elle n'en nomme plus qu'un depuis qu'on a réduit le nombre des assesseurs.

ARCHIDUCHÉ D'AUTRICHE.

C'est l'Autriche proprement dite, les anciens diplômes la nomment, *les Bas-pays*, & en style de chancellerie, elle est distinguée par le nom de *Basse-Autriche*. Elle est placée au-dessus & au-dessous de l'Ens. Le nom de l'Autriche lui vient de sa situation à l'Orient; car dans la basse latinité, on disait indifféremment

Terra Regio Orientalis, ou *Australis*, & par corruption *Regio Austria*. Un diplôme d'Otton III, en 996 nous apprend qu'on l'appellait déja de ce nom sous ce règne. Au midi l'Ens en sortant de la Stirie qu'elle arrose, portant ses eaux dans le Danube en se dirigeant vers le nord, la divise en deux parties inégales, la plus grande est l'Orientale; la petite est l'Occidentale: celle-ci est un pays détaché de la Bavière en 1156 par l'empereur Fréderic I. Au nord du Danube, cette division de l'Autriche en Orientale & Occidentale, ou inférieure & supérieure, se continue par des bornes, qui partent du point où l'Isper se joint au Danube, & vont en ligne courbe toucher à la Bohème.

L'Autriche inférieure, ou au-dessous de l'Ens est un pays hérissé de montagnes qui concentrent les rayons du soleil, y rendent la chaleur très-forte, y élèvent des vapeurs qui rendraient l'air mal sain, si des vents ne s'élevaient sans cesse le matin, pour s'apaiser le soir: ces vents viennent ordinairement de l'Orient. C'est un pays inégal, rempli de montagnes surtout vers les confins de la Stirie: une chaîne de ces monts commence à peu de distance de Vienne, & s'étend jusques dans la Carniole l'espace de quatre-vingt lieues: son premier sommet a le nom de *Léopoldsberg*, son second plus élevé encore a le nom de *Calenberg*, du nom de l'ancien village de *Kalen* qu'on voit encore à son pied: autrefois il étoit connu sous le nom de mont *Cetius*: divers sommets de cette chaîne ont des noms particuliers; celle de *Semmering* est traversée par un chemin admirable. Des deux côtés s'étendent de grandes forêts, peuplées de bêtes fauves qui font les plaisirs des grands & désolent le laboureur: on y trouve dans les montagnes des mines d'argent, d'alun, de charbons de terre. Cultivé, fertile en faffran, en vins, moins en blés, le premier fait une des richeffes du pays, le vin en fait la principale ; plus fort que celui du Rhin, il a un œil verdâtre qui déplaît. Au midi du Danube il fe conferve longtems ; c'eft celui qu'on appelle *vin des monts*. Au nord, peu d'années lui ôtent fa force & fa vigueur, c'eft celui qu'on appelle vin du Danube. Le mélange de ces vins nuit à la vente du bon, fans favorifer celle du moindre : on a voulu empêcher que celui-ci ne paffât le Danube, on ne l'a pû encore. Ces monts, ces forêts, ce mélange de productions font de l'Autriche un beau pays : la chaleur y brûle l'herbe, & le bétail y languit ; mais cette chaleur y meurit la pêche, l'abricot, l'amande, diverfes fortes de beaux fruits : les côteaux y font enrichis de pampres & de raifins, d'immenfes champs y ont pendant deux mois l'agréable couleur de la fleur du faffran : on y moiffonne fur la fin de Juin, on y cultive le ver à foie, on y fabrique le falpêtre. Des rivieres abondantes en poiffons le coupent & l'arrofent : telle eft la *Fraun*, l'*Ens*, la *Morave*, la *Leitha*, le *Fraffen*, l'*Erlas*, *Lips*, le *Kamp* &c.

Le pays au-deffus de l'Ens, ou l'Autriche fupérieure, eft haute & montueufe vers le feptentrion : vers le midi, il a des contrées incultes, mais il en a de bien cultivées en plus grand nombre. Les plus hautes montagnes font vers la Stirie. Le *Trauefein*, le *Greffemberg*, différent du *Priel* qui eft moins élevé, font les plus remarquables par leur hauteur : les monts qui la défendent du vent du midi & du couchant, font imprégnés de fel, d'innombrables fontaines qui l'arrofent y rendent l'air humide & frais même pendant l'été, y font naître une multitude de champignons, y font couvrir les plaines de pomiers & de poiriers, dont le jus supplée à celui du raisin qui ne peut y meurir. Le blé qu'on y recueille ne suffit pas aux habitans, leurs voisins y suppléent : quelques prairies sont couvertes de troupeaux, mais on y manque de chevaux : le gibier y est abondant : on y trouve des mines de sel cristallisé, ou des pierres de sel brunes ou rougeâtres qu'on nomme *Kernstein*. Le sol y est si impregné de ce minéral, que pour en avoir, on n'a qu'à creuser des fossés, les remplir d'eaux douces qu'on fait évaporer ensuite, elles déposent un sel blanc qui est un objet de commerce : c'est en 1303 qu'on découvrit ces mines : on y trouve aussi des sources d'eaux salées; d'autres sources enduisent le tuf & la mousse qui croit sur leurs bords, chaque année il en vient de nouvelle & chaque année elle est pétrifiée comme celle qui l'a précédée. Ces eaux forment ainsi d'une maniere insensible une pierre dont on fait des bâtimens solides : cette qualité des eaux n'empêche pas qu'elles ne soyent saines, les hommes, les bestiaux n'en sont point incommodés : les mines de fer, les bains médecinaux y présentent des socs aux laboureurs, des secours aux malades. Au centre & vers le midi de cette partie de l'Autriche sont répandus çà & là des lacs, & des étangs poissonneux : tels sont ceux de *Traun*, d'*Hallstad*, d'*Atter*, de *Mann*, d'*Alten*, & beaucoup d'autres moins considérables, nourris, & formés par diverses rivieres. La *Traun* sort d'une montagne riche en sel, elle reçoit d'autres rivieres, & se perd dans le Danube, dans le Zislau, après avoir traversé deux lacs. L'*Ens*, la *Stayle* sont après elle, celles qu'on doit le mieux connaitre parce qu'elles sont les plus utiles. En général l'Autriche, malgré ses productions, ne peut se suffire à elle-même ; il faut que les Hongrais lui aménent des bestiaux & du blé, & ils ne lui

en

en aménent qu'en payant de grands droits : ce pays fait partie de la Pannonie. Charlemagne le subjuga, & y établit des marggraves, Louis le débonnaire y plaça des comtes, puis fit de la Baviere un royaume, auquel le marggrave d'Autriche était soumis. Quand la Baviere ne fit plus qu'un corps avec l'Allemagne, les marggraves devinrent princes de l'empire, & furent confirmés par l'empereur, mais ils dépendaient toujours des ducs de Baviere. L'empereur Henri I. rendit leur dignité héréditaire, & Léopold l'*Illustre*, comte de Bamberg, neveu du duc de Baviere fut le premier qui en jouit : il étendit ses états par ses exploits : l'empereur Fréderic I. fit de ce marquisat un duché. Henri II. ou *Jasamergott*, fut le premier duc d'Autriche, son fils Léopold VI y joignit la Stirie. Fréderic le *Vaillant* acquit la Carniole ; après sa mort l'Autriche passa au roi de Bohème, Ottocare, à qui Rodolphe de Habsbourg l'enleva.

Rodolphe descendait de Gontram le *Riche* comte d'Alsace : il donna l'Autriche, jointe à la Stirie, à la Carniole, à la Marche Venède, à son fils Albert, & ces provinces ne sortirent plus de cette famille. La Carinthie y fut jointe en 1331. Albert II accrut ses domaines du comté de Ferrette, des villes de *Rupperschweib*, *Vaudelberg* & *Stein*. Rodolphe IV du comté de Tyrol. Léopold III, des comtés de Feldkirchen, de Pludentz, de Sonnenberg, & de Hohenberg, il eut encore la prefecture de la Souabe. Fréderic III. prit le titre d'archiduc, qu'un de ses ancêtres avait déja porté : il ne fut constamment en usage que sous Maximilien I. On connait l'histoire des empereurs qui lui succédèrent.

Les prérogatives de la maison d'Autriche, sont de porter exclusivement le titre d'Archiduc, & d'être élevés à la dignité des Rois sans en porter le titre.

Tome II. H

L'archiduc eſt conſeiller né de l'empereur : lors qu'il reçoit l'inveſtiture de ſes états, il eſt à cheval, ceint de l'épée, revêtu du manteau royal, & il a en main le bâton de commandement ; ſur ſa tête eſt une couronne à deux pointes, ſurmontée d'une croix comme la couronne impériale : pour la recevoir il n'importe qu'on la lui refuſe, il ſuffit qu'il l'ait demandée trois fois : il la reçoit ſans redevance, ſans ſortir du ſein de ſes états. Il peut aſſiſter ou ne pas aſſiſter aux diettes de l'empire : protegé par elle, il y occupe la premiere place : il paye des contributions qu'il s'impoſe volontairement. Ses jugemens ſont ſans appel : il a le droit de protection ſur les égliſes, évêchés, couvens de ſes états ; & il ſe l'arroge ſur d'autres couvens de l'empire. Il peut comme l'empereur créer des comtes, des barons, des gentilhommes. Il peut aliéner ſes fiefs à ſon gré ; l'empire n'en peut poſſéder dans ſes états ; il eſt maréchal héréditaire de l'évêché de Ratisbonne, a l'expectative ſur tous les fiefs qui retombent à l'empire dans la prefecture de Souabe, & le droit d'en retirer les biens engagés par l'empire. Au défaut des mâles, les filles ainées ſuccédent, & les archiducs ſont majeurs à 18 ans, comme les rois de Bohême le ſont à 14.

Un nouvel archiduc ſe fait prêter hommage par les états aſſemblés. *Ces états* ſont compoſés des prélats préſidés, dirigés, convoqués par l'abbé de *Moelk*, des ſeigneurs, des nobles ou chevaliers, des villes & bourgs. Vienne ſeule fait la moitié de ce dernier ordre. Le grand maréchal de la province eſt pris dans l'ordre des Seigneurs : le ſous-maréchal dans celui des chevaliers. L'aſſemblée des *états* eſt perpétuelle, ſes députés forment un ſénat régulier & permanent, qui exerce la juſtice civile & criminelle : l'une eſt attachée à la terre & releve de l'archiduc : l'autre s'exerce en son nom & par sa volonté. Les états ont encore le droit de chasse, de collecte, de maitrise d'eaux & forêts: mais leurs privilèges se restraignent & sont déja restraints.

Les diettes sont différentes de ces assemblées: toujours convoquées par le prince, elles sont universelles, ou formées en différens comités. Le maréchal de la province y préside, un commissaire de la cour y porte les propositions: on y règle les impôts, les contributions, les subsides militaires, les revues &c. Leurs décisions, approuvées du prince, deviennent des loix. La diette du pays au-dessous de l'Ens se tient à Vienne: celle du dessus de l'Ens se tient à Lentz.

La noblesse autrichienne est nombreuse & riche: plusieurs fiefs relévent des margraves de Brandebourg-Culmbach, des comtes de Zinzendorf, & de Pottendorf, de l'évêque de Passau &c.: les premiers y ont une cour féodale dont on peut appeler à l'archiduc. D'anciens châteaux de la noblesse titrée ont le droit de faire battre monnaie. Il y a un assez grand nombre d'officiers héréditaires; tels sont le *grand maréchal*, le *premier chambellan*, le *sur-intendant des plaisirs*, *le grand écuyer*, *le grand sénéchal*, *le grand argentier*, *le grand massier*, le grand *maitre d'hôtel* &c; toutes ces charges sont des fiefs, & de grands avantages y sont attachés: elles ne peuvent être exercées que par des catholiques romains.

Tous les états héréditaires de la maison d'Autriche sont regis par divers conseils. Le *conseil d'état* est présidé par le souverain; tous les autres lui sont subordonnés. Il y a deux *chancelleries*, l'une pour la Bohême & l'Autriche, l'autre pour les affaires étrangéres: une chambre *des finances*; une *députation du crédit & de la banque*; une *chambre des comptes*; un *conseil aulique* de guerre, un *conseil de la cour* pour le commerce ; un confeil de juftice où l'on appelle de tous les jugemens rendus dans les pays héréditaires d'Allemagne ; un tribunal particulier pour l'Autriche, différens tribunaux & cours de juftice &c. On a fuivi dans ces tribunaux le droit écrit : aujourd'hui le code Théresien y fert de régle, ainfi que le droit romain.

Dans le pays au-deffous de l'Ens, on compte 17 villes archiducales : les villes archiducales font celles où l'archiduc exerce les droits regaliens, 15 d'entr'elles ont féance & voix aux diettes, 17 villes qui ont des feigneurs particuliers : quatre bourgs, (on appelle bourg les endroits qui ont droit d'ériger un carcan.) qui ont voix & féance aux diettes, 120 autres qui font partie de diverfes feigneuries, 114 abbayes & couvens des deux fexes, qui renferment 3693 perfonnes, & 26 de ces abbayes ou couvens ont droit de féance aux affemblées de la province, 606 châteaux & terres nobles, 1510 villages.

Dans le pays au-deffus de l'Ens on compte fept villes archiducales, cinq feigneuriales, 81 bourgs, 35 abbayes & couvens des deux fexes, qui renferment 1083 perfonnes, & 13 d'entr'eux ont voix & féance aux affemblées du pays, 223 châteaux, & terres nobles, 643 villages. L'Autriche entiere peut renfermer un million d'habitans : elle a été plus peuplée : les villages appartiennent à des prêtres, à des moines, à des nobles : quelques uns ont une douzaine de feigneurs. Quelques bourgs font fans feigneurs, autrefois faifant partie du domaine du prince, aujourd'hui rachetés par les habitans, ils fe gouvernent par eux-mêmes, payent & fervent fans avoir féance aux diettes.

On connut le chriftianifme en Autriche dans le huitieme fiecle, ce fut un pays de plus foumis au saint siege. Luther y eut des partisans nombreux, & Maximilien II. leur permit d'honorer Dieu à leur manière; Rodolphe II. commença à les opprimer: en 1621 ils ne purent montrer leurs sentimens sans danger: sous Marie Thérèse ils ont pû vivre en paix & sans crainte. L'évêché de Vienne devint archevêché en 1722: l'archevêque est prince de l'empire: soumis au souverain, il a pour suffragant l'évêque de Neustadt, & préside au consistoire archiépiscopal: l'évêque de Passau a un consistoire particulier à Vienne, parce qu'il étend sa jurisdiction sur une partie de l'Autriche. Les progrès de la raison ont borné ceux de la puissance des prêtres: par une loi de Charles VI. un couvent ne peut posséder plus qu'il ne possédait au tems de la loi. On n'appelle point à Rome, mais à des consistoires particuliers. Les lieux de refuge sont presque tous abolis, le clergé paye & sert comme les laïques, quelquefois même ils sont obligés de comparoître devant des tribunaux séculiers.

Une loi singuliere de l'Autriche, est celle qui défend de faire d'un champ une vigne, & d'une vigne un pré ou un champ. Le sage, l'œconomique Du Pont n'a point dicté cette loi. Les peuples y ont des mœurs simples & grossières; leur habillement est singulier, surtout celui des femmes: quelques hommes portent encore de longues barbes; l'allemand qu'ils prononcent est différent de celui de Saxe, & on le parle de la mer adriatique, à la Silésie, & de la Hongrie à la Suisse. Des Venedes habitérent autrefois dans l'Autriche: on s'en apperçoit par les noms de lieux nommés *Windisch* ou *Werdau*; & dans la vallée de *Stoder*, par l'habillement, les maisons, la prononciation traînante & chantante de ceux qui l'habitent.

Les sciences y sont cultivées, & elles s'y perfectionnent: l'université de Vienne a été reformée, différens colléges ont été établis, des académies ont été fondées : les manufactures commencent à y fleurir, Charles VI. appella les commerçans par des privilèges, il les éloigna par les guerres qu'il entreprit, ou soutint, par de mauvaises inftitutions qu'il laiffa fubfifter. Marie Thérèfe plus heureufe, ou fachant mieux vouloir le bien de fes états, eût plus de fuccès : elle établit des écoles de filature où l'on apprend gratis, où l'on paye ceux qui travaillent : elle appella de bons manufacturiers, défendit ou géna l'exportation de la matiere brute, établit un confeil de commerce, fonda une banque chargée de faire des avances confidérables à ceux qui veulent ouvrir ou perfectionner un nouveau canal au commerce. Onze capitales de différentes provinces virent s'élever dans leur fein des chambres confulaires, & chacun d'elles eut une caiffe pour faire naître, encourager, & foutenir l'induftrie : une correfpondance de lumiéres & de fecours les lia au confeil de Vienne ; la profpérité de l'état eft leur bût, & les honoraires qu'elles reçoivent leur infpire le défir d'y atteindre. Dixhuit confuls furent créés, & envoyés dans les principaux ports de l'Europe. Une fociété œconomique, ou d'agriculture, a été érigée à Vienne ou dans les dix autres capitales du pays : elle propofe des queftions rélatives à fon objet, & diftribue des prix. Déja le paftel & la garence qu'on achetait de l'étranger font cultivés avec tant de fuccès qu'on en exporte aujourd'hui : l'Efclavonie fournit de l'indigo, & une foie que l'on égale à celle de l'Italie. Cette derniere production fe cultive dans toutes les autres provinces, mais elle eft moins bonne, & moins abondante ; en 1769 l'Efclavonie fournit feule 16000 quintaux de foie crue : différens moulins filatoires ont été conftruits fur de petites rivieres : celui de *Fara* dans le Frioul a coûté 37 mille livres; c'est le meilleur & le plus grand. On a fait venir de la Natolie & de la Barbarie de ces béliers qui donnent de bonnes espèces, & la laine d'Espagne aide à faire des draps fins, sans être aujourd'hui la seule qui en puisse donner de beaux. Six ou sept millions de livres répandues avec sagesse, ont fait naitre des manufactures nouvelles, & ont réveillé partout l'industrie. Le voisinage de l'Italie les a fait prospérer assez dans le Frioul: celui de la Saxe les a fait germer avec vigueur en Bohême: la derniere guerre surtout a fait ce bien à l'Autriche, & c'est peut-être le seul qu'elle en ait reçu: mais il a été acheté.

On fabrique dans l'Autriche des toiles grossieres, fines, damassées, glacées, des miroirs, des verres, toutes sortes d'ouvrages d'acier, de fer, des draps, camelots, barracans, chálons, bas de laine & de soie, calancas, indiennes, étoffes de soie unies, ou tissues d'or & d'argent, péruviennes, gros de tours, lustrines, satins, tapisseries en soie, damas, taffetas, velours unis & à fleurs, peluches, moires ondées & à fleurs, velpa, brocal, galons d'or & d'argent, grenats de Bohême recherchés en Angleterre, dentelles, mousselines, baptistes, montres, tabatieres d'or, & incrustées, ouvrages en fer blanc & en laiton &c. Le gouvernement a défendu l'entrée de la plûpart de ces objets de commerce, parce que le produit des manufactures du pays l'emporte déja sur la consommation.

Vienne est le centre de ce commerce; elle renferme des négotiants de tous les peuples d'Europe & d'Asie.

Les *Magaziniers* négotians presque tous protestans, au nombre de 48 banquiers, ou fabriquans, forment un corps politique & exempt d'impôts, jouïssant de grands privilèges, & ne payant qu'une légere contribution à la chambre de commerce.

Le plus grand commerce se fait avec la Turquie. En Hongrie, à Trieste, à Vienne on trouve des négotians Turcs, Grecs, Arméniens, qui payent la capitation au grand seigneur, afin d'être toujours regardés comme ses sujets. Les marchandises qui vont en Turquie sont des verres, des miroirs, des glaces, des draps, des écus frappés à Vienne, des piastres d'Espagne, sur tout des couteaux & des faux. Ce dernier article est considérable: quarante deux fabriquans qui se trouvent à *Kirchdorf* & à *Muhldorf*, y envoyent tous les ans pour 1,480,000 livres de faux. Ce qu'on reçoit en échange consiste en poil de chevres, en cuir, en caffé, fruits, vins, laine de Macédoine, surtout en cotton dont il entre environ 6000 quintaux par le port de Trieste.

Pour ouvrir des canaux au commerce, on a établi cinq compagnies dont le privilège s'étend l'espace de 20 ans. La plus ancienne est celle de *Fiume*: son objet est l'échange des marchandises du pays contre le sucre brut qu'elle affine: elle seule peut le faire; & il est défendu à tous les sujets de se servir de sucre étranger: aussi ses profits sont grands. Celle de *Temeswar* envoye par Trieste, en France, en Italie, du blé, de la cire, de la potasse, des laines de Hongrie. Son fond est de plus de trois millions de livres. Celle de *Janoschatz* commerçait avec la Turquie: la cupidité de son directeur lui a ôté ses ressources, & la confiance publique. Celle de *Bohême* commerce en toiles, qu'elle envoye en Amérique par Cadix. Son fond est égal à celui de la compagnie de Temeswar. Enfin, celle d'*Egypte* transporte toutes les productions des manufactures de l'Autriche en Arabie & en Egypte, & en rapporte la matiere brute.

Son grand entrepôt est à Smirne, & son directeur réside à Vienne.

Deux nouvelles académies se sont établies dans cette capitale. L'une a pour objet la gravure en taille douce, l'autre le dessein: toutes deux forment des élèves, distribuent des prix, excitent l'émulation par la gloire; trois se sont encore formées pour enseigner la *maniere noire*; pour graver & tailler les pierres fines, enfin pour les principes raisonnés du commerce.

Les contributions ou collectes, les subsides accordés par les états, les biens domaniaux, les droits d'entrée, de sortie, d'accise &c. forment les revenus de l'archiduc: les impôts peuvent s'asseoir sur les hommes d'église: ce pouvoir est de droit naturel; & il a fallut qu'un pape le donnât. Les revenus de Charles VI. même dans sa prospérité ne passaient pas 152 millions de livres: Marie Thérèse les a porté à plus de 200 millions.

Soixante & douze régimens d'infanterie, 49 de cavalerie, un corps d'artillerie, un de génie, les pontoniers & batteliers militaires composaient en 1770 l'armée, qui monte à environ 200 mille hommes. L'état major était composé de 348 personnes; il faut encore remarquer la garde du corps hongroise, & l'allemande à cheval, composées de nobles, & les gardes du palais à pied. La dépense pour l'état militaire monte en tems de paix à 68,500,000 livres.

En 1752, l'impératrice Marie Thérèse établit à Neustadt, une académie militaire pour les cadets gentilshommes: en 1754 elle créa une école militaire à Vienne, en 1759 elle fonda un ordre militaire sous son nom, pour les officiers de mérite. Cet ordre a 400000 livres de revenus, dont les grands croix ont une penſion de 4000 livres, le reſte eſt diſtribué entre les chevaliers les plus anciens par des penſions de 1400 livres: la croix de l'ordre annoblit, élève à la dignité de baron de l'empire: celui qui porte cet ordre ne peut en avoir d'autres, que celui de la toiſon d'or. L'empereur Joſeph II y ajouta en 1765 des chevaliers commandeurs, & décora les grands croix d'une croix d'argent en champ rouge, entouré d'un laurier, avec l'inſcription *Fortitudini*.

Pays au dessous de l'Ens.

Ce pays ſe diviſe en quatre quartiers, dont chacun a ſon ſénéchal. Deux ſont au midi, deux au nord du Danube. La ſituation des deux premiers rélativement à la forêt de Vienne les fait diſtinguer par le nom de quartiers au-deſſus, ou au-deſſous de la forêt de Vienne; les autres prennent leur nom de la montagne *Manhardsberg*, l'un eſt au-deſſus, l'autre au-deſſous.

I. *Premier quartier au-deſſous de la forêt de Vienne* ou *Wiennerwald*.

Il renferme beaucoup de vignobles, eſt étendu, fertile, arroſé de pluſieurs rivieres.

Wienne, *Flavianum*, *Vindobona*, *Vindum*, la premiere des villes archiducales de l'Autriche, réſidence des empereurs de cette maiſon, eſt bâtie ſur un bras du Danube, dans une ſituation agréable: au levant & au nord, ſes environs ſont unis: au couchant, & au midi s'élèvent des monts couverts d'arbres & de vignobles; le Danube élargit ſon lit, & ſe partage pour laiſſer paraître dans ſon ſein diverſes iſles ornées de bois. Elle n'eſt pas grande, & on parcourt à pied ſon enceinte dans une heure. Elle ne préſente que l'aspect assez triste & toujours uniforme d'une ville de guerre, un large rempart, douze forts bastions, dix ravelins, de larges & profonds fossés, d'autres ouvrages extérieurs encore. Autour de cette enceinte s'étend un vuide de cinq à six cents pas, où serpente la petite riviere de *Wienne*. Cette espace est bordé par les fauxbourgs beaucoup plus grands que la ville même, entourés par des lignes doublées de briques. Venons à la description de l'intérieur de cette ville & de ses fauxbourgs.

Vienne ne renferme que 1230 maisons, très étroites, hautes de quatre à sept étages, bâties la plûpart en pierres, sur des voutes qui forment de grandes & belles caves. Le second, le quatrieme étage des maisons est par toute la ville destiné aux officiers de la cour: les seigneurs ne se rachétent de cette servitude qu'en payant une somme pour bâtir des casernes: le septieme du loyer, ordinairement assez haut, est un impôt qu'on paye au prince. Les rues sont étroites, tortueuses, mal pavées, fort sales: quelques beaux hôtels les ornent sans en écarter la poussiere & la tristesse: le soir elles sont éclairées par des lanternes. Divisée en quatre quartiers, elle a 15 places publiques: celle de la *cour* est la plus grande & la plus belle; on y voit entre deux fontaines s'élever un superbe monument en bronze, que Léopod fit construire: celle du *fossé* où l'on remarque aussi deux belles fontaines, & une piramide de marbre blanc, environné de nuées, sur lesquelles on voit Dieu, son fils, & le Saint Esprit en bronze doré. L'empereur Léopold tourne ses yeux vers eux, & il est en posture de suppliant; les faces triangulaires de ce monument sont ornées d'inscriptions latines, dictées par ce prince, qui étoit instruit. Autour est une balustrade de marbre, sur laquelle sont des lanternes qui éclairent pendant la nuit: dans le piedeſtal eſt une eſpèce d'autel où l'on allume des cierges, où l'on prie, & où l'on prêche.

La place du marché haut, eſt auſſi enrichi d'un monument en marbre, qui repréſente le mariage de Joſeph & de la vierge; il fut érigé en 1732. L'égliſe principale eſt gothique, obſcure, ſculptée artiſtement au dehors: au dedans ſont 38 autels preſque tous d'un beau marbre, beaucoup de reliques, de bijoux, & l'ancien caveau, ſépulture des archiducs. On y voit le mauſolée de Fréderic III, qui doit être beau; ſi le beau ſeul eſt cher; car il a coûté 40000 ducats: on y voit encore le monument élevé à la gloire d'Eugéne de Savoye &c. L'archevêché eſt voiſin de cette égliſe; plus de 100,000 liv. forment les revenus de celui qui le poſſède: ſon chapitre eſt très-riche. Vienne a 21 couvens, & 50 égliſes ou chapelles. L'abbaye des Ecoſſais, de l'ordre de ſaint Benoît, eſt le plus ancien monaſtère de la ville: le collège de ſainte Dorothée habité par des Chanoines, de l'ordre de ſaint Auguſtin, a une des plus belles égliſes. Le cloître des récolets eſt ſi vénéré, que pour ne point les chagriner, il eſt défendu de hauſſer les maiſons qui lui ſont oppoſées & d'y ouvrir des fenêtres. C'eſt dans la chapelle des capucins qu'on enterre ſans pompe les princes de la maiſon d'Autriche & leurs monumens ne ſont pas même ornés de leurs noms; ce couvent eſt très riche. L'hôpital des bourgeois nourrit 3000 pauvres; c'eſt le tiers de ceux dont on prend ſoin dans toute la ville & dans les fauxbourgs.

Parmi les palais qui décorent Vienne, on remarque celui du prince Lichtenſtein, bâti ſur un deſſein vaſte & magnifique; celui du prince Eugéne moins grand, mais bâti avec plus de goût; ceux des généraux Caprara & Rabutin &c. tous manquent de jardins : d'autres édifices publics égalent encore ceuxlà, ou peut-être les surpassent : tel est l'hôtel de la monnaie, la maison de ville, les chancelleries Hongroise, & Toscane, celle de la cour: l'hôtel de la banque ministérielle, celui de l'université; mais parmi ces beaux édifices, on ne peut compter celui qu'habite le souverain, & qu'on nomme la *vieille cour*: des murs épais & tristes, des escaliers communs, des appartemens étroits & bas, des planchers de sapins, des plafonds couverts de toiles peintes : c'est ce qu'ils présentent au premier coup d'œil. Le jardin n'est qu'un petit enclos où l'on cultive quelques fleurs, où l'on voit un peu de verdure. Les appartemens qu'on y a joints ont la même simplicité, avec plus d'apparence & plus d'agrémens. Dans ce palais sont renfermés le trésor de l'empereur, plusieurs reliques, un cabinet de curiosités, un d'histoire naturelle, & des médailles, l'un des plus rares, & des plus superbes de l'Europe. Le théâtre est magnifique, le manège est un des plus beaux édifices modernes : on y voit la bibliothèque impériale qui surpasse peut-être par ses livres, & par ses manuscrits, les plus riches de l'Europe.

L'université fondée en 1365 était un collège depuis 1237 : son recteur jouit d'un rang très distingué : elle est divisée en quatre facultés & quatre nations, l'Autrichienne, la Saxonne, la Hongroise, & celle du Rhin. Sa bibliothèque n'est pas bien nombreuse; elle est composée de celle du comte *Joachin de Windhag*, qui soutenu dans ses études par la générosité de quelques hommes bienfaisans, devint avocat, docteur, conseiller & comte, puis légua sa bibliothèque aux pauvres étudians; & de celle du baron de *Pakstein*.

Il est encore d'autres bibliothèques, telle est celle du collège Thérésien, l'archiepiscopale, celle des bénédictins aux écossais, celle des mineurs & des augustins, pourvues d'antiquités & de curiosités naturelles.

Les fauxbourgs de Vienne sont plus grands qu'elle : ils sont soumis à ses magistrats à qui l'on appelle des tribunaux subalternes, établis dans chacun d'eux : ils ont ensemble plus de 60 églises ou chapelles, & douze hôpitaux : ils sont plus agréables que la ville, les maisons y sont mieux bâties, & on y voit de plus beaux palais. C'est là que les seigneurs, que les riches viennent habiter durant l'été ; c'est là qu'on vient chercher le plaisir & la santé ; car l'air de Vienne est mal sain quand le tems est calme, & quand les vents régnent, ils soufflent avec tant de violence qu'on peut à peine marcher dans les rues.

Le plus beau, au moins le plus vaste de ces fauxbourgs est celui de *Léopold*; il est au nord de la ville, & séparé d'elle par un bras du Danube qui l'environne : il l'égale en grandeur : l'hyver, il est sujet aux inondations : on l'appellait autrefois la *ville des Juifs*. Léopold les en chassa, & lui donna son nom : on y voit le vaste jardin public nommé *Augarten*, des palais, & des cazernes pour la cavalerie. Près de lui, sur la rive opposée du fleuve, est le fauxbourg de *Rossau*, grand, assez beau, orné de palais : dans ces deux fauxbourgs, la rive du Danube est bordée de bains publics. Celui de *Lichtenthal* touche à celui de Rossau : ses rues sont bordées de meuriers, & ses habitans fabriquent de la porcelaine moins belle, mais meilleure que celle de Saxe; elle est à l'épreuve du feu : différens lieux des pays héréditaires fournissent l'argille dont on la compose. Ce fauxbourg touche à celui de *Carlstat*, placé dans une prairie, il n'a de remarquable qu'une belle église. Celui de *Waringer-Gaſſen* vient après: c'est là qu'est sur une colline l'hôpital superbe des Espagnols, celui de la Trinité, le lazareth, la fondation de *Kautz* pour 70 à 80 jeunes enfans, un hôtel des invalides, le grand & riche hôtel de la charité, l'abbaye de Mont-Serrat, le couvent des pères trinitaires & des cazernes. Le fauxbourg de *Joſephſtadt* ſuit ce dernier: on y voit de beaux édifices religieux, des palais magnifiques, un vaſte jardin où le libraire de Trattnern a élevé une belle maiſon où l'on fond les lettres, où l'on grave les tailles douces, où l'on imprime & relie. Le fauxbourg *ſaint Ulric* eſt un des plus peuplés: on y voit plus de cent jardins, & le palais magnifique de *Trautſon* où la garde Hongraiſe eſt logée. Celui de *Leingrube* renferme l'école militaire des cadets, & l'académie des gentilshommes. Ce fauxbourg tient à celui de *notre dame de bon ſecours*, qui contient auſſi une académie: tous deux ſont les plus beaux des fauxbourgs de Vienne: les rues en ſont droites & larges, les maiſons bien bâties, les jardins très agréables, mais la diſette d'eau l'y rend chére. Près de là eſt un mont ſur lequel s'élèvent les écuries de l'empereur, dont l'aſpect eſt plus riant que bien ordonné. Le fauxbourg *ſur la Vienne* eſt traverſé par cette petite riviere: on y prépare le cuir. Celui de *Gundendorf* renferme le jardin de l'école du génie, le château de *Margarethendorf*, le vaſte hôpital de Sonnenhof, l'affinerie de ſalpêtre; une manufacture de galons faux recherchés des Turcs. Dans le quartier *Wieden*, on voit l'égliſe ſuperbe de ſaint Charles Borromée, & le collège Théreſien, accadémie de gentilshommes fondée par Marie Thérèſe. Les Jéſuites y enſeignaient des cadets de famille, & ne mettaient pas un grand prix à leurs inſtructions.

Dans celui de *Rennweg*, sont de belles églises, de beaux couvents, des hôtels superbes : le couvent de Salesiennes a une belle église ; on y instruit des demoiselles. Le fauxbourg de *Landstrasse* fait face à celui de Léopold de l'autre côté du Danube : on y voit un beau couvent d'hermites augustins, un de sœurs grises, une maison de convalescence pour les malades des freres de la miséricorde, l'hôpital beau & vaste de saint Jean, & celui de saint Marc. Le fauxbourg d'*Erdberg* possède une manufacture de crayons, & d'ouvrages en acier d'Angleterre, il est antique : c'est dans une auberge de ce fauxbourg devenue aujourd'hui une maison de chasse que Richard roi d'Angleterre fut fait prisonnier en 1192. Au delà des lignes est le nouveau *Lerchenfeld*. Le Danube divisé en cinq branches forme des isles de ces deux fauxbourgs : le *Prater* est encore une isle vaste, hérissée de bois, peuplée de bêtes fauves. Joseph II. en a ouvert l'entrée à tout le monde ; elle est devenue une promenade fréquentée. Le noble se plaignait d'y être coudoyé par le bourgeois, & par la populace : le prince répondit : *si je ne voulois voir que mes égaux, il me faudroit vivre dans le caveau du couvent des capucins.* Nous avons vû qu'il étoit le lieu de la sépulture des princes de la maison d'Autriche. On raconte plusieurs traits de ce prince qui annoncent un homme : s'il étoit mort, nous oserions le louer.

Le *Stadgut* est voisin du Prater, & il sert au même usage : près de là, entre la ville & la chamoiserie est l'amphithéâtre : des milliers de spectateurs s'y placent les jours de fête, pour voir combattre le lion, l'ours, le loup, le bufle, le chien, différens animaux sauvages ; l'homme seul n'y combat point.

Vienne est habitée par des Allemands, des Hongrais, des Italiens, des Flamands, des Lorrains, des Suisses, des Savoyards, des Russiens, des Grecs, des Arméniens, des Turcs, & des Juifs. Tous sont commerçans ou artistes, sans liaison les uns avec les autres, & jaloux de leurs succès réciproques. On compte environ cinq-cent-mille ames dans Vienne: sa garnison est casernée: vingt-mille protestans y font leurs exercices religieux dans les hôtels des ambassadeurs des puissances protestantes. Les Grecs réunis ont quelques autels dans deux églises; ceux qui ne le sont pas vont à la chapelle de l'ambassadeur Russe. Les Arméniens & les Juifs sont tolérés, ils s'assemblent sans bruit: il en est de même des Turcs qui se réunissent dans le fauxbourg Léopold. Un grand nombre de tribunaux, l'affluence des étrangers & le commerce, la rendent très vivante. On y prépare & teint la soie; on en fait des bas & des étoffes; on y fabrique des galons d'or & d'argent, des tapisseries, des glaces, de la porcelaine, des instrumens de musique, du cinabre, de la laque, des émaux & de la quinquaillerie, &c. Pour récompenser le courage des habitans contre les Turcs, Léopold leur donna à tous le droit de porter l'épée. Le jour, des archers y maintiennent la tranquilité publique: la nuit, un guet à pied & à cheval, veillent, dirigé par le tribunal de la sureté.

Vienne était une ville en 1142: le *Berghof* en est la partie la plus ancienne (*). Dans ses environs on voit diverses maisons impériales. Le *Bel-*

(*) Sa longitude est de 34 deg. 22 min., sa latitude de 48 deg. 12 min. 32 sec.

Tome II.   I

vedere est un palais magnifique, un jardin superbe, qui appartient au prince Eugene. *Schœnbrunn*, sur la Vienne, à une lieue de la ville, est un château superbe; une ménagerie en est voisine; mais située dans une vallée marécageuse, l'air y est mal sain. *St. Vit* n'est pas éloigné de-là; c'est une belle maison, son jardin est orné de jets d'eau & de cascades; l'air y est assez pur. *Breitenfurt* est un legs d'un bourgeois de Vienne, nommé *Kirchner*, à l'empereur Charles VI: sa fille l'a léguée aux pauvres: au milieu de la forêt de Vienne, on y voit de belles cascades, des bosquets charmans & un hermitage. *Hetzendorf* est un château de plaisance; l'empereur en a de plus beaux, mais il n'en a pas de plus sains. *Laxembourg*, est une maison de plaisance, à trois lieues de Vienne: elle est ancienne, petite & mal ornée: à l'entrée est un bois agréable; autour est un canal; plus loin est un bourg & divers palais: le terrain y est fertile; la vaste plaine qui les environnent y invite à la chasse du héron: la montagne qui la sépare de Vienne donne une perspective charmante.

Klofter-Neubourg, est une ville mal bâtie & pauvre, parce qu'elle a une église collégiale & riche où l'on plaçait ses enfans, en leur donnant pour dot les meilleurs biens de terre exempts d'impôts, qui retombaient sur les biens que se reservaient les parens. L'église était antique; on la rebâtie avec goût en 1730: elle fit naître la ville comme elle l'a appauvrie. On y conserve le corps de Léopold, qui la fonda, une couronne archiducale & d'autres antiquités. Son chef est orné de la mitre, & il siége aux états. Le chapitre possède plusieurs villages, étend sa jurisdiction sur ses environs, sur Kalend'berg, Meidling, Kritzendorf & autres lieux. Cette ville est sur le Danube.

Baden, *Aquæ Pannonicæ*, est une ville connue par ses bains salutaires : il en est dans la ville & dehors ses murs, le soufre domine dans leurs eaux; mais il y a encore de l'alun & du sel. D'agréables jardins s'ouvrent pour ceux qui prennent les eaux; c'est un lieu de plaisir plus encore que de santé; les habitans de Vienne y viennent souvent chercher l'un & l'autre. Sur la place est un beau monument dédié à la Trinité. A deux lieues de-là est *Neuhaus*, où l'on fabrique les glaces, où l'on travaille le laiton. Dans cette derniere manufacture est une machine qu'une seule roue peut mouvoir, & qui fait mouvoir à la fois seize tours ; chaque ouvrier arrête le sien d'un seul coup, sans arrêter la roue, & sans suspendre le travail des autres. *Baden* est sur la Schwœcha.

Neustadt ou *Wienerisch-Neustadt*, ville sur la Leitha : elle est agréable, bien bâtie & fortifiée ; ses rues larges, sont tirées au cordeau, & ses places ornées de statues de la Vierge. Le château est devenu une académie militaire pour les officiers. Son évêché, suffragant de Vienne, fut fondé en 1470. Elle avait un couvent de jésuites: elle en a un de l'ordre de citeaux, dont l'abbé porte la mitre, & est membre des états : trois autres couvens d'hommes, un de filles, & une commanderie de l'ordre teutonique. On y voit le tombeau de l'empereur Maximilien I. Les nobles riches vivent à Vienne, & les pauvres ici. Cette ville, qui bâtie en 1200, sert de prison aux criminels d'état, est mal peuplée : elle a une fabrique de porcelaine qui imite celle de Saxe : dans son voisinage elle en a une d'épingles & de laiton. A quelque distance on trouve un désert fablonneux, long de plusieurs lieues & large d'une, où l'on ne voit ni herbe, ni arbres, ni habitation. On y bâtit en 1768, à grands frais, un village, nommé *Therefiadorf*.

Bruck, est aussi sur la Leytha : c'est une petite ville : son nom latin est *Leythæ pontum* : les asperges croissent dans ses campagnes sans culture.

Heimbourg ou *Haynbourg*, ville au pié d'un rocher, sur la rive du Danube. Une manufacture de draps la soutient. Près d'elle était située l'ancienne ville de *Carnuntum*.

Ebenfurth, est une ville seigneuriale, entre Bruck & Neustadt, comme elles sur la Leytha : elle fut bâtie par les Templiers, environnée de murs & de fossés.

On trouve encore dans cette province quarante bourgs, plusieurs seigneuries & un grand nombre de villages. Nous parlerons de ceux qui nous présentent quelque objet intéressant.

Brunn ou *Prunn*, était un bourg & n'est plus qu'un village : ses environs sont rians : on y recueille d'excellent vin.

Deutsch-Altenbourg, est un château & village près du Danube & de la Hongrie, qui a un bain médicinal.

Eberfdorf, est un bourg sur le Danube : c'était une maison impériale, consacrée en 1752 à l'éducation des filles d'Officiers indigens, & devenu en 1770 une maison de charité.

Gatzendorf, est un bourg archiducal : il a séance & voix aux diettes : ses campagnes produisent un vin exquis.

Guttenstein, est un château sur un roc, où mourut l'empereur Fréderic d'Autriche, & où l'on voit un couvent de servites.

Hernals, est un grand village, près de Vienne, rempli de palais, de jardins, & de maisons de campagne: il y a près de-là un couvent de Paulins.

Katzelsdorf, est une seigneurie dans laquelle coule la Leytha: on y voit sur une montagne un couvent de Franciscains dont la vue est très agréable.

Lichtenstein, est un vieux château, muni de tours & de fossés: il a donné son nom à une maison puissante & distinguée.

Mœnnerstorf, est un grand bourg & une maison de campagne, belle & riante, sur la Leytha, près de la Hongrie, où l'on trouve des eaux minérales très célébres: on y voiture gratis ceux qui s'y rendent de Vienne: la principale source est sous l'église paroissiale. Ses eaux ont moins de soufre que celles de Baden.

Die-Mauer ou *La Muraille*, est un bourg sur la pente orientale du mont Kalenberg. Il est grand, entre-coupé de belles vignes, d'agréables maisons, de hameaux, de métairies & de vastes jardins. C'était une seigneurie qui appartenait aux jésuites, & où les nobles Autrichiens venaient chercher la solitude & des méditations spirituelles. On y fait du bon vin, & on y cultive la garence.

Mœdling, est connu par le vin exquis que ses campagnes produisent. Sur une montagne voisine on voit un château qu'habiterent plusieurs princes Autrichiens.

Nusdorf, est un bourg près du Kalenberg, sur la rive du Danube: il est grand & présente l'aspect d'une ville bien bâtie. Il a treize seigneurs; ce n'est pas un grand avantage.

Ober-Gœssing ou *Gœsling*, est une seigneurie & un château fortifié. On y fait du beau papier, & on y fore les canons.

Ottakrin, est un village, près du Kalenberg, qui a d'excellens vignobles, où Charlemagne bâtit une église, & qui doit son nom à Odoacre, roi des Herules.

Penzing, autre village, connu par une cause différente ; c'est par les fêtes qu'on y donne.

Petronell, est une seigneurie, un petit bourg & château sur le bord du Danube : on y conserve beaucoup d'antiquités romaines.

Schodwien, est un passage dans la montagne des Semmering, entre l'Autriche & la Stirie. C'est une gorge resserrée par des rochers, où Charles VII a fait ouvrir & perfectionner un chemin, à force de bras & d'argent. Ce défilé est défendu par le château de Calm, bâti sur un roc escarpé.

Schwœchat, est un bourg archiducal, sur la riviere de ce nom. On y voit des manufactures d'indienne.

Sivering, est un village près du Kalenberg. St. Severin lui a donné son nom parce qu'il y demeura. Les Romains y avaient un fort : l'église est encore en partie un de leurs ouvrages.

Tœbling, est un village sur une hauteur qui domine Vienne. Il renferme des palais, des maisons de campagne : c'est-là que les ambassadeurs des cours de l'Europe passent l'été.

Waring, est un grand village, orné de maisons de campagne & de jardins, enrichi par ses vignobles : il est voisin des lignes de Vienne.

On trouve encore dans cette partie de l'Autriche six couvens, qui possèdent des seigneuries. Celui des *hermites réguliers de l'ordre des Calmadules* est placé sur un sommet du Kalenberg : la vue y est admirable, l'eau très saine, le vin le meilleur de la contrée : vis-à-vis est un autre sommet de la même montagne, où l'on voit les ruines d'un château

& une belle église bâtie par Charles VI, ornée de trophées pris sur les Turs. La chartreuse de *Maurbach* ou *Val de la Toussaint*, est au milieu d'une forêt de haute futaye. Fréderic III la bâtit, & y fut inhumé. Le couvent de Ste. Croix, ou *Heilig-Creutz* est de l'ordre de citeaux, & sert de sépulture à divers ducs d'Autriche. Ceux de *Marienzell*, & de *Glognitz*, sont de l'ordre de St. Bénoit.

Kirchberg, est un couvent de chanoinesse réguliere de l'ordre de St. Augustin. Il est sur les frontieres de la Stirie.

II. *Quartier au-dessus de la forêt de Vienne, ou Tulnerfeld.*

Il renferme de bons vignobles, trois villes archiducales, quatre seigneuriales & environ cinquante bourgs.

Tuln, ancienne ville épiscopale. La riviere de ce nom y passe & tombe dans le Danube. La ville renferme trois couvens, & l'évêché est suffragant de Passau : une des églises est un ancien temple des Romains.

Ste. Hypolite ou *St. Pœlten*, ville sur la Trasen. Un chapitre de chanoines de St. Augustin fut son origine, & ce chapitre fut fondé dans le 8me siécle. Ses campagnes produisent du safran.

Ips, *Ipsium*, sur l'Ips & le Danube, est une ville petite, mais bien bâtie. Celle de *Pons Isis* ou *Ispontum* devait en être voisine.

Mautern, petite ville seigneuriale sur le Danube, qui coule en ce lieu sous un pont de huit-cent pas, lequel fait communiquer cette ville à celle de Stein.

Trasmaur, sur la Trasen, est une petite ville & un château fortifié.

Pechlarn, autrefois *Arlape*, petite ville près du

confluent de l'Erlaph & du Danube. Elle est à l'évêque de Ratisbonne.

Waidhoven ou *Bayrisch-Waidhoven*, ville sur l'Ips, à l'évêque de Freisingue, depuis 996.

Bourgs & bourgades.

Fridau, est un bourg sur le Biclach : il y a une belle manufacture d'indienne.

Greifenstein, est un village ; son château est sur un roc que baigne le Danube : ses vins sont estimés. Près de-là était placée l'ancienne ville de *Comagena*.

Kœnigstetten, est un bourg à l'évêché de Passau. Son terroir est fertile en vins.

Melk, *Melicium*, est un bourg : c'était une ville. Près de-là, sur un rocher voisin du Danube, est un couvent de bénédictins que la superstition a enrichi & que la nature a fortifié. Sur ce rocher était autrefois un château bâti par les Romains : c'est sur ses ruines que le couvent s'éleva. Son abbé est primat des états du pays, & président de l'ordre des prélats : sa bibliothèque est riche en manuscrits.

Niederwalsée, est sur le Danube : il a sur sa tête un rocher élevé sur lequel est un château.

Pixendorf. On prétend que ce bourg est le *Pirum tortum* des Romains.

Scheibs, sa grandeur & le nombre de ses habitans le rendent considérable. Les chartreux de Gœming en sont seigneurs.

Il renferme encore huit couvens. Celui de *Gottrich* ou *Gœttweig* est une abbaye immédiate, fondée en 1076, sur un rocher très élevé près du Danube & de la ville de Mautern. Le couvent est neuf, sa bibliothèque est très belle, ses manuscrits sont rares. C'est à *Geoffroi de Bessel*, un de ses abbés, qu'on dit le *Chronicon Gœttvicense*, excellent guide pour la diplomatique & la géographie du moyen âge. Celui de St. André renferme des chanoines réguliers de l'ordre de St. Auguftin : il eft fur la Trafen : c'eft auffi fur cette riviere qu'eft la riche abbaye de *Lilienfeld*, *Campililium*, de l'ordre de citeaux : fon églife, au-dedans, eft de marbre noir ; on le tire d'une carriere voifine : c'eft un des plus beaux édifices de l'Autriché. La chartreufe d'*Aggfpach* eft à quelque diftance du Danube : celle de *Gœming* ou *Kemnik*, ou *Marienthron*, eft près du bourg de Scheibs.

Sontagberg, prieuré de bénédictins, eft fur une montagne : fon églife eft belle : on y fait des pélérinage. Il dépend du couvent de *Seitenftetten*, couvent riche, dont le prévôt porte la mitre. *Sauffenftein* eft occupé par des bernardins : il eft près de l'Ips & du Danube.

III. *Quartier au-deffous du mont St. Menard, ou Marchfeld*.

Il eft riche par fes vignobles, & renferme trois villes archiducales, fix feigneuriales, & plus de cinquante bourgs.

Korn-Neubourg, fur le Danube, vis-à-vis de *Klofter-Neubourg* : c'eft une petite ville & fans importance.

Rœtz, petite ville qui touche à la Moravie ; la nature la dédommage des maux que lui a fait la guerre : le pays eft fertile, & l'afpect en eft riant.

Laab ou *Lava*, eft fur la Teya. C'eft une ville ancienne, médiocre, affez forte, & trop célébre pour avoir été toujours tranquile.

Enzerfdorf ou *Strettl-Enzerfdorf*, fur le Danube, petite ville feigneuriale : fon château eft environné de tours & de foffés.

Marcheck ou *Marek*, est une petite ville, bâtie en 1286. Elle a un vieux château fortifié, est sur la Morave.

Zisterfdorf, *Schrattenthal*, sont deux petites villes : toutes deux ont un château.

Feldsbourg ou *Feldsberg*, est une petite ville qui a un palais magnifique & un château. Ils appartiennent au prince de Lichtenstein.

Meissau, est petite : elle a un bon château, point de richesses & assez d'agrémens.

Bourgs & Bourgades.

Aspœrn, est un bourg, orné d'un beau château, chargé d'un couvent de frères mineurs.

Bulka ou *Pulka*, est sur la riviere de ce nom : les maisons y sont propres & la situation agréable.

Burnkrat, est un bourg & château, dans la contrée où les priéres des chrètiens firent tomber la pluie pour les troupes altérées de l'empereur Antonin.

Ekartsau, est un château sur la rive de la Rusbach : autour sont des forêts coupées de belles allées. Il appartient à l'empereur.

Falkenstein, est un château sur une montagne avec un bourg. Son possesseur a le droit de battre monnaie.

Kagaron, est un bourg assez chétif, mais où l'on cultive avec succès la garance.

Mistelbach, est un grand bourg : on y trouve un collége de Paulins.

Pisenberg, est une seigneurie des comtes de Traun, embellie par un château superbe, un jardin remarquable par ses cascades, ses jets d'eau, ses labyrintes & ses statues.

Pocksties, bourg & château, voisin des eaux minérales chaudes de *Pirrawarth*.

Schlosshof, seigneurie de l'empereur François I,

qui fit percer la montagne qui la sépare de la Hongrie. Une belle allée d'arbres conduit de-là jusqu'à Presbourg qu'on voit dans le lointain : le château est beau, le jardin agréable & vaste.

Schœnborn, est un des plus beaux châteaux de l'Autriche.

Stokerau, est un grand bourg dont les habitans sont seigneurs : cela devrait être par-tout. Il est sur le Danube.

Weickendorf, est un bourg considérable & un beau château : il n'appartient qu'aux moines de Mœlk.

On y trouve encore trois couvens : celui des Augustins, hermite, près de Korn-Neubourg : celui des franciscains à St. Colmar, & celui des frères de la miséricorde à Felsbourg, fondé en 1605. C'est le plus ancien de cet ordre en Allemagne.

IV. Quartier au-dessus du mont St. Menard ou Gœnsefeld.

Il renferme cinq villes archiducales, huit villes seigneuriales, & environ quarante bourgs ou bourgades.

Krembs, près du confluent de la Krembs & du Danube, est une ville bien bâtie, ruinée par les contributions qu'elle payait, & qu'on tâche de rétablir par une manufacture de velours qu'on y a fixé : le safran qui croit dans ses environs est recherché ; il fait un des grands objets du commerce de la ville. Près de-là est une mine abondante d'alun : on l'y affine.

Stein, sur le Danube, est une petite ville : elle sert de port à *Krembs*, n'a de magistrats que les siens, est jointe à elle par une belle allée d'arbres. Elle n'a qu'une rue & deux églises.

Egenbourg, près du mont St. Menard, est une ville ancienne, mais petite & pauvre.

Waidhoven ou *Bœhmifch Waidhoven*, eft une petite ville & un château, fur la Teya allemande.

Zwetl ou *Zwethal*, eft une petite ville fur un ruiffeau qui porte ce nom, & fe jette dans la Kamp.

Horn, eft une ville feigneuriale: elle a un château, une école pieufe, des brafferies d'une biere couleur de lait, faite avec le tartre & l'avoine. Elle a la fraicheur & le goût de la limonade, eft le commerce & la reffource des habitans, qui la voiturent par eau dans toute l'Autriche. *Horn* eft fur la petite riviere de *Teffer*.

Hardeg, *Drofendorf*, font deux petites villes fur la Teya.

Litfchau, eft fur les frontieres de Bohême. *Gemünd*, a un château: ce font deux petites villes.

Weitra, ou *Weitrach*, petite ville, fur la petite riviere de Launitz. *Altenfteig*, eft petite auffi: elle a un château.

Diernftein ou *Tyrnftein*, a un collége de chanoines Auguftins, & n'a que cela. Près d'elle eft une montagne où était le château qui fut la prifon de Richard, cœur de lion, roi d'Angleterre.

Aggfpach, bourg que le Danube fépare de la chartreufe de ce nom.

Befenboig ou *Pofenbeug*, eft fur le Danube: il eft remarquable par fon ancienneté. Il a un château.

Brunn, eft une riche feigneurie & un beau château: il eft au milieu de l'eau.

Drofendorf eft remarquable par fa grandeur. *Lach*, par fon image miraculeufe de la Vierge.

Langentoïs, eft un grand bourg: il a voix & féance dans les diettes du pays.

Raps, eft confidérable, il a un château, eft placé là où la Teya allemande fe joint à celle de Bohême.

Cercle d'Autriche.

Wetzlas, eft une feigneurie. Elle a un château où les barons de Schlug ont fait conftruire un obfervatoire. Ce quartier renferme encore fept couvens. *Notre Dame de Clairvaux* eft un couvent de bernardins, fondé en 1193. *Altenbourg*, l'eft de bénédictins, fondé en 1144. Les abbayes de *Geras* & de *Perneck* font de l'ordre des prémontrés; elles ont pour fondateur *Egobert* ou *Ecquard1*, comte de Perneck: la premiere fut confirmée par l'évèque de Paffau en 1188. *Impach*, eft un couvent de dames pécherefles; il n'eft pas vafte. *St. Bernard* était à des bernardines, puis aux jéfuites, & n'eft plus un couvent. *Rana* ou *Rana* eft un vieux château habité par des hermites de St. Paul.

Pays au-dessus de l'Ens.

En 1156, il ne s'étendait que depuis l'Ens jufqu'au ruiffeau de Rundfal, ou jufqu'à la forêt de Paffau. Il eft bien plus étendu aujourd'hui: fes habitans font robuftes & fains, plus grands, plus forts que ceux du pays au-deffous de l'Ens. On le divife en quatre quartiers, deux au nord & deux au midi du Danube.

I. Quartier de Haufrusk.

Il tire fon nom d'une vafte forêt: c'eft le plus petit fur les cartes, & c'eft le plus étendu en effet: il renferme quatre villes archiducales, trois feigneuries, & environ vingt-cinq bourgs.

Linz, *Lentia*, eft une grande ville, bien bâtie, bien peuplée, ayant de beaux faux-bourgs. Le Danube la fépare en deux parties, qui communiquent par un pont de bois, long de cent-cinq toifes; la profondeur de ce fleuve eft de dix-fept toifes. Les rues de Lintz font belles, fes maifons propres; elle eſt habitée par beaucoup de nobles. L'ancienne ville n'avait preſque qu'une rue, & renferme le château archiducal ſur une colline, d'où l'on jouit d'une perſpective vaſte & riante. Là ſont différens tribunaux, la chambre du commerce, le ſuperbe hôtel des diettes; un beau collége qui fut aux jéſuites, orné d'un beau gymnaſe, d'une égliſe & de ſéminaires. Linz renferme encore cinq couvens d'hommes, trois de filles, une commanderie de l'ordre teutonique, qui ne peut être poſſédée que par un comte de Harrach, & diverſes manufactures. Celle de laine en fabrique plus de vingt ſortes d'étoffes, & payait en 1770, par forme de rétrbution, environ 1800 liv. par mois à la chambre du commerce. Elle a deux grandes foires. Linz eſt ſous le 32 degré & 8 min. de longitude, & ſous le 48 degré 6 min. de latitude.

Wels, ville ſur la Traun: elle eſt bien bâtie, & fait un commerce conſidérable en bois: elle a deux châteaux, l'un aux princes d'*Auersberg*, l'autre à la ville, qui porte le nom ancien de *Polhaim*, deux couvens & un hôpital. Elle a eu des comtes & donne ſon nom à une vaſte forêt.

Gmunden, *Laciacum*, ville ſur le lac de Traun, d'où ſort la riviere de ce nom: on y fait du ſel; elle en a le commerce libre; elle eſt le ſiége du bailliage de *Salzamt*. Dans le lac eſt une iſle jointe à la terre ferme par un pont: là eſt le château agréable d'*Ort*, & vers l'orient, ſur la rive, le rocher de *Traunſtein*, célèbre par ſa hauteur.

Fœcklabrug, *Veclæpontum*, ville ſur la *Vœckl*: elle eſt bien bâtie, au milieu d'une belle plaine; les ſerfs y trouvent un azile contre des maîtres inhumains; ſes bourgeois, ſes négocians, ſont exempts de péages dans toute l'Autriche.

Efferding, ou *Eferting*, petite ville, peu éloignée

du Danube. Elle est dans la vallée de Donauthal, a un château dont les revenus sont grands, un hôpital & deux églises. Le droit de haute justice y est un fief, donné par l'empereur.

Schwanastatt, près de l'Ager, est une petite ville: sa situation est agréable.

Grieskirchen, est une petite ville qui n'a ce nom que depuis 1613. Le château de *Pars* en est voisin.

Ascha, bourg & château, péage sur le Danube. Le pays qui l'environne a le nom d'*Aschauerwirkel*, il est riche en vignobles.

Frankenbourg, sur les limites de la Baviere. Il a un château, est voisin de la forêt d'Hausruch, est dans une situation riante, & fait un commerce qui l'enrichit.

Kammer, est une seigneurie dans l'Attergau. Ce pays prend son nom du lac d'Atter; le plus grand, le plus agréable du pays par les châteaux, les églises, & les maisons qui bordent ses rives. On y pêche d'excellens poissons; chaque mois l'espece est différente. Au milieu du lac est une isle sur laquelle s'élève le château de Kammer: la perspective dont on y jouit est charmante: on voit sortir du lac la riviere d'Ager, qui en serpentant, arrose un pays fertile.

Hallstadt, bourg sur le bord d'un petit lac auquel il donne son nom: il a une mine de sel.

Ischel, sur la Traun, a aussi une mine de sel.

Lambach, est un bourg sur la route de Salzbourg. Il est bien bâti, les habitans sont à leur aise. Il est sur la Traun.

Monsée, est sur le petit lac de ce nom: par le ruisseau d'Ag il communique à l'Attersée.

St. Wolfgang, sur le lac d'Abern: il a un prieuré de bénédictins.

Wolffeck, est un bourg près de la forêt d'Hausruck : son château, sur une élévation, a une perspective très étendue.

On y trouve encore six couvens & huit seigneuries : ceux de *Lambach* & de *Monsée* appartiennent aux bénédictins : ceux d'*Engelhartzell* & de *Wilhering* sont de l'ordre de citeaux : ce dernier est voisin de Linz, dans un pays bas, entre le mont *Kiernberg* & le Danube. Ces quatre couvens ont voix dans la diette ; les deux qui suivent n'en ont point. *Strohœm*, est a l'ordre de Malte ; *Pupping*, aux franciscains. Les seigneuries sont, celles de *Traun*, dont le château est sur cette riviere, près de la forêt de Wels : celle d'*Erlach*, de *Stahrenberg*, de *Schaumberg*, autrefois comté très étendu, membre de l'empire, dont le château fit une forteresse du pays, de *Walchen*, de *Wagram*, de *Puechberg*, & le comté de *Neubourg*, enclavé dans la Baviere. Il eut autrefois ses propres comtes, & a essuié diverses révolutions.

II. Le quartier de Traun.

La riviere de Traun lui donna son nom : il renferme deux villes archiducales & une douzaine de bourgs.

Ens, *Anisia*, sur l'Ens & près du Danube, où il se jette : bâtie vers l'an 900, placée sur une élévation, elle est bien bâtie, assez bien fortifiée ; elle a un couvent, un arsenal & deux châteaux, dont l'un est dans son enceinte & porte le nom d'Ensbourg.

Steyr, ville sur le Steyr & l'Enz, divisée en trois parties, que des ponts unissent : elle renferme trois couvens, un hôpital & un château, sur un rocher escarpé qui s'élève au confluent des deux rivieres. Le fer qu'on tire de mines de l'Autriche se prépare

dans

CERCLE D'AUTRICHE.

dans des forges le long de l'Ens, & se travaille avec l'acier à Steyr; presque tous ses habitans travaillent les métaux. Elle fut autrefois florissante: ce souvenir la console de ne voir plus autour d'elle que des débris de sa grandeur.

Hall, est un bourg & château : une fontaine salante lui donne son nom : elle a, dit-on, la vertu de guérir les goîtres.

Lorch ou *Laurach*, bourg près d'Ens sur la Lobich: on y trouve des vestiges de fortifications romaines & d'autres antiquités. Ce sont les restes de l'ancienne *Laureacum*, fondée par les Romains, détruite par les Huns, rétablie, devenue archevêché, & dévastée encore en 737.

Tillisbourg, est un des plus beaux châteaux du pays.

Traunkirchen, bourg sur le lac de Traun. Il y avait une abbaye de bénédictins, remplacée par des Jésuites qui n'y sont plus.

Weyr, bourg grand & connu : il en est deux auprès de ce nom.

Windischgærsten, est un bourg qui appartient à des prêtres. Son nom semble prouver que des Venetes l'ont habité.

Spilberg, est un château sur un roc dans le Danube, près de l'embouchure de la Traun. Là le Danube forme un canal dangereux, où l'eau, formant un tourment est sans cesse agitée & bouillonnante. Les vaisseaux bien chargés y passent avec prudence ; ceux qui le sont peu s'en éloignent.

Clauss, château fort, défilé sur les frontieres de la Styrie, près de la Pirn & de Steyr,

On y trouve encore six couvens : trois sont aux Bénédictins : ce sont ceux de *Kremsmünster*, où est une école de gentilshommes, une belle bibliothèque

Tome II, K

& qui a de grands revenus de *Gærften* & de *Gleink*, tous les deux près de Steyr. Celui de *St. Florien* a une église magnifique ; il est habité par des moines Augustins. Celui de *Schlierbach* ou *Marienfaal* est aux bernardins, & jouit d'une perspective agréable sur la vallée de Krems. Enfin, celui de *Spital*, au pied du mont *Piern*, d'abord hospice pour les croisés, devenu ensuite un chapitre riche, & une espéce de seigneurie monachale.

III. *Quartier de Muhl.*

Deux petites rivieres, la haute & basse Muhl lui ont donné ce nom : il renferme une riche abbaye, environ vingt bourgs, quelques châteaux & quelques seigneuries.

Schlægel ou *Frauen-Schlag*, abbaye sur la grande Muhl, occupée par des premontrés. Il jouit d'une grande portion de la vaste forêt de Bohème avec ses droits régaliens, du château de *Schallenberg*, de la terre de *Mirotia* & du bourg d'*Haslach*.

Millacker, n'est qu'un village ; mais il a un bain médicinal très fréquenté. Il est près du Danube.

Ottenhein, bourg sur la rive du Danube : le château appartenait aux jésuites, & le bourg au comte de Stahrenberg.

Wœxenberg, château & comté : il est sur une haute montagne, a des droits régaliens & une justice particuliere.

Perg, est un château & une seigneurie : près de-là est un pélérinage fameux, nommé *Marien-Trosiam Perg*.

IV. *Quartier de Machland, ou quartier noir.*

Le comté de ce nom l'a fait distinguer ainsi : il renferme trois villes archiducales, environ trente bourgs, quelques châteaux & seigneuries.

Freystadt : elle obtint de grands priviléges en 1277.

qui ne purent prévenir la ruine de son commerce: cette ruine les lui fit vendre. Elle n'a conservé qu'une grande foire de denrées de carême. Elle a un château qui n'est pas grand chose, & un couvent de capucins qui ne lui est pas plus utile.

Grein, petite ville sur le Danube. Elle a un couvent de Franciscains, une chapelle, un calvaire, & un hermitage.

Steyrek, petite ville aussi sur la rive septentrionale du Danube: près d'elle est une haute montagne sur laquelle est placé le château de *Weissenwolf*.

Mauthausen est un bourg assez grand, près du Danube: le ruisseau de Launitz le traverse.

Muntzbach, est dans une situation agréable: il a un couvent de dominicains.

Schwerdtberg, est un bourg & un château, dans un pays fertile & riant. Il est assez grand.

Windhœg, a un château & un couvent de dominicaines.

Kirchschlagen, est un village où l'on trouve un bain médicinal: il est sur les frontieres de Bohème. On y trouve encore deux couvens qui ont séance & voix à la diette. Celui de *Wadhausen* est rempli par des chanoines de l'ordre de St. Augustin: il fut fondé en 1144. Il est seigneur de Klingenberg. Celui de *Baumgartenberg* est un couvent de bernardins, fondé en 1140.

AUTRICHE INTÉRIEURE.

I. Duché de Stirie.

La Stirie fut sous les Romains une partie de la Norique: sous l'empire d'Allemagne: elle devint une partie de la Carinthie. Cette derniere fut divisée en deux marches dans le onzieme siécle : l'une fut donnée au comte de Steyr, qui en devint marggrave, ainsi que ses successeurs, & donna son nom au pays, *Steyer-mark*, dont les Français ont fait *Stirie*. En 1180, elle devint un duché qui passa six ans après à des ducs d'Autriche. Le roi de Hongrie s'en empara : il en fut chassé par le roi de Bohème, sur lequel l'empereur Rodolphe la reprit & la donna à son fils Albert. Depuis ce tems elle a fait partie des états héréditaires de la maison d'Autriche.

Au sud de l'Autriche, elle a la Hongrie au levant, la Carniole au midi, la Carinthie & Salzbourg au couchant. Elle est divisée en haute & basse. La haute est hérissée de montagnes escarpées & dont les sommets se cachent dans les nues. Le *Grimming*, le *Grosing*, sont les plus hautes de toutes. Cependant l'industrie des habitans y fertilise la terre : elle se rend utile le sommet même de ces monts sourcilleux : elle emploie la houe là où elle ne peut porter la charue, & l'engrais s'y transporte dans des paniers. On y cultive peu de froment, mais beaucoup de lin qui y vient très long & très fin : les lieux incultes sont couverts de l'arbuste connu sous le nom de grande lavande ou *spic*; il fait un objet de commerce. L'homme robuste qui vit dans ces lieux, sort rarement de ses montagnes, la neige l'y enferme dans sa cabane pendant plusieurs mois : il y vit content au milieu de sa famille. Le voyageur, au milieu de tristes & d'arides rochers, découvre sur leurs sommets, avec une douce joie, des hommes des tapis verds, couverts d'arbres fruitiers, & des jardins fertiles : il avance, une vallée s'ouvre, des ruisseaux y serpentent, il y respire un air frais, de vastes vergers soulagent sa vue; il n'y voit pas de terre qui languisse sans culture, tout y est animé par la main de l'homme, unie à celle de la nature; le bétail couvre des prairies, la perdrix rouge, la gelinote, le coq de bruyere se fait entendre derriere quelques arbrisseaux, le chamois s'élance & gravit pour échapper à l'ennemi qu'il découvre; de petits lacs se font voir où l'on n'attendait qu'un roc écailleux: ils fourmillent de poissons, & ils les répandent avec leurs eaux dans les vallons. Ici les montagnes sont couronnées de forêts, la coignée, les abbat pour faire couler le fer, le cuivre, l'argent, le plomb, qui sont renfermés dans le sein de quelques autres qui s'élèvent à côté d'elles. Des sources d'eaux minérales & chaudes en découlent. On y trouve du sel: deux rivières la traversent; toutes deux sortent de l'évêché de Salzbourg: l'une est la Murz qui tombe dans la Drave près de Legrad; l'autre est l'Ens qui se perd dans le Danube.

La basse Stirie a plus de plaines, mais elle a quelques montagnes remarquables. Les côteaux sont couverts de vignes qui donnent d'excellens vins: les champs environnés de hauts murs, que ferme la vigne attachée à des treillages, y produisent à la fois du vin & d'abondantes moissons: le froment, le maïs, les pois, les fèves: les grains qu'on y cultive y sont abondants. C'est du maïs que le paysan fait son pain, & sa principale nourriture, parce qu'il est exempt de dixmes. La Mur, la Save, la Drave, l'arrosent: ses rivieres sont poissonneuses, ses forêts, ses monts, ses plaines, sont habitées par la perdrix, le francolin, la becasse, le chevreuil & le chamois; trop souvent ils le sont par le loup, par des ours d'un brun fauve, d'une taille moyenne, qui aiment à parcourir les champs d'avoine. Le loir y est un de leurs mets exquis: il ne se nourrit que du fruit de hêtre, & c'est ce qui le rend délicat & d'un bon fumet; on se sert de sa peau qui est d'un gris de perles, un peu roussâtre, avec des raies noires & blanches. Le Stirien est robuste; mais le goître y est une maladie commune: c'est sur-tout dans la haute qu'on en est le plus incommodé; des montagnards en portent d'énormes. On les croit l'effet d'une eau très froide & de la graisse qu'ils mêlent à tous leurs alimens. La Stirie renferme vingt-six villes, environ deux-cent bourgs ou villages, & cinq-cent châteaux, dont plusieurs sont bâtis sur de hauts rochers. Charles VI a fait faire de beaux chemins au travers de ce terrain inégal. Dans la plus grande partie, on parle un allemand grossier & dur : dans la moindre on parle la langue de venedes. On n'y tolère que la religion romaine; les luthériens y faisaient autrefois le plus grand nombre. La Stirie a son évêque particulier; il réside à Sekau, il est prince de l'empire, suffragant de l'archevêque de Salzbourg qui le nomme, le sacre, le confirme, & en fait son vicaire sur une partie de la Stirie. Les jésuites y étaient les principaux instituteurs de la jeunesse: il y a divers colléges & une université à Gratz ou Grœtz, ville qui a aussi une chambre de commerce. On y fabrique de gros draps, des toiles, le fer, l'acier, le laiton : ces métaux, mis en œuvre, y sont le plus grand objet de commerce; il monte à plus de trois millions de livres par an.

La *cour supérieure* ou *gubernium* réside à Gratz: elle veille sur l'administration de toutes les parties de l'Autriche intérieure : la *régence de Stirie* a pour département l'administration de la justice sur les mêmes provinces; mais elle est subordonnée à la cour supérieure de justice à Vienne. Un tribunal

Cercle d'Autriche.

particulier s'occupe des affaires de commerce; il en juge en premiere instance, & de-là elles sont portées à la cour d'*appel du change*, présidée par un juge qui est aussi président de la chambre de commerce. Le sénéchal est le chef des états, & avec leurs quatre députés, il forme le *tribunal de la sénéchaussée*. Un *baile*, un *greffier*, sont à la tête de chacun des cinq grands bailliages de la Stirie. Cinq personnes, élues par les états, administrent les revenus de la province.

Il y a diverses charges héréditaires dans la Stirie. Un *grand-maître*, payé avec cent muids de sel, un *grand chambellan*, un *grand maréchal*, un *grand écuyer*, un *grand échanson*, &c. Toutes ces charges n'enrichissent pas; mais elles flattent la vanité.

Ce duché donne pour l'entretien du militaire d'Autriche, la somme d'environ 4,375,400 liv. La garnison ordinaire en tems de paix est de deux régimens d'infanterie.

Basse Stirie.

Quartier entre la Mur & la Drave.

Il produit de bons vins: on y trouve des fontaines minérales, une étuve, trois villes, & douze bourgs.

Gratz, *Græcium*, autrefois *Bayrischgratz*, est une ville grande, belle, fortifiée; le siége du gouvernement de l'Autriche intérieure, de la régence de Stirie, de la chambre du commerce, & de différens tribunaux. Elle est au levant de la Mur, son fauxbourg est au de-là de la riviere, & communique avec la ville par un pont. Elle renferme huit couvens, & une université fondée en 1586. Dans le cimétiere de l'église de St. Gille, on voit le superbe mausolée sous lequel reposent les cendres de l'empereur Ferdinand & de son épouse ; ailleurs on remarque la colonne de la Trinité en bronze doré, le château de l'archiduc, l'hôpital, l'hôtel-de-ville, celui des diettes, l'arcenal, l'évêché, & un château ou citadelle situé sur un haut rocher : dans le fauxbourg sont quatre couvens, & sur une hauteur sur laquelle il s'étend, est un rocher représentant le calvaire : on y trouve une église & neuf chapelles.

Fréderic IV entoura Grætz de murs : ses successeurs l'ont fortifiée : on y fait de très beaux ouvrages en fer & en acier : ses deux foires appellent dans son sein le Hongrais, le Grec, l'Arménien, le Turc, le Juif, le Polonais, & le Russe : la Mur favorise son commerce par les radeaux qu'elle porte : on s'y occupe de navigation, d'objets utiles ; mais peu de sciences, & point de la vraie philosophie. Sa longitude est de 34 degrés, & sa latitude de 47 degrés 4 minutes.

Voitsberg, sur le Kainach, est une petite ville, mais qu'on croit la plus ancienne du pays, & la *Viana* des Romains : à deux lieues d'elle est l'étuve de *Topelbad*.

Marbourg, est une ville sur la Drave : elle a eu ses comtes particuliers, & les jésuites y avaient un collége.

Petau, *Patovio*, ou *Thy*, c'est-à-dire, *étrangers*. C'est une petite ville sur la Drave. Elle renferme deux couvens, & des manufactures assez florissantes. *Pœtau* est très ancienne, les Romains en parlent souvent ; mais elle ne conserve que des vestiges de sa splendeur. Près d'elle est la plaine de *Pettauerfeld*, entourée de montagnes, couverte d'arbres, & de champs : encore de prairies, des plantes fort rares.

CERCLE D'AUTRICHE.

Fridau, est une assez jolie ville : elle est sur la Drave.

Frauenthal, est un bourg où l'on fabrique le laiton.

Leibnitz, est un bourg sur la Sulm, il est bien bâti, assez grand : il était autrefois une forteresse. Les Venedes lui donnent le nom de *Lipniza*, ville des tilleuls.

Luetenberg, est un bourg près de la Mur : il y croit un vin délicieux & plein de force.

Seckau, est un château sur un mont, près de Leibnitz, siége de l'évêque de Stirie ; mais dont l'évêché fut fondé dans un bourg qui porte le même nom, dans la haute Stirie. Ce château a une tour épaisse formée de pierres entassées sans ordre, & chargées d'inscriptions antiques : on les avait tirées des ruines de Muroela, ville qui était dans la plaine au pié du mont.

Wildan, est un bourg sur la Mur : il a une ancienne forteresse qui exerce sa jurisdiction sur un espace de dix-huit lieues d'étendue.

On y remarque encore les couvens de *Rein* ou *Rune*, aux bernardins ; de *Stainz*, à des chanoines augustins ; de *Marenberg*, couvent de dames pécheresses, & la commanderie de *Meretinza* & *Grossontag*, à l'ordre teutonique.

Quartier de *Vorau*.

Il renferme quatre villes & sept bourgs.

Rakersbourg, ville dans une isle que forme la Mur : elle est considérable, & fait un grand commerce avec la Hongrie & la Croatie. Les côteaux voisins produisent d'excellens vins : de l'autre côté de la Mur, sur une montagne, est un château antique. Elle a un couvent de capucins.

Furstenfeld, *Hardberg*, sont deux petites villes,

engagées par un archiduc au comte de Paar. Il y a une commanderie de l'ordre de Malthe dans la premiere.

Fridberg, est une ville fort ancienne : elle est sur le ruisseau de Pink, & n'est ni riche, ni grande.

Rekelsbourg, est un château fort sur une montagne : au dedans des fortifications, le terrain taillé en terrasses est couvert de moissons & de vignes.

Fernitz, est un bourg connu par une image fameuse de la Vierge : de telles choses ne rendent célèbre qu'aux lieux où la superstition règne encore.

Ce quartier renferme encore les couvens de *Pœlla* & de *Vorau*, habités par des chanoines réguliers de St. Augustin : ils sont près d'*Hardberg*.

Quartier de Cilli ou Zilli.

C'était un comté érigé en 1339, par l'empereur Louis de Baviere, réuni à la Stirie, par Fréderic III. Il est habité par les Venedes. On y voit le *Pacher*, montagne élevée qui s'étend de Windischgrætz à Marbourg, dans un espace de vingt-cinq lieues. Sur ses sommets applatis, on trouve des fontaines, des marais, & des étangs. La montagne de *Botsch* a des fosses spacieuses, qui se remplissent de neige en hiver, de pluie en été, & laissent l'eau se filtrer dans l'intérieur de la montagne, riche en métaux. A son pied coulent des fontaines minérales. Telle est celle de *Sauerbrunn*, celle de *Ste. Croix*, celle du couvent de *Studenitz*, &c. : l'eau de cette derniere est chaude en hiver, & ne parait que tiède en été. Il renferme quatre villes & sept bourgs.

Cilli, est une ville située sur le Sæn & le Kœding ; le Vogelain coule près d'elle. C'est la *Celeja* des Romains. Dans l'église des frères mineurs on voit la sépulture des anciens comtes, & sur un mont voisin est le château *Haut Cilli*; le grand chemin qui passe entre Cilli & Petau est une voye romaine: on y déterre près de Hocheneg d'antiques monumens. Sa longitude est de 33 deg. 20 min., sa latitude de 46 deg. 28 min.

Windischgrætz, *Vindo-Græcium*, est une petite ville. Les Venedes l'appellent *Slaveni Gradez*, ville des Slaves.

Feistritz, *Windisch-Feistritz*, petite ville qu'on distingue par ce dernier nom, de deux châteaux de Stirie qui portent aussi le premier.

Rein, sur la Save: elle est petite & pauvre.

Gannowitz, est un bourg surmonté d'un rocher sur lequel est un château: il appartient aux chartreux comme le bourg: près de celui-ci est une fontaine remarquable.

Rohitsch, est un bourg où l'on trouve une excellente fontaine minérale.

Neu-Cilli, est un château superbe: ses jardins abondent en fruits. C'est une seigneurie considérable qui renferme le bourg de *Sachsenfels*.

Ce quartier renferme encore trois couvens. *Studenitz*, chapitre de chanoinesses de l'ordre de St. Dominique. *Seitz*, chartreuse, près de Gannowitz, dans une vallée solitaire, fondée au 12me siécle. *Geyrach* était une chartreuse: elle est plus utile aujourd'hui; car elle sert aux orphelins.

HAUTE STIRIE.

Quartier de Judenbourg.
Il renferme cinq villes & onze bourgs.

Judenbourg, sur la rive septentrionale de la Mur, est une ville dans une plaine ceinte de hautes montagnes toujours blanches de neige: c'est l'ancien *Idunum*. On y trouve un château, deux couvens

& un collége. Sa longitude est de 32 deg. 55 min. sa latitude de 47 deg. 20 min.

Muran, est une ville médiocre : la Mur la traverse : sur une colline voisine est un château.

Ober-Wels, ou *Wælz*, *Knitterfeld*, sont deux petites villes, sans manufactures & sans richesses.

Leoben, est une ville archiducale sur la Mur, & commerçante en fer. Elle a un faux-bourg, deux couvens, & un collége.

Sekau, est un bourg qui a des chanoines réguliers de St. Augustin dont l'église renferme les tombeaux de plusieurs archiducs : nous avons parlé de son évêché érigé par l'archevêque de Salzbourg.

Les couvens de *Gæss* & de *St. Lambert*, sont dans ce quartier : le premier est habité par des bénédictines ; le second par de riches bénédictins : il est situé sur une colline qui s'élève dans une petite plaine environnée de montagnes.

Zeyring est un prieuré : près de-là était des mines d'argent que l'eau inonde aujourd'hui.

Quartier d'Enstbal.

Il renferme deux villes, & quinze à seize bourgs.

Bruck sur la Mur, *Muræpontum*, est une ville habitée par des hommes à grands goitres, arrosée par la Mœrz & la Mur, placée à l'extrèmité d'une belle & fertile vallée. Elle a deux couvens.

Rotenmann, est une petite ville dans une vallée agréable, où serpente la petite riviere de Balt. Elle a un couvent de chanoines augustins.

Aussée, est un bourg où il y a de belles salines.

Eisenærtz, est un bourg bien bâti, riche par ses mines de fer, découvertes en 712. C'est-là qu'est placé un bureau qui a inspection générale sur le commerce du fer & de l'acier qui se fait en Autriche & dans la Stirie.

CERCLE D'AUTRICHE.

Mautern, bourg qui a une mine de fer. *Schlœd-iwing*, n'est plus qu'un bourg pauvre : c'était autrefois une ville.

Rettelstein, est un bourg sur la Mur. Dans son voisinage on voit une caverne dans un roc : l'ouverture est au sommet : on y trouve des ossemens d'hommes & de grands animaux.

Vordernberg s'enrichit par ses mines de fer, & par l'acier qu'on en fait. Il est le siége d'un bailliage domanial de l'archiduc.

Weyer, a un bureau qui veille sur les martinets de divers lieux voisins.

On y trouve encore le couvent d'*Admont*, habité par les bénédictins, fondé en 1704, dont l'abbé porte la mitre ; il jouit du droit d'exemption. Celui de *Mariæzell*, fondé en 1167, habité par les bénédictins, orné d'une image de la Vierge, qui attire les dévôts de l'Autriche & de la Hongrie. En 1762, Marie Thérèse lui fit don d'une face d'un autel d'argent large de quatre pieds, haute de deux, & pesant trois-cent marcs. On y voit en bas relief un arbre généalogique chargé de médaillons dorés, représentant les têtes de François I, de Marie Thérèse & de leur seize enfans, avec une inscription qui apprend que cette impératrice le consacra à la Vierge, pour son époux & ses enfans.

Neuberg, est encore un couvent de l'ordre de cîteaux, fondé en 1325.

II. Duché de Carinthie.

Une colonie Celtique, les *Carni*, qui habitèrent d'abord dans la haute Carniole, puis s'étendirent dans la Norique, prirent le nom de *Caranthani* ou *Carinthi*, qu'ils donnèrent à ce pays ; ils s'y mêlerent à une colonie d'esclavons. Charlemagne le soumit, & ses successeurs y nommerent des marggraves. Les empereurs d'Allemagne eurent les mêmes droits. Ottocare, roi de Bohême, s'en empara comme de la Stirie, & Rodolphe l'en chassa aussi, en fit un fief qui tomba dans sa famille sous l'empereur Louis de Baviere, en 1335.

Cette province touche au levant & au nord à la Stirie, au midi à la Carniole & à la république de Venise; vers le couchant, elle confine au Tyrol. C'est un pays de bois & de montagnes, dont une longue chaine le sépare du Tyrol : les autres étendent leurs bras en différentes directions : au-dessus d'elles s'élèvent le St. Ulric, la Ste. Helène, le St. Veit, & le St. Laurent, dont les sommets blanchis se cachent dans la nue, & que la *Loibl* surpasse peut-être encore : c'est la chaine qui sépare la Carinthie de la Carniole, au milieu de laquelle s'ouvre un chemin assez beau. Ces monts renferment du fer : les mines les plus abondantes sont celles de Friesach & des sources du Lyser. On y trouve aussi du plomb. Les vallées que ces monts arides laissent entr'elles sont riantes & fertiles : on y voit de beaux champs & de vastes prairies : leurs productions ne suffisent pas aux besoins des habitans : on y recueille peu de vin, & il n'est pas bon; on s'y sert de deux espéces de biere, & on y mange beaucoup de poissons pêchés dans diverses rivieres, dans les lacs de *Wærdt*, d'*Ossiach*, de *Weissen*, de *Forchten*, &c. le premier est le plus grand; il a plus de trois lieues en longueur, & moins de deux en largeur. La *Drave* ou *Drage* traverse cette province, reçoit les eaux de la *Gail*, de la *Mœll*, du *Lyser*, de la *Glan*, du *Gurk* & de la *Lavant*, qui arrosent la Carinthie en différens sens.

Elle renferme douze villes & vingt-un bourgs : ses nobles qui l'habitent y sont venus de Franconie, de Baviere, de Suabe, de la Suisse, de la Bohème & de l'Autriche. Les états se divisent & s'assemblent comme ceux d'Autriche. L'archevêque de Salzbourg a de grands biens dans cette province : l'évêque de Bamberg en avait ; mais il les a cedés en 1759. Chrétienne dès le 7me siécle, on y a vu beaucoup de protestans, & on n'y voit plus que des catholiques. Elle renferme deux évêchés ; tous deux ont le titre de princes de l'empire ; tous deux sont suffragans de Salzbourg & en dépendent. Les Jésuites y enseignaient la jeunesse, d'autres ecclésiastiques leur ont succédé : on y fabrique le fer & l'acier qui sont le plus grand commerce des habitans : les Anglais même recherchent leur acier : ils commercent dans le levant, par Trieste & Venise.

La Carinthie ressortit de la régence de Stirie ; mais elle a sa capitainerie particuliere dans Clagenfurt. On la divise en trois élections, dont chacune est présidée par un Baile. Sa garnison dans la paix est d'un régiment d'infanterie : sa contribution militaire est de plus de 2,300,000 liv.

Elle a des charges héréditaires : celles de *grand-maître*, de *grand chambellan*, &c. Elles sont sans utilité pour les peuples, & ce n'est que pour lui qu'on devrait instituer des charges : on ne pensa pas à lui quand on institua celles-ci.

Basse Carinthie.

Elle renferme neuf villes & dix bourgs.

Clagenfurt (*), est une ville bien bâtie, envi-

(*) *Clagenfurt* avait le privilége d'exécuter un homme avant de le juger. S'il était trouvé innocent, on lui de-

ronnée de fortifications à la fin du 16me siécle. Elle est le siége d'une chambre du commerce, d'un tribunal qui veille sur les commerçans & sur le change. Elle a six églises, trois couvens, un hôtel des diettes, deux monumens en marbre dédiés, l'un à la Vierge, l'autre à la Trinité, & une statue équestre de l'empereur Léopold. Maximilien la donna aux états du pays comme une récompense de leur fidélité : elle en est devenue la capitale. Elle renfermait un grand nombre de luthériens ; mais l'évêque de Seckau les convertit ou les chassa en fermant leurs églises, en brulant leurs livres, en les prêchant avec quatre-cent soldats : il crut voir dans ces moyens celui de faire triompher la vérité. Cet évêque s'appellait *Martin* : c'était en 1600, où l'on raisonnait encore puissamment.

Clagenfurt a une belle manufacture de drap, une société d'agriculture & des arts utiles. La caisse de commerce y élève & y instruit trois-cents orphelins dont les pères furent soldats; ils filent la laine, le lin & le coton : cela vaut mieux que le zèle de l'évêque Martin. La ville est située près de la Glan; un canal lui ouvre une communication avec le lac de Wærdt. Entre cette ville & St. Veit, on trouve le champ de *Zollfeld. Campus Soliensis*, où l'on voit des ruines d'une ville qu'on croit être *Tiburnia* : on y a trouvé des médailles romaines & une statue de bronze représentant un guerrier, qu'on a transporté à Salzbourg.

St. Veit

---

mandait excuse, & on l'enterrait honorablement. Peut-être a-t-elle encore ce droit; si on peut l'appeler ainsi. Sa longitude est de 31 deg. 45 min., sa latitude est de 46 deg. 50 min.

St. *Veit*, *Fanum St. Viti*, est une ville qui fut capitale de la Carinthie; mais souvent dévastée par le feu & la guerre. Elle est sur la Glan, & doit son origine à une église fondée en 902. Elle a six églises, un couvent de Franciscains, une grande place sur laquelle est une fontaine de marbre blanc d'un seul morceau: c'est une antique: elle a cinq toises de circonférence.

Valkenmark, *Gentiforum*, est sur la Drave: elle est petite, archiducale, & a une collégiale.

Freysac, est sur la Melnitz. Elle est à l'archevêque de Salzbourg; son vidame réside hors de la ville. *Freysach* est la plus ancienne ville du pays: elle fut bâtie sur les ruines de *Viranum*: elle a un château, une collégiale, un couvent de dominicains, & une commanderie de l'ordre teutonique.

Strasbourg, est une ville sur le Gurk dans le domaine de Salzbourg. Elle a une collégiale, & appartient à l'évêque de Gurk qui habite un grand château, bâti sur un roc, haut de quatre-vingt-dix toises.

St. André, est une ville sur la Lavant qui donne son nom à une vallée agréable & fertile, qui fut autrefois un comté, & dans laquelle on voit le château de Lavant où réside l'évêque de St. André. Il y a un collége de chanoines réguliers dans la ville. L'évêché fut fondé par un archevêque de Salzbourg en 1228. Ses successeurs nomment, consacrent & confirment l'évêque de St. André. La ville est dans leur domaine.

Wofsberg, est une ville archiducale sur la Lavant. Elle a un château sur une colline.

Ste. Leonard, est une petite ville archiducale près de la Lavant.

Pleybourg est une petite ville archiducale, qui avait

le nom d'*Auffenstein*. Elle a un château, est sur la Feistnitz.

Atenhofen, est un bourg, a un château, une justice baillivale & est sur le Gurk.

Griffen, est un bourg: a un couvent de prémontrés, & est archiducal.

Gurk, dans le domaine de Salzbourg, sur le Gurk: ce bourg a un prieuré d'augustins, un évêché auquel la maison d'Autriche nomme deux fois & l'archevêque une, depuis Ferdinand I. Cet évêque posséde dix-sept martinets: le fer fait son principal revenu.

Lavamynd ou *Lavamünd*, est un bourg sur la Drave & la Lavant: il a un château. Lenglet lui attribue le titre d'évêché.

Unter-Traabourg, (bourg sur la Drave): a un château & un prieuré.

On y trouve encore quatre châteaux, & dix couvens ou chapitres: celui d'*Eberndorf* appartenaient à des chanoines augustins: ils devinrent luthériens & les jésuites leur succéderent. On ne sait qui a succédé à ceux-ci: c'est sans doute le prince. *Gurnitz* est un prieuré. *Maria-Saal* est dans la plaine de *Zollfeld*: on y a déterré des idoles. *St. George*, sur le lac de Lang, est occupé par des bénédictines. C'est le plus considérable du pays. *St. Paul* est une riche abbaye de bénédictins. *St. Virgilienberg* est un prieuré.

Stein, est un château, une église, sur une colline au pied de laquelle est encore une église. La Drave passe auprès: on conserve dans l'église haute le corps de Ste. Agathe Hildegard. *Vitring*, abbaye de l'ordre de citeaux sur le Wœrdt, ainsi que le prieuré de Wœrdt. *Wieting*, est un prieuré. *Rechberg*, *Pulst*, sont deux commanderies de Malthe.

CERCLE D'AUTRICHE. 163

Haute Carinthie.

Elle a deux villes & douze bourgs.

Villach, eſt ſur la Drave : un tremblement de [te]rre, & des incendies l'ont endommagée : mais il [lu]i reſte ſon ancienneté & un couvent de moines.

Gmünd, eſt une petite ville & ſeigneurie, ſur le [L]yſer.

Ponteba, *Pontaffel* (*Pons Fellæ*), eſt une ville di[v]iſée par le ruiſſeau de Fella, en deux parties iné[g]ales dont l'une eſt à l'Autriche, & l'autre à Veni[ſe] : celle-là n'a qu'une vingtaine de feux. Les limi[te]s des deux états ſont au milieu du pont qui joint [le]s deux parties de la ville.

Milſtæt, eſt un bourg ſur un lac de même nom. [C]'eſt une ſeigneurie conſidérable : elle appartint à [l]es bénédictins, puis aux jéſuites, qui l'ont per[d]ue avec leur état.

Mauten, eſt ſur la petite riviere de Moledin, [p]rès du lieu où elle joint ſes eaux à celles de la [G]ail.

Sachſenbourg, eſt ſur la Drave, elle appartient à [l']archevêque de Salzbourg : a dans ſes environs [tr]ois châteaux & un défilé que l'art a fortifié.

Vellach, eſt un bourg ſur le Campach & la Mœll: [ce] n'eſt pas *Villach*.

Cette partie de la Carinthie renferme encore deux [ſ]eigneuries, deux châteaux & deux couvens. Ces [d]erniers ſont, *Arnoldſtein*, autrefois château, & *Oſ*-[ſia]*ch*, le plus ancien couvent de la province, ſur un [la]c qui porte ſon nom : tous les deux ſont occupés [p]ar des bénédictins.

III. LE DUCHÉ DE CARNIOLE.

On le diviſe en Carniole baſſe, haute, moyenne,

L 2

intérieure, & Iſtrie Autrichienne. Ses bornes ſont au nord, la Carinthie & la Stirie; au couchant, le Frioul, le comté de Gœrtz, & la mer Adriatique qu'elle a encore au midi avec l'Iſtrie Vénitienne: au levant, elle a la Liburnie, la Dalmatie, la Croatie. Elle réunit les anciennes limites de l'Italie, de la Norique, de l'Illyrie, & de la Pannonie. Le nom de Carniole lui fut donné dans le 8me ſiécle, & il vient de *Carnia*. Les habitans lui donnent le nom de *Krainska des Kela*: la partie qui touche à l'Eſclavonie s'appelle encore la *Marche Venede*: ce peuple s'y répandit en 548. Son étendue eſt de cinquante lieues du levant au couchant, & de quarante-deux du nord au ſud. Sous Otton II, c'était un marquiſat; une partie fut ſoumiſe enſuite aux ducs de Carinthie: ils prenaient le nom de ſeigneurs de Carniole: les ducs d'Autriche le prenaient auſſi, parce qu'ils y avaient des poſſeſſions qu'ils étendaient tous les jours. Frédéric II en fit un duché, qu'envahit Ottocar, roi de Bohème, & dont l'empereur Rodolphe inveſtit ſon fils Albert. En 1364, la maiſon d'Autriche réunit toutes ſes parties diviſées, & y joignit l'Iſtrie & Mœttling.

Cette province eſt hériſſée de montagnes: les unes ont leurs ſommets chargés de glaces éternelles: celles-ci ſont arides & déſertes; celles-là couvertes de bois & ſemées de hameaux: on en voit qui ont des cavernes profondes & ſont environnées de vallées fertiles, où l'on ſéme & où l'on recueille deux fois des graines différentes: après le froment ou la lentille, on ſéme le blé ſarazin: après le chanvre & le lin, on ſéme le millet; où des arbres fruitiers récompenſent les ſoins de ceux qui les plantent; où l'on voit proſpérer le chataignier, le noyer & l'olivier: où l'on recueille des oranges, des grenades, des citrons, des figues & des amandes; où des vins excellens apportent la joie ou des richesses aux habitans. Les chevaux qu'on y voit paître font estimés, les brebis font délicates, les *bilichs* fervent à leur repas, & par leurs peaux à leur commerce. Le gibier, la volaille & le poisson y abondent. Les minéraux, les métaux n'y font pas rares; le fer & l'acier y font communs; le plomb, le cuivre le font moins: le fel y manque, le marbre y est beau: on y trouve des eaux minérales & des bains. Diverses rivieres l'arrosent: la *Save* rapide & cependant navigable, y prend fa source, & y abonde en gros poissons: la *Leybach*, navigable comme la Save, y prend sa source, est poissonneuse comme elle; elle réunit ses eaux aux siennes: la *Gurk* se joint aussi à la Save: la *Culpa* a le même sort; elle nait dans les limites de cette province, & se perd en Croatie. Elle renferme divers lacs: tels font le *Feldesser*, le *Wocheim*, le *Cirknitz*: mais malgré ces dons de la nature, elle n'est pas riche: il y a trop de terres stériles, trop de difficultés au commerce pour qu'elle soit jamais bien florissante.

On y trouve vingt-une villes, trente-cinq bourgs, plus de deux-cent châteaux & près de quatre-mille villages. Assez peuplée, ses habitans font forts, robustes, couchent sur la terre, se nourrissent de mets les plus grossiers; ils ont la poitrine découverte, leur barbe quelquefois la couvre; leur habillement, leur langage est divers, comme leur origine: le peuple est Esclavon, les nobles font Allemands: les uns parlent l'ancienne langue des Carniens, les autres ou Allemand ou Esclavon, ou un jargon composé de ces deux langues. L'Allemand y est la langue du commerce. La moyenne Carniole a quatre fortes d'habitans: les uns appellés *Gottf-*

chéens, paraissent descendre des Goths; leur Allemand est à peine entendu des Allemands: ils se sont conservé le droit de porter leurs marchandises de maisons en maisons, usage défendu dans les états de l'Autriche: d'autres sont *Valaches* ou *Ulabes*, ils ont fuï la domination turque, & de-là leur vient le nom d'*Uskoques*, transfuges: leur langue approche de celle de Croatie, leur habillement est singulier & leur est propre: ils sont pâtres, & c'est leur unique métier. Les bords de la Culpa sont habités par les *Krabats* ou *Chervats*: leur langue est la Croatienne: ils ont de beaux pâturages & de bons vignobles: les *Carniens* sont répandus çà & là. Dans la Carniole intérieure sont les *Wipachs*, *Karstiens*, les *Tchitschiens*, les *Poykers* ou *Puzchene*. Dans l'Istrie sont des Dalmates, des Liburniens & des Istriens. Tous ces peuples sont laborieux, bravent les rigueurs de l'hiver, marchent sur la neige & la glace, pieds nuds, glissent sur elle avec des patins d'osier, & descendent des monts escarpés avec une rapidité qui étonne, sans autre secours qu'un bâton ferré.

Ces peuples devinrent chrétiens dans le 8me siècle: le chanoine *Primus Truber* y répandit le luthéranisme; mais il fut extirpé dans la suite: tous sont aujourd'hui catholiques: les *Uskoques* seuls sont Grecs, & s'appellent *anciens croyans*. La Carniole a trois évêchés, vingt-quatre couvens, quatre commanderies, & cent-trente-quatre cures. Elle a eu des savans; les jésuites avaient un collége à Laybach: en 1770 on y comptait sept grandes fabriques, & cinquante-six martinets de fer: ils fournissaient 20897 quintaux de fer. Ce métal, l'acier, le mercure, le vin, l'huile d'olive, les marons, les olives, les oranges, les citrons, les limons, les figues, les grenades, des feuilles de laurier, des tortues, des chevaux, des vipères, des scorpions, des bestiaux, du fromage de brebis, du linge, de la mi-laine, de la toile à voiles & du maroquin qu'on fabrique dans les villages de la haute Carniole: des peaux de *bilichs*, & du miel qu'on recueille dans la chasse: du bois de construction pour les vaisseaux, des boëtes, des écuelles, des assiettes en bois, & des cribles, &c.; c'est-là toutes les marchandises qu'on en exporte.

Les états sont divisés en quatre ordres. Le clergé, les seigneurs ou la noblesse titrée, les chevaliers ou simples nobles, & les villes archiducales. La province est gouvernée par un *préfet*, il a un châtelain ou bourggrave; le premier réside à Leybach; le second dans le château. Le préfet absent, un *préteur* préside au tribunal de la province; quelquefois c'est un administrateur. Le *vicedom* veille sur les affaires des villes, des bourgs, & sur les domaines du prince. Un tribunal formé des trois premiers ordres des états, s'occupent des affaires économiques.

Le premier tribunal est le conseil provincial & aulique: le second est le tribunal ordinaire de la *préfecture*: le troisieme est le bailliage du *vicedom*: le quatrieme est mixte entre le préfet & le vicedom, & connaît des différens entre la noblesse & la bourgeoisie: le cinquieme s'occupe des impôts, & des contributions &c.: le sixieme appartient aux seigneurs terriers & magistrats sur leurs propres sujets: le septieme regarde les villes & les bourgs, & veille sur les bourgeois & habitans.

Les états entretiennent la garnison, elle est de deux régimens d'infanterie dans la paix; ils sont chargés des fortifications: ce qu'ils contribuent pour l'entretien de l'état militaire de la maison d'Autriche, monte à environ 1,343,200 liv.

Haute Carniole.

Son air est sain & ses sources limpides : c'est-là que finit le *mont Cetius*, là qu'on voit le *Loibel* ou *Lybel*, montagne escarpée & pierreuse, sur laquelle un chemin en zigzag s'avance l'espace d'une lieue & demie, puis ne pouvant être continué sur sa surface, s'enfonce dans elle & forme un passage de sept-cent-cinquante pieds de longueur, sur douze de hauteur & neuf de large. Cette montagne offre la plus belle vue sur la Carniole & la Carinthie, qu'elle sépare. Celle de *Terglou* est la plus haute du pays ; elle s'élève de mille-quatre-cent toises sur l'horison de Laybach. La haute Carniole produit peu de vin ; on n'y exploite ni or, ni argent, mais beaucoup de fer & d'acier : la mine la plus ancienne & la plus célèbre est dans la montagne d'*Eisenberg* ou *Naseleiso* : celle d'*Aisnem* est abondante en fer : celle de *Jauerbourg* en acier. Elle a des lacs poissonneux, mais peu étendus : tels sont ceux de Feldes ou Weldes, & celui de Wocheim. Elle renferme cinq villes & dix bourgs.

Laybach, *Labacum*, *Lublana*, est une ville assez grande, dont les rues sont étroites, mais ornées çà & là de beaux édifices. La Laybach la traverse ; la ville même n'a que cinq cent maisons ; mais elle a quatre faux-bourgs, & on y comprend encore trois villages voisins, l'un habité par des bouchers, l'autre par des pêcheurs, & le troisieme par des bateliers. Une partie est dans la basse Carniole. L'ancien château archiducal, placé sur un mont, orné d'arbres toujours verds, est la demeure du bourgrave. L'évêché fut fondé en 1461 ; il dépendit d'abord du patriarche d'Aquilée ; il est soumis, au St. Siége, & celui qui l'occupe prend le nom de prince de l'empire. Laybach renferme quelques belles églises & six couvens: elle a eu une société littéraire assez obscure, & aujourd'hui oubliée; mais son commerce se soutient: les productions du pays, les marchandises d'Italie, en sont l'objet. Elle est sujette aux tremblemens de terre; on la croit bâtie sur les ruines de l'ancienne *Hæmona*, & n'est ville que depuis 1416. Sa longitude est de 32 deg. 22 min. la latitude est de 46 deg. 20 min.

Bischoflak, *Lokopolis*, autrefois *Lach*, ville à l'évêque de Freysingue, dont la seigneurie a seize lieues de circuit & renferme deux-cent villages: placée entre les rivieres de *Pœllant* & de *Zeyer*, sa situation est riante, & son commerce assez florissant: le fil & le linge en sont les principaux objets.

Krainbourg, est une ville archiducale qu'arrose la Save, que traverse le Kanker, qui renferme dans son enceinte le château de *Kieselstein*, cinq églises & un couvent.

Ratmannsdorf, *Rodovalza*. Cette ville est sur une hauteur que baigne la Save: elle est petite & archiducale.

Stein, *Lithopolis*, est sur la Feystritz: elle a un couvent, trois faux-bourgs, ne fut jamais bien florissante, est délabrée aujourd'hui; elle est au pied des montagnes. Près d'elle est une belle colline, un château, & au-dessus une montagne élevée où l'on voit les ruines du château d'Oberstein. D'un autre côté, on remarque le couvent de Ste. Claire, nommé *Monkendorf*: il fut fondé en 1300, est un des plus beaux de la Carniole.

Asling, *Jessenize*, est un bourg sur la Save, qu'entourent des montagnes toujours couvertes de neige.

Près de lui sont des carrieres de marbre, & deux usines où l'on fond & travaille le fer & l'acier.

Neumœrktl, *Tershizh*, est un bourg dans ces mêmes montagnes, au pied de *Loibel:* il dépend de deux châteaux : on y fabrique le maroquin, la milaine, & de la vaisselle de cuivre & de fer.

Weissenfels, est un bourg au pied d'une montagne. Son seigneur a une vaste jurisdiction territoriale.

Eisnern a un martinet de fer.

Watsch, est sur une haute montagne, près d'une carriere de pierres dures, mêlées de rocailles & de coquilles de mer.

Michelstetten, *Vetesalo*, est un couvent de filles pécheresses : il est riche & ne devrait pas l'être ; célébre, & ne l'est que par une image de la Vierge.

Feuchting, *Bitina*, est un village long de plus d'une lieue, habité par des fabriquans de cribles à fond de crins.

Veldes, est une seigneurie : son château est sur un roc dans le lac *Veldes*, long d'environ deux lieues sur une de large ; il est très profond : du milieu s'élève une montagne ronde ; sur son sommet est une église ; à son pied est une belle fontaine.

Wochein : c'est une vallée fertile : une source abondante s'y précipite en cascades du haut d'un rocher, l'arrose & forme un lac long d'une lieue, sur la moitié de large : de ce lac sort la *Save de Wochein*, qui se jette dans la Save après un cours de sept lieues : le lac & la riviere nourrissent d'excellentes truites.

Basse Carniole.

C'est de-là qu'on tire le vin de *la Marche ;* il est rouge ou blanc ; tous les deux sont sains. On y voit des vallées riantes, des champs féconds; l'eau faine y manque: le fol de Temnitz eft fertile & n'a ni fontaines, ni ruiffeaux: fes habitans vont chercher l'eau à trois lieues de-là. Près de *Luck*, fur le ruiffeau de *Prezina* eft une grotte où l'on parvient par un long boyau dans le roc, où font attachées des ftalactites d'un blanc d'albâtre. Le *Kumberg* eft la plus haute montagne de cette partie de la Carniole. Elle renferme quatre villes, quatre bourgs, quelques couvens & quelques feigneuries.

Gurkfeld, eft une ville fur la Save, au pied d'une montagne fur laquelle eft un château, chef-lieu d'une feigneurie. Il y a un couvent de capucins: de nombreufes antiquités & des médailles, prouvent qu'elle a été bâtie fur l'ancienne *Noviodunum*.

Landstrass, jadis *Caftainaveza*, (forêts de chataignes) eft dans une ifle que forme la Gurk. Elle eft archiducale, petite & mal bâtie: fon château & fa feigneurie appartiennent au couvent de *Frauenbrunn*, de l'ordre de citeaux, à un quart de lieue de la ville.

Rudolphfwerth ou *Neuftadtel*, eft une ville archiducale, bâtie par l'archiduc Rodolphe IV, qui lui donna de grands priviléges: les invafions des Turcs, la pefte & les incendies en ont rendus inutiles les effets: elle eft pauvre & déchue: fa collégiale poffède quatorze églifes & neuf paroiffes dans la Stirie: la ville a deux couvens, eft placée fur une colline qu'arrofe la Gurk.

Weichfelbourg, eft une ville archiducale, dans une vallée fertile, fur un côteau riant. Elle eft petite: des forges dans fes environs, & une fabrique d'acier, font fa richeffe.

Lithay, fur la Save, eft un bourg: il eft au pied d'une montagne.

Suffenberg, est sur la Gurk : son château est a[ssis] sur un rocher.

Schœrfenberg, est un château désert sur un ro[c] pointu : au-dessous est un château, une église [&] quelques maisons, toujours sur la montagne.

Le couvent de *Sittich*, fondé en 1135, est pla[cé] au pied d'un mont, il appartient aux bernardin[s.] Dans son voisinage est *Dobrava*, village que son églis[e] de l'Assomption rend célèbre : elle est ancienne [&] attire de nombreux pélerins : celui de *Pletriach* fu[t] d'abord château, puis chartreuse, puis habitée p[ar] les jésuites, qui n'y sont plus.

Ainœd, est un château superbe sur la Gurk. *Gey[e]rans*, est aussi beau & il a un superbe jardin.

La moyenne Carniole.

C'est un pays couvert, ici de montagnes, là d[e] grands rocs & de pierres, dépourvu en partie d'eau[x] vives : il comprend la Carniole aride : cependant [il] a de nombreux villages, & il produit du bon vin. L[e] bain thermal de *Teplitz* est célèbre par sa salubri[té] : le lac de *Cirknitz*, l'est par sa singularité. U[n] bourg voisin lui donna son nom : il est entouré d'u[n] cercle de montagnes escarpées & incultes, d'un a[s]pect sauvage & triste : à leur pied sont des champs [&] des prairies, neuf villages, vingt églises & deux châ[-]teaux. De l'orient à l'occident, ce lac a près d[e] deux lieues ; du nord au sud une lieue ; sa plu[s] grande profondeur est de vingt-quatre pieds. Tro[is] belles isles s'élèvent de son sein ; deux sont couver[-]tes d'arbres ; une est cultivée, & a des prairies & un village. Le lac est rempli de creux & de pe[-]tites collines dispersées ; huit ruisseaux viennent [y] porter leurs eaux. Quand il est rempli, il se vers[e] vers le nord-ouest par deux grands égouts, qu[i] portent l'eau dans un énorme rocher, d'où elle s[e] répand dans un vallon opposé. Dans le milieu du lac sont dix-huit puits qui causent un écoulement extraordinaire, qui arrive une fois l'année, & quelquefois mais rarement une fois en deux ou trois ans: pendant cinq jours ces puits tarrissent, on accourt de tous les bords du lac, on se saisit des brochets, des tanches, & d'autres poissons qu'ils laissent à sec: cette pêche est d'autant plus abondante que l'écoulement est plus rare: c'est dommage qu'elle appartienne à six seigneurs; car par-tout des hommes puissans se sont appropriés les dons de la nature. On peut descendre dans l'un de ces puits comme dans un souterrain. Les eaux écoulées, l'herbe naît, & dans vingt jours on la fauche, on laboure & on sême le millet: quelquefois l'écoulement se fait trop tard pour qu'on puisse semer; quelquefois encore le lac se remplit avant que le millet soit mûr, & il périt: après la moisson, on y chasse du gibier. Après quelque pluie, l'eau jaillit avec violence des puits méridionaux, des averses pendant lesquelles le tonnerre secoue la terre, la font sortir de tous avec impétuosité; en dix-huit ou vingt-quatre heures le lac est rempli: une multitude d'oyes, de canards sauvages &c., se joue sur ses ondes. Vers le sud, on voit deux grands trous plus élevés que le lac, dont la capacité a une toise de diamètre. En automne, dans un tems d'orage, ils vomissent avec un bruit épouvantable des torrens d'eau, à environ vingt-quatre pieds de distance: ces eaux sont peuplées d'albrans ou canards sauvages noirs & gras, qui bientôt sont couverts de plumes. En d'autres tems on peut descendre assez avant dans ces cavités. En hiver le lac couvre ses bords & inonde les campagnes voisines. Tels sont les phénomènes que présente ce lac & qui semblent attendre l'œil du philosophe pour se dissiper ou s'éclaircir.

Près de *Kumpalé* & du village de *Podpezhio*, on trouve dans le sein d'une montagne pierreuse un lac dont on n'approche qu'à la lueur des flambeaux. En général cette partie de la Carniole moyenne est remplie de ruisseaux qui paraissent & se perdent sous terre, de grottes & de souterrains obscurs & profonds. Cette province renferme quatre villes & sept bourgs.

Gottschée, *Hotz* ou *Chotzschvie*, est un grand château, une petite ville, & un comté dont dépendent six paroisses.

Laas, est une petite ville archiducale, placée entre des montagnes, commerçante en sel marin, cuirs & chevaux.

Mœttling, *Metulum*, est une ville archiducale au pied du mont Uskoken, près de la Culpa : au-dedans elle renferme une paroisse, un château, & une commanderie de l'ordre teutonique : au-dehors sont trois églises. *Metulum* fut démolie par l'empereur Auguste. Sa long. est de 33 deg. 35 min., sa. lat. est de 45 deg. 58 min.

Tscherneml, est une petite ville archiducale : elle a un château, une seigneurie, & une commanderie.

Auersberg, sur une montagne, est un grand bourg, chef-lieu d'un comté très étendu.

Cirknitz, est un grand entrepôt de sel.

Freyenthurn, est un bourg flanqué de tours, sur une éminence.

Kostl, est un petit bourg, ceint d'une forte muraille, sur un roc escarpé, sous lequel passe la Culp. Sur la pointe du rocher est un château.

Reffnitz, est un bourg assez grand près duquel passe la Feistritz, qui à quelque distance se perd dans un abîme: une églife voifine, (*Neufteft*) attire beaucoup de pélérins.

Weinitz, eft un bourg ceint de murs, fur une colline pierreufe près de la Culp. Sur une montagne voifine on court vénérer *Notre Dame de la Chaife*.

Zobelberg, eft une feigneurie: les Zibelines qu'on trouve lui ont donné fon nom. Zibeline en Allemand, c'eft *Zobel*.

La Carniole intérieure.

Placée le long du Karft & du Poig, montagneufe, & femée de collines, on y cultive peu de blés, mais beaucoup la vigne: le vin en eft excellent; les chevaux eftimés; mais il eft des lieux où l'on manque d'eaux pures. Là eft la grotte d'*Alsberg*, vafte & profonde, on y peut parcourir un efpace de plus de trois lieues de chemin: on y voit des grandes places où des villages pourraient fe conftruire, & d'affreux abîmes: là, font des amphithéâtres naturels: ici, des ponts de pierres, par-tout des figures fingulieres. Près de fon entrée, le *Poig* forti d'une montagne voifine, fe précipite avec bruit dans le creux d'un rocher où il s'eft creufé un lit au-deffous de la grotte. Celle de *Ste. Marie Madelaine*, à une lieue de-là, eft peut-être plus belle encore: en errant dans fes contours, on croit fe promener parmi les ruines d'un antique & fuperbe palais, parmi les colonnes tronquées ou entieres, fe foutenant encore ou renverfées. La caverne de *Lueg*, dans l'efpace de plus d'une lieue & demie, préfente des perfpectives raviffantes & une multitude de ftalactites figurées & toujours diverfes. Celle de *St. Serf* mérite auffi d'être vue. Le *Timavo* eft une riviere affez célébre dans l'antiquité: fa fource eft entre

Tybein & St. Jean, dans sept crevasses d'un grand rocher.

La Carniole intérieure n'a qu'une ville, dix bourgs & un grand nombre de villages.

Tybein, *Duinum*, est sur une élévation aux bords de la mer Adriatique: elle a un petit port, un couvent & un château. Près d'elle est une carriere de marbre noir: en brisant le rocher qui s'avance dans la mer, on y trouve des tellines, coquillage à valves égales, oblong & strié. Elles sont grosses comme le poing, vivantes & ont un bon goût. La pierre qui les renferme est très poreuse.

Adlsberg, est un bourg bien bâti, au pied d'une chaine de hauts rochers, sous lesquels est la caverne dont on a parlé.

Alben, *Planina*, est un bourg environné de hautes montagnes, de grandes forêts & de noirs déserts.

St. Jean est sur le Timavo. *Loitsch*, *Logater*, est dans la forêt de *Pyrnbaum*: près de-là était la ville de *Longaticum*.

Ober-Laybach, est un grand bourg, à la source de la Laybach.

Senosetsch, est un bourg qui a été ville.

Wipach, *Vipava*, est un bourg & un château, à la source de la riviere qui porte ce nom: il croît sur les côteaux voisins un vin délicieux. Près de-là sont des mines de fer.

Fraudenthal Bistra (*Vallis jocosa*): c'est une chartreuse, fondée en 1255, à la source de la Feystritz.

Lueg, c'est-à-dire *trou*, est un château, au centre d'un rocher escarpé: il est grand, & placé de maniere dans l'ouverture du roc, que la pluie n'y pénétre pas: son toit le garanti de l'eau qui suinte du rocher. Ce château, humide & frais durant l'été, n'a de vue que le ciel : la moitié d'une tour se fait voir seule au dehors. Près de-là est la grotte dont nous avons parlé.

St. Serf, est un vieux château, à qui St. Servulus donna son nom : il habita la grotte voisine, où a stalactite blanc & gris forme diverses colonnes à la voûte & aux parois. On monte au château par un escalier obscur, taillé dans le roc & dans la montagne. Il y a un manége taillé dans le roc : au-dessous est le village de *Serf* : dans les environs l'on recueille du vin exquis.

L'Istrie Autrichienne.

Elle est fertile en vins, en huiles, en grains, & en tout ce qui est nécessaire à la vie : on la divise en comté de Mitterbourg & seigneurie de Castua.

I. *Comté de Mitterbourg.*

C'est l'ancien domaine des comtes de Gœrtz. Il a un évêque, & contient vingt-huit paroisses, deux chapitres, quatre couvens, cinq villes & onze bourgs.

Mitterbourg, *Pisinum*, est une ville sans murs, munie d'un château sur un roc escarpé. Elle a plusieurs églises & un couvent.

Biben, *Pedena*, *Pucinum*, est une ville sur une haute montagne, dans une contrée fertile. Elle est le siége d'un évêque suffragant de Gœrtz, & dont le diocèse renferme deux villes & onze villages, formant quatorze paroisses.

Galligniana, est une petite ville sur un rocher : elle a un château.

Berschetz, est une petite ville, placée sur un roc élevé dans la mer Adriatique : elle a un mauvais port ; mais ses environs donnent un vin épais, d'un rouge foncé & très doux.

Tome II. M

Laurana, *Urana*, est une petite ville & un petit port : ces deux dernieres villes sont dans la Liburnie.

Krink, *Corticum*, est un bourg qui manque d'eaux fraiches & d'habitans : son territoire est très fertile.

Pafsberg ou *Pas*, est un bourg sur une montagne élevée & fertile : il a un château & trois églises.

Swingk ou *Isinin*, est un bourg sans murs, sur une colline dépourvue d'eaux.

Zepilsch, est un château & une seigneurie sur la riviere d'Arsa, sur la rive du lac de Zepitsch : l'air y est mal sain. Le couvent de Notre Dame du Lac est sur le même lac : ce sont des moines de l'ordre de St. Paul l'hermite qui l'habitent. Celui de *St. Pierre de la forêt* lui appartient, ainsi qu'un petit couvent voisin qui est désert.

II. *Seigneurie de Castua.*

Elle est dans la Liburnie, touche au comté de Mitterbourg, a treize lieues de circonférence, & fait partie du diocèse de l'évêque de Pola. C'est en 14000 qu'elle parvint à la maison d'Autriche & fut unie à la Carniole. Elle appartenait aux jésuites de Fiume qui la faisaient gouverner par un baile. Elle renferme une ville & quatre bourgs.

Castua ou *Khestau*, est une ville sur une montagne que baigne la mer Adriatique. Elle est ancienne, commerçante en vins, huiles, oranges, limons, amandes & figues : le port de *Volouska* & d'autres lieux lui appartiennent. Ce port & le sien, sont interdits aux vaisseaux marchands : on les appelle ports morts.

Volouska, est un bourg : près de son port est celui de *Preluka*, grand, très beau, & capable de renfermer une flotte entiere. On y pêche beaucoup de thons.

St. Jaques fur la Mer, est un bourg & une abbaye d'augustins.

Moschenize, est un bourg sur un mont, près de la mer. Il y a de belles carrieres de marbre.

IV. LE FRIOUL AUTRICHIEN.

Il renferme les comtés de Gradisca & de Gœrtz: la sénéchaussée de Tulmina, & le ban d'Idrie.

Comté de Gradisca.

Il est gouverné par un baile: aujourd'hui, il l'est toujours par l'administrateur du comté de Gœrtz.

Gradisca, sur l'Ilonzo, ou le Lisonzo: bâtie pour contenir les Turcs en 1473, elle est assez bien fortifiée. En 1764, on y jetta les fondemens d'une nouvelle forteresse.

Comté de Gœrtz ou Goritz.

Ce comté a au couchant l'état de Venise; au sud & au levant la Carniole; au nord la sénéchaussée de Tulmina: des vins doux & excellens y sont communs: les blés se sément sur les montagnes, l'huile y est rare & les fruits le sont moins: on y trouve beaucoup de chèvres, peu de chevaux & peu de bœufs. On y cultive avec soin le ver à soie. Le *Lizonso*, *Sontius*, le traverse dans sa largeur, reçoit le ruisseau de Tulmin, les rivieres d'Idrie, de Wipach, de Torre, & se jette dans la mer Adriatique.

La langue de ce pays est l'esclavonne, & la religion le catholicisme: il dépendit jusqu'en 1751 du patriarche d'Aquilée pour le spirituel; alors on érigea un archevêché à Gœrtz, auquel on soumit tout ce qui ressortissait du patriarche dans les états d'Autriche: il en posséde les biens, les revenus, & la maison d'Autriche y nomme : cet archevêque a pour suffragans les évêques de Trente, de Côme, de Mantoue, de Trieste & de Biben.

Le comté de Gœrtz appartint d'abord aux comtes du Tyrol. Maximilien I en prit possession après la mort du dernier comte, qui n'avait point d'enfans mâles : ses successeurs en prennent le titre de comte & de prince. Un sénéchal le régit en leur nom : sous lui est un préteur, assisté de six assesseurs & de deux nobles, quand il s'agit de procès civils, & d'un plus grand nombre quand il s'agit de procès criminels. On appelle de leurs jugemens à Gratz : le comté de Gœrtz & de Gradisca contribuent annuellement pour la caisse militaire, pour la somme de 153,550 liv. Il renferme une ville, trois bourgs, deux forts & plusieurs villages.

Gœrtz, *Goritià*, *Goriza*, c'est-à-dire colline : elle est divisée en haute & basse : la premiere est ancienne, placée sur une montagne, & est munie d'un château : la basse est moderne, sur le Lizonso, dans une plaine. Son église métropolitaine n'est pas grande : elle a de plus sept couvens, neuf chapelles & un collége. Près de-là est un couvent de Carmes, nommé *Castagnavicza*; (forêt de chataignes) il a une belle église : on y révère une image miraculeuse de la Vierge.

Monte Santo, est une montagne célèbre, & un couvent de cordeliers, où l'on révère la Vierge.

Sénéchauffée de Tulmino.

Elle est étendue, touche à la citadelle & au comté de Gœrtz, est hérissée de montagnes : le Lizonso y prend sa source ; c'est un fief allodial, qui renferme deux bourgs, trois seigneuries & plusieurs villages.

Tulmino, bourg & château sur une montagne : le ruisseau de Tulmin l'arrose.

Le ban d'Idrie.

Il est situé entre la Carniole & le comté de Gœrtz.

Ydria, ou *Idrie*, est une ville archiducale, soumise immédiatement au tribunal souverain de Gratz. Un château, deux-cent-soixante-&-dix maisons dispersées dans un vallon profond la composent : de hautes montagnes, des collines stériles l'entourent ; le ruisseau d'Idrie la traverse ; des mines de mercure l'ont fait naître & la rendent célèbre : c'est un trésor inépuisable de vif argent ; on le voit couler par des fentes & crevasser les pierres : on en tire tous les ans douze mille quintaux. Il est toujours le même, quoique le minérais soit différent ; le vrai cinabre y est le minéral le plus commun : on y trouve aussi du vitriol.

V. LE LITTORALE.

Il est composé des ports de la mer Adriatique, soumis à l'intendance de Trieste. Sur une étendue d'environ cinquante lieues de côtes, que possède l'Autriche, on voit un grand nombre de ports ; plusieurs sont fermés aux vaisseaux marchands : ceux-là sont des *ports morts* ; ils n'ont ni bureaux de péages, ni commis. La contrebande a donné lieu à cette interdiction. Le littoral ne comprend principalement que les ports ouverts. C'est-là qu'est l'entrepôt des marchandises que l'Autriche exporte en divers lieux de l'Europe, de l'Asie & de l'Afrique. Ces marchandises sont le fer & l'acier, qui rapportent plus de sept millions de livres par an : les blés de l'Autriche & de la Hongrie, pour plus de 3,500,000 livres; les toiles diverses pour 1,800,000 liv.; les verreries pour plus de 380000 liv.; la potasse pour un million; le sel pour deux millions: c'est à Naples qu'on le transporte. Les draps grossiers ou fins, les bois de charpente & de chauffage, la cire brute, les cierges, les ouvrages en bois, le tartre, les noix de galle &c.

Toutes les nations commerçantes ont des consuls à Trieste, & envoyent leurs vaisseaux se charger dans les ports ouverts: ceux du pays aident encore à l'exportation: ils montaient en 1770 au nombre de soixante-six; & l'on ne comprend pas dans ce nombre les barques & les bateaux qui vont de ports en ports; ni les frégates, galères & tartanes qui servent à la guerre.

On y reçoit aussi des marchandises de l'étranger: telles sont les productions de la Perse & de la Turquie; le cotton, le caffé, la soie, le poil de chèvre, la laine, le vin grec, & les amandes, &c. On y reçoit du sucre brut de Portugal, de France & d'Angleterre, pour plus de trois millions de liv. des bois de teintures, des épiceries, des laines d'Espagne &c.; mais ces objets d'importation n'égalent pas ceux d'exportation. Dans cinq années on a calculé que celle-ci surpassait celle-là, de plus de sept millions de liv. Venise perd à cette prospérité du commerce de l'Autriche: elle la voit avec inquiétude, & ne peut la restreindre.

Les habitans de ce pays sont regardés comme des colonies: ils sont Allemands, Hongrais, Italiens, Grecs, Turcs, & Juifs. Une intendance les régit: elle dépend du directoire du commerce à Vienne & réside à Trieste. Son président est aussi le chef militaire. Les Turcs y jouissent de grands priviléges & y sont nombreux: les Grecs ont une belle église à Trieste, ils ont l'exercice de leur religion par-tout ailleurs, & la caisse du commerce paye à leur archimandrite une pension d'environ 1100 liv. En général ces pays produisent de bons vins, des amandes, de belles olives, des figues & de la soie. On les divise en territoire d'Aquilée, de Trieste, de Fiume, de Bukari & de Sengs.

Territoire d'Aquilée.

Sous les patriarches d'Aquilée, les premiers hommes de l'église après le pape, il comprenait tout le Frioul & l'Istrie: mais les Vénitiens d'un côté, & l'Autriche de l'autre possèdent aujourd'hui ses domaines. Le patriarche dépouillé s'est fixé à Udine; mais de nouvelles contestations l'ont fait anéantir. Il conservait son autorité spirituelle, & ce prélat ne pouvant être que Vénitien par un décret de Rome, il déplaisait à l'Autriche: on est convenu enfin qu'à sa place on élirait deux archevêques, que l'un résiderait à Gœrtz & exercerait l'autorité du patriarche dans la partie de l'Autriche qui en avait été dépendante; l'autre fixé à Udine, eut dans sa dépendance les églises de la partie Vénitienne du diocèse d'Aquilée.

Aquilée, *Aglar*, *Aquileïa*, colonie des Romains, fondée pour servir de boulevard à la Gaule Cisalpine, florissante jusqu'au tems d'Attila, qui la ravagea: elle languit long-tems, & n'était plus enfin qu'un mauvais bourg dont des marais empoisonnaient l'air. Réuni au littorale, on vit que les rivieres voisines, & un canal muré, ouvrage des Romains, qui communiquait à la mer, y favorisaient le commerce. Déja en 1770, sept-cents arpens (*) de

―――――――――――――――――――――――

(*) L'arpent de neuf-cent soixante toises quarrées.

ces marais étaient changés en terres labourables autour de la ville ; l'air s'y épurait, l'activité semblait y renaître. Au milieu de ses ruines, de ses boues, de son air impur, de ses filets, seuls instrumens de son commerce, l'orgueil seul vivait encore : ces bourgeois pauvres & languissans prétendaient être nobles ; les citoyens de Rome l'avaient été : donc les citoyens d'Aquilée devaient l'être. Le commerce & la raison y détruiront peut-être un jour ce préjugé, ou le rendront utile. Par respect pour l'église patriarcale, elle ne dépend que du St. Siége & n'est plus paroisse : c'est l'église de St. Jean qui l'est devenue ; elle dépend de l'archevèque de Gœrtz. Un couvent d'ursulines y est sous la direction immédiate du St. Siége. Sa longit. est de 31 deg. 5 min. sa latit. est de 45 deg. 55 min.

Trieste & son district.

Trieste, Terest, autrefois *Tergestum* : elle a donné son nom à une partie du golfe Adriatique sur laquelle elle est placée. Une montagne peu élevée sur laquelle est un fort, semble présenter à la mer cette ville assise sur sa pente, & dont les maisons s'étendent jusqu'au rivage. Elle n'eut d'abord qu'une rade. Quand la jalousie du commerce eut forcé l'empereur d'annuler la compagnie d'Ostende, c'est à Trieste qu'il voulut transplanter l'activité commerçante : mais ce ne fut qu'après sa mort qu'on y creusa un port superbe, & qu'on en répara un plus petit : là, est un vaste lazaret, défense contre les maladies contagieuses.

Trieste est très florissante depuis qu'elle a été déclarée port franc ; & sa prospérité a nui à celle de Venise. Un grand nombre de vaisseaux, attiré par la certitude de ne payer aucun droit, y accourt déposer ses marchandises, & se charger de nouvelles. On comptait en 1770, plus de trente comptoirs commerçans en gros. On y a établi une société d'assurance dont le fond est de plus d'un million de livres. Elle a des manufactures de velours, de cables, de toiles grossieres, de savon, de cierges, & d'ancre &c. On y fait beaucoup de liqueurs; on y construit des vaisseaux : le commerce d'exportation, d'importation, d'économie, & de transit, monte chaque année à la valeur d'environ vingt-deux-millions. L'Italie, le Levant, la Hongrie & l'Autriche, y versent leurs productions. Elle renferme six couvens, un collége orné, deux églises & un évêque qui prend le titre de comte. Sa long. est 31 deg. 33 min., sa latit. 45 deg. 53 min.

Des salines qu'on cultivait vers le couchant d'été y rendaient l'air mal sain : on y a uni le terrain, élevé un beau faux-bourg, purifié l'air, amené des eaux pures & fraiches de près d'une lieue de-là, & bâti un beau quai le long du rivage qui repousse les inondations. Ses environs produisent de bons vins blancs. En allant de cette ville vers la Carniole intérieure, on trouve la plaine de Gaberk ; c'est un roc couvert de ses débris sur lequel il ne croît aucune plante : il y souffle quelquefois un vent d'est nommé *buria*, dont la violence est telle qu'elle renverse tout ce qu'il rencontre ; ni cavalier, ni piéton n'ose alors y passer.

Prosecco, village célébre par ses vins excellens, agréables, très sains, appellés aussi *Rheinfall*. On croit que c'est l'ancien *Pucinum*. *Contavel*, *Fischenberg*, sont deux bourgs.

Fiume & son territoire.

Cette ville est placée sur le golfe de Cornaro, autrefois *Sinus Flanaticus* ou *Polanus*, qui y reçoit la riviere de Fiumara, laquelle forme le port. Cette ville peuplée & riche est située dans un vallon étroit, uni, fertile en bons vins & en fruits. Elle a trois couvens, une affinerie de sucre, une blanchisserie de cire, & un commerce assez florissant. Pour le faciliter avec la Hongrie, l'empereur Charles IV fit faire à grands frais une chaussée jusqu'à Carlstadt en Croatie, longue de soixante-cinq mille pas; pour la rendre facile on applanit les montagnes, on fit sauter des rochers, combler des vallées profondes & des précipices. On a fait sauter quatre-cent toises de la montagne de *Peisch* & frayé par-dessus les alpes un chemin de douze lieues, garni de deux côtés de petits murs de pierres sèches, & large de soixante-six pieds: des ponts de briques unissent les rochers; l'un d'eux sur la montagne de Sungari, a cent-quatre-vingt-sept toises de long. Le commerce devenu plus facile, y est devenu très actif: de Carlstadt, où ce chemin conduit, les marchandises s'embarquent sur la Culpa, qui les conduit à la Save & celle-ci au Danube. Fiume est exempte de toute contribution: son gouverneur, nommé par l'archiduc, est subordonné à l'intendance de Trieste. Son nom latin est *Fiumen St. Viti* ou *Vitopolis*.

Seigneurie de Bukari.

Elle confine à la Croatie: la Culpa la sépare de la Carniole. Confisquée sur le malheureux comte Zerini, le directoire du commerce l'acquit en 1767 pour plus d'un million de livres, & le joignit au littorale. Un receveur général la régit; le chemin dont nous avons parlé la traverse: on y voyage en caravane, parce qu'on y craint les brigands turcs. La Save, la Culpa, rendues navigables aux frais de la caisse du commerce, y facilitent les négocians.

Bukari, est une petite ville ceinte de murs, sur

petit golfe où elle a un port. Elle a une église un château.

Buccaritza, petit bourg, vis-à-vis de Bukari, dans même golfe où il a un port.

Porto-Ré, *Portus regius*, bourg dont Charles VI réparer le port. Il est situé à l'entrée du golfe Bukari, a deux châteaux & un chantier : le vin ui croit dans ses campagnes est très recherché.

Fuccine, *Bellofelo*, *Mercobal*, *Raunagora*, sont des olonies de Grecs établies le long de la chauffée de iume.

Ponte-Suffiza, est un village où est une grande errerie dont les envois se font dans le Levant par ukari.

Terfat, *Terfactum*, est un château sur un rocher, ès de Fiume : près de-là est un couvent de cordeers & une chapelle de Notre Dame de Lorette, ù l'on prétend que la Ste. Case s'arrêta trois ans, pt mois & quatre jours, avant que les anges la ansportassent à Lorette. Entre le château & le couent est un petit bourg.

Tous ces lieux sont près du golfe de Carnero : golfe est rempli de poissons : un des plus remaruable est le *Gatto* qui devient très gros ; sa peau rt comme le chagrin & lui ressemble : on en coure les étuis de montre, les boëtes, les lunettes approche. : on tire du fond une espéce de marre brun & très dur, dans lequel on trouve des oules vivantes, lisses, brunes, plus semblables aux attes pour la grandeur & la forme que celle qu'on ouve sur la côte d'Ancone.

Territoire de Sengs & de Carlobago.

C'est une portion de la Dalmatie. *Zengh* est sur n rocher escarpé, est forte par sa situation & par s travaux de l'homme, est entourée de montagnes rudes & stériles, a deux églises, deux couvens, deux châteaux & un bon port. Il s'y fait un grand commerce, sur-tout en sel, en blés, en bois de charpente & de chauffage. La ville a un sénat : cependant elle dépend d'un gouverneur.

Prundel ou *Brinya*, est une forteresse frontiere, sur une colline pierreuse, entourée d'une vaste plaine.

Carlobago, est une petite ville ; mais elle a un très bon port, & fait un grand commerce qui s'augmente sans-cesse ; un gouverneur y préside, & comme celui de Zengh, il dépend de l'intendance de Trieste.

HAUTE AUTRICHE OU COMTÉ

DU TYROL.

Vers le nord il touche à la Baviere, au levant au Salzbourg & à la Carinthie, au sud à la république de Venise, au couchant à la Suabe & aux Grisons. On ne parle ici que du Tyrol propre. Il est hérissé de montagnes ou fertiles jusqu'à leurs sommets couverts de neige & de glaces, ou arides & renfermant des métaux dans leur sein ; quelques-unes ne sont que de grands blocs de marbre. Il est coupé de gorges & de défilés ; avec peu d'hommes on pourrait en défendre l'entrée. On y voit d'énormes & éternels amas de glaces d'où sortent différentes rivieres : ces amas sont appellés *glacieres* : les Tyrolois leur donnent le nom de *ferner*. Une chaine de hautes montagnes nommées *Pirenées* ou *Brennerberg*, (montagne enflammée) s'étend entre Inspruck & Stœrzing depuis *Lucy* jusques vers la Baviere : le grand chemin le traverse dans une étendue de quatre lieues : sur la plupart de ces monts on trouve des forêts abondantes en gibier, & même de vastes champs couverts d'épis. Dans les vallées au pied des collines, on recueille le citron, l'orange, le limon, la grenade, le pignolat, le coing, l'amande, l'azerole ou nèfle. On y voit des forêts de chataigniers, & des vignobles excellens. Le lin y réussit en quelques endroits : la vallée de *Puster* est riche par ses bêtes à cornes, le *Vinstgau* par ses chevaux. Les brebis y sont presque toutes noires; le lièvre, l'ours, le renard, y sont presque tous blancs; le chamois, le bouquetin, la marmotte, habitent les rochers inaccessibles. On y trouve des faisans, des gelinotes ordinaires, d'autres qu'on nomme poules ou coqs de neige à cause de leur blancheur : les naturalistes les connaissent aussi sous le nom d'arbenne ou perdrix blanche. Les simples les plus recherchés s'y trouvent par-tout; le grenat, le rubis, l'amethyste, l'émeraude, l'agathe, le jargon, la cornaline, la chalcédoine, la malachite, sont répandus çà & là dans les montagnes. Au pied de ces montagnes on trouve des étuves, des bains médicinaux, des eaux minérales, des mines de sel: dans leur intérieur on trouve de l'argent, du cuivre, du plomb, du mercure, du fer, différens soufres, du vitriol, de la calamine, de l'alun, & les plus belles couleurs minérales. Dans la vallée de Zill est une mine d'or, mais pauvre. Le cuivre est très maniable: on y trouve beaucoup de fabriques de laiton, de fer, &c.

Diverses rivieres traversent le Tyrol, ou y prennent leur source. L'*Inn*, *Oenus*, sort du pays des Grisons, traverse deux vallées auxquelles il donne son nom, reçoit diverses rivieres, entre en Baviere, & se jette dans le Danube, près de Passau. Il reçoit près d'Inspruck la *Sill*, ou *Sila*, qui sort de l'évêché de Brixen & charie des paillettes d'or. L'*Adige*, *Athesis*, naît près du petit village d'Am-Reschem n traverse trois lacs, tout le Vuntsgau, reçoit l'*Eysack*, (*Atagis*, *Hisareus*) au-dessous de Bozen, se joint à la *Ryenz*, *Byrrus*, près de Brixen, où il devient navigable, passe par le Trentin, les états de Venise, & se jette dans la mer Adriatique près de Brandolol. Le *Lech*, *Lycus*, descend du mont Tannberg, tra verse le Tyrol, sépare la Baviere de la Suabe, & joint au Danube près de Donawertz. La *Draus* naît dans la vallée de Puster, reçoit l'*Ysel*, *Insula*, près de Lienz, & entre en Carinthie. L'*Iser*, *Isara*, prend sa source entre Hall & Inspruck & entre en Baviere. La *Sarca* vient du mont Campei, se jette dans le lac de Garde, près de Tarbole, en soro sous le nom de *Mincio*, & se décharge dans le Po. La *Brenta*, *Meduacus major*, naît près du lac de Caldonatz.

Une partie du lac de Garde appartient au Tyrol: ceux de Caldonatz, de Toblin, de Caltarn, de Mool ven, &c., y sont renfermés: on y pêche différens poissons.

Le Tyrol a douze villes, & un grand nombre de bourgs : ceux qui l'habitent ont peu de ressources: la plupart s'expatrient, & vont exercer ailleurs leur force ou leur industrie. Ceux qui restent, cultivent leurs terres, travaillent aux mines, préparent le sel, transportent du bois qu'ils vendent aux Vénitiens. Les femmes y sont peu distinguées des hommes par les habits; ils portent des chapeaux de différentes couleurs: on voit au moins avec un sentiment de joie, ces païsans former un ordre dans les états du Tyrol. Ces états ont des immunités. Le souverain n'y peut établir de nouveaux impôts sans qu'ils y consentent; & lorsqu'ils en accordent,

CERCLE D'AUTRICHE.

prince déclare que c'est sans préjudice aux privilèges de la province. Le tribunal des états est composé de quatre députés de l'ordre des prélats, de quatre de celui des seigneurs, des députés des villes de Meran, Bozen, Inspruck, Hall & Starzing, de ceux des jurisdictions & des païsans des six quartiers dont la province est composée.

Le Tyrol fit partie de la Rhetie, fut soumis à la Baviere, puis compris dans la Norique. Différens comtes & seigneurs y dominaient: leurs terres devinrent des francs fiefs de l'empire, des domaines libres. Des comtes d'Andechs, créés ducs de Meran par Fréderic I, elle passa aux comtes de Tyrol, puis aux comtes de Gœrtz. Après différentes révolutions, & différens partages, il parvint à la maison d'Autriche, qui l'assura en payant à la Baviere pour ses prétentions, environ trois-cent-mille livres. Il eut des princes particuliers de cette maison jusqu'en 1665, que l'empereur Léopold s'y rendit pour y recevoir le serment de fidélité des habitans.

Ce pays a aussi ses dignités héréditaires : elles ont les mêmes, ont les mêmes titres que dans le pays que nous avons décrit. La religion romaine est la seule qu'on y admette: il y a une université à Inspruck, & peu d'hommes instruits ailleurs. Il y a deux évêchés. Les tribunaux de l'empereur siégent à Inspruck: la ville, le pays, est sans garnison, & c'est un de ses priviléges: il lève des troupes pour sa défense, quand il croit être menacé, & paye environ trois-cent-mille liv. pour l'armée Autrichienne.

Ce comté est divisé, comme nous l'avons dit, en sept quartiers ou districts, qui sont, les deux quartiers de la basse & de la haute vallée de l'Inn;

le Vintſgau, les diſtricts d'Adige, d'Eyſak, la vallée de Pyter & les confins d'Italie.

Quartier de la baſſe vallée de l'Inn.

En général la vallée s'étend du pays de *Funſtermünz* à la vallée de Kufſtein, a environ huit lieues de long, ſur moins de demi lieue de large: elle eſt fertile, & l'Inn y ſerpente; elle eſt peuplée de plus de trois-cents villages ou hameaux, aſſez jolis; les monts qui la bordent lui donnent du bois, du ſel, des minéraux, de belles fontaines, & beaucoup de gibier.

Inſpruck, *Oenipons*: un pont ſur l'Inn lui donna ſon nom: elle devint ville en 1234: elle n'eſt pas grande, mais elle a de vaſtes faux-bourgs, des hôtels, des maiſons jolies, de belles égliſes, de beaux couvens. Les toits en ſont plats, ou même creux. Le vieux palais a un veſtibule orné d'une couverture dorée: des auteurs ont prétendu qu'elle était d'or maſſif, & calculé qu'il vallait dix millions de liv. il fallait coudre cela aux mille & une nuit. On voit de belles ſtatues dans Inſpruck; celle de l'archiduc Léopold, ſur un cheval qui s'élance, eſt de bronze; on la regarde comme un chef-d'œuvre. Dans la cour des cordeliers, on voit le mauſolée de Maximilien I; il eſt en marbre blanc; on y voit ſa ſtatue, & au milieu de la nef, vingt-huit ſtatues coloſſales de perſonnages illuſtres, & ſur la corniche vingt-trois autres de moindre grandeur. Dans la chapelle voiſine, ornée de tableaux d'argent, ſont les mauſolées de l'archiduc Ferdinand II & de ſon épouſe. Le grand autel de l'égliſe paroiſſiale eſt orné de l'image célèbre de Notre-Dame de bon ſecours, entourée de ſtatues d'argent des divers princes de la maiſon d'Autriche: on y voit de plus grandes richeſſes encore. L'univerſité, fondée en 1672,

CERCLE D'AUTRICHE. 193

r l'empereur Léopold, a été enrichi par Marie Thérese d'une magnifique bibliotheque. Elle y fonda encore une abbaye royale & féculiere pour dix dames obligées de faire preuve de nobleſſe : des princeſſes de la maiſon impériale peuvent en devenir abbeſſes ſans déroger à leur rang : ſa juriſdiction est celle de la ville.

La chambre aulique pour la haute Autriche, la régence, la chambre de reviſion &c., pour l'Autriche intérieure, réſident à Inſpruck. Le palais de la régence, celui des états, ſont des édifices ſuperbes. Sa long. est de 29 deg. 2 min. ſa latit. de 47 deg. 3 min.

Hall, Hala ad Oenum, eſt une jolie ville ſur l'Inn: ſon gouvernement municipal fut fondé en 1303. Elle a une abbaye royale, fondée par les trois filles de Ferdinand I; les chanoineſſes ſont habillées comme ces demoiſelles l'étaient alors, en habits de deuil : elles ont des chapeaux pointus. Elle a encore un collége, un ſéminaire & deux couvens: l'Inn facilite ſon commerce avec Vienne. Ses deux grandes chaudieres à ſel en fourniſſent le principal objet : ſa machine à frapper les monnaies eſt miſe en jeu par l'eau. A demi lieue de Hall eſt une montagne dans laquelle on trouve une carriere de ſel criſtalliſé: on en tire de grands blocs, on les jette dans de l'eau qui devient ſaumure, elle repoſe quelques mois dans des foſſes, & eſt conduite enfin par de grands canaux de bois à Hall, où on la cuit dans des chaudieres. Cette ſaline rapporte un produit net, dit-on, de 200,000 écus.

Kitzbühl, petite ville depuis l'an 1227 : elle eſt chef-lieu d'une ſeigneurie, qui dans une aſſez petite étendue renferme cent-cinquante-ſept villages & hameaux : on y nourrit beaucoup de bétail.

Kufſtein, eſt une petite ville forte ſur l'Inn, ſur

Tome II. N

les frontieres de la Baviere, au pied d'un grand rocher, sur lequel est un château qui est une bonne forteresse: ses casemates sont taillées dans le roc vif ou construites de tuf. Elle est le chef-lieu d'une seigneurie.

Ratenberg, est une ville & un château fortifié sur l'Inn: près d'elle est une riche mine de cuivre & d'argent. C'est une seigneurie qui renferme encore *Brixleck* sur l'Inn, où est une grande fonderie; l'*Achenrain*, où est une fabrique de laiton & *Kranzach* où est une manufacture de fil de fer & d'éguilles.

Ziller, est une petite vallée, entrelassée dans le territoire de Salzbourg. Elle renferme *Figen*, bourg où il y a de bonnes forges. Son nom latin est *Vallis Cilarina*.

Achen; est une autre vallée embellie par un petit lac où l'on pêche le *renken* (albulæ); c'est un poisson très bon & d'un goût délicat. Elle est dans la seigneurie de Rothenbourg.

Schwatz, *Sevacium*, est un bourg sur l'Inn, plus grand, & plus beau que les villes du Tyrol: près de lui sont les mines de *Falkenstein*, d'où l'on tire une marc d'argent sur quarante livres de cuivre: plusieurs mille ouvriers y travaillent; elle fut plus abondante autrefois puisqu'elle a eu rendu près de soixante mille marcs d'argent, & du cuivre en proportion; aujourd'hui elle ne rend que le tiers. On y trouve aussi des couleurs métalliques vertes & bleues. *Schwatz* a une belle verrerie; il est le siége du grand bailliage pour les mines de l'Autriche haute & antérieure.

La seigneurie de *Thauer* renferme onze châteaux & quinze communautés.

Les jurisdictions de *Retenberg*, de *Sonnenbourg*,

d'*Axams* & de *Wilten*, font renfermées dans ce quartier.

Ambras eft un château ancien, à une lieue d'Inſ‑ ioruck : il appartient aux archiducs. On y jouit d'une belle vue, & il renferme un cabinet d'armes antiques. On y trouve celle de deux-cents héros avec leurs portraits : on y voit la lourde lance de l'archiduc Ferdinand, dont la force était telle, dit-on, qu'il arrêtait un caroſſe à fix chevaux allant à toute bri‑ de, en le prenant par un des rayons de la roue. Il eſt permis de ne pas douter de la fauſſeté de ce fait. On voit encore dans ce château diverſes cu‑ rioſités de la nature & de l'art. Sa prévôté s'étend fur fept communautés.

Wilten, eſt un chapitre de chanoines prémontrés. On y montre un vieux calice d'argent, déterré en 1304, & dont on fe fervait autrefois pour donner la coupe au peuple ; & ce qui vaut mieux que ce calice, une bonne bibliothèque & beaucoup d'anti‑ quités. L'abbé eſt membre des états.

St. Jorgenberg, ou mont St. George, eſt un cou‑ vent de bénédictins : il eſt au pied d'une montagne efcarpée : il était autrefois fur le fommet ; mais le feu d'une forêt embraſée y pénétra par les racines des arbres & le confuma. L'abbé eſt membre des états.

Marienthal, eſt un couvent fur la *Vuldepe*. *Volders* eſt plus beau que celui-là ; & il eſt voifin d'un bain médicinal.

Quartier de la haute vallée de l'Inn.

Schœrnitz, *Scarpia*, *Scarantia*, eſt une ville forti‑ fiée à la moderne, près de la Baviere. L'archidu‑ cheſſe Claudine de Medicis en jetta les fondemens, & lui fit donner le nom de *Porta Claudia*. Elle eſt dans l'enceinte de la feigneurie d'*Hertenberg*, qui renferme encore *Cirle*, *Circola*, village sur l'Inn, près duquel est le rocher de *Martinswand* ; il est très escarpé : aux trois quarts de sa hauteur est une croix de bois haute de quarante pieds, au milieu des images de St. Jean & de la Vierge. Telle est la hauteur de ce rocher que la croix ne paraît pas haute de deux pieds. Maximilien I, égaré à la poursuite d'un chamois, & conduit par un ange, a dit-on, fait élever ce monument pour conserver le souvenir de ce miracle. Elle renferme encore le village de *Séefeld*, où est un couvent d'augustins, qui montrent une hostie miraculeuse que bien-tôt on ne montrera plus peut-être.

Stams, abbaye de bernardins : elle était la sépulture des comtes du Tyrol, & fut fondée en 1275 : son abbé est membre des états. Sa jurisdiction est assez étendue.

Elz, est une vallée petite, mais fertile, dans la jurisdiction de *Petersberg*.

Ehrenberg, est une forteresse sur les frontieres de la Suabe. Elle a sa jurisdiction.

Lech, vallée d'une lieue, qu'arrose la Lech, & qui appartient à l'ordre des paysans.

Vemst, *Umbista*, est un bourg : sa jurisdiction renferme de bonnes mines.

Stanz & *Pitzenau*, vallées arrosées, l'une par la Rosana, & l'autre par la Dresana. Elles sont parties de la jurisdiction de *Landey*. On y voit encore le château de *Schrofenstein*, fief de l'évêché de Goar, & le bourg de *Prutz*, au-dessus duquel est une fontaine minérale.

Quartier du Vinstgau.

Il était autrefois habité par les *Venostes*, descendans des Vennoniens. De-là vient son nom de *Vallis Venusta*.

Nauderſperg, ou *Nodria*, eſt une juriſdiction aſſez étendue.

Glurns, *Gelurnum*, petite ville dès 1362, ceinte de murs en 1530: elle eſt dans une contrée agréable.

Mals, *Malleſium*, eſt un bourg: il donne ſon nom à une juriſdiction & à une longue bruiere où l'Adige prend ſa ſource: elle renferme Glurns, huit paroiſſes & vingt-neuf égliſes. Là encore eſt Marienberg, couvent de bénédictins, dont l'abbé eſt membre des états.

Furſtenbourg, eſt un château & une ſeigneurie, gouvernée par un baillif au nom de l'évêque de Goar. Elle eſt dans le pays des Griſons.

Schnalls, *Mons omnium angelorum*, eſt une chartreuſe dans la vallée de ce nom. Son ſupérieur en eſt co-ſeigneur, a le titre de chapelain héréditaire, eſt membre des états dans la juriſdiction de *Caſtelbell*, *Caſtrum bellum*. Il renferme encore la ſeigneurie de *Matſch*, *Amacia*, la prévôté d'*Ers*, la juriſdiction de Caſtelbell & le bailliage de *Schlanders*, qui renferme huit paroiſſes, trente-quatre égliſes, & dix châteaux, partagés entre les villes de *Schlanders*, *Lœtſch* & *Laaſs*. L'ordre teutonique y a une commanderie.

Quartier d'Adige ou d'Etſch.

Merani, eſt une ville & ſeigneurie ſur la rive du *Paſſer*. Elle eſt dans une campagne fertile, a ſix égliſes ou couvens, fut autrefois capitale du Tyrol, & tient encore le premier rang parmi les villes. Elle fut ceinte de murs en 1406. On la croit un reſte de l'ancienne *Maja* ou *Urbs Magienſis*, engloutie ſous les ruines d'une montagne ſur les débris de laquelle il croît de bons vins, appellés *Hochhüter*, & l'on y voit divers châteaux. Sa long. eſt de 28 deg. 28 min.; ſa lat. de 46 deg. 35 min.

Tyrol ou *Tirioli*, est un vieux château qui a donné son nom au pays. Ses anciens princes habitaient le château de *Zenonberg*, voisin de celui-ci.

Steinach, est un couvent de filles, fondé en 1241, dont l'abbesse est membre des états.

Gries, est un couvent de chanoines réguliers augustins près de la Talfer & de l'Eysack: son supérieur est membre des états.

Botzen, *Bozanum*, est une ville sans murs, mais grande, peuplée & commerçante, sur l'Eysack. Ses quatre foires la rendent célèbre. Elle renferme cinq couvens. L'hôtel consulaire est beau, ses juges sont Italiens & Allemands; on appelle de ce tribunal à celui des revisions à Inspruck. Ses environs donnent de bons vins. Les jurisdictions de *Vorst*, de *Stein*, d'*Ulten*, de *Tifens*, & de *Lanenbourg*, sont dans ce quartier. Dans cette derniere est le bourg de *Lanen*, grand, beau, riche; & le couvent de *Brandis*.

On y voit encore celles de *Schenna*, de *Passeir*, de *Burg-stall*, de *Garragan*, de *Neuhaus*, (dans celle-ci est le bourg de *Terlan*, où croissent des vins exquis,) de *Melten* & de *Jenesien*, de *Flass* & *Campidell*, de *Hohen-Eppan* & d'*Altenbourg*, (c'était l'ancien comté d'Eppan: on y voit de belles campagnes & les beaux bourgs de St. Paul & de St. Michel;) celle de *Laimbourg*, où l'on voit le grand bourg de *Caltarn*, situé sur un lac; celle de *Tramin*, renommée par ses excellens vins; celles de *Curtatch*, du haut & bas *Fenn*; celle de *Kœnigsperg*, où l'on voit deux bourgs considérables, *Nevis* & *Pressan*, & le prieuré de St. Michel, dont le prieur est membre des états, & qui a dans son voisinage une fontaine minérale: celles de *Deutsch-Noven* & de *Castel in Fleims*.

On y trouve encore la feigneurie de *Wangen*: celle de *Kronmetz* où est le bourg d'*Almetz*: celle de *Salurn*, qui a un grand bourg de ce nom: celle d'*Enn* & de *Caldif*, où est le bourg de *Neumark*, & où un torrent furieux s'élançant des montagnes, fit de grands ravages en 1767. Il est bâti sur les ruines d'*Egna* ou *Endidæ*, élevé par les Romains, & qui avait subi le même sort cinq-cents ans auparavant: le comté de *Pflaum*, la feigneurie d'*Altspaur* ou de *Bedfort*, & celle de *Castel-Pfund* ou *Fundo*.

Quartier d'Eysack.

Stœrzing, est une petite ville: sa jurisdiction n'est pas étendue.

Neustist, *Nova Cella*, est un couvent de chanoines réguliers augustins. Leur supérieur porte la mitre, est membre des états: sa jurisdiction est plus étendue que celle de Stœrzing.

La jurisdiction de *Rodenegg* ou *Rodank*, renferme vingt-cinq églises, huit châteaux & maisons franches. Celle de *Gufidaun* comprend la vallée de *Greden*; on parle un dialecte roman qui lui est particulier. Celle de *Wolkenstein* a droit de haute & basse justice. Celles de *Castelrul*, *Castrum ruptum*, de *Tiers*, de *Velss*, de *Steineg* & de *Wœlseb-Noven*, de *Vilansers*, de *Sarenthal*, n'ont rien de remarquable. Celle de *Ritten* est hérissée de montagnes parsemées de villages: l'ordre teutonique y possède une commanderie.

Le *Wipthal*, *Vallis Vipitena*, est divisé en haute & basse vallée qui renferme encore diverses vallées plus petites. *Steinach*, est un bourg, & il a une jurisdiction qui s'étend sur huit de ces petites vallées. Celle de *Matrey* renferme le bourg de ce nom, bourg très ancien, dont une place est encore appellée *la Ville*. Celle de *Stubey* s'étend sur une vallée de trois mille.

Quartier de la vallée de Puster.

Elle s'étend du pas de Milbach jusqu'à la Carinthie : son sol est fertile en grains & en pâturages : on y voit beaucoup de bestiaux & de bains médicinaux : elle renferme deux villes, six bourgs, quarante villages, & plus de trente châteaux : elle fut incorporée au Tyrol en 1511. Son nom latin est, *Vallis Pustrissa*.

Brauneggen, est une ville située dans le lieu le plus riant de la vallée de Puster. Elle est environnée de la jurisdiction de *St. Michelsbourg*, qui renferme encore le bourg de St. Laurent & le château d'*Ehrenbourg*.

Lienz, *Loncium*, est une ville antique & délabrée sur l'Isol. Elle a deux couvens, & près d'elle un défilé fortifié qui porte son nom, sur la Drab.

Innichen, *Intica* ou *India*, grand bourg qui renferme une collégiale, fondée par Otton I, & qui est membre des états. Il portait autrefois le nom d'*Aguntum*. Sa jurisdiction est à l'évêque de Freysingue.

Toblac ou *Dobiaco*, est un bourg assez beau, près de la source de la Drab, dans la jurisdiction de *Welsperg*.

La jurisdiction de *Schœneck* s'étend sur six châteaux & six villages. Celle d'*Enneberg*, *Marubium*, appartient aux chanoinesses de Sonnenbourg : ses habitans parlent un idiome particulier. Celle d'*Utenheim* s'étend sur deux châteaux, deux villages & huit églises. Celle de *Millwald*, de *Tauffers*, d'*Altrasen*, sont assez peu considérables. Celle d'*Heimfels* a *Silian* pour chef-lieu, & comprend la vallée de *Sexten* : elle appartient au chapitre de Hall, ainsi que celle de *Dilliach* où la *Gayl Julia* prend sa source. Elle descend des alpes Juliennes & se rend en Carinthie. Ces dames de Hall possédent encore les jurisdictions de *Teserenggen*, de *Virgen* & de *Kalss*. Celle de *Beitelstein* sur la Boite renferme la forteresse de ce nom, & le bourg d'*Haiden* ou *Ampezzo*: il est grand & assez riche.

Sonnenbourg, est une abbaye de bénédictins, fondée en 1018 : l'abbesse est membre des états. Cette abbaye n'est pas éloignée de *Brauneggen*.

Confins d'Italie.

Ils ne sont pas membres des états, ni ne sont ordinairement regardés comme un des quartiers du Tyrol : mais il s'agit ici de la géographie, & c'est elle qui dicte nos divisions, & non les droits politiques.

Arch ou *Arco*, comté, & petite ville sur la Sarca, bâtie en 1175 : son château est sur la montagne voisine. Ce comté renferme encore le bourg de *Nago* & celui de *Torbola* : ce dernier est commerçant.

Rovereith, *Roboretum*, est une ville peuplée qui a de beaux édifices, cinq couvens, une académie & un château fortifié : on y fabrique la soie, & on en fait un grand commerce. Son district, gouverné par un préteur, s'étend sur trois petites vallées qui font partie de celle de Lager, qui doit son nom à l'ancienne *Lagaris*, ensevelie sous une montagne écroulée : près de ses ruines est le bourg de *Sacco* sur l'Adige. *Villa Lagarina* est sur ces ruines mêmes : c'est le chef-lieu de la seigneurie de *Castelan*.

Isera, lieu connu par ses bons vins, dans la seigneurie de *Castelcorn*.

Oppio, est un château près d'un petit lac dans la seigneurie de *Gresta*.

La jurisdiction de *Vilgreit*, *Fulgarida*, s'étend

dans les montagnes près de *Vicenza* : elle est habitée par des Allemands. Le comté de *Lodron* est sur le Chies qui tombe dans le lac d'Idre, près du Bressan : il s'étend sur la vallée de Vertin.

La vallée de *Sugan*, *Vallis Euganea*, habitée autrefois par les *Euganiens*, est arrosée par la Brenta : elle renferme la jurisdiction de Castelalt. Celle d'*Ivan*, dont *Srang*, *Strigno* est le chef-lieu, & qui comprend la vallée de Tesin. La seigneurie de Telvan où est le grand bourg de *Valsugana*, & où était la ville d'*Ausugum*. Celle de *Primier*, arrosée par le Cismon, enrichie par des mines de fer. Le passage de *Kofel*, *Claustrum Cubali*, ferme cette vallée : il appartient aux Vénitiens. Là, est un rocher escarpé, haut de cinquante toises, droit comme un mur, qui a une caverne & un puits au milieu : à son sommet est un château dont la petite garnison y parvient, & en descend avec des cordes. Le chemin au bas est bordé par le rocher & la Brenta : la tête du défilé est retranchée, & l'on y descend des gardes du haut du fort. Près de-là, entre des montagnes & d'énormes rochers, est le village de Primolano & un hospice où les voyageurs font la quarantaine en tems de peste.

ÉVÉCHÉ DE TRENTE.

Le territoire de cet évêché est dans le comté de Tyrol. Il envoye ses députés aux assemblées & aux diettes de ce comté, y délibére sur les intérêts & la sureté commune, contribue aux charges & impositions. La maison d'Autriche, par compensation, défraye l'évêché dans les charges extraordinaires de l'empire. Elle regarde l'évêque comme membre des états du Tyrol ; mais il n'en a pas moins comme prince de l'empire, voix & féance à la diette dans la chambre des princes. Il est état du cercle d'Autriche. Son évêché est suffragant de *Gœrtz*: son chapitre, composé de dix-huit chanoines, les uns comtes, les autres barons, est membre des états du Tyrol. Son *conseil aulique* est composé d'ecclésiastiques & de laïques. Sa jurisdiction est exercée par un vicaire général. L'évêché a un grand maréchal, un grand chambellan, un grand échanson, un grand sénéchal: tous sont héréditaires. Il renferme deux villes, plusieurs bourgs, & plusieurs vallées.

Trente, *Tridentum*, est dans une belle vallée sur l'Adige. Ses rues assez irrégulieres, mais bordées de maisons neuves pour la plupart, & bien bâties, sont ornées encore par de beaux hôtels. Le palais est gothique & vaste, riche en marbre & en peinture à fresque. La cathédrale construite en pierres de taille, a un grand autel magnifique. Elle avait un collége de jésuites dont l'église était de marbre, & elle a encore onze couvens. Son préteur est nommé par la maison d'Autriche: on connaît le concile qui s'y tint dans le milieu du 16me siécle. Sa jurisdiction s'étend sur trois bourgs & plusieurs villages: près d'elle fut une forteresse qu'on nommait *Verruca*. L'évêché fut fondé, & enrichi par les empereurs Théodose, Charlemagne & Conrad II.

Reiff, *Ripa*, est une petite ville sur le lac de Garde: elle est dans une situation agréable, dans un terrain fertile en excellens citrons & en oranges, sur une hauteur que baignent les eaux du lac; elle a un fort. Les Jéronimites ont hors de la ville une église superbe où est une image miraculeuse de la Vierge. La ville est commerçante. Sa jurisdiction s'étend sur le vallon de *Leuder*, les montagnes de *Thenn*, les quatre vicaires de la vallée de Lager où sont quatre grands bourgs, *Ala*, *Mori*, *Brentonico* & *Avio*. Dans les premiers on fait beaucoup de velours.

Bisein, forteresse sur l'Adige, au pied d'une montagne. C'est une seigneurie.

Judiciarie, est le nom d'une petite province bien peuplée, arrosée par la Sarca, au milieu de laquelle s'élève la montagne de *Duron*. On y compte sept grandes paroisses : celle de *Randena* est dans une petite vallée ; le chef-lieu de la province est le bourg de *Stenig*, *Stor* ou *Setaurum*.

Levig, est un bourg qui forme une jurisdiction.

Fleims, est une vallée, *Vallis Flemarum* : l'Avis l'arrose : on y commerce en bois, & son chef-lieu est le bourg de *Cavales*.

Les jurisdictions de *Segunzan* & de *Groméis* sont petites & pauvres.

Le *Val de Nons*, *Anaunia*, est fertile, agréable, semé de châteaux & de villages, arrosé par la Noss ou Sulz : d'anciennes familles nobles l'habitent. *Clès*, *Revo*, *Denn*, sont des bourgs assez grands.

Le *Val de Sol*, *Vallis Solis*, au-dessus du précédent, fertile & peuplé comme lui, renferme les bourgs de *Mals* & de *Caldes*. Il touche aux états de Venise & au pays des Grisons.

Persen, est un beau bourg & une seigneurie.

Caldonatz, est aussi une seigneurie qui renferme le lac de ce nom & la montagne fertile & peuplée de *Lafraun*. C'est-là que la Brenta prend sa source.

L'évêché de Trente possède encore le marquisat de *Castelara* dans le Mantouan. Il a beaucoup de fiefs possédés par la maison d'Autriche.

ÉVÊCHÉ DE BRIXEN.

L'évêque, & le chapitre, sont ligués en perpétuité avec le Tyrol: ils sont membres de ses diettes, & en partagent les charges & les contributions. Cet évêché est dans les mêmes circonstances, a les mêmes devoirs & les mêmes droits que celui de son chef, qui est prince du St. Empire, parait ou se fait représenter dans les diettes, & contribue à l'entretien de la chambre impériale; mais pour les contributions extraordinaires de l'empire, la maison d'Autriche les paye pour lui. Il est suffragant de Salzbourg; les princes du Tyrol sont ses vidames héréditaires: les autres dignités sont les mêmes que celles du Trentin. Il a un conseil aulique, un consistoire, &c. L'évêché est au nord-ouest de celui de Trente.

Brixen, *Brixina*, est une ville sur l'Eysack & la Lientz, qui s'y joignent. Elle n'est pas grande, & a peu de commerce; mais sa situation est agréable. Son palais épiscopal est bâti avec goût, sa cathédrale n'est pas sans beauté; elle est moderne. On compte huit églises, trois couvens & une collégiale.

Sæben, *Sabiona*, est un bourg sur une montagne où coule l'Eysack: c'était là que résidaient d'abord les évêques de Brixen. Le château est devenu un couvent de filles; sa cathédrale un monceau de ruines: l'ancienne ville de *Sabiona*, détruite par Attila, en était voisine.

Clausen, *Clausum*, est une petite ville sur l'Eysack. On y voit un couvent de capucins, fondé par la veuve de Charles II, roi d'Espagne, orné de tableaux des plus grands maîtres, & enrichi de curiosités rares.

Bruneggen, *Bruneck*, *Brunopolis*, est une petite ville sur la Rientz. Elle a quatre églises & deux couvens : sur une colline voisine est un château.

Le reste du territoire est divisé en douze jurisdictions, gouvernées par des administrateurs ou des bailes. Celle de *Thurnam Gader* est peuplée d'hommes laborieux, la plupart maçons, qui se répandent en Italie; ils parlent un dialecte roman. Celle d'*Evas*, *Avisium* est grande, peuplée, & renferme la vallée de *Fassa*. Celle d'*Antholz* a un bain médicinal.

Cet évèché possède la seigneurie de *Veldes* dans la Carniole.

BAILLIAGES DE L'ORDRE TEUTONIQUE.

Il y en a deux; ils reconnaissent le comte de Tyrol pour leur supérieur.

Bailliage d'Autriche.

Il renferme huit commanderies : ce sont celles de *Vienne*, de *Neustatt*, de *Grætz*, de *Meretirza*, de *Laybach*, de *Mettling*, de *St. George* & de *Linz*.

Bailliage de l'Adige & des Monts.

Il renferme cinq commanderies : ce sont celles de *Wegenstein*, près de Botzen; de *Trente*, de *Lengmoss auf dem Ritten*, de *Stærzing* & *Schlanders*.

SEIGNEURIE DE TRASP.

Elle est petite : son château, dans la vallée d'Engaden, occupé par des soldats Autrichiens, défend l'entrée du Tyrol. Celui qui la possède est prince de l'empire.

AUTRICHE ANTÉRIEURE.

Elle est divisée en trois parties principales, qui gardent le rang dans lequel nous les nommons. Le Brisgau, avec les villes forestieres, la Suabe Autrichienne, & les quatre seigneuries de Vorarlberg. Nous suivrons l'ordre géographique.

I. SEIGNEURIES DE VORARLBERG.

Le mont *Adula* ou *d'Arlberg* les sépare du Tyrol. De ce dernier nom vient celui de ces seigneuries qui signifie *En deça de l'Arlberg*. Elles font partie de la Rhetie, comme le mont Adula fait partie du mont Rhetique. Ces seigneuries sont, le comté de *Feldkirch* ou *Montfort*, celui de *Bregentz*, celui de *Bludenz* & celui de *Sonneberg*.

COMTÉ DE FELDKIRCH.

Il est situé dans le *Nebelgau*. Rodolphe de Kerdenberg, le dernier de ses comtes particuliers le vendit à Léopold, duc d'Autriche, pour environ 120,000 francs.

Feldkirch, ou *Campo di St. Pietro*, est une petite ville bien bâtie, sur l'Ill, qui près de-là se jette dans le Rhin. On recueille de bons vins dans ses environs. Le couvent d'*Altenstatt* en est voisin.

Rankweil, est un grand bourg impérial très ancien, où réside une justice impériale dont le ressort est fort étendu.

Montfort, est un château ruiné, sur une montagne, où résident les comtes.

Neuenbourg, est une place forte sur le Rhin.

Comté de Bregentz.

La riviere de Bregentz l'arrose; la forêt ou la vallée de ce nom lui fournit beaucoup de bois, & on en fait de la vaisselle: il touche au lac de Constance auquel il donne quelquefois son nom. Il fut d'abord un fief de l'empire, puis il devint allodial & héréditaire. La maison d'Autriche l'acquit pour la somme d'environ 316000 francs.

Bregentz, est une petite ville sur le lac de Constance: elle a deux couvens. Il y a de bonnes forges dans ses environs; au midi, elle a un fort qui défend une gorge, & sur une montagne voisine est le château de *Pfannenberg*.

Mehrerau, *Brigantina*, est une belle abbaye de bénédictins sur le bord du lac de Constance.

Hirstall, est un couvent de filles sur la Bregentz.

Schwarzach, & *Dorenburen*, sont deux villages. Le premier avait une jurisdiction libre, & ceux qui l'exerçaient étaient choisis dans le second. Aujourd'hui, le second seul est un siége de justice: la vallée antérieure de Bregentz, l'abbaye de St. Gall, exercent la basse justice & possédent quelques droits sur trois villages de ce comté auquel on joint la seigneurie de *Hohenek*, qui s'étend de *Bregentz* à *Wangen* & *Isny*. Elle prend son nom d'un château bâti sur une montagne.

Comté de Bludentz.

Il fut vendu à Léopold duc d'Autriche, en 1376. Il a une ville, le bourg de *Schrims* & dix villages.

Pludentz, est une petite ville sur l'Ill, qui a dans son voisinage le couvent de St. Pierre. Ébranlée

par

par un tremblement de terre & incendiée, elle subsiste, mais sans commerce & sans éclat.

COMTÉ DE SONNEBERG.

La maison d'Autriche s'en est emparée & a donné à ses possesseurs un indemnité pécuniaire. Il ne renferme ni villes, ni bourgs, on n'y voit que quelques villages & le château de Sonneberg, sur une montagne.

II. LA SUABE AUTRICHIENNE.

Elle est composée d'anciens héritages de la maison de Habsbourg, & des domaines qui sont échus à l'Autriche, depuis qu'elle est sur le trône impérial. Maximilien I est le premier des princes de cette maison qui ait pris le nom de prince de Suabe. Elle verse annuellement plus de quatre-cent-mille livres dans la caisse militaire de l'Autriche. Ses parties sont dans cet ordre pour le rang. *Burgau, Nellembourg, préfecture de Souabe*, le *bas* & *haut Hohenberg*, les *cinq villes du Danube*, & *dix-neuf couvens, districts & villes*. Nous commencerons par ces derniers.

COUVENTS, DISTRICTS ET VILLES.

Couvens.

Wiblingen, est une abbaye de bénédictins sur l'Iser: soumise à des comtes elle fut déclarée en 1700 seigneurie particuliere & soumise immédiatement à la régence d'Autriche antérieure. Fondée en 1099, elle possède plusieurs villages & un bourg qui en est voisin.

Le Val de Ste. Croix, maison de dames nobles,

Tome II. O

ordre de citeaux, près du Danube. Elle possède le bailliage d'*Andelfingen*.

Urspring, est un couvent de bénédictines, & *Buxheim*, une chartreuse, dont on a déja parlé.

Provinces ou districts.

Les comtés de *Kirchberg* & *Weissenborn*, situés sur l'Iler & le Danube. On y trouve la petite ville de *Weissenborn* sur le Roth, le bourg d'*Unter-Kirchberg* sur l'Iler : pres de-là est le château d'*Ober-Kirchberg* & les seigneuries d'*Adelshofen*, de *Wulenstetten*, de *Pfaffenhofen*, & de *Maurstetten*. Dans cette derniere a été une justice impériale qui n'existe plus.

Le comté de *Sigmaringen*: l'Autriche n'y lève des contributions que dans une partie ; mais elle est souveraine de tout le comté. Il comprend les seigneuries d'*Erbach* au-dessus d'Ulm, de *Berg* près du Danube, de *Buss* & *Oeffingen*, de *Gutenstein*, de *Haussen*, de *Worthaussen* sur le Rifs, de *Kallenberg* sur le Günz, la jurisdiction de *Reuthen*, & le bailliage de *Bierstetten*.

Villes.

Constance, *Costnitz*, *Constantia*, est une ville très-ancienne, entre le lac qui porte son nom & l'Unterseé, ou lac inférieur, bâtie au lieu où le Rhin sort du premier pour se jetter dans le second. Elle fut autrefois impériale : mise au ban de l'empire pour avoir raisonné sur la religion sans la permission du pape, elle fut soumise à la maison d'Autriche malgré les protestations du cercle de Souabe. Elle a un évêché sans évêque : il réside à Mersbourg & est membre des états du cercle. Le chapitre seul y demeure : elle est fortifiée, & de l'autre côté du Rhin, le fort de *Petershausen* la défend. On y voit neuf églises & six convens : elle exerce la basse jurisdiction dans le landgraviat de Thurgau. Voyez article de la Suisse. Sa long. est de 26 deg. 58 min. a lat. de 47 deg. & 35 min.

Steckborn & *Ratolzell*, est une petite ville, sur l'Untersée ou lac de Zell.

Schelklingen, est une petite ville sur l'Ach.

Ebingen, est sur le Danube, elle a un couvent de nobles bénédictins.

Wœringen, sur l'Alb & la Lauchert: c'est une petite ville, autrefois un comté.

LES CINQ VILLES DU DANUBE.

Munderkingen, est une petite ville sur le Danube. *Waldsée* est une ville peu considérable, enclavée dans le comté de Waldbourg. *Sulgau* ou *Sulgen*, est sur la *Schwarzach*; elle eut longtems ses comtes particuliers. *Riedlingen*, est sur les bords du Danube. *Mengen*, en est à quelque distance.

COMTÉ DE HOHENBERG.

Léopold d'Autriche l'acheta du dernier comte pour environ 240,000 liv. Il est situé entre la forêt noire, le duché de Wurtemberg & le comté de Furstenberg; il est divisé en haut & bas: il prend son nom d'un château ruiné sur une montagne.

Bas comté de Hohenberg.

Rothenbourg, sur le Neckar, appellée autrefois *Landfarth*. Cette ville est petite, elle a un château, un couvent de carmes & un collége: dans ses environs est une fontaine médicinale, l'église célèbre de *Weckenthal* & le mont de *Heuberg* dont on débite bien des fables.

Ebingen, est aussi sur le Neckar, & fait en quelque manière la même ville que la précédente, qui n'en est séparée que par le fleuve. O[n] y trouve une collégiale, fondée en 1320, & qui [a] douze chanoines.

Horb, est une petite ville sur le Neckar, com[]merçante en draps.

Haut comté de Hohenberg.

Schemberg, est une petite ville sur le ruisseau [de] Schlichem.

Fridingen, est une petite ville sur le Danube.

Oberndorf, sur le Neckar, dans la forêt noir[e]. Elle a un couvent d'Augustins, & la réputation d'[a]voir été une grande ville.

Spaichingen, est un grand bourg dans une vallée[,] sur le Prim.

Schramberg, bourg & seigneurie, que le *Schilta[ch]* environne de ses deux bras : son château est sur un[e] montagne voisine.

La seigneurie de *Wehrwag*.

Préfecture de Souabe.

On l'appelle aussi la *préfecture impériale d'Altdor[f] & de Ravensbourg*; c'est un débris de l'ancien com[té] d'Altdorf, que posséda l'infortuné Conradin, déca[]pité à Naples, par l'ordre d'un tyran. Cette par[]tie de son héritage fut réunie à l'empire, engagé[e] plusieurs fois, érigée en préfecture en 1415; en[]gagée de nouveau en 1448, dégagée en 1486. Ell[e] est entrecoupée par différens territoires ; le sol [en] est médiocre : les habitans labourent en été & filen[t] en hiver. Les bords du lac de Constance sont ri[]ches en vins & en blés. On y compte trois milli[e] sujets libres ; mais le moindre nombre possède d[es] terres : elles sont à des seigneurs, à des couven[s,] à des églises ; quelques-unes à des hôpitaux. Libr[es] n sujets, tous professent la religion catholique. Altdorf est le siége d'un grand bailliage ; un sénéschal y préside : seul il est chargé de l'exercice des droits régaliens. Le bailliage administre la justice civile, & la police; on en peut appeller à la cour souveraine d'Inspruck. Il instruit & juge des procès criminels : l'avoyer, le magistrat d'Altdorf, voient les procédures & exécutent la sentence. Chaque bailliage est présidé par un avoyer : le corps des communautés a un comité.

On divise la préfecture en haute & basse.

Haute préfecture.

Elle renferme treize bailliages : on n'y trouve qu'un petit nombre de fermes & de terres possédées en toute propriété. Le domaine utile, la basse justice sont entre les mains des seigneurs, des couvins, des villes. Ces bailliages sont ceux d'*Altdorf*, de *Fischbach*, d'*Eggenweiler*, de *Wolkortschweiler*, de *Zogenweiler*, de *Geigelbach*, de *Schindelbach*, de *Bergatreuth*, de *Bosch*, de *Pferrich*, de *Bodenegg*, d'*Eschach* & de *Grünkraut*. On y ajoute ceux de *Moss* & d'*Atzenberg*, de *Gebratzhofen*. Tous ces bailliages ne présentent de remarquable qu'*Altdorf*, bourg impérial entre les rivieres de Schussem & de Isa. Il a des prérogatives, & des priviléges ; il est le siége d'un grand bailliage; celui de la justice impériale & provinciale de la forêt de *Leutkirch* & du district de *Pürs*, est partagé entre les villes impériales de *Ravensbourg*, *Wangen*, *Isny* & lui. Il paye une taxe peu considérable, engagée par les empereurs à l'abbaye de *Weingarten*. La plaine de *Leutkirch* environne la ville de ce nom : elle est peuplée de villages & de hameaux, a cinq lieues de long, & moins de deux de large : les biens qu'elle renferme ne sont point taillables.

Basse préfecture.

Ses trois bailliages ont le droit de haute justice civile & criminelle, & le droit d'escorte. La basse justice appartient à des seigneurs. Elle posséde différens droits dans le territoire du lac de Constance, jusqu'à la troisieme arche du pont de Gœgling, près d'Ulm, & la haute justice de la chartreuse de *Buxheim*. Le petit lac de Feder est dans cette préfecture.

LANDGRAVIAT DE NELLENBOURG.

Il comprend une partie du Hegau, & fut acheté en 1465 par Sigismond, archiduc d'Autriche: le comté de Thengen y fut joint en 1542. Il fut composé des villes & bailliages de *Stockach*, *Aach* & *Thengen*, de trente bourgs; dans un circuit de treize lieues il a eu renfermé même la ville de Schaffhouse. Thengen ayant été érigé en comté, il a perdu de son étendue. Il est gouverné par un sénéchal. Son nom lui vient du château de Nellenbourg, bâti sur une montagne.

Stockach, petite ville, est le siége du sénéchal, & de la justice impériale du Nekenbourg.

Aach, est sur une montagne escarpée: c'est une petite ville; au bas sont des maisons qui forment la basse ville.

On y voit encore les quatre seigneuries de *Hilzingen*, de *Muhlhausen*, de *Singen*, & de *Langestein*.

MARQUISAT DE BURGAU.

Il est divisé en cinq districts, situés entre le Danube & le Lech. Ses seigneurs particuliers le céderent à l'empereur Albert I, qui le donna en fief à la maison d'Autriche. Une partie de ses terres dépendit de l'abbaye de Fulde. Il fut cédé à l'évêché d'Augsbourg : il revint à Maximilien I, qui confirma à ses sujets les priviléges dont ils jouissaient alors. Un sénéchal y préside. Chaque district a un lieutenant sénéchal.

Gunzbourg, est une petite ville au confluent de la Gunz & du Danube. On y trouve un château, un couvent, & un collége. C'est-là que réside la régence du marquisat.

Krumbach, est un beau bourg : près de lui est un bain médicinal.

Burgau, est un bourg sur la Mindel.

On remarque encore dans ce landgraviat, les seigneuries de *Landsberg* & *Seyfriedsberg*, le couvent d'*Edelstetten*, habité par des chanoinesses séculieres & fondé en 1126.

L'Ortenau.

C'est une préfecture moins étendue que ce qu'on entend ordinairement par l'Ortenau ou Morthnaw. Celui-ci s'étendait entre la forêt noire & le Rhin; le Brisgau & le margraviat de Bade. Les bailliages de Wilstadt & de Lichtenau en faisaient partie : ils dépendent aujourd'hui des princes de Hesse Darmstadt. Il en est de même des bailliages d'Oberkirch & d'Oppenau qui appartiennent à l'évêché de Strasbourg. La préfecture avait été cédée par l'empereur Léopold, au prince Louis de Baden & à sa maison. Après la mort du dernier margrave de Bade-Baden en 1771 : elle est retournée à la maison d'Autriche. C'est un petit pays fertile.

III. Le Brisgau Autrichien.

Il comprend une grande partie de la forêt noire.

Ce fut un landgraviat qui appartint d'abord aux ducs de Zœhringen. Les comtes de Furſtenberg qui l'ont poſſédé, l'ont vendu aux ducs Léopold & Albert d'Autriche, pour environ deux-cent-mille liv. C'eſt un pays d'états. Ils font compoſés de trois ordres ; celui des prélats, l'ordre équeſtre, & le tiers-état. Le prince abbé de St. Blaiſe préſide au premier ; le ſecond eſt compoſé de ſeigneurs, les uns comme ayant des terres dans le Briſgau ; les autres reconnus membres par leurs titres. Le tiers état eſt compoſé de treize villes & de ſix ſeigneuries : ces états ont des *aſſiſes* où aſſiſtent deux membres de chaque ordre : ils alternent tous les ſix ans. L'ordre des prélats & celui des ſeigneurs ont une juſtice particuliere qui juge en premiere inſtance : on appelle d'eux à la régence qui réſide à Fribourg, ainſi que la chambre des comptes de l'Autriche antérieure. Les chambres de police & de commerce ſont compoſées de membres de la régence. Le pays eſt fertile : il ſe diviſe en deux parties.

Le bas quartier ou le Briſgau proprement dit.

Il renferme neuf villes, qui font partie du tiers état.

Fribourg ou *Freyburg*, eſt la capitale du pays. Elle eſt ſituée au pied d'une montagne pierreuſe, garnie autrefois de trois châteaux qui défendaient la ville & commandaient la plaine aſſez vaſte qui s'étend de-là juſqu'aux rives du Rhin, & ſur la Treiſam, riviere formée par trois torrens & qui ſe jette dans le Rhin. Des mineurs en éleverent les premieres maiſons : elle devint ville en 1118, & eut de grands priviléges. Après de violens & longs troubles, les bourgeois acheterent la ſeigneurie d'Egon IV, comte de Furſtenberg, pour vingt-mille marcs d'argent que l'Autriche leur prêta, & par reconnaissance ils se soumirent à cette maison en 1368. Elle a été forte, & on pouvait en inonder les dehors, mais les Français l'ont démantelée : elle est vivante; ses rues sont larges, bien percées, bien pavées; un ruisseau limpide les traverse : elle a vingt fontaines publiques, de beaux hôtels, des maisons magnifiques. Sa cathédrale est un superbe édifice en pierres de taille, dont le portail & la tour sont des chefs-d'œuvres dans le goût gothique. La tour est une piramide octogone percée à jour & de trois-cent-soixante-&-dix pieds de hauteur : au-dedans sont trente-un autels, enrichis de tableaux & de riches ornemens : son trésor est immense. La chasse de St. Alexandre est riche en or, en argent, en pierres précieuses. Le mausolée du général Roth est un beau morceau de sculpture. L'hôpital des bourgeois est grand & riche; il forme une paroisse particuliere & nourrit chaque jour plus de trois-cent personnes; l'hôpital des pauvres est pour les domestiques & pour les voyageurs malades. Il y a encore une ladrerie, deux maisons de charité, une des enfans trouvés, &c.

Fribourg a une université, fondée en 1457, par Albert IV duc d'Autriche. Le gymnase académique & cinq colléges dépendent d'elle : elle ne fut jamais bien célébre. On y voit encore dix couvens, une commanderie de l'ordre teutonique & treize églises; la plus ancienne est la paroisse; la plus élégante est celle des Augustins. La régence tient ses assemblées dans un édifice vaste & somptueux. Fribourg a quatre grandes places, bat monnaie, taille, polit les grenats & les cristaux, & en fait un grand commerce. Ses environs sont agréables & remplis de jardins. Sa long. est de 25 deg. 32 min., sa lat. de 48 deg. 4 min.

Brisac ou *Vieux Brisach*, ville autrefois impériale, placée en partie sur une montagne, & en partie sur les bords du Rhin. Elle a été une forteresse ; elle est aujourd'hui toute ouverte, isolée & déchue. Le maitre autel de la grande église est orné de statues en bois qui sont des chefs-d'œuvres. On y trouve encore plusieurs couvens : celui des franciscains a une église dont l'intérieur est de marbre factice, orné de peintures, où est représentée la vie de St. François. Un puits taillé dans le roc, qui servait à la garnison a cent-quatre-vingts pieds de profondeur pour arriver à l'eau.

Villingen, est sur la Brige, c'est une ville dont les rues sont belles, tirées au cordeau, & qui est environnée de montagnes, de gorges étroites, fortifiées encore avec art. Dans les guerres, elle sert de magasins à l'Autriche. Elle a une abbaye de bénédictins : ses environs sont fertiles ; on y trouve un bain salutaire.

Breulingen, est une petite ville qui n'a rien de remarquable.

Neuenbourg, sur le Rhin, fut une ville impériale : le duc Bernard de Weimar y mourut. Elle n'a que quelques maisons dispersées sur les ruines qu'y laissèrent les Français après l'avoir brulée.

Kensingen, est sur l'Elz : elle a un couvent de franciscains.

Endingen, est environnée de plaines fertiles : elle a des marchés de blés très connus.

Burkheim, est une petite ville sur le Rhin : son territoire est engagé.

Waldkirch, est une petite ville où l'on taille, où l'on polit les grenats & les cristaux. Sa collégiale a été un couvent célébre de franciscains : elle est la résidence du sénéchal de *Castelberg* ou *Schwarzenberg* qui en est voisin.

Zehringen, est un village connu & un château désert, qui vers l'an 1130, donna son nom à des ducs descendans des comtes de Brisgau.

Elzbach, est une petite ville & seigneurie.

Herbolzheim, est un grand bourg où réside le grand baillif de la seigneurie de Kürnberg.

Tryberg, est une petite ville fameuse par des pélérinages, chef-lieu de la seigneurie de son nom.

Hauenstein, est une très petite ville sur le Rhin. Le comté de ce nom est un pays montueux, hérissé de forèts, peuplé d'hommes sains & robustes, riche en mines de fer, & divisé en huit communautés.

La seigneurie d'*Ehlingen* est à l'abbaye de St. Gall en Suisse : celle de *Merzhausen* était aux jésuites de Fribourg : elles payent des contributions à l'ordre séquestre.

L'abbaye de *St. Blaise*, est un couvent vaste & moderne, qui avait une bibliothèque précieuse qui fut consumée en 1730. Son abbé est prince du St. Empire & dépend de l'évèché de Constance, il est comte de *Bondorf* dans le cercle de Souabe, seigneur de *Blumenek*, terre noble & immédiate du St. Empire, de *Stauffen*, où est un bourg & un château voisin du marquisat de Bade, de *Kirchhofen*, de *Guttenberg* & de *Gurtweil*, d'*Oberried* & de *Burglen* dans la forêt noire, hameaux où furent autrefois des couvens.

On y voit encore les abbayes de *St. Treutpert*, de *St. Pierre*, de *Schuttern*, de *St. Mergen*, de *Wonnenthel*, dont les chefs sont membres des états, & une riche chartreuse près de Fribourg, l'abbaye de *Günterstbal*, occupée par des dames nobles de l'ordre de citeaux, d'*Ettenheim-Münster*, qui n'en font point membres.

Haut quartier du Rhin.

Il renferme les villes forestieres, des seigneuries &c.
Les quatre villes forestieres, Urbes Sylvestres.

Laufenbourg, est une ville partagée par le Rhin en deux parties inégales jointes par un pont singulier. C'est-là que s'assemblent les états du Haut-Rhin. L'abbaye de *Seckingen* en est le seigneur suzerain, & les bourgeois prêtent un serment particulier à l'abbesse. Elle appartenait aux comtes de Habsbourg. Près d'elle, le Rhin forme une cataracte qui oblige de descendre les bâteaux par des cordes, après les avoir déchargés.

Rhinfelden, est une ville qui a été forte, & a cessé de l'être. C'était un comté: son château était sur un roc au milieu du Rhin. Au-dessus, ce fleuve passe au travers des rochers avec un bruit & une véhémence effrayante: des pilotes expérimentés y passent cependant, mais non sans danger.

Seckingen, Sanctium Seccovium: c'est une petite ville bien bâtie, environnée par le Rhin, fief de l'abbaye de chanoinesses qu'elle renferme. L'abbesse est princesse de l'empire & membre des états du Brisgau. Cette abbaye a un territoire assez étendu.

Waldshut, est une petite ville, fondée par les comtes de Habsbourg: elle est sur le Rhin.

La seigneurie de *Rhinfelden* est considérable. Elle renferme, 1°. la vallée de *Frick* qui commence au village d'Auguste, bâti sur les ruines d'*Augusta Rauracorum*, & qui fait partie de cette seigneurie, & finit à la montagne de *Bœtz*, entre le Rhin & la

Suisse. Elle prend son nom d'un grand village de sa terre de *Mahlinbach*. 1°. Le *Rheintal* ou vallée du Rhin, entre le fleuve, la forêt noire & le haut marquisat de Bade.

La seigneurie de *Laufenbourg* est entre le Rhin & la Suisse. Elle s'étend sur les quatre vallées de *Keisten*, de *Mettau*, de *Sulz*, & de *Gansingen*.

Ce quartier renferme encore la commanderie de *Beuggen* ou *Buckem* de l'ordre teutonique, le chapitre de *Rhinfelden*, & le couvent d'*Ollsperg*, habité par des filles.

CERCLE DE BOURGOGNE.

Maximilien forma ce cercle comme il avait formé les autres, & il y renferma tout l'héritage de Marie de Bourgogne sa femme. Charles V confirma ce cercle, & ajouta aux états qui le formaient, les duchés de Lorraine, de Brabant, de Limbourg, de Luxembourg, de Gueldres : les comtés de Flandres, d'Artois, de Bourgogne, de Hainaut, de Hollande, de Zelande, de Namur, de Zutphen, le marquisat du St. Empire, les seigneuries de Frise, d'Utrecht, d'Oberyssel, de Groeningue, de Valkenbourg, de Thalheim, de Salin, de Malines, de Mastricht, avec tout ce qui en dépendait. Tous ces états devinrent membres de l'empire, & eurent séance & voix à ses diettes : l'empereur paya pour eux une double taxe ; elle devait être triple quand on avait guerre avec les Turcs. Tous leurs droits, priviléges, immunités, leur furent conservées ; ils ne furent point obligés de se soumettre à la jurisdiction, ni aux constitutions de l'empire, ni à ses récès : mais ceux qui avaient dépendus de l'empire en dépendaient encore.

L'envoyé de Bourgogne prend séance à la diette, sur le banc ecclésiastique, après l'Autriche. Le cercle ne nomme qu'un assesseur à la chambre impériale, mais il peut en nommer deux : il est compris parmi les catholiques. Sa taxe pour l'entretien de la chambre est d'environ 2250 liv.

CERCLE DE BOURGOGNE. 223

Le cercle de Bourgogne ne comprend plus qu'une partie des duchés de Brabant, de Limbourg, de Luxembourg; & une partie des comtés de Flandres, de Hainault, de Namur, & du quartier supérieur de Gueldres. La France a soumis une partie des autres états qui le composaient: les Hollandais, en secouant le joug, ont en même tems conquis une portion de quelques autres provinces. Ce qui resta à l'Autriche passa aux Espagnols, & après la mort du dernier de leurs rois de la maison d'Autriche, ils revinrent à l'empereur. Tout ce qui le compose appartient à la maison d'Autriche: seule elle y préside, le dirige & le convoque. Tout ce qui le compose étant de la suzeraineté des archiducs, n'est point gouverné comme les autres cercles. Le gouverneur général des Pays-Bas réside à Bruxelles: là siégent les différens colléges de justice: le tribunal supérieur siége à Malines.

PARTIE AUTRICHIENNE DU DUCHÉ DE BRABANT.

Vers le nord & le levant, elle confine aux provinces unies & à l'évêché de Liège: vers le midi, au Hainaut & à Namur; vers le couchant, à la Flandres & la Zelande: parmi les dix-sept provinces il eut le premier rang. Sa partie méridionale est appellée le *Brabant Vallon*, ou la *Romagne*: elle est montagneuse. Par tout l'air y est bon; mais le sol y est inégal. Au nord sont des forêts & des landes sablonneuses que le travail rend fertiles: au midi sont des champs féconds, un terrain gras & un pays riche. La *Demer* qui reçoit les eaux de la Ghete, de la Dyle, de la Senne & de la Nethe, l'arrose, prend le nom de *Rupel* & se perd dans l'Escaut. Près de Bruxelles, est un canal qui communique à la Ruppel, & par-là conduit dans les mers du nord : commencé en 1550, achevé en onze ans ; il coûta près de trois millions de livres. Un autre canal conduit de Louvain à la Rupel. Une route pavée conduit de Louvain à Bruxelles ; une autre va de Louvain à Thiene & à Liège. On a parlé d'en faire une, qui de Bruxelles traverserait les territoires de Liège, de Limbourg, d'Aix-la-Chapelle, de Juliers & de Cologne, jusqu'au Rhin. Cette chaussée faciliterait le commerce d'Ostende en Allemagne : elle serait utile ; mais on ne fait pas tout ce qu'on projette.

Le Brabant fut une des premieres demeures des Français après leur passage du Rhin. Les Pepins étaient ducs de Brabant & devinrent rois de France. Il fit partie de la Basse-Lorraine & devint membre de l'empire, & bien-tôt après il n'eut que le titre de comté : il passa aux ducs de Bourgogne, & de-là aux rois d'Espagne, sur qui les Provinces-Unies s'emparérent d'un des quatre quartiers qui le composaient : c'est celui de Bois-le-Duc. On sait comment des rois d'Espagne il passa aux empereurs.

Dans ce qui reste à l'Autriche on compte dix-neuf villes murées, beaucoup de bourgs qui jouissent des priviléges attachés aux villes, & plus de cinq-cent villages.

Ses états sont partagés en trois classes ; les seigneurs ecclésiastiques, les seigneurs séculiers, les bourguemaîtres & pensionnaires des villes de Louvain, Bruxelles & Anvers : ils s'assemblent quatre fois tous les ans : deux députés nobles & deux députés ecclésiastiques s'assemblent tous les jours : Bruxelles est le lieu de leurs assemblées.

CERCLE DE BOURGOGNE.

On n'y professe que la religion catholique: l'archevêché de Malines, créé en 1559 a le titre de primat de la Gaule Belgique. Ses décanats renferment quatorze églises collégiales, & deux-cent-trois couvens. Ses suffragans sont, les évèques d'Anvers, de Gand, de Bois-le-Duc, de Bruges, d'Ypres & de Ruremonde. Les ecclésiastiques y sont nombreux & riches. On y trouve des gymnases, des collèges, & l'université de Louvain. Ce n'est pas ce qui fait fleurir ce duché: les draps, les bas, les camelots, les tapis, les dentelles, &c. qu'on y fabrique, y contribuent davantage; mais le commerce y a déchu.

Une chancellerie, un conseil d'état, un conseil privé, une chambre des domaines & des finances, une chambre des comptes, une cour féodale siégent à Bruxelles.

On divise le Brabant Autrichien en trois quartiers.
I. *Ville & quartier de Louvain.*

Louvain, *Lovanium*, est la première ville du Brabant. Traversée par la Dyle, elle est fortifiée & jouit d'un air pur: son enceinte est vaste, & ses habitans sont peu nombreux. Une ville extérieure enture la ville intérieure: celle-ci fut ceinte de murs en 1165; celle-là en 1356: la dernière, six fois plus grande que l'autre, enferme plus de champs, de prairies & de vergers, que de maisons. L'hôtel de ville est surchargé d'ornemens: la ville est partagée en cinq paroisses: l'église collégiale est construite avec art; un grand vent en a emporté la belle tour. Louvain renferme trente couvens, dont celui des jésuites est le plus beau, la chaire du prédicateur y est remarquable par sa structure & sa sculpture. On admire les vitres peintes du cloître des chartreux. L'université, fondée en 1425, par le duc Jean IV,

Tome 14. P

a dans sa dépendance quarante-un colléges qu'habitérent autrefois quatre-mille écoliers; réduits aujourd'hui à moins de la moitié, & c'est beaucoup encore. Ses manufactures de laine nourrissaient au commencement du 4me siécle cent-cinquante-mille ouvriers : mais punis trop rigoureusement, ils se disperférent & le commerce languit; il n'a pu se rétablir encore par la construction du canal qui le facilite : il consiste en draps, en belles laines, & en bonne biere. Son vieux château est au-dehors sur la Dyle. Sa long. est de 22 deg. 17 min., sa lat. de 50 deg. 35 min.

Mairie de Heverle.

Elle renferme trois seigneuries, cinq baronnies & six couvens. Le plus beau de ceux-ci est l'abbaye de *Park* : elle est près de Louvain & habitée par des filles de l'ordre des prémontrés; le plus agréable est celui de *Florival*, *Florida Vallis*, au bord de la Dyle, abbaye de filles de citeaux. La baronnie de *Bierbeeck* prend son nom d'un village grand, beau, bien peuplé, orné d'un prieuré. La seigneurie de *Heverle* est la plus étendue. On y voit encore le comté d'*Achtenrode*, & l'agréable hermitage du village de *Nethene*.

Mairie de Cumtich.

Elle renferme trois baronnies, & les abbayes de *Maegdendael* & de *Heyliffem* : la premiere est de religieuses de citeaux; la seconde de religieux prémontrés.

Tirlemont, *Thenæ* ou *Tillæ Mons*, ville assez grande, qui tint le quatrieme rang parmi les villes du Brabant, mais qui dépérit tous les jours. Elle est sur les bords de la Ghete, & renferme une collégiale & quatorze couvens.

Mairie de Grez.

Les comtés de *Grez* & de *St. Laurens*, la baronnie de *Bonlez*, la seigneurie franche d'*Arquenne*, c'est tout ce qui la compose.

Mairie de Mont St. Wibert.

Mont St. Wiberg, est un bourg, ainsi que *Lismale*, baronnie.

Wavre, était autrefois plus considérable qu'il n'est; a cependant de grands priviléges, & est sur le bord de la Dyle: près de lui est une abbaye de bénédictins.

Gemblours, *Giblou*, autrefois *Gemblays*, petite & ancienne ville qui appartient à la riche abbaye de bénédictins qu'elle renferme. Son abbé prend le titre de comte de Gemblours, & il est le premier comte de Brabant: près de-là, vers Namur, est l'abbaye d'*Argenton*, occupée par des religieuses de Citeaux.

Cette mairie renferme encore trois comtés, la baronnie de Noirmont & le couvent de *Lerine* de la rédemption des captifs, ou de la trinité.

Mairie d'Incourt.

Elle est composée de la baronnie de *Perweys*, bourg, de la seigneurie de *Maleve*, & de la petite ville d'Incourt.

Mairie de Gest à Geronpont.

On y remarque les villages de *Gest* & de *Rawillies*.

Mairie de Jauche.

Jauche ou *Geete*, est un bourg, & une très ancienne baronnie. *Ramaye*, est une abbaye de citeaux.

Mairie de Dongelberg.

Dongelberg, est un village, & un comté. Le bourg d'*Aygebrock* & le pays franc de *du Fay* en descendent.

Mairie de Judoigne.

Judoigne ou *Geldenacken*, est une ville ruinée sur la Ghete : elle n'a dans son enceinte qu'une chapelle, un hôpital, un couvent & quelques maisons : au dehors sont deux églises. *Melain* est un marquisat, *St. Remy-Gest*, un comté.

Mairie d'Orp le grand.

Les seigneuries d'Orp le grand & de Linsmeau la composent.

Mairie d'Hannuye.

Hannuye ou *Hanut*, est une ville sans murs, ornée par de jolis faux-bourgs.

Mairie de Lande.

Lande, petite ville, autrefois considérable, la plus ancienne du Brabant, la premiere qui devint chrétienne. On y voit un hôpital, une chapelle, une image miraculeuse de la Vierge qui n'empêche pas que la ville ne tombe en ruines. *Nerwinde* est près de-là.

On voit dans cette mairie les baronnies de *Wamurgue* & de *Houthem*. *Haut-Dormael*, est une franchise, & un bourgraviat.

Province de Haagland.

Haag signifie *baye*, *broffailles*. Ce pays en est plein. Il renferme quelques villes.

Leeuve, *St. Léonard*, est une ville fortifiée, entourée de marais, au bord de la Ghete. Elle a quatre couvens. Dans son faux-bourg est une image miraculeuse de la Vierge.

Halen, sur la Ghete, est une ville ruinée par les guerres. Le fort de *Buyngue* & le bastion de *Beets* (noms de deux villages voisins) sont entre Halen & Leewe : près de la premiere est la plaine de *Uranconbryck* ; autrefois *Francia Secunda*.

Diest, sur la Demer, ville connue par sa biere,

CERCLE DE BOURGOGNE.

lille a titre de baronnie, renferme neuf couvens, & fut autrefois florissante & peuplée: ses manufactures de draps, de bas, &c., ont déchu: elle a eu un fort, mais ses draps sont encore estimés. Elle appartient au stathouder.

'S Hertogen-Eylant, est un couvent de religieuses de l'ordre des prémontrés. *Wrouwe Park*, est une abbaye de femmes de l'ordre de citeaux.

Kiesekem, *Wezemael*, *Holsbecke*, sont des baronnies.

Pays de Sichen.

Sichen, *Sichemium*, est une ville petite & ancienne, sur la Demer: elle a un couvent de filles & titre de baronnie.

Scherpenheuvel, *Montaigu*, *Aspricollis*, est une petite ville sur une montagne: son enceinte est un octagone, & son église est fameuse par une image de la Vierge. Ces deux villes sont à la maison d'Orange.

Averbode, est une abbaye de prémontrés dont l'église seulement est dans le Brabant. *Beckevoort*, est une commanderie teutonique. *Attenrode* ou *Atroy*, est une baronnie. *Vorst*, *Meerhont*, sont des seigneuries.

Duché d'Arschot.

D'abord baronnie, puis marquisat, puis duché en 1533.

Arschot, est une petite ville, forte, peuplée, sur la Demer. Elle a cinq couvens.

Rotselaer, est une baronnie & une franchise.

Ter Heyen, est une tour ancienne, haute, & d'une construction singuliere.

II. *Ville & quartier de Bruxelles.*

Bruxelles, est une seconde ville du Brabant, ancienne résidence des ducs, aujourd'hui capitale des Pays-Bas: bâtie en partie dans la plaine, & en partie

P 3

sur une hauteur; son enceinte est de deux lieues, & la Senne la traverse: ses murs antiques subsistent encore; elle est défendue par le fort de *Monterey*, jouit d'un air sain, d'un aspect charmant, & est environnée d'un pays fertile en grains. Près d'elle est la forêt de *Soignies*, peuplée de bêtes fauves; ailleurs sont des fontaines d'une eau pure; autour sont des abbayes, & des monasteres. Elle a sept grandes portes, sept grandes églises, sept grandes places, & sept familles distinguées dans lesquelles le gouverneur choisit les magistrats. Elle est divisée en quarante cantons, la bourgeoisie en neuf nations & chaque nation en plusieurs corps de métiers. On y remarque l'arsenal, l'opéra, & l'église de Ste. Gudule, princesse du sang de Charlemagne; cette église est magnifique, entourée de belles balustrades qui forment près du grand portail un escalier très beau: on y voit divers tombeaux de personnes illustres. Le grand béguignage ressemble à une petite ville: il a de belles rues, est entouré de murs & de fossés. Les béguines y ont chacune leur demeure, y gouverne leur bien, & sont gouvernées par quatre supérieures qu'elles élisent & par un curé; elles sont au nombre d'environ huit-cent, & font vœu de chasteté; mais peuvent y renoncer en quittant leur asyle: leur église est d'une architecture noble. *Ste. Begge* est leur fondatrice, & elles en tirent leur nom: on la dit fille de Pepin de Landen. Le palais ducal, brulé en 1731, a été rétabli: l'hôtel de ville est un bâtiment assez curieux: il fut fait par un Italien qui se pendit de désespoir de n'avoir pas mis la tour au milieu. Cette tour a trois-cent-soixante-quatre pieds de haut; elle est d'une structure admirable; au sommet est la statue de St. Michel, de cuivre doré, haute de dix-sept pieds, qui fert à indiquer d'où vient le vent. La place du marché eft quarrée, grande, & fut autrefois un étang: on y donne des tournois: les braffeurs ont érigé dans leur lieu d'affemblée la ftatue équeftre du duc Charles de Lorraine, en bronze doré. La long. de Bruxelles eft de 21 deg. 56 min. la lat. de 50 deg. & 51 min.

Bruxelles renferme une académie noble & trente-deux-couvens: on y parle allemand & français. On y fabrique des tapis, des camelots, des dentelles, & ils font eftimés. Autour d'elle font des villages qui lui fervent de faux-bourgs & ont privilége de villes. Tel eft *St. Gillis*, *Vorft*, abbayes de bénédictines nobles; *Anderlecht*, où font deux couvens; *Scheul*, dans lequel eft une chapelle de la Vierge où accourent les pélerins. *Laken*, qui a fept feigneuries dans fon diftrict, &c.

Mairie de Vilvorden.

Elle renferme une partie de la forêt de Soignies, ou Sonienne, ainfi que les mairies d'Hulpen & de Oo.

Vilvorden, eft une ville fur la Senne & la Woruwe, près du canal de Bruxelles; là eft un vieux château, qui fert de prifon d'état & où font les archives du Brabant: elle renferme fept couvens, & la feigneurie de *Herlaer*.

Ter Vueren & *Duysberg*, font des franchifes qui ont le titre de burggraviat.

Elle renferme encore cinq feigneuries, trois baronnies, un comté, & les couvens de *Notre Dame de la chambre*, religieufes de citeaux, de *Roo-Klofter* & de *Groenendael*.

Mairie de Campenhout.

Campenhout, eft un village & un château fur l'Opftal. *Perk*, *Everbergh*, *Melzbroeck*, *Noort Meerbecke*, sont des villages & des baronnies.

Mairie de Hulpen.

Hulpen, n'est qu'une franchise : elle a été une petite ville. *Over-Ische*, est une franchise sur l'Ische connue aussi sous le nom de principauté de *Hornes* : là, commence une chaussée qui abrége de deux lieues le chemin de Bruxelles à Namur : pour la faire, la communauté de Bruxelles accorda 80,000 florins.

Braine l'aleu, est une franchise & une seigneurie.

Nizelle & *Vautier Braine*, sont deux couvens de citeaux.

Mairie de Genap.

Genap, fut une ville florissante : son château qu'on fit sauter en l'air l'a détruite, & elle n'est plus qu'une franchise.

Tilly, *Liberchie*, sont des comtés. *Sombresse*, *Morienvart*, *Lanne*, sont des baronnies. *Villers*, *Ayviers*, sont des couvens de citeaux. Le premier occupé par des hommes, est le plus ancien de cet ordre dans le Brabant.

Mairie de Nivelle.

Nivelle, sur la Thiene : elle a été grande & belle. Elle appartient au chapitre noble de Ste. Gertrude composé de quarante-deux chanoinesses : leur abbesse est princesse de Nivelle. Cette ville a sept églises paroissiales, trois couvens & un séminaire.

Reves, *Ittre*, *Facuwez* ou *Herzelles*, *Trasignies*, sont des marquisats. *Celles* ou *Selle*, est un grand village & une baronnie. *Arquennes*, est un comté : ce village a des carrieres de chaux & un marbre bleuâtre. *Renmsart*, *Orival*, sont deux couvens l'un de prémontrés, l'autre de la rédemption des captifs.

Mairie de Roode.

Roo ou *Roode*, est une franchise. *Ter Nath* ou *Cruyckenbourgh* est un comté. *St. Ulrix Kapelle*, *Stalle*, *Carloo*, sont des baronnies. *Auwerghem*, *Waterma ke*, *Beersele*, sont des seigneuries. *'S Hertoginnendael*, *Bontendael*, sont des couvens; celui-ci de cordeliers, celui-là de dominicaines.

Mairie de Gaasbeck.

Bougaerde, *Tirimont*, sont des comtés. *Gaasbeck*, *Leeuw St. Pierre*, *Goyck*, sont des baronnies. *Kleynen Bygaerden*, & *Grooten Bygaerden*, sont deux couvens de bénédictines: le dernier est noble.

Mairie d'Asche.

Asche, est un marquisat & une franchise: dans ses environs on a trouvé des monnaies romaines. *Affli gem*, est une abbaye de bénédictins incorporée à l'archevêché de Malines. Son abbé est le premier prélat du Brabant.

Mairie de Merchten.

Merchten, est une franchise. *St. Pierre Jette*, *Die penstein* ou *Maldegen*, sont des comtés. *Blaesvelt*, *Riviere*, *Impden*, *Wemmele*, *Over Heembeke*, *Neer Heembeke*, *Op Puers*, sont des baronnies. *Maldere*, *Opdorp*, sont des seigneuries. *Opdorp*, est un village qui a de grands priviléges & une foire fameuse. *Bouggenhout*, est érigé en principauté sous le nom de *Bournonville*. *Diligem*, est une abbaye de prémontrés.

Mairie de Grimberge.

Grimberge, est une franchise & une principauté sous le nom de *Berghes*, à la maison d'Orange. *Willebroeck*, *Bouchout*, sont des baronnies. *Londer zele* est une seigneurie. *Beyghem*, est un village où Jérôme Calx rétablit une école célèbre. *St. Katrine Waver*, est un grand village, près duquel est le couvent de *Rosendael*, religieuses de citeaux. *Wael-hem*, est une franchise : ce bourg a été plus peuplé autrefois.

Mairie de Kapelle.

Kapelle, est une franchise. *Op-Hombeke* ou *Smal-Brabant*, est un bourgraviat. *Humbeck*, est une seigneurie.

III. Ville & quartier d'Anvers.

C'est ce qu'on appelle le *marquisat du St. Empire* : l'origine de ce titre est obscure : il fut porté par Godefroi de Bouillon, & par les ducs de Brabant, qui l'ont réuni à leur duché.

Anvers est la troisieme ville du Brabant, & la résidence du gouverneur : son enceinte d'une lieue & demi a la forme d'un arc tendu, dont l'Escaut est la corde : ses remparts revêtus de pierres de taille, arrosés d'eaux vives, couverts de grands arbres, forment une magnifique promenade. Dans une grande plaine, à dix-huit lieues de la mer, elle communique avec elle par le fleuve qu'elle a au couchant : son port est très beau, & très commode. L'Escaut large & profond y conduit les plus gros vaisseaux par huit canaux, dont le plus grand en peut contenir cent. Il fut un tems où malgré ces facilités, l'affluence des vaisseaux les forçait à demeurer quelques semaines pour attendre qu'on leur eut fait place : ce tems n'est plus, & Amsterdam lui a succédé. Sa citadelle est forte ; c'est un pentagone régulier, placé sur une éminence renfermant quinze puits ; un arsenal, un magasin propre & vaste, des casernes commodes où l'on peut loger plus de trois-mille hommes ; son église est plus belle que grande. C'est dans sa place d'armes qu'on voyait s'élever la statue que le duc d'Albe s'était fait faire du canon pris à la bataille de *Jummingen*. On voyait général terrible, la tête nue, armé de toutes piéces, tenant d'une main le bâton de commandement, étendant son bras droit vers la ville, ayant à ses pieds un monstre à deux têtes & à quatre mains, tenant un flambeau ardent, un marteau rompu, une massue, & une hache d'armes. Anvers a vingt-deux places publiques & plus de deux-cent rues.

L'église *Notre Dame* est magnifique, longue de cinq-cent pieds, large de deux-cent-quarante, haute de trois-cent-soixante, le marbre, les peintures, & l'or, décorent son intérieur & ses portes : une de ses tours, haute de quatre-cent-soixante-deux pieds, construite de pierres de taille, percée à jour, renferme soixante-huit cloches, quelques-unes d'une grosseur étonnante, & un carillon qui surprend par sa beauté & son accord. Elle a été bâtie par les Anglais : l'église fut consacrée en 1124. Celle de Ste. Walburge est la plus ancienne : consacrée d'abord à Woden, dieu de la guerre, selon d'autres à Priape, dont on voit sur la porte la figure que les femmes ornaient de fleurs. Les jésuites y avaient une église dont tout l'intérieur était de marbre d'Asie, trente-six colonnes s'élevaient du pavé à la voûte, tout était orné de peintures de *Rubens*, & de *Brugel* : elle fut brûlée en 1718 par le tonnerre. L'évêché fut fondé en 1559 : on y voit une abbaye de citeaux, un beau collége, & vingt-neuf couvens. La bourse est la premiere de l'Europe, & fut le modèle de celles de Londres & d'Amsterdam; elle est soutenue par quarante-trois piliers de marbre bleu, qui forment une galerie longue de cent-quatre-vingt pieds, & large de cent-quarante ; au-dessous sont des souterrains voûtés pour les marchandises, & au-dessus est une grande salle où l'on enseigne la peinture, la sculpture, l'architecture &

les mathématiques. Un autre édifice était destiné aux marchands étrangers; on l'appellait *Oosterlingt*: il renfermait trois-cent chambres. Ces superbes bâtimens ne sont presque plus utiles : on y loge des soldats. On remarque encore l'hôtel de la monnaie, le château des eaux, les marchés, la balance ou poids de la ville, & soixante & quatorze ponts. Au milieu du 16me siécle on y comptait deux-cent-mille ames. Les tapis & les dentelles qu'on y fabrique sont recherchées. Elle a une chambre d'assurance. Le siège qu'elle soutint contre le duc de Parme est fameux : la digue que ce prince fit construire sur l'Escaut est un ouvrage admirable. *St. Willebrords-Veldt* est regardé comme un de ses faux-bourgs. La longit. d'Anvers est de 22 deg. 4 min., la lat. de 51 deg. 13 min. & 13 secondes.

Mairie de Ryen.

Santvliet, est une forteresse & un village près de l'Escaut, fondée en 1622. *St. Philippe & Piementel*, sont des forts au bord de l'Escaut. *D'Ekeren*, village jusqu'à l'Escaut, est un canton environné de digues. *Schilde*, *Hove*, sont des baronnies. *Wineghem* ou *Haudion*, *Cantecroi*, sont des comtés. *Berchem* & *Bouchout*, des seigneuries.

Mairie & duché de Hoogstraten.

Hoogstraten, est une franchise avec un château, une église collégiale & trois couvens : c'est un duché. *Hoboken*, est une baronnie. *Loenhout, Heymissen*, sont des seigneuries.

Mairie & duché de Turnhout.

Turnhout, est une franchise ou petite ville. Elle a une église collégiale & deux couvens. Elle appartient au roi de Prusse jusqu'en 1753. *Arendonk*, est encore une franchise. *Boom & Rumpst*, sont deux seigneuries sur la Rupel, près de l'Escaut.

Mairie de Sandhoven.

Sandhoven, est un grand bourg. *Grobbendonk, Hovorst Ouffel*, sont des baronnies : la derniere est une ancienne franchise au bord de la Nethe. Cette mairie renferme encore plusieurs seigneuries.

Mairie de Herentals.

Herentals, est une petite ville sur la petite Nethe. Elle a un château, une église paroissiale & quatre couvens : elle fut bâtie en 1209. *Pouderle* ou *Poeyel* est une baronnie. *Moll, Norderwick, Thilen*, sont des seigneuries. *Tongerloo*, est une abbaye de prémontrés.

Mairie de Gheel.

Gheel, est une franchise au bord de la Nethe, & a une église collégiale. *Westerloo*, est un bourg & un marquisat sur la Nethe. *Vorsselaer*, est une ancienne seigneurie.

Mairie d'Arkel.

Lier, Lyra, est une ville au confluent de la grande & de la petite Nethe. Elle a une église collégiale, un collége, & douze couvens. *Putten, Ste. Marie Waver*, sont des baronnies. *Nazaret*, est une abbaye de femmes de citeaux. *St. Bernard*, est un couvent de bernardins, vers l'Escaut. *Rymenant*, est un village connu par l'histoire.

Seigneurie de Malines.

Elle eut des comtes sous les rois Francs, & appartint à l'église de Liège, puis aux comtes de Flandres, aux ducs de Brabant, enfin aux ducs de Bourgogne, d'où elle est passée à la maison d'Autriche. Elle fut comprise dans le nombre des dix-sept provinces des Pays-Bas; est située au centre du Brabant,

& en fait partie aujourd'hui, quoiqu'elle ait ses privileges particuliers.

Malines, *Mechlinia*, est sur la Demer ou Dyle: cette ville est assez grande, bien bâtie, & a des rues larges & propres. Il y a une espéce de Parlement qui est le tribunal suprême des Pays-Bas Autrichiens. L'archevêque y réside depuis 1550. Le *schoute* ou *escoulette* est le chef des magistrats & il est très respecté: il peut même commuer la peine des homicides en une amende pecuniaire. Malines a dans son enceinte ou dans ses faux-bourgs sept églises paroissiales, plus de vingt maisons religieuses, un collége, une commanderie de l'ordre teutonique & un séminaire: elle a un arsenal qui n'est pas fortifié. On y fabrique de belles dentelles & d'excellente biere. Les vaisseaux chargés ne peuvent en approcher par l'Escaut dans le tems du flux.

Gestel & *Ramey*, sont des seigneuries. *Muisen* ou *Musines*, est un bourg ancien sur la Dyle. *Le liendal*, est un couvent de prémontrés au bord de la Senneck.

Partie Autrichienne du duché de Limbourg.

On l'appellait aussi le *pays au de-là de la Meuse*: ce nom est resté à ce qu'en possédent les Etats-Généraux. Il touche à l'évêché de Liège, au duché de Juliers & à celui de Luxembourg. Il n'était d'abord qu'un comté dont l'origine est incertaine; on croit qu'il commença vers l'an 940. Ses premiers comtes devinrent ducs de la basse Lorraine, & c'est depuis lors qu'ils prirent le titre de ducs de Limbourg: selon d'autres, ils le tinrent de l'empereur

CERCLE DE BOURGOGNE.

Wiceflas. La succession de ces ducs devint le sujet d'une guerre sanglante qui l'assura aux ducs de Brabant; d'eux il passa aux ducs de Bourgogne, & de ceux-ci à l'Autriche.

C'est un pays semé de montagnes; les vallées y offrent des champs féconds & d'abondans pâturages. On y fait de bons fromages: il renferme des mines de fer & on l'y travaille. La Meuse l'arrose; elle y reçoit la *Wetz*, la *Berwine* & la *Geul*.

La partie de ce duché qui est à la maison d'Autriche est administrée par un gouverneur. Les prélats, la noblesse, & les tribunaux supérieurs, forment ses états.

Limbourg, est une ville située sur une montagne escarpée dont la Weze arrose le pied: elle n'est pas grande; mais sur le bord de la riviere est le faux-bourg de *Dalhem*, aussi grand & plus peuplé que la ville. Elle a été forte, & fut presque démolie en 1667; mais elle semble se rétablir. Elle est à cinq lieues de Liège. Sa longit. est de 23 deg. 43 min. sa latit. de 50 deg. 40 min.

Herve, est un grand bourg entre Limbourg & Liège. Sa cure contient huit-mille communians, parmi lesquels sont de riches négocians: son district est assez étendu: celui de *Buelen* l'est moins. *Monzen* a dans le sien le fort de *Calmine*. *Spremont* ou *Aspremont*, est un comté. *Walhorn*, est un district.

La partie du comté de *Valkenbourg*, qui est à l'Autriche, renferme quinze villages, & la plupart sont des seigneuries: celle du comté de *Daelem* n'en renferme que quatre, avec la riche abbaye de *Val-Dieu*, & la redoute de *Norvagne*. Celle de la province d'*Hertogenrade* ou *Rolduc*, renferme la petite ville de ce nom: elle est sur la Worm, & a un vieux château.

Non loin d'elle est l'abbaye de *Klosterrade*, dont l'abbé a le premier rang dans les états du Limbourg. On y trouve encore six à sept villages.

Partie Autrichienne du duché de Luxembourg.

Il est situé au centre de la forêt des Ardennes, & touche au levant à l'électorat de Trèves, au midi au duché de Lorraine, au couchant à la Champagne, au nord aux duchés de Limbourg, de Juliers & à l'évêché de Liège. Il a trente lieues de long & trente de large. Il partage la forêt en quatre cantons : celle d'*Elffel*, de *Famenne*, de la *Meuse*, & de la *Moselle*. Le sol en est montueux & sablonneux ; il ne produit que peu de blés, de nombreux troupeaux font sa richesse : le mouton qu'on y nourrit est d'un goût délicat, le vin qu'on recueille sur les bords de la Moselle est estimé ; le gibier y est abondant, & les métaux assez communs, la fabrique du fer y fait le plus grand objet de commerce : il est arrosé par l'*Ourt*, la *Semois*, la *Lesse*, & la *Chiers* qui se jettent dans la Meuse ; par la Sure, l'*Elz*, l'*Ouren*, la *Pruim*, la *Nims*, la *Wilz* & la *Kyll* : celle-ci & la Sure se jettent dans la Moselle, les autres dans la Sure. Habité d'abord par les Tongrois & les Treviriens, il est un des plus anciens domaines de la monarchie française, & il a fait partie du royaume d'Austrasie. Ses premiers princes avaient le titre de comtes des Ardennes. *Sigefroi*, l'un d'eux, acheta le château de *Luzelinburhut* ou *Luxembourg*, de l'abbaye de St. Maximin & en prit le titre. De ses descendans, ce comté passa aux comtes de Namur ; de ceux-ci aux comtes de Limbourg. Les descendans ces derniers devinrent empereurs; leurs héritiers cederent au duc de Bourgogne Philippe-le-Bon & sa petite fille Marie de Bourgogne le fit passer dans la maison d'Autriche.

Il renferme vingt-quatre villes, quelques bourgs, mille-cent-soixante-&-dix villages: une partie appartient à la France. Ses états sont composés du clergé dont le primat est l'abbé de St. Maximin, de la noblesse que préside un maréchal héréditaire & des députés des villes de Luxembourg, Arlon, Bastogne, Biedbourg, Chiny, Dickrich, Durbuy, Eptersch, Grevenmachern, Houffalize, Marche, Neuchâteau, Remich, la Roche & Virton. Un gouverneur administre les affaires: un tribunal appelé le *siége des nobles*, siége à Luxembourg & son président a le titre de *justicier*: le *conseil provincial* y siége aussi; un président, trois nobles, trois savans, un procureur général & un secretaire, le composent Les habitans sont catholiques Romains; la jurisdiction ecclésiastique est partagée entre l'archevêque de Trèves, les évêques de Rheims, de Liège, de Toul, de Verdun, de Metz & de Namur.

On y parle l'allemand, le vallon & le français: ce qui l'a fait diviser en trois parties. Nous suivons ici la division politique de ce duché.

PRÉVOTÉS APPARTENANTES AUX DOMAINES.

Prévôté de Luxembourg.
Son tribunal où le prévôt préside est composé du juge de *Clémency*, & de cinq maires.

Luxembourg, *Lucilibergum*, *Lutzelbourg*; sur la Treufe & l'Elfe ou Elz, est une des villes les plus fortes des Pays-Bas. Divisée en haute & basse, la premiere ou la vieille, est septangulaire, assise sur

Tome II. Q

un côteau qui repose sur un roc: la seconde, située dans de profondes vallées, est composée des deux faux-bourgs, *Paffendal* ou *Pfaffenthal*, & *Gründ* ou *Minster*: sa nature l'avait fortifiée, l'art y ajouta des ressources sous Louis XIV, & l'empereur Charles VI les perfectionna encore. Elle a une paroisse, un collége & neuf couvens. *Minster*, est une abbaye de bénédictins, fondée en 1083, & posséde une seigneurie que composent huit mairies. Elle fut bâtie par le comte Sigefroi, vers l'an 964. Près d'elle est le couvent de Bonnevoye, religieuse de citeaux, ainsi que le chef-lieu d'une commanderie de St Jean.

La prévôté d'Arlon.

Elle comprend cent villages, divisés en onze mairies.

Arlon, *Orolaunum*, est située sur une hauteur & a un château qui la domine: elle est déchue & ses fortifications sont rasées: près d'elle est la source de la Semois. Elle devint un marquisat en 1162. Le couvent de Claire-Fontaine en est peu éloigné. Il est occupé par des religieuses de citeaux.

Prévôté de Bastogne.

Jean, roi de Bohême, l'acheta de l'église d'Aix-la-Chapelle, en 1332, pour la joindre au Luxembourg.

Bastogne, *Bastonacum*, est située dans une plaine: elle était jolie, & c'est après Luxembourg la plus grande ville du duché; cependant elle a déchu. Elle a de grands marchés de chevaux & de blés. On l'appelle aussi *Paris en Ardennes*.

Prévôté de Marche.

Marche, sur la Marsette, fut habitée par les *Phamani*, & est le chef-lieu du canton de *Famenne*. Elle

CERCLE DE BOURGOGNE. 243

trois couvens, un hôpital, & est dans un état de médiocrité.

Prévôté de Chiny.

C'était un comté vendu en 1364, à Winceflas I, duc de Luxembourg: son prévôt est le même que celui de Marche.

Chiny, *Chiniacum*, sur la Semois, fut une ville médiocre, & n'est plus qu'un village. Dans son district est *Orval*, abbaye de bénédictins, fondée en 1070.

Prévôtés de Virton & de St. Mard.

Elles ont un prévôt commun.

Virton, est une petite ville où l'on enseigne les belles lettres dans un collége, depuis 1739.

St. Mard ou *St. Médard*, est une petite ville, sans richesses & sans commerce.

Prévôtés de Biedbourg & d'Epternach.

Elles ont aussi un prévôt commun.

Biedbourg ou *Bibrich*, *Beda*, est une petite ville dans le *Pagus Bedensis*, assez florissante dans le siécle passé, & ruinée par la guerre.

Epternach, *Andethanna*, dans une vallée qu'arrose la Sure ou Sour. Elle est petite: sa prévôté renferme trente-cinq villages. Dans son enceinte est une abbaye de bénédictins, fondée dans le 8me siécle, & qui possède la seigneurie de *Dreys* dans le cercle de Westphalie.

Prévôtés de Remich & de Grevenmacheren.

Le même prévôt les régit.

Remich, est une petite ville affaiblie encore par les malheurs fréquens.

Grevenmacheren, *Machero Comitis*, est une ville sur la Moselle, environnée d'une campagne riante & fertile. Dans sa prévôté est la seigneurie de *Was-ser-Billich*, & le village d'*Igel* ou *Aigle*, au pied

Q 2

d'une montagne vers laquelle coulent la Moselle & la Sure, où l'on voit un mausolée payen, érigé par deux freres, (*Secundini*) à la mémoire de leurs parens, avant le règne du grand Constantin. C'est une colonne quadrangulaire, haute de soixante & quatorze pieds, ornée de diverses figures.

Prévôté d'Orchimont.

Ce fut un comté réuni au Luxembourg, par Charles V.

Orchimont, est une ville sur la Semois : son château était fort par sa situation, & il est ruiné.

II. Prévotés *appartenantes à des particuliers.*

Prévôté de Dickrich.

Dickrich ou *Diekrich*, petite ville qui a souffert longtems de la guerre : la *Sure* l'arrose : sa prévôté a vingt-six villages.

Mœrstorf, petite ville sur la *Sure* : c'est une seigneurie à laquelle est attachée la charge de banneret héréditaire de Luxembourg.

Prévôté d'Estalle.

Estalle, petite ville sur la Samois.

Prévôté de Durbuy.

Durbuy eut le titre de comté, & est placée entre des rochers escarpés sur le bord de l'Ourt : sa prévôté est étendue & renferme septante-six villages.

Prévôté de la Roche.

La Roche en *Famine*, a un château, sur un rocher, & le titre de comté : c'est une petite ville arrosée par l'Ourt, placée dans un bas-fonds. Les rois Carlovingiens y allaient chasser dans la belle saison. On y voit encore un siege de pierre où s'asseyait Pepin, pour juger ses sujets.

Le duché de *Luxembourg* renferme encore le mar-

Cercle de Bourgogne. 245

quisat de Pont-d'Oye, & plusieurs comtés & seigneuries. Nous ne parlerons que des principales.

Le comté de Rochefort.

Il avait autrefois ses comtes particuliers: leurs descendans par les femmes, après un long procès, se sont partagés les terres qui en dépendent. La maison de Stolbert y posséde les comtés de *Rochefort* & de *Montaigu*; les seigneuries de *Briquemont*, *St Ochamp*, de *Bertry*, & deux tiers de celle de *Neuf-château*. Ce pays est fertile: on y voit deux villes. *Rochefort*, petite, sur la *Lomme*, qui serpente sur une espece de mont. *Neufchâteau*, n'est ni grande, ni riche.

La maison de *Lœwenstein* posséde les seigneuries de *Chasse-Pierre*, de *Cugnon*, d'*Herbemont*, d'*Orged*, de *Feuilli*, d'*Havresse*, de *Hatton*, & un tiers de celle de *Neufchâteau*. La Sémois arrose une partie de ce pays. *Herbemont* en est la seule ville: elle est petite & a un château.

Le comté de Vienne, ou Vianden.

On y compte environ trente villages: il est divisé en sept mairies, est possédé par le prince d'Isenghien, mais appartient au Stadthouder par la file d'un de ses anciens comtes.

Vienne est une petite ville, sur l'Oure, environnée de montagnes. Elle a un château.

Le comté de Salm.

C'est un pays aride: l'ardoise, la pierre à aiguiser, font sa principale richesse. Le château qui lui donna son nom n'est plus; mais une petite ville qui le porte existe encore: autour d'elle sont quarante villages.

Le comté de Wiltz.

C'est une ancienne seigneurie qui devint un comté en 1631.

Q 3

Wiltz, est un bourg & un château : une rivière porte son nom & l'arrose.

La baronnie de Houffalize.

Elle renferme un prieuré, une petite ville, & un vieux château que l'Ourt environne.

La baronnie de Brandenbourg.

La *Blese* la traverse; son château est sur un rocher escarpé entre deux montagnes.

La baronnie de Soleuvre.

Elle a ce titre depuis 1716. Elle a dans son enceinte *Differdange*, abbaye de femmes de citeaux.

La seigneurie de Clairvaux.

Sa ville & son château, sont au bord de la *Wiltz*. Elle renferme *Hosingen*, couvent d'augustines.

La seigneurie de Dinerof.

La *Kill* l'arrose : elle a une petite ville de son nom.

Celles d'*Esch*, de *Neverbourg*, d'*Ochen*, de *Rodemachern*, ont chacune une ville de leur nom.

La seigneurie de St. Vit, ou Sanweil.

Elle appartient à la maison d'Orange, mais le prince d'Isenghien la possède. La ville est petite; cette seigneurie compte quatre-vingt-cinq villages dans son enceinte.

St. Hubert est une ancienne & riche abbaye de bénédictins, dans les Ardennes : elle s'appella d'abord, *Andaine* : le corps de St. Hubert y fut transporté en 817, & lui donna son nom. Son abbé prétendit être souverain dans le 16me. siecle; mais sa prétention ne fut pas heureuse : il fut longtems sous la protection de la France, & il envoyait au roi chaque année trois couples de chiens de chasse & six faucons. Aujourd'hui, (depuis 1759) il est sujet de la maison d'Autriche qui possède le Luxembourg. La ville de St. Hubert, sur la Lomme, & quatre-vingt villages sont dans sa dépendance.

Partie Autrichienne du duché de Gueldres.

C'est un pays marécageux, aride, habité par des hommes industrieux, qui fabriquent des draps & de la toile : la *Meuse* l'arrose : la *Roer*, la *Zwalm*, la *Niers*, s'y jettent.

Ruremonde ou *Roermonde*, est une ville forte, à l'embouchure de la Roer. La Meuse l'arrose au couchant, la Roer au midi ; un rempart & huit bastions la défendent au levant & au nord. Elle a un fauxbourg, une chartreuse remarquable, un évêché suffragant de Malines, un péage, & huit villages dans sa dépendance. Elle a été la plus grande ville de la Gueldres. Les états de la province s'y assemblent. *Odilienbergh*, (mont St. Odille), est un couvent sur la montagne de St. Peterberg.

Partie Autrichienne du comté de Flandres.

Ce comté est borné par la mer du nord & les Dunes, par les bras de l'Escaut qui le sépare de la Zeelande, par le Hainaut & l'Artois : des frontieres de l'Artois à Anvers, il a près de quarante lieues, de Cadsand à Marchienne il en a vingt-sept. L'air y est tempéré, le terrain uni, le sol fertile ; il l'est surtout près des rivages de la mer. Le lin est sa richesse, & les pâturages y sont excellens : ici on exporte du blé : là, il ne peut nourrir ses habitans. Les fruits, la volaille, le gibier, le poisson, y sont abondans. L'*Escaut* & la *Lys* l'arrosent : divers canaux y facilitent le commerce. On y compte soixante-deux villes, mille cent-soixante-quatre villages, & plus de deux-cent-cinquante seigneuries. Les prélats, les nobles, les députés des districts de Gand, de Bruges, d'Ypres & de Terre-franche ou pays libre, en forment les états. On y professe la religion catholique romaine. Les manufactures y sont encore florissantes ; mais elles l'ont été davantage : c'est là que sont nés les arts de tisser la toile, & d'y former des figures, de teindre les draps & diverses étoffes, de peindre en huile, de vuider & saler le harang. C'est encore un des pays les plus riches de la terre, & il en est peu qui ait été plus souvent dévasté par des guerres longues & cruelles. Il fut la premiere conquête des Francs ; il était alors couvert de bois, & vers l'an 621 on y établit un *forétier*. *Baudoin*, *Bras-de-fer*, portait ce nom quand il enleva Judith, fille de Charles le Chauve, qui le fit comte. Une fille de ces comtes épousa Philippe le Hardi, duc de Bourgogne & lui transmit la Flandre qui passa dans la maison d'Autriche par la fille de Charles le Téméraire qui épousa l'archiduc Maximilien.

Le tribunal supérieur de la province réside à Gand ; on en peut appeller au conseil suprême de Malines. Une chambre légale y juge en dernier ressort des affaires féodales.

La Flandre est possédée en partie par la France, par les Etats-Généraux & par l'Autriche. Nous ne parlerons ici que de ce qui appartient à cette derniere. On le divise en quatre districts ou quartiers, qui sont ceux de Gand, de Bruges, d'Ypres, & le pays libre.

Quartier de Gand.

Gand, *Gendt*, est dans une situation riante; l'*Escaut*, la *Leye*, la *Moere*, l'arrosent: la nature les y conduit, & l'art y conduit la *Lieve* par l'ancien canal commencé en 1228, où viennent se réunir plusieurs rivieres. Elle a d'autres canaux encore; celui qui conduit à Bruges & à Ostende est le plus remarquable: celui qui passe entre elle & le *Sas de Gand* l'a fait communiquer avec la mer. Ces rivieres la partagent en vingt-six isles, la défendent & peuvent inonder ses dehors. Elle a près de trois lieues de tour dans son enceinte extérieure; mais elle renferme de longs espaces sans maisons, & des maisons sans habitans: on y voit treize places publiques ou marchés, dans l'un desquels s'élève la statue de Charles-quint, qui lui ôta plusieurs de ses priviléges, & y éleva une citadelle qui peut en imposer à ses ennemis, mais qui fut bâtie pour reprimer ses habitans. La tour de *Belfort*, au centre de la ville, en présente tous les différens aspects aux spectateurs; on y monte par cinq-cent marches; c'est-là qu'est la cloche *Roland*, autrefois le signal de séditions funestes: elle pese 11000 livres. Là encore, est un dragon de cuivre doré, ayant les aîles étendues; il est de la grosseur d'un taureau, & fut envoyé de Constantinople. La maison de ville fut bâtie en deux différens tems; l'intérieur est orné de statues, de tableaux & d'inscriptions. On y compte cinquante-cinq édifices publics. La cathédrale fut autrefois une abbaye, elle est grande & belle; de son évêché suffragant de Malines, dépendent cent-sente-six paroisses. Les moines mandians, les dominicains, les augustins, les recollets, y ont des couvens; elle en renferme vingt-deux de femmes, deux maifons de beguines, un féminaire, plufieurs hôpitaux, quatre-vingt-dix-huit ponts fous lefquels des bâteaux chargés peuvent paffer, & huit portes: elle a eu trente-cinq mille maifons: on peut croire qu'elle en a moins aujourd'hui: celles du centre font belles, mais celles des extrèmités font petites & pauvres: des prairies, des collines agréables, l'environnent, & l'air qu'on y refpire eft doux & fain. Elle eft gouvernée par un magiftrat choifi dans les principales familles, & par un grand-bailli: elle le fut autrefois comme une république ; mais en méconnaiffant les bornes de la liberté, les Gantois la perdirent. Autour d'elle eft une châtellenie ou bourgraviat, divifé en quatre bailliages, dont le tribunal fiege dans le château des comtes à Gand: quarante-fix villages & plufieurs feigneuries en dépendent.

COMTÉ D'ALOST.

L'*Efcaut* & la *Dender* le bornent; plufieurs rivieres defcendent des monts qu'il renferme; il eft fertile en blés, furtout en feigle, & on y cultive le houblon. Les comtes de Flandres l'acquirent en 1174.

Aloft eft arrofée par la *Dender*: elle a un vieux château, une collégiale, & huit couvens: près de fes murs eft l'abbaye de *Notre Dame des Rofes*, habitée par des femmes de l'ordre de citeaux. Son territoire eft affez étendu, il eft divifé en cinq diftricts, renferme plufieurs feigneuries, diverfes paroiffes éparfes, & quelques bourgs. Celui de *Sotteghem* eft peuplé; celui d'*Yp-Haffelt* a le titre de comté; celui de *Melle* eft fur l'Efcaut, & a un chapitre des chanoines réguliers de l'ordre de St. Auguftin. La baronnie de *Leeuwerghen* y est renfermée, & en est indépendante.

Grammont, mons Gerardi, devint ville en 1068; la *Dender* la traverse: elle a été très-peuplée & connue par ses manufactures, surtout par ses tapisseries & tapis. Elle renferme l'abbaye de St. Adrien, abbaye célèbre de bénédictins, trois églises, quatre couvens, un beguinage, & un hôpital: quarante-cinq villages en dépendent: près d'elle est le village & principauté de *Steenhuysen*.

Ninove ou *Ninive*, devint ville en 1339: la *Dender* l'arrose: d'abord indépendante des comtes de Flandres, elle eut ensuite en eux des protecteurs, & bientôt des maîtres. Elle est petite, a lo titre de seigneurie, & un couvent de prémontrés.

Rinesse, Rotnacum, ville autrefois connue par son commerce de draps; elle appartient à la maison de *Nassau*, a une collégiale, trois couvens, & dans son voisinage le mont de *Schaerpen*, où est une chapelle qu'une image de la vierge fait visiter.

Ville & châtellenie d'Oudenarde.

Oudenarde, Aldenarda, ville environnée par l'Escaut qui la traverse en partie. On y compte six couvens: ses fortifications sont médiocres, & elles sont commandées par le mont de *Kerselaarberg*. Au centre de la ville s'élève le vieux château de *Pamele*, baronnie à laquelle sont attachés de grands droits, & dont la jurisdiction s'étend sur huit paroisses. Sa châtellenie renferme plusieurs seigneuries: celle de *Peteghem*, de *Vichte*, le bourg de *Beveren*, où est un château & un couvent. C'est une baronnie.

Ville & châtellenie de Courtrai.

Courtrai, Cortracum, est une ville commerçante sur la Lys. Elle a deux faux-bourgs, un vieux château qui fut une des douze pairies de France, une église collégiale, huit couvens, & quelques hôpitaux. On y travailla des tapisseries en 1268: on y tisse & blanchit de belles toiles. Sa châtellenie est divisée en trois préfectures.

Celle de *Naarlebecke* renferme le bourg de ce nom, sur la Lys; il a une collégiale. Près de lui est la baronnie d'*Ingelmunster*.

Celle de *Thielt* renferme plusieurs seigneuries & trois bourgs. *Thielt* est au centre de la Flandre, il a deux couvens, & on y fait des toiles. *Wacquen* est au bord de la Mandel: le troisieme est *Mettlebecke*.

Ruyslede est un des principaux villages de la Flandre.

Celle de *Deynse* est peu étendue. *Deynse* est une petite ville sur le bord de la Lys: elle a été fortifiée, & a titre de marquisat.

Celle de *Menin* renferme la principauté d'*Isenghien*, qui était une des douze pairies, ainsi que *Heule* & *Dadizele*, & deux villes, *Menin* & *Warwick*, toutes deux sur la Lys. La premiere a été forte, a eu une jurisdiction qui s'étendait sur treize paroisses, & fut une des douze pairies.

La préfecture des treize paroisses n'a rien de remarquable: elle renferme *Coyghem*, pairie.

Pays de Tournay.

Tournay, *Doornick*, *Tornacum*, est une ville ancienne, peuplée, traversée par l'Escaut: elle est commerçante & a des manufactures de laine; elle est forte, mais sa citadelle fut rasée en partie en 1745. Son territoire est en partie à la France: du confluent du ruisseau de Wihers avec l'Escaut, jusqu'à celui de ce fleuve avec la Scarpe, le milieu de l'Esscaut est la limite commune des deux états, qui ne peuvent élever des forteresses sur ses rives.

PAYS DE WAAS.

On y cultive beaucoup de lin : en des lieux il est fertile, en d'autres aride; mais l'industrie y répare la stérilité du sol. Il renferme plusieurs bourgs : celui de *St. Nicolas* a un tribunal de justice; il est bien bâti, bien peuplé, & a une foire où l'on vend beaucoup de lin & de blé. Celui de *Rupelmonde* est au bord de l'Escaut; son vieux château servit de prison d'état. *Lokeren* est le village le plus considérable de la Flandre.

Ville & seigneurie de Tenremonde.

Tenremonde ou *Dendremonde*, est une ville forte par sa situation & par ses écluses. Elle renferme six couvens, quelques hôpitaux, une collégiale & un gymnase. La Dender la traverse avant de se jetter dans l'Escaut, & lui donne son nom. Sa seigneurie renferme de beaux pâturages, & des champs couverts de blés, de lin & de chanvre. On y voit le village de *Bertaere*, au bord de l'Escaut, fortifié par la nature, & d'autres villages.

Châtellenie de Bornheim.

Elle est un comté depuis 1658. Son tribunal siege dans le bourg de ce nom, qui renferme un prieuré de St. Benoit.

Bailliages d'Assenède & de Bochout.

Assenède est un bourg sur le bord d'un canal : celui de *Bochout* doit son nom à un bois de hêtres : ces deux bailliages faisaient partie du pays d'Ambacht, dont la moitié appartient aux Etats-Généraux.

QUARTIER DE BRUGES.

Bruges, ville assez grande, belle, commerçante, bâtie dans une belle plaine: un canal magnifique, semblable à une grande riviere, s'y partage en plusieurs branches, qui se rejoignent ensuite & portent leurs eaux jusqu'à la mer: un canal voisin plus commode & plus profond, porte des vaisseaux de plus de quatre-cent tonneaux: l'eau de la mer ne s'y mêle point avec l'eau douce; des écluses s'y opposent, & différens forts défendent ces écluses. Par ces canaux, elle communique avec Gand, Ostende & Sluys, mais malgré ces avantages, elle n'est plus ce qu'elle a été, la capitale de la Flandre & la ville la plus riche, la plus florissante de cet état. Anvers l'a fait déchoir, les Hollandois ont augmenté ses pertes, les troubles & les guerres l'ont encore affaiblie. Son enceinte est d'environ deux lieues; ses rues sont larges & propres; elle a de beaux édifices. On y remarque dix-sept anciennes maisons bâties dans sa prospérité par autant de nations commerçantes. On y compte soixante églises; la cathédrale est très ancienne: les reliques de St. Donat qu'on y conserve la lui ont fait consacrer. L'évêché fut fondé en 1559, il s'étend sur cent-trente paroisses, & celui qui le possède est chancelier perpétuel & héréditaire de la Flandre. Son chapitre trente-deux chanoines. On y conserve aussi les os de Charles-le-Bon, assassiné dans cette église: ces os sont très grands, & on les révère comme ceux d'un martyr. Dans celle de St. Basile, on conserve dans un cylindre de verre le sang que d'Arimathée ôta du corps de Jésus avec une éponge: il faut des contes pour le peuple, quand on veut s'enrichir de son ignorance. Deux autres églises sont collégiales; celle de Notre Dame est belle, & deux tombeaux de cuivre d'or l'ornent encore : ce sont ceux de Charles-le-Téméraire & de Marie sa fille. *Bruges* a six grandes places ou marchés : dans la plus grande s'élèvent les *halles*, entourées de galeries publiques, surmontées d'un clocher qu'on regarde comme un des plus beaux de l'Europe : il est à jour & soutenu par quatre pilliers. Sur la même place est un magasin public pour les draps; bâti sur le canal, les vaisseaux passent dessous pour traverser la ville pour aller à Gand. La maison de ville est ornée de statues gothiques des anciens comtes & comtesses. Bruges a deux-cent-soixante rues, sept portes, deux abbayes, trente couvens, plusieurs hôpitaux & maisons de charité. Il y a peu de villes où les pauvres & les orphelins soient entretenus & instruits avec plus de soin. L'école de *Bogards* nourrit cent trente de ces derniers : on y les fait ou étudier, ou s'exercer à des métiers. Cette ville n'a point de fontaines; des canaux souterrains amènent les eaux de la Lys & de l'Escaut dans chaque maison: on y fabrique des étoffes fines de cotton & de laine, de la toile & des dentelles. Son district comprenait autrefois le pays libre : il ne s'étend plus que sur quelques villages voisins.

Quartier d'Ypres.

Ypres, est une ville forte, dans des marécages fertilisés, près de la source de l'Yperlée qui la traverse, & reçoit l'Iser après avoir grossi ses eaux de celles qui coulent des deux lacs voisins. L'évêché fut fondé dans le même tems que celui de Bruges, & il s'étend sur cent-cinquante-sept paroisses.

Ypres renferme quatorze couvens, un séminaire & quelques hôpitaux: ses manufactures de laines l'ont fait connaître, & se soutiennent encore; mais elle a déchu. Sa châtellenie comprend deux villes, deux bourgs, plusieurs villages, & la forêt qui environne un couvent de bénédictins (*Nonnenbusch*).

Comines, petite ville sur les bords de la Lys ou Leye: elle a été fortifiée: la partie de cette ville placée sur la rive droite de la Lys appartient à la France.

Warneton, *Waeston*, petite ville dont les fortifications tombent en ruines. La Lys l'arrose d'un côté, la Dovie de l'autre: elle a une abbaye de chanoines augustins réguliers, & appartient à la maison d'Orange.

Messines, *Misseniacum*, était un bourg riche & vaste: il a déchu.

Rosselaere, *Roilarium*, est assez grand: il est arrosé par la Mandel, a titre de baronnie, a des droits municipaux, & appartient à l'électeur Palatin.

Pays libre, ou Terre franche.

Il dépendait autrefois de Bruges, eut ensuite ses propres magistrats, & fut déclaré un quatrieme membre de la Flandre, par Philippe-le-bon, duc de Bourgogne: il renfermait quarante bailliages: une partie est jointe aux Etats-Généraux, une à la France: dans ce qui reste à l'Autriche, sont cinq villes, quelques bourgs, & plusieurs villages.

Ostende, petite ville, place forte & port de mer. La jalousie du commerce ne permit pas à Charles VI d'y laisser la compagnie de commerces qu'il y avait créé & qui l'enrichissait: il semble qu'elle revive de nos jours. Elle a une commandese de l'ordre de St. Jean, & un bel hôtel de ville: plusieurs forts l'environnent.

Nieuport, *Neoportus*, ville sur l'Yperlée, près de la mer, forte par ses écluses. Elle a un port, cinq couvens, une collégiale & deux forts qui la défendent. Son ancien nom était *Sandishovet* ou *Zandhooft*.

Furnes, ville forte près de la mer & d'un marécage, sur le canal qui va de Bruges à Dunkerque: d'autres canaux la font communiquer avec Berg, S. Vinox, & Gravelines. Elle a le titre de bourg-traviat, a une église collégiale, une abbaye de prémontrés & cinq couvens.

Dixmude, fut une ville forte, dans une plaine agréable: ses environs fournissent d'excellent beurre, qui est son principal objet de commerce: elle est sur l'Yperlée & renferme quatre couvens.

Loo, est un grand bourg qui a eu le titre de comté; il y a une abbaye de chanoines réguliers de l'ordre de St. Augustin: on y fait de bons fromages.

Knocke, est un fort sur l'Yperlée.

Winendale, une seigneurie qui renferme dans son territoire le bourg de *Thoroul*, voisin d'une grande bruiere qui porte son nom: il appartient à l'électeur Palatin, & renferme un couvent de bénédictins.

Oudenborg, est un bourg ancien, qui a été une grande ville, il a encore une abbaye de bénédictins.

Plassendaul est un fort qui protége le canal qui va de Bruges à Nieuport & Ostende.

Fopperingen, grand bourg où se travaillent des étoffes de laine, où sont trois églises & trois couvens. L'abbaye de St. Bertin en est seigneur: quelques-uns le placent dans le quartier d'Ypres.

Watton, est le village le plus long de la Flandre. *Ghiſtel* eſt un bourg, & une baronnie. *Damme* eſt un bourg fortifié, près de Bruges. *St. André* eſt un couvent de bénédictins. *Everſham*, un couvent d'auguſtins.

Blankenberg, *Albimontium*, bourg près de la mer, à deux lieues de Bruges : on y pêche la plus grande partie du poiſſon qui ſe répand dans les pays-bas catholiques. Un fort le défendait autrefois.

Middelbourg, en Flandres, petite ville qui doit ſon nom à un couvent de prémontrés de Middelbourg en Zéélande à qui il appartient. Une portion de ſon territoire eſt de la Flandre Hollandaiſe.

Partie Autrichienne du Comté de Hainaut.

Le tems où il eut le titre de comté eſt incertain. Philippe-le-bon, duc de Bourgogne, s'en mit en poſſeſſion vers l'an 1437. Au nord & au couchant il touche à la Flandre, au midi, à la Champagne & à la Picardie : il a vingt-deux lieues de long & vingt de large : l'air y eſt doux & ſain, le ſol riche & fertile : les champs & les pâturages y ſont beaux : a des forêts, du charbon de terre, du fer, du marbre eſtimé & de l'ardoiſe : il eſt arroſé par l'*Eſcaut*, la *Sambre*, la *Selle*, la *Dender*, la *Hayne* & le *Honniau*. On y compte vingt-quatre villes & environ ſept-cent villages. Le clergé, l'ancienne nobleſſe & les villes, y forment trois chambres des états, qui ont des députés à Mons, & auquel ſe joignent deux commiſſaires du ſouverain : ces députés s'aſſemblent toutes les ſemaines, & les états, quand le prince l'ordonne. Il eſt gouverné par un conſeil ſouverain & par un *grand bailli*. Le clergé y eſt très riche ;

y compte seize abbayes d'hommes, dix de femmes, douze chapitres, & un grand nombre de couvens. La France en possède une grande partie. Voici qui reste à la maison d'Autriche.

Mons, *Montes Annoniæ*, c'est la plus grande & la plus belle ville du pays: elle est en partie dans une plaine & en partie sur un mont: le terroir qui l'environne est un marécage, serpente la Trouille. Elle est forte & défendue par les écluses de St. Guillain ou Ghislain, renferme près de cinq mille maisons, & a deux collégiales; celle de Ste. Waltrude est composée de chanoinesses dont le comte de Hainaut est abbé par sa naissance. Elle renferme plusieurs couvens. Près d'elle sont les abbayes d'*Eslinlieu*, de *St. Denis*, & de *St. Fulien*.

Rocuix, *Rethia*, petite ville, comté & pairie, qui a un couvent de prémontrés.

Soignies, est sur la Naste. *St. Ghislain*, sur la Sayne. *Chièvre*, est une pairie: ce sont trois petites villes: la seconde dépend de l'abbaye qu'elle enferme.

Ath, *Athum*, petite ville sur la Dender: elle est jolie, bien fortifiée, a une abbaye de femmes & de bonnes fabriques de toiles. Elle est le siege d'une châtellenie.

Leuse, châtellenie, baronnie, a une église collégiale: c'est une petite ville.

Lessines, est au bord de la Dender: on y fabrique de bonnes toiles.

Halleert, sur la Senne: elle a un château, & une image de la Vierge dans son église, qui fit faire bien des pélerinages: autour d'elle sont les ruines de ses fortifications.

Enghien, *Angia*, petite ville, ancienne baronnie: son parc a donné l'idée de celui de Versailles: il s'embellit tous les jours. Les tapisseries qu'on fabrique à Enghien en font une ville assez riche: elle appartient au duc d'Aremberg, ainsi que *Braines le comte*, ancienne baronnie.

Beaumont, petite ville sur un monticule, a titres de comté & renferme une abbaye de femmes.

Binche, a une église collégiale, & a eu un château.

Fontaine l'Evêque, est une baronnie.

Antoing, bourg qu'arrose l'Escaut: il y a un chapitre cathédral: le village de *Fontenoi* en est voisin.

Ligne, *Lignicum*, est une petite ville, & une principauté depuis 1602.

Le Hainaut Autrichien renferme encore les principautés de *Barbançon*, de *Rebecque*, de *Braine-le-château*; les prairies de *Baudour*, de *Leuse*, de *Rebaix*, & de *Silly*; plusieurs baronnies, des villages célèbres par des batailles & quatre abbayes.

COMTÉ DE NAMUR.

Il est environné par le Brabant & l'évêché de Liège: sa longueur est d'environ onze lieues, sa largeur de dix. Il est montueux, sur-tout vers le midi. On y trouve & on y travaille le fer & l'acier, & c'est sa principale richesse. On y trouve encore du plomb, du cuivre, du charbon de pierre, des marbres, &c. Il est fertile en blés au nord & au couchant. La *Meuse* le traverse & y reçoit la *Sambre*. Il contient deux-mille-soixante-neuf charrues: la dixieme partie appartient au clergé. On y compte cinq villes, & cent-soixante villages. Le clergé, la noblesse & la ville de Namur y forment les états: le premier est divisé en deux classes: l'une ne s'assemble que pour les subsides, & n'est soumise aux résolutions de l'autre qu'autant qu'elle y a consenti. La noblesse peut

… seule présenter tout le pays. Namur contribue pour le tiers aux subsides que les états accordent.

Robert, fils de Beringer, est le premier de ses comtes qui soit connu : avant lui ce comté faisait partie de ceux de Lomme & d'Arnau : il fut vendu au duc de Bourgogne en 1421, pour 132000 écus. Le gouverneur du pays & de Namur est nommé par le prince : il a sous lui le conseil provincial & le bailliage souverain. Une petite partie du pays appartient à la France.

Namur, *Namon*, *Namurcum*, est une des plus belles villes des Pays-Bas : elle est très forte, défendue par un château sur un mont escarpé, qui lui-même est défendu par le fort *Guillaume* ou *Coeworn*. Plusieurs bastions, & d'autres forts lui forment une enceinte redoutable : celui de Meuse, est un des plus considérables : celui de Cocquelet renferme deux villages dans l'étendue qu'il occupe. Son évêché fut fondé en 1559 : le chapitre est de vingt chanoines ; le palais de l'évêque est remarquable. On y compte treize couvens ; l'église qui appartient aux Jésuites est ornée d'un beau frontispice, est soutenue par dix colonnes de marbre noir, & elle est incrustée de marbre de différentes couleurs. La cour du prince est un beau bâtiment de forme quarrée. La ville occupe une vallée, où coule la Meuse, la Sambre qui vient s'y joindre, & le ruisseau de Jederin.

Charleroi, petite ville forte, sur la Sambre & le Pieton. C'était un village nommé *Charnoi*, avant Charles II, roi d'Espagne, sous lequel elle fut élevée & dont elle porte le nom.

Valcourt, petite ville près de l'Hevre : elle a une collégiale : l'abbaye de *Jardinet* est près de ses murs ; elle en dépend.

Bouvigne, Bovines, petite ville très ancienne. Elle est près de la Meuse & a été fortifiée.

Floref, petite ville près de la Sambre; abbaye infulée de prémontrés, le troisieme couvent de l'ordre.

Fleurus, petite ville sans murs, abbaye connue.

Andenne, abbaye sécularisée: le comte de Namur en est abbé perpétuel & il en nomme les chanoinesses & les chanoines; ceux-ci sont au nombre de dix, celles-là au nombre de trente. Elle fut fondée au 7me. siecle.

Argenton, *Marche-les-Dames*, *Salzinne*, *Soleil-mont*, *Soliers*, *Moustiers*, sont des abbayes de femmes: la derniere est le plus ancien couvent du pays: l'abbesse en est séculiere.

Brogne, *Bonef*, *Géronsart*, *Lesse*, *Malogne Vausore*, &c., sont des abbayes d'hommes: la premiere a pour abbé perpétuel l'évêque de Namur: la seconde réunie à celle d'*Hastieres*, a depuis longtems une école célèbre dans le pays: ce sont des bénédictins qui les habitent.

Biesme la Colonaise, grand village entre la Sambre & la Meuse, où l'on révère les reliques de Ste. Severine.

Château-Thierri, est une petite ville sur une montagne: elle a été forte.

Dave, village remarquable. On trouve encore dans ce comté quelques seigneuries; douze d'entr'elles avaient le nom de pairie.

FIN DE LA PREMIERE PARTIE DU TOME II.

GÉOGRAPHIE
DE
BUSCHING.

TOME II. PART. II.

GÉOGRAPHIE
DE
BUSCHING.

TOME II. PART. II.

L'ALLEMAGNE.

GÉOGRAPHIE
DE
BUSCHING.

CERCLE DU BAS RHIN.

ON lui donne aussi le nom de cercle électoral, ou cercle des quatre électeurs du Rhin. Il confine à ceux de Westphalie, du haut Rhin, de Franconie, de Souabe & de Bourgogne : il touche à la Lorraine & à l'Alsace. On n'en peut bien déterminer l'étendue.

Ses états sont formés par
{
L'électeur de Mayence.
L'électeur de Treves.
L'électeur de Cologne.
L'électeur Palatin.
Le duc d'Aremberg.
Le prince de la Tour-Taxis.
Le bailliage de l'ordre teutonique à Coblence.
Le prince de Nassau Dietz, pour la seigneurie de Beilstein.
Du bas Ysembourg à l'électeur de Treves.
Du bourgraviat de Rheineck au comte de Sinzendorf.
}

Nous les nommons ici dans l'ordre qu'ils tiennent par leur rang, sans nous y aſtreindre dans la deſcription que nous en ferons.

L'électeur de Mayence le dirige & le convoque, ſes diettes s'aſſemblent à Francfort ſur le Mein. Trêves & Cologne alternent pour le rang : mais Trêves opine toujours le premier, & Mayence le dernier parce qu'il eſt directeur. La religion y eſt mixte. Sa ſituation l'a fait ranger dans le nombre des cercles antérieurs ou expoſés, & lui a fait contracter une ligue avec eux pour la défenſe commune : cette ligue ou confédération ſubſiſte toujours.

ÉLECTORAT DE COLOGNE.

Ses provinces ſont ſéparées par des terres étrangeres; la plus grande partie eſt ſur le Rhin, entre les duchés de Juliers & de Berg, une autre portion s'étend entre Juliers & Trêves. Les duchés de Recklinghauſen & de Weſtphalie ne tiennent à aucune de ſes parties. Le ſol en eſt inégal. Là ſont des montagnes & des forets, ici des terres ſablonneuſes, ailleurs des champs fertiles. On y trouve de bons vins, du gibier, des poiſſons, des ſources minérales : le Rhin l'arroſe & le rend commerçant; on y compte cinquante deux villes & une vingtaine de bourgs. Ses états ſont compoſés des prélats, des nobles, & des villes : ils s'aſſemblent à Bonn. On y profeſſe la religion catholique : il y a des luthériens dans la ſeigneurie d'Odenkirchen & des réformés dans la bailliage de Rheinberg; on leur y permet l'exercice de leur culte. La ville de Cologne lui donna ſon nom. Il y avait un évêque en 314. Carloman & Pepin nommérent St. Bonise archevêque en 745, mais transféré à Mayence; Cologne redevint évêché & suffragant de la premiere. Charlemagne rétablit l'évêque Hildebald dans rang d'archevêque vers l'an 799. Liége, Muns-, Osnabruck, sont ses suffragans. Son pouvoir restraint dans ce dernier évêché. L'archevêque Cologne depuis longtems porte le pallium & se précéder par la croix : il a le titre de lé- né du St. Siège, & d'archi-chancelier du St. Em- pour l'Italie. Il a été au nombre des membres l'empire qui en élisaient le chef dès que cette nité a été élective ; & sa charge d'archi-chance- le fit comprendre parmi ceux qui devaient l'é- quand on réduisit le nombre des électeurs à Il donne son suffrage après l'électeur de Tre- , & s'assied à la droite de l'empereur lorsqu'il trouve dans les Gaules, en Italie, ou dans son cèse. L'église métropolitaine & le chapitre sont Cologne ; ce chapitre est composé de vingt-cinq cha- nes & de trente-six dignités : tous sont princes ou ntes, excepté huit docteurs. Le mois romain de électorat est de 1828 Fl., & sa taxe pour la mbre impériale est 811 Ecus, 58 kr., pour cha- e terme.

L'électeur a des ministres d'état pour les confé- ces & pour la guerre, un conseil aulique ou ré- ce, une justice aulique, une cour des finances, un grand maître, un maréchal, un échanson, chambellan héréditaires : ses revenus ne sont grands : il entretient une garde-du-corps qu'on mme *trabants-archers* & un régiment de gardes ied.

Nous commencerons à décrire cet état par ses rties séparées. Ce sont le comté de Recklinghau-

sen & le duché de Westphalie. Le reste se divis[e]
en haut & bas électorat.

COMTÉ DE RECKLINGHAUSEN.

Il est situé entre l'évèché de Munster, le duch[é]
de Clèves & le comté de la Mark. Il était engag[é]
dans le seizieme siecle pour 17550 fl. d'or; il fu[t]
dégagé en 1576. Un gouverneur le régit.

Recklinghausen, petite ville. On y voit un châ[-]
teau fortifié & un couvent séculier de dames noble[s].

Dorsten, est sur la Lippe: c'est une petite vill[e]
entourée de murs. *Bar*, *Hornbergbach*, sont d[es]
bourgs.

Mahlenbourg, est une commanderie de l'ordre te[u-]
tonique.

DUCHÉ DE WESTPHALIE.

Il touche au levant à l'évèché de Paderborn & [à]
la Hesse; au nord, à l'évèché de Munster & [au]
comté de la Lippe; au couchant, au duché de Be[rg]
& au comté de la Marck; au midi, à ce duch[é]
encore & à la principauté de Nassau. On le divi[se]
en trois cantons; le *Hellweg* est fécond en grain[s,]
nourrit des bestiaux, renferme des salines. [Le]
Haarstrank est plus au nord, son sol est inférieu[r.]
Le *Süderland* est formé de montagnes & de vallées[,]
ses richesses sont dans ses fruits, ses prairies, so[n]
bétail, son gibier, son poisson, ses minéraux. O[n]
y exploite des mines de fer, de calamine, [de]
plomb & de cuivre: l'eau qui inonde celles d'or [&]
d'argent les rend inutiles. Le pays est arrosé pa[r]
la *Ruhr* qui prend sa source au pied du mont W[in-]
terberg; la *Lenne* qui la prend au mont Astenberg[;]

CERCLE DU BAS-RHIN.

la *Bigge* qui naît près de la ville d'Olpe; la *Dimel* qui sort du mont Schlofsberg; la *Lippe* y passe, & y reçoit l'*Alme* dont la source est voisine d'un village de ce nom.

On compte dans le duché de Westphalie vingt-cinq villes, dix bourgs ou franchises, vingt-huit abbayes & couvens: la noblesse y est nombreuse; ses états s'assemblent à Arensberg. L'empereur Frédéric I donna ce pays à l'archevêque Philippe en 1180; c'était une dépouille arrachée à son ennemi Henri, duc de Bavière & de Saxe: on y joignit dans le 14me. siécle le comté d'Arensberg, gouverné par un drossard ou grand sénéchal. Il est le chef des tribunaux de justice & de la régence d'Arensberg. L'officialité connaît des affaires civiles & ecclésiastiques & réside à Werl. Le gouvernement politique divise ce duché en quatre quartiers.

I. QUARTIER DE RHUDEN.

Il comprend une partie du Hellweg & du Haarstrank.

Le bailliage d'*Oestinghausen*, & le district d'Erwite ne renferment que des villages, des châteaux, des biens nobles, & le couvent de *Benninghausen*, habité par des bernardins.

Le district de *Geseoke* présente la ville de ce nom, sur la Weih. Elle a une abbaye franche de dames nobles, un couvent d'observantins, un siège seigneurial.

Le district de *Rhüden* offre trois villes; *Rhüden*, sur la Menne, est la seconde ville pour le rang, parmi celles du tiers état. Elle a deux couvens & a essuyé deux grands incendies. *Warsten* & *Kal-*

denhart sont placées sur des montagnes : la premiere est arrosée par le ruisseau de Weester.

Les seigneuries de *Fritzharzkirchen* & de *Métric* n'ont que des villages, & ces villages n'offrent rien d'intéressant.

II. QUARTIER DE WERL.

Comté d'Arensberg.

Des forêts & des montagnes en couvrent la moitié. *Arensberg*, est le siège de la régence, le lieu de l'assemblée des états : elle est assise sur un mont dont la Ruhr baigne le pied, & dont les eaux s'élevent dans la ville avec une machine hydraulique. Divisée en ville vieille & nouvelle, on y voit le couvent de *Wettinghausen* dont l'église sert de paroisse, & un château sur le haut de la montagne : elle a été anséatique. Près d'elle est le couvent de *Romke*, de l'ordre de St. Norbert. *Belike*, *Kirzberg*, deux petites villes sur deux montagnes : la premiere a un prieuré de bénédictins ; la seconde, une maison de chasse de l'électeur ; près de celle-ci est le couvent d'*Odaker*. *Meschede*, *Grevenstein*, deux petites villes ; l'une est sur la Rhur, l'autre sur la Wenne. *Allentrop*, petite ville sur la Sorbecke. *Husten*, *Freyenohl*, sont deux bourgs sur la Rhur. *Bodefeld* est sur l'Alme. *Hagen*, *Langescheid*, sur la Sorbecke. *Sunderen*, sur la Rhur. On voit encore dans ce comté, *Obereimer* : c'est un haras de l'électeur.

Bailliage de Werl.

Werl, ville où siège l'officialité, qui fut anséatique, qui a un château, un couvent & des salines.

Neheim, petite ville au confluent de la Mœnne & de la Rhur.

On voit encore dans ce bailliage *Himmelporten*

abbaye de dames nobles, ordre de St. Norbert, & diverses paroisses.

Bailliage de Menden.
Menden est une petite ville sur la riviere de Hohn; *Wimmern* est un grand village, avec un beau château.

Bailliage de Balve.
Balve, petite ville, autrefois anséatique; elle est sur la Hohn. *Oelinghausen* est une abbaye de femmes, ordre de prémontrés.

III. QUARTIER DE BILSTEIN.

Bailliage de Bilstein.
Ce fut autrefois une seigneurie; l'électeur s'en empara en 1444, après la mort de son dernier possesseur. *Bilstein* est un bourg, une franchise; il est bâti sur une montagne. *Adolphsbourg* est un beau château, une terre seigneuriale.

Bailliage de Fredebourg.
Ce fut une seigneurie qui passa des comtes d'Arensberg à ceux de la Mark, & de ceux-ci à l'électeur en 1449.
Fredebourg est une ville petite & sans importance. *Graffchaft*, une abbaye de bénédictins dont l'abbé prend le titre d'archi-doyen de Wormbach.

Bailliage de Waldenbourg.
Drolshagen est une petite ville où l'on commerce en fer, où il y a une abbaye de bernardins.
Olpe, petite ville sur la Bigge; on y commerce en fer.
Attendorn, ville qui fut anséatique, où l'on voit un hôpital & une communauté de chanoines de St. Nicolas: elle est au confluent de la Bigge & de la Jenne: dans ses environs sont des carrieres de mar-

bre : l'abbé de son couvent d'observantins en est seigneur.

Ewig, couvent sur la Bigge, habité par des chanoines réguliers de St. Augustin. La prévoté d'*Ober-Kundemen* & la seigneurie d'*Ober-Kerchen* ne nous offrent rien de curieux.

IV. Quartier de Brilon.

Bailliage de Brilon.

Brilon, sur la Mœnne, est la capitale du duché: elle fut anséatique, a un couvent & un hôpital. On trouve de la calamine dans ses environs.

Eversberg, petite ville, château, sur une montagne près de la Rhur.

Brédelar, abbaye immédiate, ordre de St. Benoit, sur le ruisseau de Hœpke.

Bailliage de Médebach.

Medebach est une ville médiocre. *Winterberg* est petite & située sur une montagne. *Hallemberg* voit le ruisseau de Mœnne qui baigne ses murs & arrose ses prairies. *Schmalenberg* est sur la Lenne, c'est une petite ville.

Silbach est un village près duquel on trouve un minerais de plomb veiné d'argent.

Bailliage de Stadtberg.

Stadtberg, ou *Marsberg*, ville dont une partie occupe le pied, l'autre le sommet d'une haute montagne au bas de laquelle coule la Dimel. On la divise en haute & basse; le bourg d'*Eringshausen* lui sert de faux-bourg. Là était jadis *Eresburg*, forteresse des Saxons, que Charlemagne prit, dont il fit un château impérial, où il bâtit une église, & fonda un prieuré de bénédictins qui dépend de l'abbaye de Corvey, la ville même en dépendait & peut-être en dépend encore. On a cru que c'était là

CERCLE DU BAS RHIN.

que les Saxons venaient adorer *Irmenſul* : des recherches plus attentives ont fixé le lieu de cette idole à *Bulleborn*, dans l'évêché de Paderbon.

Bailliage de Volkmarſen.

Il appartient à l'abbaye de Corvey. *Volkmarſen* eſt une petite ville.

Seigneurie de Kanſtein.

Elle appartient à la famille de ce nom : on y voit cinq villages & un château qui lui donne ſon nom.

Seigneurie de Padberg.

On y a découvert une mine d'or en 1696. *Padberg* eſt formé de deux châteaux voiſins d'un village qui fut un bourg.

Seigneurie d'Almen.

Elle eſt enclavée dans le bailliage de Brilon, & partagée en quatre petits cantons.

Prévoté de Dudinghauſen.

Elle eſt près du bailliage de Wedebach : il y a une communauté luthérienne protégée par les princes de Waldeck, qui y poſſedent trois villages.

HAUT ÉLECTORAT.

Bailliage de Bonn.

Bonn, ville ſur le Rhin : elle a été fortifiée, a de belles maiſons ; eſt la réſidence de l'électeur ; ſon château eſt magnifique & on y travaille encore. Elle a une égliſe collégiale, deux autres & pluſieurs couvens. Ses bourgeois la gardent en tems de paix : l'électeur y tient ſes gardes-du-corps. Elle a un péage.

Elle fut ceinte de murs en 1240. Une longue allée de tilleuls la joint à Cologne.

Heymertſen, petite ville ſur l'Erfft. *Poppelſdorf* eſt un bourg, voiſin d'un château électoral, nommé *Clemenſrouhe* : quatre allées d'arbres de 1200 pas de longueur le font correspondre à celui de Bonn. *Alster*, bourg & seigneurie.

Bailliage de Meckenheim.

Meckenheim, *Rheinbach*, petites villes; la premiere est sur l'Erfft. C'est dans ce lieu qu'était l'ancien comté de *Hostaden*, où l'on voyait sept château & la petite ville de *Münster-Eyffel*.

Bailliage de Kœnigswinter.

Kœnigswinter, petite ville sur le Rhin, voisine de sept montagnes sur lesquelles on voyoit autrefois sept châteaux. *Dracherfels* est un château, une seigneurie.

Bailliage de Linz.

Linz, devenue ville en 1330, est petite encore; elle a un château, est sur le Rhin, est entourée de vignes qui donnent le vin appellé *Bleichert*. *Unkel*, petite ville sur le Rhin. *Ste. Catherine*, village & couvent.

Bailliage d'Andernach.

Andernach, *Antoniacum castellum*, ville en 1144. Elle est sur le Rhin, on y commerce en verres, potteries & eaux minérales : on y voit passer de nombreuses flottes de bois destinées pour la Hollande. Elle a été impériale, elle est municipale ; on y voyait autrefois un palais des rois d'Austrasie.

Rens, ou *Rees*, petite ville sur le Rhin : près d'elle est un ancien monument nommé le *trône royal*: il a 17 pieds de haut, 80 de circonférence ; il est construit en rotonde ceintrée, & en pierre de taille, soutenu de 9 colonnes de pierre ; on y monte par 28 marches de pierre : on y voit 7 sièges, où se plaçaient les 7 électeurs, & ils y délibéraient sur le choix d'un empereur ; on l'y nommait, & le proclamait: Maximilien I est le dernier qui y ait été. Sa situation, également éloignée des quatre électeurs

CERCLE DU BAS RHIN. 13

Rhin, l'avait sans doute fait choisir pour ces assemblées.

Bailliage de Kœnigsfeld.

Kœnigsfeld est un bourg, un château. *Tœnniestein* ou *St. Antoine*, couvent de carmes, près duquel est la source de la fontaine de *Tœnstein*; ses eaux sont fameuses.

Bailliage d'Ahrweiler.

Ahrweiler, petite ville sur l'Ahr; ses vignobles donnent un vin estimé.

Bailliage d'Aldenahr.

Aldenahr, petite ville sur l'Ahr. *Brüggen*, *Huynxen*, sont deux bourgs sur la même riviere.

Bailliage d'Aldenau.

Aldenau est un bourg. *Nieder-Aldenau* un village.

Comté de Reifferscheid.

Il est regardé comme une seigneurie immédiate de l'empire; mais son possesseur paye ses contributions à l'électeur. *Reifferscheid* est une petite ville; elle a un château.

Bailliage de Zulpich.

Zulpich, ou *Tulpiche*, est une petite ville, l'ancienne *Tolbiacum*: elle a trois églises, plusieurs couvens. *Bessenich* est un couvent.

Bailliage de Leghenich.

Leghenich, *Legioniacum*, petite ville & château. *Limnich*, village & château.

Bailliage de Bruel.

Brühl, petite ville où l'on voit deux couvens & le château d'*Augustusbourg*, magnifique par sa structure & par ses beaux jardins; il a une ménagerie & un pavillon chinois. *Bornheim* est une seigneurie. *Wæsberg*, un château sur une montagne.

Ville de Duitz.

On l'appella d'abord *Tuitium*: elle est ancienne,

médiocre par son étendue, située près du Rhin vis-à-vis de Cologne; beaucoup de Juifs y habitent; elle a une riche abbaye de bénédictins.

BAS ÉLECTORAT.

Bailliage de Brauweiler.

Brauweiler est une abbaye de bénédictins fondée en 1024. *Bethlehem*, un couvent d'observantins. *Niel*, jadis *Neo-Ælia*, un village sur le Rhin.

Bailliage de Bedbourg.

Beber-Reifferscheid, petite ville: elle est sur l'Erfft, a une commanderie, un château. *Frouwiller*, village, a un couvent.

Bailliage de Zons.

Zons, jadis *Fridstrom* (*Sontinum*), est une petite ville: elle est sur le Rhin, a un péage, un château. *Wering* ou *Woringen*, est aussi sur le même fleuve. *Knechtsteden*, est une abbaye de prémontrés.

La ville de Nuys.

Elle s'appella *Novesium* & *Nussia*. Elle est sur l'Erfft & près du Rhin; on la regarde comme la capitale du bas électorat. Sur la place du marché l'on voit la statue en bronze de l'empereur Fréderic III; on l'y éleva peut-être parce qu'il donna à la ville le privilége de sçeller en cire rouge & de porter un aigle d'or dans ses drapeaux. Elle renferme une communauté de chanoines augustins réguliers, six couvens, l'abbaye noble séculiere de St. Quirin. Ses habitans cultivent la terre, nourrissent du bétail, commercent en charbon de terre & en planches: elle a été plus grande qu'elle n'est; ses fortifications tombent en ruines.

Bailliage de Hulkrad.

Hulkrad, château, village, chef-lieu d'un ancien

comté. *Welchemberg*, couvent de St. Nicolas : une moitié de l'édifice est dans le duché de Clèves. *Wevelinghoven*, seigneurie sur l'Erfft ou Erpe; on y voit une église pour les reformés & une pour les catholiques. *Gnadenthal* est une abbaye.

Bailliage de Liberich.

Liberich, ou *Liedberg*, petite ville, située sur une hauteur. *Odenkirchen*, seigneurie où les reformés ont une église. *Dyck*, comté, où l'on compte six villages & le château de Zur-Dyck.

Bailliage d'Urdingen.

Urdingen ou *Ordingen*, petite ville qui obtint ce droit en 1330 : elle a un couvent de cordeliers, & on la nomme quelquefois *l'ancien évêché*. Le Rhin passe auprès d'elle & facilite son commerce en marchandises qu'elle tire de la Hollande, & en charbons de terre. *Budberg* est un grand village au bord du Rhin.

Bailliage de Linn.

Linn est près du Rhin, a un château : elle est petite : ses fortifications sont démolies. *Bokum*, *Willig*, sont de grands villages : le premier a un couvent de religieuses ; celui de *Burich* renferme le couvent de *Meer* : il est beau, riche, occupé par les dames nobles. *Neerd* est vis-à-vis de Dusseldorp : c'est un village où l'on débarque beaucoup de marchandises.

Bailliage de Kempen.

Kempen, petite ville : elle a été forte ; il lui reste un collège, trois couvens, quelques manufactures de toiles. *St. Antoine de la Bruyere*, *St. Hubert*, sont deux bourgs : le premier est grand & beau ; on y fabrique & blanchit beaucoup de toiles.

Jurisdiction de Huls.

Huls est un bourg : il a deux couvens de religieuses ; sa partie septentrionale dépend de la principauté de Meurs.

Jurisdiction de Neersen.

Elle appartint autrefois aux comtes de Virmont: on y voit le bourg de *Neerstrasse* sur la Niert & la grande paroisse d'Anrath.

Bailliage de Rhinberg.

Rhinberg, petite ville qui a été forte: elle a une église reformée; le Rhin passe auprès. *Alpen*, petite ville, château, seigneurie: elle a une église reformée. *Alten-Camp*, abbaye d'hommes de l'ordre de citeaux. *Issum*, grand village où l'on voit deux églises pour les deux cultes.

PRINCIPAUTÉ D'AREMBERG.

Placée entre l'électorat de Cologne & le duché de Juliers; elle est peu étendue: ce fut d'abord un comté: Maximilien II en fit une principauté; Ferdinand III éleva son possesseur à la dignité ducale: c'est un prince de la maison de Ligne. Son mois romain est de 48 florins: sa taxe pour la chambre impériale est de 81 écus 60 kr.

Aremberg est une petite ville, un château. De-là on voit les villages de *Reez* & d'*Ilylingen*; c'est tout ce que renferme la principauté.

BAILLIAGE DE COBLENCE *de l'ordre Teutonique.*

Ce bailliage est formé de sept commanderies dispersées en partie dans les pays que nous venons de décrire; il prend son nom de celle qui est dans Coblence: son baillif réside à Cologne & siège parmi les prélats: son mois romain est de 128 florins; sa taxe pour la chambre impériale est de 50 écus 67 kr.

Seigneurie

CERCLE DU BAS RHIN.

Seigneurie de Beilstein.

Elle est dans les états de Nassau, & appartient [au] prince de Nassau Orange Dietz. Son mois romain est de 128 florins: sa taxe est incertaine. Beilstein est une petite ville, un château; autour [de e]lle sont dispersés plus de cinquante villages dans [l'e]nceinte de la seigneurie. Son seigneur possède [en] commun avec l'électeur de Trèves le bailliage [de] *Wehrheim*.

BAS COMTÉ D'ISENBOURG.

Il touche à celui de Wied. Il a eu ses comtes [par]ticuliers: il est aujourd'hui partagé entre l'électeur de Trèves, le comte de Wied-Runkel, & le [ba]ron de Walderdorf. Son mois romain est de 56 fl., [sa] taxe pour la chambre impériale est de 46 écus, [..] kr. dont l'électeur paye 30 écus 40 kr. & demi, [le] comte 7 écus 64 kr. & demi; & le baron 2 écus [..] kr. L'électeur ayant la plus grande partie du [co]mté a seul la voix & la séance qu'il donne.

Isenbourg, ancien bourg sur l'Iser, dans une vallée profonde qu'entoure des rochers escarpés; sur [l'](un desquels est un château qui servait de palais à [Ch]arlemagne. Ses habitans sont catholiques, cultivent des vignes, le houblon, font des cloux, filent la laine, exploitent des carrieres d'ardoise & [de] moellon: sur une montagne voisine est l'hermitage de *Hausseborn*, célebre par des pélérinages à la [Vi]erge. Il releve de l'évèché de *Fulde*, ainsi que la [pa]roisse de *Meyscheid*, composée de cinq villages.

On trouve encore dans ce comté la seigneurie [de] *Meud*, le bailliage de *Grensan*, où l'on compte [qui]nze villages: celui de *Hersbach* qui renferme

Tom. II. Part. II. B

vingt-un villages & la petite ville de *Hersbach* : ces deux bailliages sont à l'électeur de *Tréves*.

BOURGRAVIAT DE REINECK.

Il est situé entre le duché de *Juliers* & l'électorat de *Cologne* : il est très peu étendu & il appartient à un comte de Sinsendorf, paye 2 florins du mois romain, ne paye point la taxe pour la chambre impériale & ne renferme guères que la petite ville de Reineck, sur le Rhin.

ELECTORAT DE TRÊVES.

Il touche au couchant le duché de Luxembourg, au midi la Lorraine, au nord l'électorat de Cologne; sa largeur est très inégale; sa longueur peut être de 40 lieues. La partie du midi est montueuse & couverte de bois : celle du nord a des champs fertiles, d'excellens vignobles le long de la Moselle. On trouve dans ce pays du gibier, quelques fontaines minérales, du charbon de terre, de la calamine, du fer, du cuivre, du plomb, de l'étain, de l'argent & de l'or. Le *Rhin*, la *Moselle*, l'arrosent; cette derniere y reçoit la *Saar* & la *Kill*; son cours est tortueux, elle est navigable & poissonneuse; ses eaux se perdent dans le Rhin.

On compte vingt-neuf villes dans cet électorat. La noblesse qui y posséde des terres y est libre & ne dépend que de l'empire : elle posséde le tiers des terres cultivées. Les états sont formés de deux ordres, les prélats ou abbés, & le bas clergé des villes. L'abbé de St. Maximin y préside; l'électeur les convoque; le grand chapitre y envoye des députés pour connaitre les propositions du prince ees qu'ils en sont instruits, ils sortent de l'assemblée.

L'archevèque est élu par ce grand chapitre, & il jure dans ses mains de respecter ses prérogatives; le pape le confirme & le fait sacrer: il est le second entre les électeurs, & il est le premier quand on va aux suffrages pour élire un empereur: il a le titre d'*archi-chancelier* des Gaules & du royaume d'Arles, il l'a eu exercé; mais aujourd'hui ce n'est qu'un titre sans fonctions. L'origine de l'archevêché est incertaine: son église est regardée comme la plus ancienne de l'Allemagne. On dit que St. Eumaire en fut le premier évêque, c'était en 328. Il a pour suffragans les évêques de Metz, Toul & Verdun; il prend le titre de primat, titre dont on ignore les droits & l'origine. L'archevêché a un maréchal, un chambellan, un grand-maître, un échanson héréditaire.

Le *grand chapitre* est composé de quarante chanoines, qui prouvent seize quartiers. La régence est présidée par un chancelier & formée de plusieurs conseillers. Le *tribunal des revisions* connait en dernier ressort des appels des justices auliques, établies l'une à Trèves, l'autre à Coblence; & ces justices reçoivent les appels des sentences prononcées par les magistrats & les bailliages: comme il y a deux justices auliques, il y a deux officialités établies dans les mêmes villes.

Les revenus du pays peuvent être de 50000 écus. Chaque ménage paye un florin de capitation annuelle; un veuf ou une veuve n'en paye que la moitié. Le prince peut exiger des fourrages; les ecclésiastiques seuls en sont exempts. Toutes les terres & les revenus quelconques sont soumis à une taxe uniforme: les maisons seules ne payent rien.

Le mois romain de l'électeur eſt 806 fl. 40 kr.; il donne 811 écus 58 kr. pour l'entretien de la chambre impériale dont il nomme le ſecond des aſſeſſeurs.

Cet électorat n'a de troupes réglées qu'une garde-du-corps de quarante maitres, & onze ou douze-cents hommes. On le diviſe en 31 bailliages, & en haut & bas électorat.

HAUT ELECTORAT.

Trêves, *Tréveri*, *Auguſta Trevirorum*, eſt une ville très ancienne, ſur la Moſelle, entre deux montagnes. Ce fut une ville des *Trevires*. Auguſte en fit la métropole de la ſeconde belgique, & par reconnoiſſance elle prit le nom de cet empereur: ſous Conſtantin elle eut le nom de capitale de toutes les Gaules; les Francs s'en emparerent ſous Honorius : les rois d'Auſtraſie y eurent un palais qu'occupérent les comtes Palatins. Il y eut encore un palais des rois francs, & ſur ſes débris on voit aujourd'hui un couvent de filles. On donne le nom de *Caskeller* aux reſtes d'un amphithéâtre romain qu'on y voit encore. On y compte treize couvens, trois colléges, cinq égliſes paroiſſiales, trois collégiales, & la métropolitaine, conſtruite de pierres ſi groſſes, que le vulgaire prétend qu'on s'eſt ſervi du diable pour les employer. Elle a une maiſon de l'ordre teutonique, une de l'ordre de Malthe, une univerſité. Son pont de pierre eſt beau ; ſon palais archiepiſcopal n'a rien de frappant. Elle a été ville impériale ; des empereurs la ſoumirent à l'archevêque, d'autres la déclarerent libre. Jaques d'Eltz, l'un des archevèques l'aſſiégea, & la ſentence des électeurs la déclara ſoumiſe à la domination du prélat qui ne la rendit pas légere. Autour d'elle est son petit territoire: dans son voisinage est l'abbaye de *St. Mathias*; les bénédictins qui l'habitent étendent leur pouvoir sur six villages.

Bailliage de Pfalzel.

Pfalzel, *Palatiolum*, petite ville sur la Moselle: elle a une église collégiale. Un palais des rois francs y est devenu un couvent de filles. Divisée en deux parties, l'une est fortifiée à l'antique, l'autre ne l'est point du tout.

Conz, bourg sur la Saar, près de la Moselle: il a un ancien pont de pierre, nommé Consarbruck.

Bailliage de St. Maximin.

L'abbaye de ce nom est la plus ancienne de l'Allemagne: elle fut, dit-on, fondée sous Constantin, enrichie par Dagobert: son abbé est élu par ses bénédictins & confirmé par le pape: il a voulu être un état immédiat de l'empire; mais enfin il reconnut la supériorité territoriale de l'électeur sur ce bailliage: on y jure de lui être fidèle, on lui paye les impôts, on appelle à lui des sentences de l'abbé. Ce prêtre conserve la haute, moyenne, & basse justice, reçoit l'hommage des maires, exerce le domaine utile, est membre des états de Trêves, y préside ainsi qu'à ceux de Luxembourg, est archi-chapelain né de l'impératrice romaine, seigneur du Bourgraviat, de *Montjoie*, ou *Freudenberg*. Les revenus de l'abbaye sont de 6000 ducats, sa taxe à la cour de Rome est de 415 florins d'or. Ce bailliage renferme la seigneurie & le bourg de Bettingen & 21 villages.

Prieuré de St. Paul.

Il est près de Trêves; il est seigneur de dix villages.

Bailliage de Saarbourg.

Saarbourg, ville sur la Saar: elle a un pont, un château fort; elle obtint ses droits municipaux de l'empereur Rodolphe I. L'abbaye St. Matthias a la jurisdiction fonciere sur cinq villages.

Bailliage de Grimburg.

Grimburg est un bourg, un château. *Düppenweiler* est un village près duquel est une mine de cuivre.

Bailliage de St. Wendel.

Il est enclavé dans les états voisins & renferme dix-sept villages; *St. Wendel* est sur la Blie.

Le bailliage de Schmidburg renferme huit villages; celui de *Hunold* dix; celui de *Baldenau* seize: ils n'ont rien de remarquable.

Bailliage de Berncastel.

Berncastel, *Taberna Moellanicæ*, ville sur la Moselle: elle a un château fort sur une montagne, voisin d'un couvent. Elle doit ses droits municipaux à l'empereur Rodolphe I. *Neumagen*, sur la Moselle, & l'on dit que Constantin y avait un camp. On trouve dans ce bailliage une mine de cuivre.

Bailliage de Wittlich.

Wittlich, ville sur la Leser: elle doit ses priviléges à Rodolphe I. Elle a un couvent, un château, & une maison de plaisance pour l'électeur. *Macheren*, couvent de filles de l'ordre de citeaux. *Clausen*, chapitre de chanoines réguliers, où l'on accourt encore révérer une image de la vierge. Ce bailliage est étendu, assez peuplé: il a des mines de cuivre.

Bailliage de Welschbillig.

Welschbillig fut érigée en ville par Rodolphe I: près d'elle est un couvent: autour d'elle sont 21 villages qui forment ce district.

Bailliage de Kylbourg.

Kylbourg est une petite ville sur la Kyll: elle a une collégiale, & un doyenné; quinze villages forment son bailliage.

Bailliage de Schönecken.

Shönecken, petite ville, seigneurie vendue à l'électeur pour 30000 fl., par Wenceslas II, roi de Boheme & duc de Luxembourg. On y compte douze villages.

Bailliage de Schönberg.

Schönberg, petite ville, & château: on compte encore trente villages dans ce district.

Bailliage de Hillesheim.

Hillesheim, est une ville où l'on voit un château fortifié, & un couvent d'Augustins hermites: on trouve du minerais d'argent dans son bailliage.

Bailliage de Dhaun.

Dhaun est un château: ce district renferme soixante villages ou hameaux, & des mines d'argent.

Bailliage de Manderscheid.

Himmelrode, abbaye d'hommes de l'ordre de citeaux, fondée en 1138. Vingt autres villages composent ce bailliage.

Bailliage d'Ulmen.

Thal-Ulmen, bourg près d'un étang, appellé mer d'Ulmen, *Wlmenez-Meer*: on y voit sept autres villages.

Bailliage de Cochem.

Cochem ou *Kochheim*, petite ville sur la Moselle: elle est jolie, elle a un château & un couvent de capucins; vingt-trois villages forment avec elle ce district.

Bailliage de Zell.

Zell in Hamm, est une petite ville sur la Moselle. *Treiss*, une paroisse où l'on voit un château sur une montagne escarpée, près de la Moselle.

Engelport, *Angelica-porta*, est une abbaye de dames nobles, ordre de prémontrés, & vingt autres villages.

Bailliage de Baldenek.
Il n'offre que dix villages, & rien d'intéressant.

BAS ÉLECTORAT.

Bailliage d'Ehrenbreitstein.
Coblence, *Coblentz*, *Confluentia*, au confluent de la Moselle & du Rhin : sur celui-ci elle a un pont volant ; sur celle-là un beau pont de pierre. C'est une ville assez bien bâtie, où l'on voit trois grandes églises dont deux sont collégiales, un séminaire archiepiscopal, un collége, un gimnase, huit couvens. Les rois francs y résidèrent : leur palais s'appellait *Cobolence*. Il y avait déja un château du tems des Romains. Fermée de murs en 1249, fortifiée depuis, elle est une place forte : un conseil municipal, mais présidé par le baillif, nommé par l'électeur, la gouverne & nomme chaque année deux bourgmaîtres, dont l'un est toujours noble, l'autre toujours roturier. Dans son territoire sont deux villages. *Ehrenbreitstein*, forteresse sur une montagne, près de Coblentz, est regardée comme la clef de la Moselle & du Rhin. On y voit une église, un puits profonds de 280 pieds, & au pied du rocher sur lequel elle est assise, la petite ville de *Thal-Ehrenbreitstein*, où est un château de l'électeur.

Bailliage de Bergpflege.
Cunostein-Engers, petite ville près du Rhin. *Zoll-Engers* est sur le même fleuve : l'électeur y a un château superbe. *Marienrode*, *Warsheim*, deux couvens de dames nobles ; le premier est de l'ordre des prémontrés, le second de celui de citeaux.

Seigneurie de Vallendar.

Vallendar est un petit fort. La seigneurie est possédée par l'électeur & par les comtes de Sayn & Witgenstein: elle est un objet de procès qui n'est point encore décidé. L'électeur possède encore dans le comté de Sayn, *Rheinbrück*, bourg, deux mairies, deux villages, & la forteresse & le château de *Sayn* sur la riviere de ce nom: on y voit une abbaye de prémontrés.

Bailliage de Hammerstein.

Un château démoli lui donna son nom: il était sur le Rhin: il renferme trois paroisses, & la seigneurie d'*Argenfels*, où l'on voit le bourg de *Hónningen.*

Bailliage de Mayen.

Mayen, *Magniacum*, petite ville sur la Nette: elle a un château & une collégiale. *Montréal* & *Kaiserfesch* sont deux petites villes: la premiere est sur l'Elz. On compte encore dans ce bailliage cinquante-huit villages ou hameaux: vers le nord on voit l'abbaye de *Lac zum Laach*, ordre de St. Benoit, sur les bords d'un petit lac, fondée en 1093, & à qui le village de Crufft jure d'être fidèle.

Bailliages de Munster-Meinfeld & d'Alken.

Munster-Meinfeld, petite ville qui prend son nom d'une ancienne église collégiale.

Carden, ancien bourg sur la Moselle: on y trouve une église collégiale & un couvent.

Oberfell, paroisse où l'on trouve de l'or: ces bailliages s'étendent encore sur trente-six villages: on y trouve aussi du cuivre.

Bailliage de Boppard.

Boppard, autrefois *Botobriga*, ou *Babardia*, est une ville très ancienne: elle est sur le Rhin, elle a un château & trois couvens; un péage dont le produit se partage entre l'électeur & la maison de Hesse. Elle a eu un palais royal, & a été impériale: son bailliage s'étend encore sur trente-trois villages & renferme des mines d'argent.

Bailliages de Welmich, & de Wesel.
Welmich est une petite ville sur le Rhin.
Wesel, ou *Ober-Wesel*, ville qui eut un palais royal, & qui a une église collégiale: elle est sur le Rhin.

Bailliage de Montabaur.
Montabaur, *Mons-Thabor*, petite ville érigée par Rodolphe I: elle a un couvent. Son bailliage est étendu: on y trouve cent villages, & des mines d'argent.

Bailliage de Limbourg.
Limbourg, petite ville sur la Lahn: elle a un beau pont de pierres, une église collégiale, & trois couvens: elle est riche & florissante, & eut long-tems ses seigneurs particuliers.
Ditkirchen, bourg sur la Lahn: il a une collégiale. *Nieder-Brechen*, petite ville érigée en 1369. *Vilmar*, village près duquel on trouve de l'argent.
Nieder Selters, grand village sur l'Ensbach: près de-là est une prairie d'où sortent les eaux minérales de Salz: ces eaux salutaires supportent sans altération le trajet d'Europe aux Indes, & des Indes en Europe. Un amateur en a offert en vain 18000 écus d'empire par an. Des soldats veillent sur la fontaine. Un intendant rend compte du débit.

Bailliage de Camberg.
Camberg, ville depuis 1357: elle est petite, bien bâtie, sur une colline qu'environnent des champs fertiles, où l'on cultive le lin. Ses habitans sont dans l'aisance. Ce bailliage est possédé en commun par l'électeur & le prince de Nassau Dietz.

Bailliage de Vehrheim.

Vehrheim est un bourg: les luthériens & les catholiques y ont chacun une église. Ce district est commun à l'électeur & au prince de Nassau Dillembourg.

L'abbaye d'*Arnstein* est sous la protection de l'archevêque de Trèves & de celui de Mayence: elle est sur la Lahn, & fut fondée en 1139 par des moines de l'ordre de prémontrés. Son territoire consiste en une paroisse où l'on voit deux villages: elle tire encore des revenus des bailliages de *Montabaur* & de *Limbourg*.

ÉLECTORAT DE MAYENCE.

Ses provinces sont éparses: l'archevêché produit du bled, de bons légumes, d'excellens vins, d'abondans pâturages, du sel, des bois: on y trouve des mines de fer: le bas *Eichsfeld* suffit à ses besoins; on y cultive le lin, le tabac; le haut manque de champs. Le *Bergstrasse* abonde en noix, amandes & chataignes: ce petit pays doit son nom à sa situation: *Bergstrasse* signifie chemin de montagnes: le *Rhin*, le *Mein*, le *Tasct*, la *Lahn*, coulent dans cet électorat.

Ses provinces dans le cercle du bas Rhin, renferment quarante-une ville & vingt-un bourgs. La noblesse y est membre immédiat de l'empire, & n'y forme point d'états. Le clergé s'y divise en trois classes: le grand chapitre forme la premiere; l'abbaye de St. Alban, des chapitres particuliers répandus dans cet électorat, forment la seconde; la troisieme est composée des autres couvens. Les affaires ecclésiastiques y sont dirigées par différens tribunaux, dont le premier est le vicariat général.

La religion catholique y eſt la ſeule approuvée: les Juifs y ſont tolérés; il y a des proteſtans dans l'Eichsfeld; mais ce n'eſt qu'à *Bœnnigheim* qu'ils ſont autoriſés, & où ils profeſſent leur culte à l'excluſion de tout autre.

Il y a diverſes manufactures & diverſes fabriques; il en eſt en laines, en coton; on y fait des toiles, de la ſerge, des glaces, de la porcelaine: le principal commerce eſt celui du vin; les amandes, les chataignes, les noix, le bois de noyer, en ſont encore des objets.

L'électeur *Jean Fréderic Charles*, fut le protecteur du commerce dans ſes états; il le fit fleurir, le ſoumit à un conſeil qui juge des conteſtations ſur le change, la navigation, &c. Il inſtitua deux foires à Mayence. C'eſt dans le huitieme ſiécle que Mayence devint archevêché, & St. Boniface en fut le premier archevêque. Il eſt élu par le grand chapitre, il achète chérement ſa confirmation du Pape, & le pallium, lui coute 30000 écus d'empire; ſes annates montent à 18000 florins. C'eſt le peuple qui paye les marques de la dignité de ſon chef. Il eſt le premier métropolitain de l'Allemagne, & tient le premier rang parmi les électeurs: il nomme le vice-chancelier de l'empire & tous ſes ſécretaires, eſt lui-même archi-chancelier de Germanie, & a ſa chancellerie particuliere à la cour impériale. Son rang le place après le roi des romains ou l'empereur: il eſt le directeur général des états de l'empire.

Le grand chapitre eſt compoſé de cinq prélats mitrés, de dix-neuf capitulaires, de dix-huit domiciliés. Ils peuvent n'ètre pas prètres, mais le ſont preſque toujours. L'un d'eux eſt vicaire général de l'archevêché; les autres exercent les offices de gouverneurs de la chambre des finances, du magiſtrat municipal. Toutes les affaires importantes paſſent par ſes mains : il a ſon territoire, ſes ſindics, ſes officiers ; il gouverne pendant la vacance du ſiège ; fait battre monnaie en ſon nom ; députe à la diette. Ceux qui le compoſent doivent être nobles Allemands de nations, de la province du Rhin, & ils prouvent leur ſeize quartiers même par ſerment.

Le pouvoir eccléſiaſtique de l'archevêque s'exerçait autrefois ſur la plus grande partie de l'Allemagne ; quoique démembré, il a encore pour ſuffragans les évêques de Worms, de Spire, de Strasbourg, de Conſtance, d'Augsbourg, de Coire, de Würtzbourg, d'Eichſtedt, de Paderborn, de Hildesheim & de Fulde.

Les affaires politiques ſe décident dans un conſeil, qu'on nomme *conférence ſecrette* : il y a de plus à Mayence une *chancellerie privée*, un *conſeil aulique*, ou *régence électorale*, compoſée en partie de roturiers, une *chambre des reviſions* où l'on ne reçoit aucun noble. C'eſt là que dans le délai de trente jours, on obtient la reviſion des jugemens du tribunal aulique, de celui des appellations, des commiſſions & des décrets du directoire général des bâtimens, tribunaux inférieurs à celui dont nous venons de parler.

Les revenus de l'électeur ſont évalués à 1200,000 fl. Une garde à cheval, un corps de dragons, trois régimens d'infanterie, trois de milice réglée, forment ſon état militaire ; ſon mois romain, pour Mayen, Reineck & Kœnigſtein, eſt de 1927 fl. ; & il paye à chaque terme 900 risdalers, pour l'entretien de la chambre impériale.

Il a un grand maréchal, c'eſt le landgrave de Heſſe : ſon grand-maître eſt le comte palatin des

Deux Ponts. Il a d'autres offices héréditaires comme les autres électeurs.

Mayence, *Maynz*, *Moguntiæ*, ville ancienne, assise en partie sur le bord du Rhin, à l'endroit où le Mein y joint ses eaux, & en partie sur une hauteur que domine une citadelle; on la regarde comme une place forte; elle est grande & peuplée (1); on y voit des rues étroites, sales, bordées de maisons gothiques, quelques-unes sont belles : sur une place qui touche à la grande rue est une fontaine magnifique; du milieu d'une cuve ovale s'éleve une piramide quarrée de pierre rouge, dont les faces sont ornées d'emblèmes de diverses figures formées de pierres blanches; deux bouches jettent de l'eau dans des conques soutenues par des sirenes de grandeur naturelle; les deux autres côtés ont deux statues qui représentent le Rhin & le Mein. Parmi les édifices, on remarque les palais de Piking, de Schomberg, de Basenheim, la maison teutonique, la monnaie, le manége, le sœukopf, le château électoral de Martinsbourg dont les jardins sont un des plus grands ornemens. On y voit un séminaire, neuf églises collégiales, la métropolitaine, sept autres églises paroissiales, une abbaye de bénédictins sur le mont St. Jaques, deux couvens, six hôpitaux, dont celui de St. Rock a une imprimerie & une manufacture de draps & d'étoffes de laine; d'anciens monumens, huit portes, des casernes, un puit très profond dans la citadelle, un pont de bâteaux sur le Rhin, un beau quai garni d'embrasures & de canons, orné de magasins & de tout ce qui assure & facilite le commerce. La métropole forme une

---

(1) *Lenglet* dit qu'elle est mal peuplée.

voûte élevée & gothique qui a de la hardieſſe; on admire ſa chaire ornée de relief en albâtre dont les groupes repréſentent des vertus. On y trouve encore un riche tréſor, des mauſolées curieux, des reliques nombreuſes.

Hors des murs on voit deux couvens, & une chartreuſe très belle, ornée par des tableaux, par ſon égliſe, par la propreté qui y régne, par l'arrangement de ſa bibliothèque: plus bas eſt la *Favorite*, maiſon d'été des archevêques, conſtruite en amphithéâtre ſur les bords du Rhin, où l'on voit un jardin coupé en terraſſes, variées par des ſtatues, des vaſes, des baſſins, des caſcades, des rocailles, des allées. Elle a un ſalon dont les murs intérieurs ſont revêtus de plateaux de porcelaine, formant différens deſſins, entrecoupés de glaces & de dorures; terminé en lanternes couvertes, éclairé de toutes parts & peint au plafond.

L'univerſité de Mayence eſt peu célebre. Cette ville parait avoir été impériale; elle a joui au moins des droits attachés à ce titre; mais en 1160, ſon archevêque Arnould de Zellenoven, ayant été maſſacré dans un monaſtere, par la populace, & traîné ſur un fumier; l'empereur Fréderic I, irrité, fit abattre les murs de la ville, & la ſoumit aux archevêques.

Vidamie des dehors de Mayence.

On appelle *vidamie* une ſeigneurie, où réſidait autrefois ſon poſſeſſeur, ou à ſa place un *vice-dominus*. Les vidames repréſentent l'archevêque qui a ſuccédé à ces ſeigneurs & y exercent la juſtice civile: il y en a un à Mayence; il y en a un autre pour ſes dehors. Celui-ci étend ſon autorité ſur *Caſſel*, petite ville ſur le Rhin, à l'extrèmité du pont de Mayence & sur *Costheim*, paroisse sur le Mein, où l'on recueille du vin estimé.

Bailliage d'Hœchst.

Hœchst, près du Mein & de la Nid, qui se joignent près d'elle, est ville depuis 1400 : elle est petite, & a un couvent, une manufacture de belle porcelaine, & un péage.

Hofheim, petite ville sur la Guldenbach : elle a une mairie.

Bailliage de Kronberg.

C'était un comté : ses possesseurs s'éteignirent en 1704. L'électeur leur succéda sans faire corps comme eux avec les comtes de la Weteravie.

Kronberg est une petite ville au pied de la montagne de Feld ou de la Hœhe. La Hesse la posséda : elle fut alors protestante ; elle cessa de l'être sous ses comtes qui étaient catholiques ; elle le redevint par le traité de Westphalie : mais tombée sous la puissance de l'électeur, les catholiques y jouissent des priviléges qui n'étaient d'abord qu'aux luthériens ; on leur a bâti une église des débris du château : de belles forêts, de fertiles vergers, ornent ses environs.

Bailliage d'Ohlm.

Ohlm, le bas est un bourg, & le haut est un village : tous les deux sont sur la *Selz*.

Vidamie du Rhingau.

Le *Rhingau* s'étend le long du Rhin, jusqu'à Bacharach : il abonde en grains, en légumes, & en vins, qu'on regarde comme les meilleurs de l'Allemagne. *Etwil* en est le chef-lieu ; c'est un château.

Grisenheim, petite ville sur le Rhin, voisine d'une forêt & d'un couvent de capucins.

Lorch,

Lorch, *Winkel*, sont deux bourgs sur le Rhin : le premier recueille d'excellens vins, ainsi que celui de *Rüdesheim*. *Hattenheim*, *Lorchfusen*, sont encore des bourgs. *Killerach*, est un grand village avec un couvent. *Johannesberg* ou *Bischoffsberg*, une paroisse avec un prieuré à l'abbaye de Fulde. Son vin est recherché.

Eberbach, abbaye de citeaux, fondée en 1131. On voit dans son église les tombeaux de plusieurs archevêques. *Eibingen*, abbaye de dames nobles bénédictines. *Tiefenthal*, abbaye de femmes de l'ordre de citeaux.

Bailliage de Lohnstein.

Lohnstein ou *Lahnstein*, petite ville au confluent de la Lahn & du Rhin. Il y a une fontaine minérale.

Bailliage de Steinheim.

Steinheim ou *Ober-Steinheim*, petite ville sur le Mein : c'est un passage fréquenté.

Kahl, est un bourg sur le Kahl & le Mein. *Biber*, village muré, chef-lieu d'onze autres villages qui possèdent la forêt de *Bibermark*.

Bailliage de Diebourg.

Diebourg, petite ville où on voit un château & un couvent de capucins.

Bailliage de Freygericht ou de jurisdiction franche.

C'est depuis cinq-cents ans un fief de l'empire. Il est partagé entre les landgraves de Hesse & l'archevêque de Mayence. Dans le partage de celui-ci on voit les deux bourgs de *Hirschstein* & d'*Alzenau* : ce dernier est sur la Kahl, & a soixante feux.

Bailliage de Haussen.

On y remarque le village de ce nom & le bourg d'*Orb*, renommé par ses salines abondantes. Le sel qu'on en tire est fin, très blanc. fort léger: on en a découvert une nouvelle en 1763.

Wirtheim, bourg sur la Kinzig : c'est une mairie.

Vidamie d'Aschaffenbourg.

Aschaffenbourg, ville sur le Mein & l'Aschaf qui s'y jette : c'est une des résidences de l'électeur ; voisine de la forêt de Spessart ; la chasse l'y appelle en automne : le château est vaste & magnifique, & la ville assez grande : elle a une église collégiale.

Schmerlenbach, abbaye de dames nobles, ordre de St. Benoit.

Seligenstadt, ville sur le Mein, voisine d'une abbaye de même nom : ce sont des bénédictins qui l'habitent, & leur abbé est seigneur de trois villages : il possède la maison de *Wasserburg*, entre deux étangs.

Dettingue, est un village voisin. *Obernburg* sur le Mein est une petite ville. *Storkstadt*, *Rothenbuch*, sont deux bourgs.

Bailliage de Clingenberg.

Clingenberg est un bourg, il est sur le Mein : le vin excellent qu'il recueille en fait la richesse.

Warth, est un bourg, & il est aussi sur le Mein.

Bailliage de Miltenberg.

Miltenberg, petite ville sur le Mein, près d'une montagne : elle a un péage, une douane, un couvent, & un collége. Sur l'autre rive du Mein est le couvent d'Engelberg.

Prodzelden ou *Procelden*, petite ville sur le Mein. Il y a près d'elle un village de même nom.

Bailliage d'Amorbach.

Amorbach, petite ville : le ruisseau de Muidt l'arrose ; une abbaye de bénédictins la fait connaître ; divers villages en dépendent.

Walthürn, petite ville, connue par les pélérinages qui s'y font. *Buchen* & *Burken*, font de petites villes. *Selgenthal* eſt un bourg.

Bailliage de *Biſchofsheim*.

Il eſt ſitué dans la Franconie. La ville de ce nom eſt petite & ſur la Tauber; elle a un couvent & un collége. *Kœnigshoffen* eſt auſſi une petite ville ſur la Tauber.

Kühlsheim, eſt une ville. *Kœnigsheim* eſt un grand bourg.

Bailliage de *Krautheim*.

Il eſt auſſi renfermé dans la Franconie. *Crautheim*, petite ville ſur l'Yaxt, elle avait autrefois ſes ſeigneurs particuliers. *Neidenau* eſt ſur la même riviere. *Niedernhall* eſt petite: le Kocher l'arroſe; des ſalines l'enrichiſſent; ſes habitans ſont luthériens. *Ballenborg* eſt un bourg.

Grand bailliage de *Starkenburg*.

Il renferme une partie de la forêt d'*Odenwald*, & ce qui appartient à l'électeur dans le *Bergſtras*: ce pays eſt entre le Palatinat, le Rhin, & le pays de Geraw: il était partagé entre le comté de Ladenbourg & l'abbaye de *Lorſch*.

Heppenheim, petite ville: une montagne eſt auprès & on y voit le château de *Starkenbourg*. *Benſheim* a le nom de ville, ainſi que *Hirſchhorn*: celle-ci eſt ſur le Neckar; elle a un château. La riviere de *Weſchnitz* & celle de *Wiſgoz* forment l'iſle d'*Alten-Münſter* où l'on voit l'abbaye de *Lorſch* ou *Lauresheim*, fondée par Pepin le bref, roi de France, enrichie par les dons des ſeigneurs; ſes terres égalaient celles d'un grand évêché. L'empereur Fréderich II la céda à l'archevêché de Mayence comme un fief de l'empire en 1232. On trouve du ſecours pour la géographie du moyen âge dans le *Codex Laureshamensis diplomaticus*, imprimé à Manheim en 1768.

Bailliage de Gernsheim.

Gernsheim est une petite ville sur le Rhin : elle a un péage.

Bailliage de Neu-Baumberg.

Il appartint à l'électeur Palatin jusqu'en 1715 : la ville de ce nom est chétive ; divers villages l'environnent.

Grand bailliage d'Amœneburg.

Il est situé dans la haute Hesse. *Amœneburg* est un château sur l'*Ohm*.

Amana, petite ville, a une collégiale, & est assise sur une éminence qu'un bras de l'*Ohm* environne. *Neustadt* est encore une petite ville.

Bailliage de Fritzlar.

Fritzlar, petite ville sur l'*Eder* : elle a deux collégiales, un couvent, & est mal peuplée. Située entre la basse *Hesse* & le comté de *Waldeck*, elle appartenait aux électeurs dans le tems qu'ils possédaient la Thuringe. On voit encore dans son bailliage la petite ville de *Naumbourg* sur le ruisseau d'*Elbe*.

Le grand chapitre est seigneur de plusieurs lieux situés au-dessous & au-dessus de *Mayence*. Dans les premiers on remarque *Bingen*, petite ville au bord du *Rhin*; elle a un couvent & quelque commerce : ses habitans sont aisés. C'est près d'elle qu'est le *Bingerloch*, gouffre formé par une chaîne étroite de rochers d'où l'eau du *Rhin* se précipite en cataracte. Sur une pointe voisine, au milieu du fleuve est la *Tour des Souris* ou *Mœusethurm*. Dans les seconds, on remarque *Hochheim*, bourg célèbre par son excellent vin.

Le prieuré du grand chapitre possède aussi différens villages sur le *Rhin* & sur le *Mein*.

Erfort & son territoire.

Erfort, jadis *Erphes* ou *Episfurt*, est dans la Thuringe dont elle se croit la capitale. Elle fut fondée dans le 5me. siécle : elle a fait divers traités d'alliance avec ses voisins, a élevé à des grades militaires des comtes de l'empire : elle était alors protégée par les ducs de Brunswick. L'électeur de Mayence s'en regardait comme le seigneur ; il voulut qu'on pria pour lui dans les églises ; on le lui refusa, & l'électeur vint l'assiéger : il s'en rendit maître par des négotiations dans l'empire & un traité avec la maison de Saxe qui protégeait Erfort, & qui cessa de la protéger : elle céda ses droits, mais y maintint la religion luthérienne. Depuis lors l'électeur fait régir cet état par un gouverneur ou Stadthalter. Il y a un tribunal ecclésiastique, une régence, un tribunal civil & criminel, où l'on appelle des jugemens des officiers de l'électeur ; de-là les instances sont portées au conseil aulique de l'électeur. Il y a des magistrats municipaux divisés en deux chambres dont l'électeur nomme les deux premiers conseillers dans chacune, & dont les membres sont moitié catholiques, moitié luthériens. Les pasteurs y forment un consistoire. L'électeur y a aussi une officialité où préside le prévôt du chapitre de notre Dame.

La ville est grande, mal peuplée (2), & a un air gothique. Elle est sur la *Gera*, est fortifiée, & défendue par deux citadelles que gardent une garnison formée de troupes impériales & électorales. Beaucoup de nobles y résident : elle a deux chapitres ; celui de Notre-Dame, fondé par St. Boniface, a

_____

(2) *Lenglet* dit qu'elle est peuplée.

une église vaste, bâtie en voute sans colonnes : les flammes ont dévoré ses tours ; elle n'en conserve qu'une cloche qui pese 30250 livres. Elle a encore un collége, & un riche couvent de bénédictins dont l'abbé est mitré & exerce le pouvoir d'un seigneur sur quelques villages : on y compte sept autres couvens, quatre paroisses catholiques & trois chapelles, onze églises luthériennes, un collége, une académie pour les sciences utiles : elle a une bibliotheque nombreuse où l'on voit quelques manuscrits de la bible en caractères hébraïques. Le couvent des Ecossais a aussi la sienne, ainsi que l'académie impériale des curieux de la nature. On y établit en 1392 une université, dont les électeurs sont chanceliers perpétuels : elle est composée de cinq colléges ; les professeurs y sont luthériens & catholiques ; elle a droit de jurisdiction civile & criminelle sur tous ses membres. L'électeur Jean Fréderic Charles y établit un jardin botanique, un théâtre d'anatomie, un observatoire, un manége, plusieurs bourses, une commission académique & perpétuelle pour la perfection des études, & une caisse particuliere pour l'université à laquelle il assigna de grands fonds.

Le territoire d'*Erfort* est assez fertile ; mais il manque de bois. On y compte une ville, un bourg, & septante-trois villages, repartis en dix bailliages. On y voit *Windisch-Holtzhausen*, village où est une fontaine martiale : la ville de *Sömmerda*, petite & pauvre : le bourg de *Vargel*, autrefois *Varila* ou *Ferula*, qui existait avant Charlemagne. *Tondorf*, village où l'on trouve de la terre de pipe. *Tiefengruben* où l'on trouve de la tourbe. *Mühlberg*, près duquel est une montagne sur laquelle est un château ruiné, résidence des comtes de ce nom ; &

une jurisdiction qui forme le patrimoine de l'hôpital, fondation étendue & riche.

L'EICHSFELD.

Il touche à la *Hesse*, à la *Thuringe*, aux principautés de *Calenberg* & de *Grubenhagen* : il est divisé en haut & bas, & séparé par les montagnes de *Dühn*. Le bas est un pays uni, chaud, & fertile; on y recueille beaucoup de blé, on y cultive le lin & le tabac, on y éleve du bétail, & on y parle le bas Saxon. Le haut est froid, montueux, & produit du blé excellent; mais il en produit peu : il est peuplé, on y fabrique des serges & des toiles : on y parle le dialecte de Thuringe. Son élévation empêche qu'il n'y entre aucune riviere : la *Leine*, la *Lutter*, l'*Unstruk*, la *Wipper*, la *Rume*, y prennent leur source.

L'Eichsfeld renferme quatre villes, trois bourgs, cent-cinquante villages. Les prélats & les abbesses, représentées par des prieurs ou prévots; les villes & la noblesse y composent les états. Le prélat de *Geroda* ou celui de *Russenstein* y préside. Ils s'assemblent dans les beaux jours en pleine campagne, & dans les mauvais à *Heiligenstadt*, toujours en présence d'un député de l'électeur. La religion romaine est la dominante; il y a eu beaucoup de luthériens; mais leur nombre a diminué & diminue encore. On y a établi un tribunal ecclésiastique. On y compte deux collégiales, six couvens, & dix doyennés, composés de quatre-vingt-une cures catholiques.

Ce pays, long de treize lieues, & large de huit, fit partie de la Thuringe. Le comte de Gleichen le possédait : il vendit le haut *Eichsfeld* en 1294 à l'électeur de Mayence : le bas, divisé entre plusieurs seigneurs, fut hypothequé à cet électeur en 1334; & l'hypotheque est devenue une possession entiere en 1632. Un gouverneur le régit: il préside au conseil de régence, & au conseil souverain provincial où l'on reçoit les appels des bailliages. Il y a encore un bureau des finances & neuf sénéchaussées.

Les contributions montent à 45000 écus d'empire; & sur chaque millier d'écus, la noblesse en paye 218, les bailliages 500, le clergé 100, les villes de *Heiligenstadt* & de *Düderstadt* 182. Le produit des domaines monte à environ 35 à 36000 écus.

HAUT EICHSFELD.

Heiligenstadt, ville sur la *Leine* & la *Geislede*, siége du gouverneur & des tribunaux suprêmes séculiers de la province: elle a un conseil électoral & un magistrat municipal. On y voit un beau château, une collégiale, un collége, & une école. Un incendie à permis de rebatir la ville avec régularité en 1739.

Stadt-Worbis, petite ville près de la source de la *Wipper* : elle a un couvent.

Le pays se divise en deux sénéchaussées & sept bailliages. On y remarque le château de *Gleichenstein*, autrefois fortifié & bâti sur une montagne, & le grand bourg de *Dingelstadt* sur l'Unstrutt.

On y voit plusieurs maisons religieuses. *Reiffenstein* est une abbaye de citeaux: elle étend sa jurisdiction sur trois villages. *Beuren*, couvent de religieuses bernardines, sur la *Leine*: il étend sa jurisdiction sur la moitié d'un village. *Anroda*, autre couvent de bernardines sur l'Unstrutt: sa jurisdiction s'étend sur deux villages. *Zell*, couvent de bénédictins, est seigneur de deux villages. *Hulfenberg* où *Mons Salvatoris*, fut un pélerinage fur une montagne où l'on révérait l'idole de *Stuffo*. On y compte encore treize jurifdictions nobles, & le bailliage de *Treffurt*, petite ville : elle eft en grande partie à la Heffe.

BAS EICHSFELD.

Duderftadt, ville où fiege le tribunal eccléfiaftique : elle a un conseil électoral, & des magiftrats municipaux. On y voit un couvent d'urfulines, & trois églises. Les habitans trafiquent de la biere, du tabac & d'autres denrées : onze villages dépendent d'elle.

On a divifé le pays en deux fénéchauffées, où l'on remarque deux bourgs ; *Gieboldenhaufen* & *Lindau*, tous deux fur la *Rume*. *Geroda* eft une riche abbaye de bénédictins, dont la jurifdiction s'étend fur cinq villages. *Feiftungenburg*, couvent de bernardines, qui étend fa jurifdiction fur une paroiffe. On y compte encore deux jurifdictions feigneuriales.

LE PALATINAT DU RHIN.

On le nomme auffi *Bas Palatinat*, pour le diftinguer de celui qui fait partie du cercle de *Baviere*. Il confine à l'orient à l'archevêché de *Mayence* & à l'évêché de *Worms*, au midi au duché de *Würtemberg* & à l'évêché de *Spire* ; au couchant à l'*Alface* & au duché des *Deux-Ponts*. De Bacharach au Neckar, il peut avoir quarante lieues de long, & c'eft fa plus grande étendue : affez montueux, mais très fertile, tous les grains, les légumes, & les fruits y viennent abondamment : on y voit d'excellens pâturages ; des vignobles célèbres par la bonté du vin qu'on y recueille: tel eſt celui de la *Bergſtraſs*, route agréable entre *Heidelberg* & *Darmſtadt*, au milieu des prairies & des champs fertiles, parſemés de noyers & d'amandiers, & que terminent des deux côtés des montagnes couvertes de bois au ſommet, & dont le penchant eſt enrichi par des vignes. Le *Rhin*, le *Neckar* ou *Necker* (*Nicer*), la *Nahe* (*Nava*) l'arroſent, & lui fourniſſent du poiſſon.

Le pays n'a point d'états: les ravages des Français, l'intolérance religieuſe l'a dépeuplé: on y compte encore quarante villes & pluſieurs bourgs; mais cette contrée eſt plus belle que floriſſante; il en eſt peu qui ayent éprouvé autant de révolutions religieuſes. La meſſe y fut abolie en 1545: le luthéraniſme s'éleva ſur les ruines de la religion romaine. Le calviniſme y pénétra; il devint dominant ſous l'électeur Fréderic III: ſon fils chaſſa les miniſtres reformés, rétablit le luthéraniſme, qui n'y triompha pas longtems; le calviniſme s'y releva & redevint le culte du peuple & du prince. Il fut renverſé avec Fréderic V par la bataille de Prague: le culte romain fut rétabli. A la paix de *Weſtphalie*, les reformés & les luthériens redevinrent dominans. En 1685 un prince catholique fit rentrer ſa religion dans ſes provinces; aujourd'hui les trois cultes y ſont libres; mais les reformés y ont perdu pluſieurs de leurs égliſes qu'il a fallu céder aux catholiques qui y dominent, & y ſont encore les moins nombreux. Ils ont quatre-cents eccléſiaſtiques; les reformés cinq-cent; les luthériens y ont quatre-vingt-cinq cures, & on eſtime qu'ils ſont au nombre de cinquante-mille ames.

L'origine des comtes Palatins vient des comtes du palais des anciens rois de France & de Germanie, espece de juges qu'ils établissaient en différens lieux. L'épithéte *du Rhin*, ajoutée à la dignité de Palatin ne se trouve employée que depuis 1093. Elle devint un appanage de la maison de Baviere. Les terres palatines furent partagées entre les quatre fils de Rupert, qui formerent autant de branches qui se sont succédées l'une à l'autre dans la dignité de Palatin du Rhin.

Les électeurs Palatins ont le titre d'archi-trésoriers; ils sont par cette charge les cinquiemes en rang parmi les électeurs séculiers: par celle de sénéchal qu'ils ont eu exercée, ils étaient les seconds; & en cette considération ils sont alternativement les seconds & les cinquiemes. Il leur reste encore de leur ancienne grandeur un grand nombre de fiefs dans les pays voisins, & des prérogatives brillantes: c'est devant lui que l'empereur accusé doit répondre; c'est lui qui peut racheter les seigneuries de l'empire engagées par leurs chefs: il jouit du *Wildfang*, ou du droit de seigneurie dans les états de ses voisins, dans les terres de la noblesse immédiate & sur les bâtards & les étrangers qui y viennent habiter; son mois romain est de 914 fl.; & son contingent pour la chambre impériale est de 494 écus 82 kr. tous les trois mois.

Il est grand maître de deux ordres de chevalerie: celui du lion fondé en 1768, a pour marque une croix d'or émaillée d'azur, à flammes d'or, ayant un lion d'or couronné & debout, avec l'inscription, *Merenti*. Au revers est le chifre du fondateur Charles Théodore, sur lequel est le chapeau électoral. Parmi ceux qui le possedent on choisit les chevaliers de *St. Hubert*, créés en 1444 par Gerard duc de Juliers, & qui portent une croix tétragone attachée à un cordon rouge: ils sont tous princes, excepté treize qui ne font que comtes ou barons. L'ordre de St. Elifabeth fut inftitué pour les dames en 1766, par l'électrice *Elifabeth Augufte.*

Les revenus du Palatinat montent à environ 900000 florins : joints à ceux des poffeffions du prince dans les autres cercles, ils montent à plus de 2000000 de florins. Le douze pour cent eft affigné à la caiffe militaire : on y compte 11110 foldats, cavaliers, fantaffins, ou canoniers, & 600 invalides.

Le Palatinat du Rhin eft divifé en dix-neuf bailliages, dont fix font dans le cercle du Haut-Rhin. Les villes de *Manheim*, *Heidelberg* & de *Franckenthal*, ont leurs magiftrats & ne dépendent que de la régence électorale. Les principaux tribunaux font un *confeil d'état*, une *chancellerie privée*, un *confeil aulique*, une *chambre des finances*, & le *confeil d'adminiftration publique.*

Manheim, *Mannhemium*, au confluent du *Necker* & du *Rhin*, eft affife fur un terrain bas; l'air en eft mal fain & l'eau n'y eft pas bonne. Des Flamands reformés, raffemblés dans le village qui était fur fon fol, y amenerent l'induftrie & la richeffe; elle devint une ville : fouvent détruite par les guerres, la bénéficence des électeurs en a fait une des plus belles de l'Allemagne. Son enceinte eft ovale, elle renferme 1548 maifons, partagées en 107 quarrés, féparés par des rues propres & larges, tirées au cordeau, éclairées pendant la nuit. Elle eft le fiege de divers tribunaux; elle a une fynagogue, deux églifes reformées, une luthérienne, fept catholiques, plufieurs couvens, un vafte collége où les Juifs enfeignaient & dont l'églife eft dans le bon goût italien. Sa coupole & fes tours font très élevées; fon portail eft orné de colonnes & de diverses figures: le grand autel de *St. Pierre* de *Rome* fut le modele du sien, sa voûte est très bien éclairée & ses chapelles décorées avec trop de profusion.

L'hôpital militaire a un théâtre anatomique bien ordonné & beaucoup de piéces disséquées & injectées avec art: on voit encore à *Manheim* trois autres hôpitaux pour les sujets des trois cultes autorisés, & une maison de correction & pour les orphelins.

Son académie des sciences fut érigée en 1763: elle distribue chaque année un prix de cinquante ducats pour celui qui développe le mieux les sujets historiques ou physiques qu'elle propose. Son académie de dessein, fondée en 1757, excite l'émulation par trois médailles qu'elle donne chaque année aux élèves qui se distinguent. Le bâtiment qu'elle occupe renferme un sallon des antiques, où l'on a rassemblé les statues & les groupes des plus fameux maîtres de l'antiquité; on y voit le *Laocoon*, la *Vénus de Medicis*, l'*Apollon du vatican*, l'*Hercule Farnèse*, *Castor & Pollux*, le *Saturne Borghése* &c. tout enfin ce qu'on accourt admirer à Rome & dans l'Italie. *Manheim* a encore une société physique & économique, une école du génie, une de chirurgie, & une de sages-femmes, où elles subissent un examen rigoureux.

Sa place du marché est vaste, bordée de maisons élégantes & symmétriques, ayant au centre un groupe de pierre magnifique, sculpté par *Vander-Branden*, représentant *Manheim*, que *Mercure* élève au-dessus des deux fleuves qui l'arrosent. Sa place d'armes est garnie d'arbres, ornée d'un dôme en portiques d'un beau marbre, que flanquent des bassins & des jets d'eau, & que surmonte un groupe pyramidal de toutes sortes de figures de bronze, très déliées & artistement travaillées. Sa douane est un batiment somptueux qui renferme divers magasins; celui des porcelaines est un des plus riches en ce genre. On y remarque encore son arsenal, sa fonderie de canons, son hôtel des monnaies, trois belles portes ornées de trophées & d'inscriptions, son jardin botanique très bien arrangé. Ses fortifications sont formées de treize bastions: elles sont régulieres; mais il faut dix-mille hommes pour les défendre. Elle a une blancherie dans l'isle de *Niedergrund* où l'électeur a une maison de plaisance, diverses manufactures, sur-tout en bijoux: on connait celle des tabatieres. Elle fut déclarée ville de commerce en 1736, & depuis ce tems il y fleurit : on y compte environ vingt-cinq-mille habitans.

L'électeur réside dans un des plus vastes palais de l'Europe : d'un côté il voit *Manheim*, de l'autre sa vue s'étend sur le *Rhin* & les campagnes voisines : à son entrée est une cour immense, fermée d'un grillage; au fond est le corps de logis, dont le milieu domine sur le reste par un pavillon quarré couvert en terrasse ; sur les côtés sont deux ailes d'abord parallèles, mais qui se déployent ensuite à angles droits & s'étendent à perte de vue, l'une à droite & l'autre à gauche, en face de la ville. A tous les angles, des pavillons élevés relèvent la majesté de l'édifice; les appartemens en sont très riches: on y voit des meubles d'argent massif. Dans l'aile gauche demeure l'électrice; elle renferme la chapelle peinte avec goût, & où l'on voit un autel d'argent massif & des reliques plus brillantes que vénerées: une salle d'opéra, qui est par son étendue, son architecture, & ses décorations, une des plus magnifiques de l'Europe : le jeu de paume est vaste & propre. L'aile droite, ou l'aile des princes, est consacrée aux sciences & aux arts: c'est là que sont les archives, que s'assemble l'académie des sciences, & qu'on voit la bibliothèque, longue de cent pieds, large de quarante-huit, haute de trente-six: aux deux côtés de sa porte sont les bustes en marbre blanc de l'électeur Charles Théodore & son épouse, fondateur de l'établissement: au milieu sont deux globes, l'un céleste, l'autre terrestre, & un planisphère que des ressorts intérieurs font mouvoir. Elle renferme quarante-mille volumes, partagés en trois divisions, rangés sur de riches tablettes, posés en gradins dans toute la hauteur de la salle avec des balcons avancés de fer doré: au plafond on voit les sciences, les vertus & les arts, qui ont à leurs pieds les vices & l'ignorance, qui, à l'aide du tems, découvrent la vérité sur son trône, & Minerve près d'elle qui les invite & les guide.

On y voit encore un cabinet de médailles grecques, romaines, germaniques, & modernes, en or, en argent, & en bronze; des pierres fines antiques & modernes, gravées en creux & en relief. Dans le trésor on voit la couronne d'or de Frédéric V, élu roi de Bohème; une corne de rhinoceros sculptée, un calice d'héliotrope d'un seul morceau, admirable par sa grandeur, sa netteté, sa couleur, par l'éclat du poli & le travail de l'artiste; un vase de matrice d'émeraude, trois vases de cristal noir, beaucoup d'autres en cristal, en sardoine & en émail, &c.; une perle moitié blanche & moitié noire, connue sous le nom de perle de la maison Palatine; un arc de triomphe en vermeil; une belle collection des tableaux des plus grands maîtres, où l'on admire sur-tout la tête d'un vieillard & celle d'une vieille peinte, par *Denner*; un cabinet d'estampes & de desseins, composé de plus de quatre-cents volumes in-folio; un cabinet d'histoire naturelle qui présente une suite complette du régne minéral, une ample collection de pétrifications, un beau coquillier & des productions marines de toutes espéces &c.; enfin un cabinet d'antiquités, la plûpart déterrées dans le Palatinat ou dans le voisinage.

Heidelberg, ville située sur *Necker*, au pied du *Geisberg*, (*Mons Caprarius*): elle fut ceinte de murs dans le 12me. siécle, & devint le siège de l'électeur, la capitale du pays. La guerre & le feu l'ont souvent désolée, les Français la pillerent, la brûlerent & la renverserent de fond en comble en 1694: relevée de sa cendre, elle présente une forme longue & étroite; elle est assez bien bâtie, & a un faux-bourg. C'est là que les luthériens & les reformés ont leur consistoire & leur administration ecclésiastique. Elle a une université fondée en 1386, composée aujourd'hui de vingt professeurs, dont quatre sont reformés. L'église du St. Esprit, partagée par un mur épais, a sa nef occupée par les reformés & son chœur par les catholiques. Sa bibliothèque fameuse enlevée par le général Tilly, fut transportée au vatican.

Il a été plus facile de réparer la tonne détruite par les Français: celle qui subsiste contient 61200 pintes de Paris: elle est plus grande que l'ancienne, & bien moins grande que celle que le roi de Pologne fit construire à *Kœnigstein* en 1722, & qui contient 74180 pintes.

Heidelberg renferme encore sept couvens, un théâtre anatomique, un jardin de plantes, un hôtel de ville, un hôpital militaire, trois églises pour chacune des trois religions qu'on y professe; plusieurs places

places publiques, plus de vingt fontaines, & six portes. La plante *Heidelbern* qu'on y trouve, avait donné son nom au chateau électoral & probablement à la ville. Il y avait de magnifiques bâtimens dont il ne reste que des ruines, ainsi que de divers forts élevés par les électeurs. La ville est commerçante : elle a une manufacture d'étoffes & de bas de soie, des fabriques de tapis, d'indiennes & de bougies. Elle a un beau pont sur le *Neckar*; vis-à-vis est une montagne qu'on croit être le *Mont Pyrus*: les Romains y avaient un fort; il y a eu ensuite une église, puis un couvent où l'on vint en pélérinage : tout cela n'est plus, il n'en reste que le nom de *Sainte* donné à la montagne.

Frankenthal, ville dans une plaine fertile, sur un canal qui communique au Rhin : son couvent qui renfermait une communauté de femmes & une d'hommes, en fut l'origine : des Flamans qui fuyaient la persécution, la rendirent florissante : détruite par les Français, elle se relève par les soins du prince : la tolérance, des privilèges, des agrémens, y attirent des habitans; ses rues droites, & larges, dont quelques-unes sont bordées de mûriers, ses maisons assez élégantes, en font une belle ville. Elle a quatre églises, un très bel hôpital, trois belles portes, une manufacture de porcelaine qui se distingue par la peinture, les formes & la couleur : on en fait voyager les ouvriers, on leur donne des prix, tout y nourrit leur émulation. On y trouve encore des manufactures de draps, de serges de pannes, & autres étoffes de laine, d'étoffes de soie, de fil d'or & d'argent, d'amidon, de poudre à poudrer, & de savon : des fabriques de rubans, de bas de laine, de tabac, de tabatieres d'or & de similor, une teinture pour les soieries.

une pour les laines, admirée par sa pompe, son séchoir & l'arrangement de ses chaudieres. Son canal rempli par le non usage a été nettaié, rendu navigable jusqu'au près des murs, où est un vaste bassin capable de recevoir les plus grands batteaux : un conseil siège à *Frankenthal*.

Les *bailliages* du *Palatinat* sont sur les deux rives du *Rhin*.

Bailliage de Heidelberg.

Weinheim, autrefois *Windenheim*, petite ville : elle a une église pour chacun des trois cultes. Elle est située dans la plus belle contrée du *Bergstrass* : on y fait des vins excellens.

Schœnau, petite ville où l'électeur Fréderic IV. fixa une colonie de réfugiés flamans & français.

Neckar-Gemünd, est sur le *Neckar* & près de l'*Elsenz* : c'est une petite ville.

Wissloch, petite ville qui renferme trois églises pour les trois cultes.

Schwetzingen, maison de plaisance à trois lieues de *Manheim*, jointe par une allée d'arbres à *Heidelberg* : le corps de logis est peu apparent ; ses ailes circulaires sont distribuées en diverses salles magnifiques ; mais ce qui attire l'attention, ce sont les jardins : ils sont les plus beaux de l'Allemagne. Ils ont plus de trois cents arpens : divisés en trois allées, celle du milieu est un perron de trois-cents pieds de large, coupé en terrasse, orné de statues & de vases, d'où l'on passe à un parterre circulaire, ayant à son centre un bassin de cent pieds de diametre, parsemé de jets d'eau en groupe de plomb bronzé & accompagné de quatre autres plus petits. Au bout du parterre l'on voit un bassin en cascades, deux cerfs y jettent de l'eau, & on y descend par deux pentes douces ornées de vases bronzés: de-là les talus conduisent à des terrasses dont les angles sont embellis par quatre figures couchées: ce sont les quatre élémens. Derriere sont des bosquets à l'anglaise embellis par divers ouvrages de l'art: celui de Minerve renferme le temple de cette déesse, construit de marbre dans le goût antique, & dont sa statue occupe le centre. En le construisant on trouva des ossemens & des débris d'armes; ce lieu si riant aujourd'hui, fut sans doute ensanglanté par un combat. Le bosquet de Cupidon a aussi son temple: au-delà est un étang magnifique, long de cinq-mille-cinq-cent pieds, & large de deux-cent-trente: sur le mur qui l'environne sont les statues colossales & couchées du *Danube*, du *Rhin*, de la *Meuse*, & de la *Moselle*. Plus loin est un bois dont l'intérieur offre une pepiniére d'arbres fruitiers, un grand cirque, un amphithéâtre de verdure, & différentes statues: les deux autres allées ont divers ornemens. A droite est l'orangerie, la serre, d'une architecture noble & simple, longue de sept-cent pieds, & un théatre champêtre, au fond duquel est une petite montagne artificielle en rocaille, sur laquelle repose un temple d'Apollon: c'est une rotonde dont le centre est occupé par la statue du dieu. A gauche sont différens potagers, leurs serres, un grand verger, un bosquet, des plantes exotiques, & un bosquet des bains, ou *Thermes Théodoriques*, du nom du prince qui les fit faire. Ils sont du plus beau marbre, dans le goût antique, & c'est encore le monument le plus magnifique de ces superbes jardins.

Dillsberg, petite ville, qui a un château fort, bâti sur un rocher escarpé au bord du *Neckar*.

Schriesheim, grand village, chef lieu d'un district,

près duquel on a trouvé les restes d'un bain antique, & une sépulture quarrée avec les fondemens d'une chapelle & d'un cœnaculum.

On trouve encore dans ce bailliage quatre-vingt-quinze villages ou hameaux.

Bailliage de Ladenbourg.

Ladenbourg est la plus ancienne ville du Palatinat; connue des Romains sous le nom de *Lupodunum*, des Francs sous celui de *Lobdenbourg*, elle n'appartint d'abord qu'en partie aux électeurs Palatins; les évèques de Worms la leur ont cédée enfin toute entiere: elle est sur le *Neckar*, & a trois églises pour les trois cultes. Son bailliage renferme trois villages paroissiaux.

Bailliage de Bretten.

Bretten ou *Bretheim*, petite ville sur une colline que baigne le *Saltzbach.* Les trois cultes y ont une église.

Heidelsheim, sur le Saltzbach. *Weingarten*, sur la frontiere du territoire de Bade. *Eppingen*, sur l'Elzenz, sont de petites villes: la premiere est fort ancienne; la derniere a une belle église. *Zeizenhausen*, village qui a des eaux minérales.

Bailliage de Mosbach.

Mosbach, est dans un vallon riant & fertile: elle est petite & a été impériale: elle a un château, & trois églises pour les trois religions, une manufacture de draps & une saline, &c.

Sinzheim, petite ville & pauvre, qui a été libre, qui a un faux-bourg considérable, & un couvent non loin de ses murs.

Hilspach, *Eberbach*, petites villes: la derniere est sur le Neckar. *Obrigheim* est un village où l'on a trouvé des monumens romains.

Bailliage de Boxberg.

Il fut longtems une seigneurie particuliere : on y voit la petite ville de *Boxberg*, le bourg de *Wœlchingen*, & douze autres villages.

Bailliage de Lindenfels.

Lindenfels, est une petite ville près de laquelle est une montagne d'où s'élève un château antique. *Waldmichelbach*, bourg où l'on voit une papeterie : on compte encore dans ce bailliage vingt-un villages.

Bailliage d'Umstadt.

Gros-Umstadt, est une petite ville : dix-neuf villages sont dans son bailliage.

Bailliage d'Utzberg.

On y voit le château d'*Utzberg* ou d'*Otzberg*, château & prison d'état, bâtie sur une montagne; le bourg de *Hœring*, & six autres villages.

Bailliage de Germersheim.

Germersheim, petite ville, qu'on croit être le *Vicus Julius* des Romains, érigée en ville par l'empereur Rodolphe I, qui y mourut. Elle est au confluent de la Queich & du Rhin; le poisson & le gibier sont abondans aux environs. Son château a le nom de *Frederichebühel (Frederici-collis.*

Billigheim ou *Bellickheim*, sur le Wihrbach : elle fut érigée en ville par l'électeur Fréderic II.

Klingenmünster, abbaye sécularisée, qui fut fondée par Dagobert II.

Godramstein, village dans la vallée de *Siebeldingen* : l'on y a trouvé des autels, des inscriptions romaines & d'autres antiquités, qui font partie du cabinet de Manheim.

Hambach ou *Haimbach*, fut un monastere qui appartient à l'ordre de Malthe, qui y met un baillif,

& paie, comme vaſſal de l'électeur, 750 fl. à la caiſſe militaire.

Bailliage de Neuſtadt.

Neuſtadt ſur la Hart, *Neapolis Nemetum*, ville traverſée par le *Speyerbach*, près d'une montagne : elle a un gymnaſe. Autour d'elle ſont des collines qui produiſent le vin connu de *Gœnſefüſer*.

Wachenheim, petite ville dont le vin eſt la richeſſe : il en eſt de même du bourg d'*Edikopfen*.

Oggersheim, ci-devant *Agridesheim*, ville petite & jolie, dans une plaine agréable, fertile en grains, légumes & fruits, d'où l'on voit vingt villes ou villages : elle a une maiſon de plaiſance commode, dont les appartemens ſont magnifiques, embellie par des buſtes de marbres, des gravures, des peintures, & des raretés diſtribuées avec goût, d'une jolie bibliotheque, des jardins très variés, ornés de ſtatues, de vaſes, de baſſins, d'allées & de grottes. A leurs extrèmités eſt un ſallon chinois, entouré de jets d'eau dans des baſſins de marbre, ſa vue s'étend ſur un canal, & à ſes côtés ſont des allées que terminent une forèt. Son potager, ſon orangerie, ſon boſquet, ſa maiſon de bains, & ſa ménagerie, n'en ſont pas les moindres ornemens.

Lambsheim, jadis *Lammundesheim*, petite ville.

Altrip, *Alta-Ripa*, ſur les bords du Rhin, village antique où les Romains avaient un fort dont les eaux du fleuve couvrent les ruines.

Bailliage d'Alzey.

Alzey, ville ſur le *Selzbach* (*Saluſia*) : elle a un vieux château, une égliſe pour les reformés, deux autres pour les luthériens & les catholiques. Son terroir eſt fertile en grains.

Odernheim, petite ville ſur le Selzbach : elle a été impériale.

Arnsheim & *Pfeddersheim*, petites villes : la derniere á été libre, elle eſt dans un pays fertile en vins : à ſon midi le pays eſt uni, plus loin vers le nord-oueſt, on commence à trouver des collines & des montagnes ſableuſes qui ſont une ſuite des Voſges.

Alsheim, petit bourg, qui a deux égliſes : il eſt voiſin de l'ancien lit du Rhin : il coule aujourd'hui plus à l'orient. *Welshofen* eſt un bourg de deux-cent-quarante feux.

Freinsheim, petite ville. *Mœrsfeld*, village connu par ſes mines de mercure.

Bailliage d'*Oppenheim*.

Oppenheim, ville ancienne ſur une hauteur près du Rhin. On y voit trois égliſes pour les trois cultes, deux chapitres ſupprimés, & les reſtes d'un château : elle a été impériale. Près d'elle ſont les maſures du couvent de *Mariencron* : autour ſont d'excellens vignobles. Ceux du village de *Nierſtein*, près du Rhin, ne leur ſont pas inférieurs.

Stadeken, château & village : ſon diſtrict fit partie de la principauté des Deux-Ponts, qui le céda à l'électeur.

Ober Ingelheim, ville autrefois impériale : elle eſt ſur la Selz, & renferme deux-cent-cinquante feux. Près d'elle eſt le bourg de *Nieder Ingelheim*, où l'on voit la ſalle d'*Ingelheim*, ancien palais où nâquit dit-on Charlemagne.

Bailliage de *Bacharach*.

Bacharach, dont on voit l'étimologie dans *Bachi-ara*, eſt ſituée ſur le Rhin. Les trois religions y ont une égliſe, & les capucins un couvent. Sur une montagne voiſine eſt le château de *Stalecke*, ancienne réſidence des comtes Palatins. Son terroir eſt fertile en vins muſcats recherchés.

Caub, *Cuba*, petite ville sur le Rhin, qui voit au-dessus d'elle le château des *Gutenfels*, gardé par des invalides, & au-dessous, dans une isle du Rhin, la tour de *Pfalz Gravenstein*, qui la défend & où l'on reçoit le péage.

La description des six autres bailliages se trouvera dans celle du cercle du Haut Rhin.

Kayserswerth, *Cesaris Werda*, ou *Insula*, petite ville qui fut une forteresse; mais aujourd'hui sans murs, près du Rhin: elle a un chapitre. Engagée longtems à l'électeur de Cologne, elle est revenue en 1762 à l'électeur Palatin.

LA TOUR TAXIS.

Le prince de ce nom siège & votte dans les diettes sans posséder de terres immédiates de l'empire. Ce privilége fut le prix accordé en 1724, au prince Anselme François, pour avoir prêté à l'empire 800000 écus. La charge de grand-maître général & héréditaire des postes fut érigée en fief, qui lui donna le nom de prince. Sa taxe pour le mois romain est de 76 fl. Il fut admis au collége des princes en 1754.

CERCLE DU HAUT RHIN.

CE cercle renfermait autrefois l'Alsace, la Lorraine, les trois évêchés, l'archevêché de Besançon, la Savoie même, & ne les renferme plus.

Le cercle du Bas-Rhin le traverse : la plus petite partie est à l'occident du Rhin; la plus grande à l'orient. L'électeur Palatin comme prince de Simmern, & l'évêque de Worms le convoquent; l'évêque le dirige; & quand il s'agit d'une cause de protestans à catholiques, on joint à lui un prince protestant. Les diettes se tenaient autrefois à Worms, & elles se tiennent aujourd'hui à Francfort: la chancellerie & les archives sont demeurées dans la premiere: quant à la religion, il est mixte; par sa situation, il est un des quatre cercles antérieurs, & un des six cercles exposés : il est membre de la ligue qu'ils forment. Son colonel est le landgrave de Hesse Darmstadt.

Les états qui le composent aujourd'hui, ont le rang que nous leur donnons dans l'énumération qui suit. Quelques-uns disputent entr'eux sur ce rang, & la question demeure depuis longtems indécise.

Les évêques
- de Worms.
- de Spire, joint à la prévoté de Wissembourg.
- de Strasbourg.
- de Bâle.
- de Fulde.

Le grand prieuré de St. Jean.
L'abbaye de Prüm.
La prévoté d'Odenheim.

CERCLE DU HAUT RHIN.

L'électeur Palatin pour { Simmern. / Lautern. / Veldenz.

Le comte Palatin des Deux - Ponts.

{ Hesse Cassel.
Hesse Darmstadt.
Hersfeld ou Hirschfeld.
Sponheim.
Salm & Kirbourg.
Nassau - Weilbourg.
Nassau - Usingen.
Nassau - Idstein.
Nassau - Saarbruck & Ott-
weiler.
Waldeck.
Hanau - Münzenberg.
Hanau - Lichtenberg.
Solms-Hohensolms.
Solms-Braunfels.
Solms-Rœdelheim.
Solms-Laubach.

L'archevêque de Mayence pour { Kœnigstein.

. . . Stolberg pour { Kœnigstein.

Isenbourg - Birstein.

Isenbourg - Budingen.

Wachtersbach & Meerholtz.

Les comtes ou Rhingraves de .
- Greeweiler.
- Grumbach.
- Dhaun.
- Linange-Hartenbourg.
- Linange Westerbourg.
- Grünstadt.
- Münzfelden.
- Witgenstein.
- Witgenstein Berlebourg.
- Falkenstein.
- Reipoltskirchen.
- Creange.
- Wartenberg.
- Bretzenheim.
- Dachstuhl.
- Ollbrück.

Villes impériales. *Worms, Spire, Francfort, Friedeberg & Wetzlar.*

PRINCIPAUTÉS DE SIMMERN, DE LAUTERN, ET VALDENZ,

ou partie occidentale du Palatinat du Rhin.

SIMMERN.

Cette principauté est située dans le *Nahegau* : elle fut une partie des états que Rupert III, prince Palatin, duc de Baviere, & roi des Romains, laissa à ses quatre fils. Après diverses successions, elle est parvenue à la maison électorale pour n'en plus être séparée. Elle n'a point de taxe ; mais elle donne à l'électeur séance & voix à la diette : elle l'en rend co-directeur. Il est divisé en deux bailliages: celui de Simmern renferme quatre villes & soixante-six villages; celui de Stromberg est moins étendu: on n'y voit qu'une ville, & seize villages; mais on y trouve du fer, du plomb, de l'argent, du marbre noir, & du cristal.

Simmern, petite ville où les trois cultes ont des églises: la petite riviere qui l'arrose, en reçoit ou lui donne son nom.

Argenthal, *Laubach*, *Horn* ou *Hohen-Rhüne*, sont des villes au moins par le nom. *Stromberg*, a un château, est sur la Gilbach.

LAUTERN.

Elle était une partie de la succession des princes Palatins: elle est tombée dans la maison électorale; & lui donne séance, voix & rang dans la diette, avant celle de Simmern. Elle ne paye point de taxe particuliere à l'empire, & ne forme qu'un bailliage où l'on compte quatre petites villes & sept mairies.

Lautern ou *Kayserslautern* (*Lutra Cæsarea*), fut autrefois impériale: le ruisseau de *Lautern* l'arrose; un château lui donna son nom: les trois religions y ont leurs églises.

Otterberg, a un château, & un ancien couvent supprimé. *Rockenhausen* est chétive. *Wolfstein* est sur le *Lautern*.

VELDENZ.

Un mariage la fit passer dans la branche Palatine de Simmern: elle fut longtems unie au duché des Deux-Ponts, & une partie y reste unie encore. Le suffrage qu'elle donne passait successivement de la branche de Soulzbach à celle de Birkenfeld. La portion de Veldenz, échue à l'électeur, forme deux bailliages: celui de Veldenz est sur la Moselle, il est environné de l'électorat de Trêves: celui de Lautereck est arrosé par le Glan.

Veldenz, est un bourg: à une demi lieue est le château de ce nom: près de lui sont les villages de *Bürgen* & de *Duſſemont*, connus par les excellens vins de la Moselle qu'on y recueille.

Lautereck, est une ville: elle est petite, le Glan la traverse. *Reichenbach*, est un bourg dont la jurisdiction s'étend sur dix-sept villages. *Rœmigsberg* était un couvent, & est un château.

PRINCIPAUTÉ DES DEUX-PONTS.

Formée de l'ancien comté de ce nom, & d'une partie de celui de Veldenz: elle échut à la maison palatine en 1385. Dans le 15me. siecle, le comte devint prince. Les descendans de ces princes parvinrent au trône de Suède & donnerent trois rois à cet état, Charles X, Charles XI, & Charles XII, l'Alexandre du nord. De cette branche de la maison Palatine, elle parvint à celle de Birkenfeld qui la possede aujourd'hui & qui doit réunir touts les états de cette maison en succédant à l'électeur Charles Théodore.

Cette principauté a pour bornes, d'un côté, l'Alsace & la Lorraine: de l'autre, l'électorat de Trêves & le Bas Palatinat: elle est entrecoupée par les possessions de divers autres princes. Son sol est montagneux: il renferme des pâturages & des champs, leurs productions suffisent aux habitans; quelques-uns couverts de sable, ne sont semés que d'avoines; il y a beaucoup de bois & de gibier: le long du Glan on voit des vignes médiocres: ailleurs on trouve du mercure, des ametiftes, de l'agatte, des mines de cuivre, de fer, de charbon de terre. La *Lauter* y reçoit le *Glan*, la *Nahe* groffie des eaux de l'*Alfenz* fe jette dans le *Rhin*: l'*Elbach*, la *Loifebach*, la *Queich*, l'arrofent encore: la *Hornbach* y reçoit la *Swolb* & l'*Averbach*, & fe joint à la *Blie*.

Le prince ou duc, prend féance à la diette après l'électeur Palatin. Son mois romain eft de 240 fl.; fa taxe pour la chambre impériale eft de 172 rixdaler 36 kr. pour chaque terme. Ses revenus font eftimés plus de 500000 fl. d'empire.

I. Terres de l'ancien comté de Deux-Ponts.

Bailliage de Deux-Ponts, dans le Blifgau en Weftrie.

Deux-Ponts ou *Zweibrücken*, (*Geminus Pons*), petite ville fur l'Erlbach: elle eft bien bâtie, a un magnifique château; eft le fiege des tribunaux de la principauté. Les catholiques occupent le chœur de la grande églife, & les reformés la nef. Il y a une églife pour les luthériens, une pour les reformés françois dans le faux-bourg, & un gymnafe. C'eft là que fe fait la meilleure gazette littéraire: près d'elle eft une jolie vallée, où Staniflas, roi de Pologne avait fait bâtir un château qui dépérit.

Hornbach, eft fur la riviere de ce nom: elle eft petite, a un diftrict affez étendu; elle avait autrefois un couvent converti en un gymnafe, tranfporté à Deux-Ponts.

Hombourg, petite ville, fondée en 1682. Elle avait un château-fort & d'autres ouvrages aujourd'hui détruits: elle eft le chef lieu d'un bailliage, dont plus de la moitié appartient à Naſſau-Saarbrück-Saarbrück.

Le bailliage de *Deux-Ponts* s'étend encore ſur environ ſoixante villages.

Bailliage de Neucaſtel ou *Bergzabern*, en Waſgau & en Spyrgau.

Bergzabern, Tabernæ Montanæ, ville ſur l'Erlbach : elle a un château, réſidence ordinaire des ducheſſes douairieres : les Voſges s'élèvent à peu de diſtance. On y voit deux égliſes ; l'une eſt aux luthériens, l'autre eſt commune aux catholiques & aux reformés.

Anweiler, ville qui en obtint le titre ſous Fréderic II, en 1219. Le château de Trifels la commande, & la Queich l'arroſe ; elle a été impériale, deux-cent-cinquante-deux maiſons la compoſent.

Trifels, eſt un château qui tombe en ruines. Henri V y fit garder les joyaux de la couronne. Richard, roi d'Angleterre y a été detenu. Il eſt ſur le ſommet d'une montagne, porté ſur trois pointes de roc, qui en faiſaient trois châteaux, & de-là vient ſon nom. Il y reſte encore une haute tour.

Falkenbourg, château & ſeigneurie, où l'on compte quatre villages, & dont les comtes de Linange poſſédent une partie.

Kléébourg, bourg orné d'un château qui a donné ſon nom à une branche de la maiſon Palatine. Ce bailliage renferme encore trente-deux villages.

II. TERRES DE L'ANCIEN COMTÉ DE VELDENZ.

Bailliage de Lichtenberg.

Lichtenberg, eſt un château. *Kuſſel*, une petite

ville détruite par la guerre, rebâtie durant la paix. *Baumholder* & *Berschweiler*, deux bourgs. On y compte encore quatre-vingt villages.

Bailliage de Meisenheim.

Meisenheim, petite ville, sépulture des comtes Palatins, & siège d'un conseil de mines. Elle a un château; le Glan, l'arrose: près d'elle est une verrerie où l'on consume le charbon de terre que fournissent les deux mines qu'elle a dans son voisinage. Cette ville dépend de l'archevêque de Mayence.

Ober-Moschel, petite ville au-dessus de laquelle est un mont où l'on voit les ruines du château de *Landsberg*. *Hagenbach*, *Fels*, sont encore deux petites villes. *Odenbach*, est un bourg que le Glan traverse. On y compte encore une trentaine de villages.

COMTÉ DE SPONHEIM.

On lui donne aussi le nom de *Spanheim*. Ses premiers comtes étaient puissants. Le premier qui soit connu est *Everard*, comte de *Naumbourg*. Dans le 15me. siècle, la cinquieme partie du comté passa par un mariage dans la maison Palatine, & peu de tems après les Margraves de Bade posséderent par accommodement & en communauté avec le comte de Veldenz, le comté ultérieur, & l'antérieur, conjointement avec l'électeur Palatin. Après diverses successions, la maison palatine demeura en possession de trois-cinquiemes du comté antérieur, & le duc de Deux-Ponts de la moitié du comté ultérieur. Les Margraves de Bade possédent le reste.

Ce comté est situé entre le *Rhin* & la *Moselle*, le *Hundsruck*, & les anciens districts de *Nobegau*, de *Truchgau* & de *Bedgau*. La forêt de *Saan-wald* sépare

sépare l'ultérieure de l'antérieure; cette division est très ancienne.

COMTÉ ANTÉRIEUR DE SPONHEIM.

C'est lui qui est proprement nommé Sponheim: il a fait partie de l'Austrasie ou France orientale. On y cultive le colsa, le lin, la vigne : on y recueille plus de blé que n'en consomment les habitans. Il y a des pâturages, des prairies artificielles, peu de bois, assez de gibier & de poisson, une mine de fer & des forges, une mine de mercure & des salines. Le Rhin y facilite le commerce. Les habitans sont reformés; quelques-uns sont catholiques : les mêmes églises leur servent tour à tour. L'électeur n'a jamais payé de taxe pour un cinquieme de ce comté; mais il paye pour les deux autres cinquiemes 75 fl. de mois romain, & 108 rixdalers 20 kr. pour la chambre impériale.

I. PORTION DE L'ÉLECTEUR PALATIN.

Bailliage de Creutzenach.
Creutzenach, ville sur la Nahe, qui la partage en ancienne & nouvelle. Les anciens rois francs y avaient un palais: elle est bien bâtie, & a une fabrique de tabac: près d'elle est une montagne où se voyent encore les restes de l'ancien château de Kautzenbourg: à une lieue de-là, dans une jolie vallée où serpente la Nahe, sont deux salines.

Sponheim, château & bourg: près d'eux est une abbaye de bénédictins, qu'on a commencé à construire en 1101. *Welstein*, *Gænzingen*, sont aussi des bourgs: ce dernier est près de la Nahe. Ce bailliage renferme la plus belle partie du comté. On y compte une vingtaine de villages : il s'étend encore sur le bailliage de *Bœckelheim*, qui fut longtems partie du duché de Simmern, & dont une partie a été cédée à l'archevêque de Mayence, à qui il avait appartenu. On y voit les petites villes de *Sobernheim* sur la Nahe, de *Monzingen*, & plusieurs villages.

II. PORTION DU MARGRAVE DE BADE.

Bailliage de Kirchberg.
Kirchberg, petite ville, & château, qui eut ses comtes particuliers : autour d'elle sont de grands villages.

Bailliage de Naumbourg.
On y voit l'ancien château de ce nom; ou plutôt, on n'y voit que ses ruines, près de la Nahe, & divers villages.

Bailliage de Sprendlingen.
Sprendlingen, & *St. Jean*, sont des bourgs grands & riches.

Le comté antérieur renferme encore la seigneurie d'*Ebernbourg*, le bailliage d'*Argenschwang*, le village de *Dhan* ou *Græventhem*, dans les Vosges, sur la Lauter. Ils ont leurs maîtres particuliers.

COMTÉ ULTERIEUR DE SPONHEIM.

Son sol est montueux, mais fertile : ses côteaux sur la Moselle & la Nahe sont couverts de beaux vignobles : ailleurs sont des champs, des bois, des vergers, des pâturages couverts de bêtes à cornes : le chêne y est commun, le mouton estimé par son gout, le gibier & le poisson abondant. On y trouve des mines de cuivre, de plomb & de fer, de l'agathe, de l'ardoife, & des fources médicinales. Ses habitans font prefque tous luthériens, prefque tous ferfs. Une régence commune aux ducs des Deux-Ponts & aux margraves de Bade, régit le pays: elle réfide à Trarbach. Les derniers appels en matiere criminelle vont aux deux feigneurs. Celui de Deux-Ponts paye un mois romain de 62 fl. Les margraves payent pour ce qu'ils poffédent dans le comté ultérieur & l'antérieur, un mois de 90 fl. Cette partie du comté eft appellée de *Starkenbourg:* elle était fituée dans la Weftrie, ou France occidentale.

Bailliage de Trarbach.

Trarbach ou *Tranerbach*, fut une fortereffe: le château de *Grævenbourg* la défendait; tout a été démoli; elle eft une ville ouverte: la Mofelle l'arrofe & un confiftoire y réfide; elle a un gymnafe, & fa grande églife fert aux catholiques & aux luthériens. Sur la rive oppofée était la fortereffe de Mont-Royal, conftruite par la France, & dont la paix de Rifwic ordonna la démolition.

Starkenbourg, eft un vieux château fur la Mofelle.

Enkirch, eft un grand bourg: on compte encore dans ce bailliage dix-huit bourgs ou villages.

Bailliage de Caftelaun.

On y voit la petite ville de *Caftelaun*, & environ trente villages.

Bailliage de Dill.

Il eft dans le *Hundfrück*. *Dill*, eft un village & un château. Il s'étend fur une partie de douze autres villages.

Bailliage de Winterbourg.

Il eft dans le *Nohegau* & fit partie du comté antérieur avant 1437. *Winterbourg* eft un village & un château.

Bourg-Sponheim, & neuf villages, forment ce bailliage.

Bailliage de Herrstein.

Dans le *Nohegau*. *Herrstein*, est un bourg. *Mettloch*, une abbaye.

Bailliage de Birkenfeld.

Dans le *Nohegau* encore. *Birkenfeld*, est un bourg, qui donne son nom à la branche Palatine de Deux-Ponts: il renferme encore un petit bailliage, trente-deux villages & deux fonderies de fer.

Bailliage d'Allenbach.

Il est peu étendu, est dans la forèt *Idar*. *Allenbach*, est un château & un village.

Le Cræfer-Reich.

Petit canton au-delà de la Moselle, formé de sept villages. Les comtes de Sponheim l'acquirent en 1274: la préfecture en fut vendue aux archevèques de Trèves, qui la font si bien valoir qu'ils retirent le tiers des revenus du pays.

Le comté ultérieur s'étend encore sur la seigneurie de *Hohenfels* à l'électeur Palatin; sur celle de *Grævenstein* dans les Vosges, à la maison de Bade, pays de montagnes & de bois: on y voit neuf villages.

DES WILD-ET RHINGRAVES

Ces seigneurs s'appellaient autrefois Waldgraves, Raugraves, ou comtes forétiers: les lieux couverts de bois & de monts, où ils rendaient la justice, leur donnerent ce nom. Ils descendaient de deux freres: l'un nommé *Conrad*, fut la souche des Wildgraves: l'autre *Emic*, le fut des Raugraves. Leur nom commun était de Bomerebourg. Leur jurisdiction, divisée entre leurs enfans, & quelquefois réunie, a passé dans différentes maisons. Leur domaine est dispersé. Il y a des Wildgraves de Dhaun & de Kybourg: des Rhingraves de Stein & comtes de Salm ; chacune des maisons régnantes a séance & voix au collége des comtes de Weteravie. Leur taxe est de 75 fl. 45 kr., repartis entr'eux. *Stein* paye 23 fl. *Grumbach* 19 fl. 15 kr. *Dhaun* 21 fl. 30 kr. *Dimringen* 12 fl. Ils payent ensemble 66 écus à la chambre impériale.

Quelques-unes des terres des Wild - & Rhingraves sont des fiefs de Mayence & de Trèves ; d'autres relèvent de l'électeur Palatin & du duc de Deux-Ponts; il en est qui dépendent des abbayes de St. Maximin & de Tholey. Ces seigneurs ne peuvent aliéner leurs terres que par un consentement commun. Ils ont fait en 1698 un pacte de confraternité & de succession perpétuelle entr'eux l'électeur Palatin, & les princes de Salm. Ils donnent les fiefs de concert, & ils ont une cour féodale commune à laquelle l'aîné de la famille préside.

PORTION DES PRINCES DE SALM.

Ils possédent le comté ou principauté de *Salm*, qui appartient exclusivement au prince régnant de Salm-Salm. Le grand bailliage de *Kirbourg*, & un quart des bailliages de *Flonheim*, de *Tronecken*, de *Wildenbourg* & de *Dimringuen*, & un huitieme de *Wœrstadt*, qui leur est commun avec toutes les branches des *Rhingraves*.

COMTÉ DE SALM.

On le distingue de celui qui est renfermé dans le Luxembourg, en le nommant *haut comté*. Il est situé dans les Vosges, entre la Lorraine & l'Alsace.

Son sol est rude, montueux, hérissé de bois, riche en gibier, en salines & en mines de fer; ses fonderies, ses martinets, sont antiques & toujours utiles. Divisé entre deux fils du comte Jean, une partie passa par un mariage à la Lorraine, puis à la France; l'autre partie fut reconnue état de l'empire en 1623 & 1668 : cette branche s'éteignit en 1738, & le comté passa à des princes de la même maison, mais de la branche flamande. Elle a formé celle des princes de *Salm-Salm* ou de *Hoogstraten*, & celle de *Salm-Kibourg* ou de *Loees*, qui exercent alternativement le droit de suffrage aux diettes de l'empire. Leur mois romain est de 40 fl.; leur taxe pour la chambre impériale est de 20 écus 25 kr.

Le prince de Salm-Salm augmenta ce comté en cédant au roi de France la seigneurie de *Fenestranges* Il renferme la petite ville de *Salm*, au pied d'un mont, près de la source de la Saze; la moitié de la ville de *Badovilers;* diverses fermes placées en diverses vallées, dont quelques-unes sont agréables : la seigneurie de *Pouligny*, & la moitié de celle d'*Ogevilers* : le prince réside à *Senones*, où l'on voit aussi une abbaye de St. Benoit.

Grand bailliage de Kibourg.

Ses terres sont dispersées sur les deux rives de la Nahe.

Le prince de *Salm-Salm* n'en possède qu'une petite partie : le reste appartient à la branche de *Salm Kirbourg*. *Kirn* ou *Kyrn*, est une ville qui relève de l'électeur Palatin : *Salm-Salm* en possède un quart, *Salm-Kirbourg* les trois quarts : près d'elle coule la Nahe : le Hahnenbach la traverse & des ruines sont ses fortifications : dans ses environs on trouve du cuivre, du charbon de terre, un alun pur qu'on y affine encore. On y fabrique d'excellens cuirs. Son église est commune aux luthériens & aux catholiques. *Kirbourg* est un château voisin, élevé sur un roc; ses murs & quelques tours en existent encore: autour de lui étaient d'autres châteaux dont il ne reste que les noms.

Bergen, est une paroisse formée de trois villages, sur la frontiere de laquelle est la riche mine de cuivre de *Fischbach*, & la fameuse montagne de *Hosenberg*.

Kirchen Ballenbach, est une prévoté, formée de cinq villages, & dans l'enceinte de laquelle on trouve de l'agathe très fine & très belle.

Lællbach est une mairie qui renferme cinq villages, où vivent des hommes, serfs d'une maison qui y posséda un château aujourd'hui ruiné.

Staudernheim, grand bourg qu'arrose la Nahe.

Meddersheim & *Kirschrod*, deux grands villages: tous deux sont riches par leurs vignobles; le dernier l'est encore par le cuivre & l'agathe qu'on trouve dans ses campagnes.

Windesheim, est un bourg considérable sur la Gultenbach.

PORTIONS PARTAGÉES ENTRE LES RHINGRAVES.

Wærstadt, est un grand bourg, à deux lieues de Mayence: les Rhingraves de Grumbach en possédent un quart.

Tronecken, seigneurie qu'on appelle aussi *marche de Talsang*: elle est dans le Haudsrük, renferme quatorze villages, dont les trois quarts appartiennent aux Rhingraves de Grumbach. On y trouve le château de *Tronecken* ou de *Brabach*, & le bourg de

Talfang, où les luthériens de la seigneurie ont leurs églises.

Dimringuen, seigneurie commune à toutes les branches de la maison de Salm, & aux Rhingraves; ceux de *Grumbach* en ont le quart; ceux de *Stein* un autre quart. On y remarque la petite ville de *Dimringuen*, & le grand village de *Dhelingen*.

Wildenbourg, seigneurie dans le *Hundsrück*, dont les trois quarts appartiennent aux Rhingraves de Stein. On y voit le château de ce nom sur une haute montagne hérissée de bois, & douze villages. *Flonheim*, seigneurie & bailliage qui ne renferme que trois villages.

Portion des Rhingraves de Grumbach.

La seigneurie dont ils portent le nom est en Westrie: la Nahe & le Glan l'arrosent & s'y réunissent: son sol montueux est fertile en vins & en grains; les moutons qui paissent dans ses pâturages donnent une laine estimée par sa finesse. On y trouve encore des amétystes, des agathes fines, des cornalines, des pierres d'autruche, des sources salées, des indices de charbon de terre.

Grumbach devint ville en 1330, sans en devenir plus considérable: son château s'élève sur un roc.

Offenbach, sur le Glan, érigée en ville dans le même tems, est plus grand, plus riche, & plus agréable: il y avait jadis un couvent de bénédictins. *Merzweiler* est un village où l'on découvrit en 1757 les murs d'un temple antique.

Sulzbach, est un village où sont ensevelis les Rhingraves. Cette seigneurie renferme encore treize villages: la maison qui la possède a encore cinq villages dans la vallée d'*Esweiler*.

Portion des Rhingraves de Stein.

Elle comprend le comté de *Rheingrafenstein*, arrosé par la *Nahe*. Le château de ce nom était placé sur un roc élevé, qui dominait sur les rives de la Nahe : redoutable autrefois, il est aujourd'hui détruit : près de-là était *Affenstein*; au-dessous est le village de *Munsteram Stein*, où est une saline. Plus loin, sur la riviere d'Appel, est *Unter-Grehweiler*, où l'on éleva un vaste château en 1749, & où des priviléges encourageans ont formé en peu de tems une petite ville.

Cette portion s'étend encore sur la vallée de *Munster*, où l'on voit cinq villages, & où l'on exploite une mine de mercure; sur *Wendelsheim* & *Ober-Saulheim*, deux beaux & grands villages, & sur cinq huitiemes du bourg de *Wœrstadt*.

Portion des Wildgraves de Dhaun.

Cette famille s'est éteinte en 1750, & sa portion partagée entre les autres Rhingraves. Les princes de Salm-Salm & de Salm-Kirbourg, ont prétendu à tout l'héritage dont on leur laissait la moitié, & leur raison était le droit de communauté qui les liait aux anciens possesseurs. Le procès n'a point encore été décidé.

Le Wildgraviat de Dhaun est autour de la Simmern, & près de la Nahe, où elle vient se perdre. Le Rhingraves de Stein & de Grumbach le possédent. On y voit le château de Dhaun sur une montagne dont la Simmern lave le pied. Là, les Wildgraves habitaient; c'est dans l'église *Mont St. Jean* qu'ils étaient ensevelis.

Simmern sous Dhaun, est le plus beau village de cette seigneurie: on y voit encore les ruines de quelques châteaux dispersés.

Les possessions de la maison de Dhaun comprenaient le grand bailliage de *Rhaunen*, dont le prince de Salm-Salm possède les trois quarts; l'autre quart est à l'électeur de Trèves. Il renferme huit sous-bailliages. Elles s'étendaient encore sur le bailliage de *Haussen*, possédé aujourd'hui par les Rhingraves de Grumbach & de Stein: sur la moitié de la ville de *Kirn*, possédée par les princes de Salm: sur la moitié de la mairie de *Meddersheim*, possédée par les Rhingraves de Grumbach & de Stein, sur la seigneurie de *Putelange*, &c.

SEIGNEURIE DE REIPOLTS-KIRCHEN.

Située dans le Nohegau, elle a d'un côté les grands bailliages de Lautern & de Lautereck; de l'autre, la principauté de Deux-Ponts: elle appartenait autrefois à la maison de Hohenfels, & appartient aujourd'hui à un comte de Hillisheim: le château de ce nom est sur une montagne, d'où il voit plusieurs villages qui en dépendent. Son mois romain est de 28 fl.; sa taxe pour la chambre impériale est de 42 rixdalers 21 kr., tous les trois mois.

COMTÉ DE FALKENSTEIN.

Au sud du Palatinat & au nord de la principauté de Lautern, il est séparé de la seigneurie de Kirchen, par une haute chaîne de montagnes couvertes de chênes, de chataigniers & de hêtres: on la nomme *Thorsberg* ou *Donnersberg*; on la nommait autrefois *Mont-Jovis*. Philippe de Polant est le premier qui porta ce nom en 1270. Ses defcendans formerent diverfes branches qui fe fuccéderent & s'éteignirent. Le dernier comte le vendit en 1667, au duc de Lorraine, d'où il a paffé aux empereurs de cette maifon. Il renferme la petite ville de *Winweiler*, voifine d'un étang affez vafte, ornée d'un château : celui de Falkenftein n'eft plus : au-deffous du lieu où fous fes ruines, eft le bourg auquel il donna fon nom : autour font environ quinze villages, plufieurs fermes, & quelques forêts. La religion dominante eft la luthérienne ; mais il y a beaucoup de catholiques.

COMTÉ DE WARTENBERG.

Il eft borné par le Rhin & le comté dont nous venons de parler : fes terres ne font pas raffemblées : il devint comté immédiat de l'empire en 1707. On y compte dix villages : les comtes réfident dans celui de *Mettenheim*; le château de *Wartenberg* en dépend. Diverfes fermes font répandues çà & là; de grandes forêts les féparent. Le mois romain de cet état eft de 7 fl. ; fa taxe pour la chambre impériale eft de 18 rixdaler 70 kr.

SEIGNEURIE DE DACHSTUL.

Elle touche à la Lorraine, donne à fon poffeffeur féance & voix aux diettes du cercle, fans l'avoir à celles de l'empire : elle eft peu étendue, & n'a de remarquable que le bourg de *Dachftul*; fon poffeffeur paye 16 fl. de mois romain, & 10 rixdalers 73 kr. pour la chambre impériale.

Comté de Créange (Krichingen.)

Il est dans la Westrie, touche à la Lorraine & n'offre de remarquable que le bourg & château de *Créange* ou de *Kirchingen*, sur la Nied allemande: il renferme d'autres villages, & les seigneuries de *Saar-Wellingen*, de *Rollingen* & de *Créange-Putelange*, lui sont unies; & toutes sont en partie sous la suzeraineté du duché de Luxembourg, & en partie sous celle de Nassau-Saarbrük. Ce ne fut d'abord qu'une baronnie, il ne devint un comté qu'en 1617. Quatre-vingts ans après il passa dans la maison de Wiedrunckel. Son mois romain est de 40 fl.; sa taxe pour la chambre impériale est de 13 rixd. 46 kr.

Seigneurie de Bretzenheim.

Elle est sur la Nahe, près de Creutzenach. Admise au rang d'état de l'empire, elle tomba à l'électeur de Cologne qui la donna en fief au comte de Wirmont: l'électeur siege par elle aux assemblées du cercle, & non aux diettes de l'empire. Son mois romain est de 6 florins; sa taxe est de trois rixdalers 13 kr. Le château qui lui donne son nom est sur la Nahe, & il est presque démoli: quatre villages en dépendent, & ils sont habités par des luthériens & des catholiques.

Seigneurie d'Ollbrück.

Elle est située dans l'archevêché de Cologne, n'a point rang parmi les états de l'empire, & paye cependant un mois romain de 16 fl. & une taxe de 17 rixdalers & 45 kr. Son possesseur est catholique & réside à Ollbrück Bornheim.

Cercle du haut Rhin. 77

Abbaye de Prüm.

Elle est de l'ordre de St. Benoit, & fut fondée par Pepin le bref: d'un côté elle a le duché de Luxembourg; de l'autre l'électeur de Trêves: elle est dans les Ardennes, l'électeur de Trêves en est l'administrateur & elle lui donne séance & voix aux diettes parmi les princes. Il paye pour elle un mois romain de 16 fl., & une taxe de 38 rixdalers 62 kr. pour la chambre impériale: l'abbaye lui paye chaque année une contribution de 1573 écus d'empire. Elle a été plus riche autrefois; ses revenus montaient à quatre mille florins d'or; mais l'abbé & le couvent se les partagerent. L'abbé eut les dixmes sur huit villages qu'il conserve, deux seigneuries qu'il n'a plus, d'autres droits qu'il a perdu ou hypothéqués. Le couvent eut cinq petites seigneuries, un vignoble, des censes, des rentes sur divers villages, les revenus du bourg de *Prüm*. L'abbaye & l'électeur ont chacun un tribunal à *Prüm*; mais on appelle de celui de l'abbaye à l'électeur. Le couvent est situé sur la riviere qui lui donna son nom: le bourg est grand; près de lui est un couvent de bénédictines qu'on appelle *Nieder-Prüm*.

Possessions de la maison de Nassau.

Elles forment différents domaines qui appartiennent à deux princes de cette maison; ils leur donnent cinq voix dans les assemblées du cercle; trois sont exercées par le prince régnant de Nassau Saarbrück-Usingue; deux par le prince de Nassau Saarbrück-Saarbrück.

DOMAINES DE NASSAU-WEILBOURG.

Ils font féparés & inégalement fertiles ; mais ils rapportent annuellement plus de 50000 écus d'empire à leur poffeffeur, qui paye 42 rixdalers 40 kr. de mois romain.

COMTÉ DE NASSAU WEILBOURG.

La *Lahn* l'arrofe, une mine d'argent, une de cuivre & de fer, de belles forêts l'enrichiffent. On le divife en fept bailliages.

Weilbourg, ville agréable fur un mont : près d'elle coule la *Lahn*, fur laquelle eft un pont de pierre : elle a un château conftruit avec élégance, orné de fuperbes jardins & d'une belle églife : les chemins y font droits & bordés d'arbres : aux environs font une vafte ménagerie, une maifon de plaifance & la ferme de *Wehroolz*. Dans ce bailliage on voit encore quelques villages. Celui de *Selters*, fur la *Lahn*, a une fontaine minérale, qui n'eft pas celle de *Nieder-Selters*, ou *Selz*.

Weilmunfter, bourg, bailliage, où l'on trouve du fer, de l'argent, du cuivre & quelques villages, le bourg eft fur la *Weilbach*.

Lahnberg, eft auffi un bourg, & un bailliage qui ne renferme que trois villages.

Mehrenberg, feigneurie : elle renferme le bourg de ce nom & fept villages.

Kleeberg, bailliage dont la maifon de Heffe Darmftadt poffède la moitié. Les deux princes y nomment chacun un baillif qui fe réuniffent pour juger. On y voit le bourg de *Kléebourg* & trois villages.

Huttenberg, bailliage partagé entre les maifons

de Hesse & de Nassau. Celle-ci eut pour sa part neuf villages.

Gleiberg ou *Glitzberg*, est un bourg, un bailliage, & fut un comté. On voit encore dans ce bailliage quelques villages; tel est celui de *Felzberg*, autrefois *Veigtsberg*, au pied d'une montagne, sur laquelle sont les ruines d'un château.

Reichelsheim, bourg considérable sur la Harlof, enclavé dans l'évêché de Fulde.

Kirdorf, paroisse, & une partie des terres des deux, des trois & des quatre seigneuries.

Seigneurie de Kirchheim & de Stauff.

Elle est située le long de la montagne de *Donners-berg*, & divisée en deux bailliages.

Kirchheim-Poland, petite ville, & château: près d'elle est le grand rocher de Kœnigstul. *Dannfels* est un village dont le territoire est fertile en châtaignes.

Stauff, est un château: son bailliage renferme le bourg de *Gellheim*, ou *Gellinheim*: près de-là fut tué & enseveli Adolphe de Nassau.

Alsenz est un bourg, une riviere & un bailliage qui s'étend sur deux villages de la vallée de *Munster*. La maison de Nassau Weilbourg possede encore le tiers du comté de *Saarwerden* & de la mairie de *Herbitzheim*, où l'on trouve des sources d'eaux sa-lées, fort abondantes, & la ville de *Neu-Saarwerden* qu'on a bâti dans ce siecle.

Domaines de Nassau-Saarbrüch-Usingue.

Ils donnent un revenu de 120 à 130 mille florins d'empire: les habitans sont luthériens ou reformés.

Comté de Nassau-Usingen.

Usingen est une ville sur l'*Usbach* : elle a de belles manufactures de bas, établie par des réfugiés français, un château, une église luthérienne, une réformée, & une grande ménagerie.

Neu-Weilnau & *Alt-Weilnau*, sont deux petits bourgs & deux châteaux, dont le dernier est ruiné. Le comte a encore des forges, des fonderies de fer, & quelques villages.

Seigneurie d'Idstein.

Elle était le patrimoine de *Nassau-Idstein* : cette branche éteinte en 1721, elle passa dans celle de *Nassau-Saarbrück*, qui s'éteignit encore en 1728, & la transmit aux princes de *Nassau-Usingen*. Son sol est montueux, partagé en forêts & en champs. On y voit aussi des forges & fonderies de fer.

Idstein ou *Edichenstein*, petite ville : elle a un château, & un gymnase luthérien.

Walrabenstein, *Adolphsek*, *Walsdorf*, sont trois bourgs, dont le dernier était une abbaye de bénédictins.

Bailliage de Wehen.

Wehen, est un bourg, un château. *Bleidenstadt*, un village voisin du chapitre noble de *St. Ferrutius*, qui possède un district inaliénable, où il exerce haute & basse justice. Le chapitre s'est fixé à Mayence.

Bailliage de Bourg-Schwalbach.

Bourg-Schwalbach, est un bourg, un château. *Dœrsdorf*, une terre franche.

Bailliage de Wisbaden.

Il est près du Rhin, est riche en vignobles. C'était une seigneurie que les comtes de Nassau possédaient dans le 13me. siecle.

Wisbaden, ville où siege la régence du prince : elle est bien bâtie, a un château, & des eaux thermales

males, dont la célébrité fait l'aisance des habitans, & en accroit le nombre : elles étaient connues des Romains, & l'on croit que ce font les *Mattiaci fontes calidi* de Pline, & le *Mattiacæ aquæ* d'Ammien, puisque les Mattiaques habitaient dans les environs : ces eaux fortaient par quatre fources ; elles forment dix-huit bains ; la principale fource est très chaude. Le mont d'où elles fortent était appellé jadis, le *Mont Tannus*. La ville est coupée par un mur qui paraît un ouvrage des Romains : une partie de fon enceinte touche aux foffés paliffadés que leurs généraux avaient creufé pour couvrir le Rhin : les rois francs y eurent une cour royale.

Biberich, village, & château, dans une fituation charmante où réfident les princes.

Nürnberg, *Schierstein*, ont d'excellens vignobles. *Mosbach*, est un grand village. *Sonnenberg*, un bourg. *Clarenthal*, une ferme qui fut un couvent de femmes.

Bailliage de Lahr ou Lohr.

Il est dans l'*Ortenau* : c'était une feigneurie, qui par diverfes fucceffions paffa dans la maifon de Naffau. Il renferme la ville de Lahr, arrofée par la *Schutter*, enrichie par fon commerce de chanvre & de toiles & divers autres villages le long du Rhin.

Cette branche de Naffau poffède encore le bailliage de *Kirchberg* en commun avec celle de Naffau-Dietz, la moitié du territoire des *deux feigneurs*, un quart de celui des *trois feigneurs*, un huitieme de celle des *quatre feigneurs* : elle a dans fon reffort quelques villages.

Tome II. Part. II.   F

DOMAINES DE NASSAU SAARBRÜCK-SAARBRÜCK.

Ils renferment diverses seigneuries.

COMTÉ DE SAARBRÜCK.

Il est dans la Westrie, touche à la Lorraine, & au duché de Deux-Ponts. Son sol est sablonneux, est couvert de forêts qui laissent entr'elles des champs fertiles: par tout on y trouve du fer & du charbon de terre. La *Saar* l'arrose: le commerce y est facilité par un grand chemin qui fait communiquer la France & l'Allemagne. Le culte luthérien y est dominant mais on y trouve beaucoup de catholiques. Il eut ses comtes particuliers; il passa dans la maison de Nassau en 1380.

Saarbrück, ville sur la *Saar*: elle a deux-cent maisons, une église & un gymnase luthérien; une église reformée, & un château construit avec goût & résidence du prince.

St. Jean, ville aussi grande que *Saarbrück*, entourée comme elle de murs & de fossés, est placée sur la rive opposée de la *Saar*; un pont les fait communiquer, & l'on trouve dans celle-ci une église catholique & une luthérienne.

St. Arnual, *St. Arnudel*, ancienne abbaye sécularisée par le traité de Westphalie: ses revenus depuis ce tems entretinrent les églises, les écoles, les ministres luthériens, & soulagerent les pauvres.

Une commanderie de l'ordre teutonique, le comté de *Créange* ou *Krichengen*, & différens villages, sont sous la supériorité territoriale du prince, comme comte de *Saarbrück*.

Seigneurie d'Ottweiler.

Elle touche à l'électorat de Trèves, au comté de Saarbrück, au duché de Deux-Ponts, à la Lorraine: son sol est coupé en collines, & en vallons; les uns couverts de forêts, les autres de champs fertiles, & de pâturages: la Blie l'arrose, le luthéranisme y est dominant, & les catholiques nombreux: c'est en franc aleu de l'empire.

Ottweiler, est une petite ville, sans murs, entre des montagnes: elle a un ancien château & deux églises, dont l'une est catholique. Un grand nombre de villages sont répandus dans cette seigneurie.

COMTÉ DE SAARVERDEN.

Il touche à la Lorraine comme les précédens; fait partie de la Westrie, est fertile en grains, a de belles forêts, des vignobles, est partagé par la Saar. Ses comtes particuliers s'éteignirent en 1527; un mariage le fit passer aux princes de Nassau. L'évêque de Metz en investit le duc de Lorraine: de-là naquit un procès qui fit démembrer les villes de *Bockenheim* & *Alt-Saarwerden* du comté: elles devinrent partie de la Lorraine: & le reste demeura aux princes de Nassau. Cette portion donne annuellement un revenu de 27000 fl., un tiers fut assigné en 1745 à la branche de Weilbourg. On remarque dans ce qui demeure à Nassau-Saarbrück, *Harskirchen*, village devenu ville en 1746, & le village de *Lorenzen*, où est un château.

Prévoté de Herbitzheim.

Ses revenus appartenaient en partie au couvent de ce nom: les deux tiers en appartiennent à Nassau-Saarbrück: elle est composée de quelques villages, sur les rives de la *Saar*, au-dessous du comté de *Saarwerden*.

Bailliage de Hombourg.

Il est dans les Vosges, & touche aux Deux-Ponts & au Palatinat. Cinq neuviemes en appartiennent à Nassau-Saarbrück, & le reste à l'électeur Palatin. On y voit la ville de *Hombourg:* elle est petite, & avait un château fortifié dont on ne voit plus que les ruines. Elle fut fondée en 1682.

Rosenthal, *Vallis - Rosarum*, autrefois couvent de religieuses de citeaux, est un économat qui rapporte 3000 fl. par an.

Jagenheim, est un bourg & un bailliage. Nous avons dit plus haut que Nassau-Saarbrück possédait par indivis avec Nassau Weilbourg la communauté de Woelstein.

Seigneurie de Müntzfelden.

Elle est située entre Dietz & Kirchberg : les deux tiers appartiennent à l'électeur, & un tiers à Nassau-Usingen. Elle donne séance dans les assemblées du cercle & assujettit à une taxe de 54 kr. ; un château & un village la composent.

COMTÉ DE LINANGE OU LEININGEN.

Il est situé aux environs du Rhin & presque enclavé dans le Palatinat; il touche aux évêchés de Worms & de Spire. Son sol est fertile ; il donne des grains, des fruits, du vin : on y trouve du gibier, des forêts, du cuivre, du fer, des pierres de sable.

Emic, dans le 12me. siecle, est le premier comte de Linange : on en trouve un de ce nom qui s'intitulait : *Comte par la grace de Dieu.* Mais les hommes puissans ne veulent plus que d'autres qu'eux ayent des titres par la grace de Dieu; & ſes ſucceſſeurs ne l'ont pas imité. Ils joignirent le comté de *Dabo* à celui de *Linanges*; & deux freres ſe partagérent ces comtés, & formerent deux branches. L'aînée s'éteignit en 1467; & un mariage fit paſſer ſa portion aux comtes de Weſterbourg, qui s'eſt diviſée encore en deux branches, dont les états ſont indivis: elles réſident, l'une à Grünſtadt, & l'autre à Weſterbourg; elles ont ſéance & voix au collége des comtes, payent un mois romain de 40 fl., & une taxe de 40 rixdalers 34 kr. tous les trois mois pour la chambre impériale.

Elles poſſédent une partie du comté de Linange, & la ſeigneurie de Weſterbourg.

PARTIE DU COMTÉ DE LINANGE.

Grünſtadt, ville aſſez grande, entourée d'une plaine, commandée par une haute montagne. Ses rues ſont alignées, ſes maiſons bien bâties; elle a deux châteaux, trois égliſes pour les trois cultes, & un faux-bourg. Des foires, des marchés, quelque commerce, la culture des vignes & des champs, rendent ſes habitans aiſés.

Neuf-Linange, petite ville, dont elle ne poſſéde que la moitié, & engagée à l'évèque de Worms.

Hünningue, ancien monaſtere dans la vallée de Linange: ſes revenus entretiennent aujourd'hui les curés & les maîtres d'écoles.

Vieux Linange, château ruiné qui dominait ſur la vallée de ce nom, où l'on voit le village de Linange. On y compte encore dix-ſept villages paroiſſiaux, quelques autres qui ne le ſont pas, & quelques fermes.

Seigneurie de Westerbourg.

Elle est située dans le Westerwald ou la Nistria des anciens : elle a douze lieues de circuit, est fertile en grains, pâturages & fruits, assez pauvre en bois ; elle a une mine abondante de charbons de terre, qui s'étend à vingt pieds sous terre, & dont les ramifications prouvent qu'elle était originairement un bois : les rivieres qui l'arrosent abondent en truites & en écrevisses, ses étangs en brochets & en carpes.

Westerbourg, petite ville sur une montagne : elle a un château & un grand faux-bourg, au fond de la vallée. Adolphe de Nassau lui donna ses droits municipaux.

Weltersbourg, bourg entouré de murs : ce fut une seigneurie : on y voit deux châteaux, les ruines d'un troisieme, & une chapelle dédiée à *St. Léonard* : le bourg a des priviléges : ses habitans sont serfs.

Gemünden, grand village connu par ses foires, & le chapitre qu'il eut : il en est encore onze ou douze dans cette seigneurie.

Schadeck, bourg sur la *Lœhn*, seigneurie dont le comte de Wiedrunkel posséde une partie. Le bourg est sur une haute montagne, ainsi que le château : non loin de-là est une ancienne église, où l'on enterre les morts de Schadeck & de Runkel, & où les prévots & échevins de ces domaines rendent justice tous les ans en plein champ, au mois de Mars.

Les comtes de Linange-Westerbourg possédent encore la seigneurie de *Forbach* dans la *Westrie*, près de Saarbrük, & celle d'*Oberbronn* dans la basse Alsace.

Branche cadette des comtes de Linange.

Elle eſt diviſée elle-même en diverſes branches. On la diſtingue de celle dont nous venons de parler par les titres de *Hartenbourg & Dabo*. Elle a ſéance & voix au collége des comtes dans la diette; paye un mois romain de 72 fl., & une taxe de 12 rixdalers 7 kr. pour la chambre impériale.

Harlenbourg, eſt un château où réſiderent les comtes.

Dürkheim, petite ville ſur la haute & baſſe Hart: elle a un château, & c'eſt là que réſide la chancellerie des comtes.

Limbourg, ancienne abbaye de bénédictins, aujourd'hui détruite. Le grand & petit *Bockenheim*, ſont des villages, ainſi que *Guntersblum*. Ce dernier eſt ſur le Rhin: on en compte encore huit dans l'étendue de ce comté.

Terres de la maison de Solms.

Elles ſont ſituées dans la Wetteravie. On croit les comtes de Solms deſcendus de ceux de Naſſau; cette maiſon eſt diviſée en pluſieurs branches, & celles qui exiſtent encore, ſont, *Solms-Braunfels*, élevée au rang de prince de l'empire en 1742; *Solms-Lich-Lich*, *Solms-Lich-Hohem-Solms*, *Solms-Laubach-Sonnewal*, non diviſée encore en diverſes branches. Nous ne parlerons ici que de celles qui ont leurs terres dans le cercle du Haut-Rhin.

Terres des princes de Solms-Braunfelds.

Une grande partie du comté de Solms.
Il eſt ſitué ſur les rives de la *Lahn*; touche à

la Hesse & aux terres de Nassau : il a six lieues de long & quatre de large : ses champs sont féconds, ses prairies riantes : on y trouve du fer qu'on exploite, du cuivre & de l'argent qu'on n'exploite pas ; des forêts belles encore. Il est divisé en vallées arrosées par des rivieres qui leur donnent leur nom. La partie dont nous parlons est divisée en deux bailliages.

Braunfels, petite ville sur une montagne, où une machine fait monter l'eau pour le besoin des habitans. Son château est fortifié à l'antique.

Leun, ville assez jolie sur la *Lahn*, connue en 912, ville en 1664.

Altenbourg, abbaye de dames nobles de l'ordre des prémontrés. Les comtes de *Solms* l'ont habitée, & la justice souveraine du pays doit s'y tenir en plein champ. *Oberdorf*, jadis *Suhnisheim*, village où étaient de beaux vignobles.

Oberwetz, village : on trouve des traces d'argent dans son territoire.

Bourg Solms, avait un château, origine des comtes. *Schwalbach*, est connu par ses eaux minérales : on compte encore seize villages dans ce bailliage.

Greifenstein, est une petite ville : elle avait un château fortifié sur la montagne voisine.

Dabhausen, est un bourg : il y avait des mines de cuivre & il s'y est établi une colonie de Français.

Lichtenstein, est un château ruiné sur une montagne. *Katzenfurt*, est un village sur la *Dill* qui doit son nom aux Kattes : dix-huit villages sont répandus encore dans ce bailliage.

Une partie de *Münzenberg*.

Cette ancienne seigneurie a quatre lieues d'étendue : on la divise en trois bailliages.

Hangen, est une petite ville, ornée d'un vaste & beau château, d'une ménagerie arrosée par le *Harlof*.

Langsdorf, est un bourg. *Arnsburg*, une riche abbaye de bénédictins sur la *Welter*, qui a un domaine qui lui rapporte annuellement 30000 fl. : sept à huit villages sont renfermés encore dans ce bailliage.

Celui de *Wælfersheim* renferme la petite ville de ce nom, dont l'église assez belle fut autrefois un château, & quelques villages.

Celui de *Gambach* renferme le bourg de ce nom; les ruines de la petite ville de *Grüningue*, & six villages.

Cette maison posséde encore environ le quart de la petite ville & communauté de *Münzenberg*, & la moitié du village de *Treys-Münzenberg*.

TERRES DES COMTES DE SOLMS-HOHEN-SOLMS.

Partie du comté de Solms.

Hohen-Solms, petite ville dans une vallée sur laquelle s'élève une haute montagne où est le château habité par les comtes. Les habitans de la ville sont reformés : ceux des neuf villages qui l'environnent sont luthériens. La ville & le château relèvent de la maison de Hesse.

Le village de *Blasbach* a une carriere de marbre.

Partie de Münzenberg.

Ce qu'elle posséde de cette seigneurie, est divisé en deux bailliages.

Celui de *Lich* renferme la ville de ce nom, arrosée par la *Wetter*, ayant une église collégiale, un vieux château, & devant ses priviléges à l'empereur Albert: sept villages l'environnent: il est habité par des luthériens.

Celui de *Niederweifel* est formé de quatre villages, habités par des reformés.

Terres des Comtes de Solms-Laubach.

Elles sont divisées en deux bailliages.
Celui de *Laubach* prend son nom de la ville qu'il renferme : elle a un château, est près de la source de la *Wetter*, & a dans les environs de la terre sigillée. *Freyenseen*, grand village qui fut un bourg impérial : le landgrave de Hesse Darmstadt est son défenseur, & il rend foi & hommage au comte de Laubach : cinq autres villages forment ce bailliage.

Celui d'*Utphe* a pour chef-lieu *Utphe*, grand village sur la *Horlof*, & orné d'un château. Ces comtes possèdent aussi un huitieme de la ville & communauté de Münzenberg : il en est de même de ceux de Hohen-Solms.

Terres des Comtes de Solms-Rödelheim.

Elles sont divisées en deux bailliages : celui de *Rödelheim* a fait partie de la seigneurie de Krönenbourg. Son nom vient d'un grand bourg sur la *Nidda* : il a un château, est environné de cinq villages. Celui d'*Assenheim* renferme la petite ville de ce nom, au confluent de la *Wetter* & de la *Nidda* : elle a un château ; divers villages dépendent du bailliage.

Ces comtes partagent encore avec les comtes d'*Elz* la seigneurie de *Bourg-græfenrod*; mais elle lui est contestée par Solms-Braunfels.

COMTÉ DE KOENIGSTEIN.

Situé dans la Wetteravie, une chaine de montagnes le borne d'un côté. Il fit partie du comté de Nuringes, puis il échût aux feigneurs de Münzenberg, enfuite aux comtes de Falkenftein qui s'éteignirent. Le comté fut divifé & fubit diverfes révolutions. L'électeur de Mayence s'empara de la plus grande partie : elle lui fut difputée par les comtes de Stolberg; mais le procès n'eft point décidé encore : l'électeur paye un mois romain de 80 fl. pour ce qu'il poffède, & la maifon de Stolberg, un de 20 fl.

PORTION DE L'ÉLECTEUR DE MAYENCE.

Elle renferme un bailliage fort étendu.

Königftein, petite ville fans murs : fon château bâti fur un rocher, eft un fief de l'empire.

Ober-Urfel, petite ville, qui a dans fon voifinage une chapelle fameufe par des pélerinages.

Epftein, petite ville & château : une moitié appartient à Heffe-Darmftadt.

Vilbel, bourg fur la *Nidda*.

Neuvenhayn, *Rockenberg*, grands villages : le dernier eft environné de rochers fur la Wetter, & a dans fon voifinage le couvent de filles *Marienfchlofs*, de l'ordre de citeaux.

PORTION DE LA MAISON DE STOLBERG.

Elle fe divife en deux branches, dont l'une poffède le bourg de *Ranftadt*, fur la *Nidder*, quelques villages & le bourg de *Gedern*, qui la diftingue par fon nom : il a un château, est au pied du *Vagelsberg*. L'autre prend le nom de *Stolberg-Rosla*, & possède les deux tiers de la ville d'*Ortenberg*, près de la moitié de la ville & communauté de Münzenberg, divers villages, & une partie de la jurisdiction du bourg & du couvent d'*Arnsbourg*.

HAUT COMTÉ D'ISENBOURG.

Il est situé en partie dans la *Wetteravie* & s'est formé de diverses portions des états voisins : il a un sol fertile, des champs, des prairies, des pâturages, beaucoup de bestiaux, & quelques vignobles ; des étangs, des rivieres poissonneuses, des carrieres & de belles forèts.

Ses comtes sont connus dès le 11me. siecle : ils possédèrent d'abord le bas & haut Isenbourg; mais cette tige partagée en plusieurs branches, partagea aussi le patrimoine commun. Elle forme encore deux lignes principales, dont l'une est celle d'Offenbach-Birstein, qui a rang de prince ; & l'autre est sous-divisée en trois branches. Nous parlerons des terres qu'elles possèdent ; toutes ont séance & voix dans la diette.

ISENBOURG BIRSTEIN.

Son mois romain est d'environ 70 florins, leur taxe de 47 écus.

Birstein, qui donne son nom à cette branche : est un village, un château où elle réside, & qui relève de l'évêché de Fulde : près de-là on trouve du fer excellent & une bonne carriere. Il est dans la jurisdiction de *Reichenbach*, qui renferme encore quatorze villages.

Wenings, est une petite ville : elle a un château, orné d'un grand jardin. Sa jurisdiction s'étend sur *Bourgbracht*, autrefois ville, aujourd'hui village.

Offenbach, est une petite ville, peuplée & réguliere, arrosée par le Mein. Elle a un château, deux églises reformées, dont l'une est française, une luthérienne, une synagogue, diverses manufactures & fabriques, deux moulins à vent, un quai, plusieurs places & promenades publiques. Son bailliage est fort étendu.

Hayn aux trois Chênes, petite ville, à trois lieues de Francfort, au centre de la forêt impériale des trois Chênes (*Zur-Dreyeichen*) : son château fut l'origine des seigneurs de Münzenberg. Les empereurs chassaient dans cette forêt : les comtes aujourd'hui n'ont pas le droit d'y chasser seuls ; le comte de Hanau partage ce droit avec eux. Le district attaché à ce lieu était fort considérable ; il n'est plus ce qu'il a été ; mais il est vaste encore. Il a le titre d'empire.

Neu-Isenbourg, est un village qui a la forme d'une étoile : il fut bâti & il est habité par des réfugiés français.

Philippseich, beau château. *Okriftel*, est une bourgade sur le Rhin.

Münster & *Uberach*, deux villages catholiques.

Langen-Selbold, espece de ville fermée de quatre villages réunis : elle a un château, & avait un couvent de prémontrés : sa jurisdiction renferme trois villages, & l'on y recueille de bons vins.

Langen-Diebach, est un bourg & un château : il est le chef-lieu d'une jurisdiction, qui renferme encore *Ruckingen*, bourg considérable.

Wolfenborn, est le nom d'une jurisdiction partagée entre deux branches d'Isenbourg, & dont celle de Birstein posséde trois villages.

ISENBOURG-BÜDINGEN.

On partage son territoire en trois jurisdictions: son mois romain est de 23 florins, 42 kr. sa taxe de 16 écus.

Büdingen, petite ville, qui l'est devenue en 1353. Elle a un château, orné d'un très beau jardin, où résident les comtes, une maison d'orphelins, où l'on travaille en laine, un séminaire, un faux-bourg, & près d'elle une maison de plaisance, & un parc: dans ses environs, fertiles en vins, on trouve une riche saline & une carriere. Sa jurisdiction comprend quatorze villages; & l'on y remarque celui de *Herrnhag*, fondé par les Moraves en 1718: ils en furent chassés en 1750.

Dilsheim, grand village, dont la moitié porte le nom d'*Oberndorf*. Sa jurisdiction était une partie de la seigneurie d'Ortenberg: elle renferme encore trois villages.

Mockstadt, sont deux villages, distingués par l'épithéte de haut & de bas: le premier avait une collégiale, le second a une *cour du prieuré*. Cette jurisdiction est peu étendue.

ISENBOURG-WŒCHTERSBACH.

Wœchtersbach, est une petite ville: elle a un château où résident les comtes. Sa jurisdiction comprend encore douze à treize villages.

Spielberg, village qui donna son nom à une jurisdiction qui renferme celui de *Neuenschmieden*, où est une fonderie & un martinet de fer; celui de

Waldensberg, près de la forêt de *Budingen*, & fondé par des Vaudois refugiés : le hameau de *Breitenborn*, près duquel est une verrerie, & neuf autres villages.

Wolfenborn, grand village, jurisdiction resserrée en d'étroites limites.

Assenheim, jurisdiction qui s'étend sur une partie de la petite ville de ce nom, & sur deux villages.

Ronnenbourg, ancien château sur une montagne fort haute.

ISENBOURG-MEERHOLZ.

Meerholz, bourg sur le Kinsig : il a un château où résident les comtes, & eut un couvent de prémontrés : sa jurisdiction renferme cinq villages, une papéterie, & on y a trouvé de l'or & de l'argent.

Gründau, jurisdiction de cinq villages : elle est un fief de l'empire : on y recueille un vin estimé.

Eckardshausen, grand village, jurisdiction qui s'étend sur *Marienborn*, jadis couvent, puis château d'abord habité par les comtes, ensuite par les Moraves qui l'ont quitté en 1773, & sur trois autres villages.

ÉVÊCHÉ DE FULDE.

Il touche au comté d'Isenbourg, à ceux de Hanau & de Henneberg, à la Hesse, & à l'évêché de Vurtzbourg. Il a vingt-une lieues de long, & seize de large (3). C'est une partie de la vaste forêt de

---

(3) *Lenglet* lui donne trente lieues de long & autant de large.

Buchonia, où l'abbé *Sturm* plaça le monastere dont il fut l'abbé. Ce couvent fut de l'ordre de St. Bénoit, prospéra, & devint l'objet des bienfaits du Pontife des chrétiens, qui alors pouvait les répandre sur la vertu, mais rarement les répandait sur la vertu seule. Jean XIII éleva son abbé au-dessus de tous les abbés des Gaules & de l'Allemagne. Sylvestre II lui donna le droit de convoquer des conciles, & d'appeller au pape, comme les évêques. L'empereur Charles IV lui conféra la dignité d'archichancelier de l'impératrice romaine, titre, dont les fonctions ne consistent qu'à ôter, tenir, remettre la couronne de cette princesse, autant de fois que l'étiquette l'exige. Bénoit XIV en fit un évêché exemt, & celui qui le possède, est élu par les moines.

Ce pays est semé de montagnes & de bois: on y trouve des champs fertiles, des salines abondantes, des sources minérales: la *Fulde* y naît & l'arrose: la *Saal* en traverse la partie méridionale. On y compte soixante paroisses, quatre-vingt-dix annexes; neuf des premieres, & quelques-unes des annexes demeurent aux luthériens. Il siege comme prince ecclésiastique à la diette générale: son mois romain est de 250 fl., sa taxe pour la chambre impériale est de 243 rixdalers.

Une cour féodale, une chambre des finances, un vicariat spirituel, sont les tribunaux de cet état, qui est divisé en plusieurs bailliages.

Bailliage de Fulde.

Fulde, fut d'abord un village, bâti près de l'abbaye; il devint ville en 1162. L'évêque réside dans un château bien construit, orné de jardins. On y remarque la cathédrale, une collégiale, une université, fondée en 1734, un collége, un gymnase,

un

un séminaire papal, un couvent de bénédictins. La *Fulde* l'arrose; elle est assez jolie & située dans le centre du pays. Le chapitre est composé de treize chanoines : la bibliotheque de l'abbaye a des manuscrits anciens & rares. Autour d'elle sont différens prieurés, & plusieurs villages.

La prévoté de *Fulde* renferme plusieurs villages : celui de *Florinberg* (*Mons St. Floræ*), fut autrefois une ville florissante.

Bailliage de Salzschlirf.

Salzschlirf, est un grand village : près de-là est une saline.

Bailliage de Gros-Luder.

Gros-Luder, est un village : près de lui est une chapelle que les pélerins visitent, & une saline qu'on exploite.

Bailliage de Burghaun.

Burghaun, petite ville sur la *Hann* : elle a une église luthérienne, une catholique, & un château.

Bailliage de Fürsteneck.

Le château de *Fürsteneck* lui donne son nom : on n'y trouve que des villages : celui d'*Eyterfeld* fut donné à l'abbé par Louis le Germanique.

Bailliage de Geyss.

Geyss, fut une ville dès le 4me. siecle ; mais c'est une ville chétive : l'*Ulster* y passe, & le château de *Rockenstadt* était sur une montagne élevée qu'on voit auprès : quatorze villages forment avec elle le bailliage.

Bailliage de Fischberg.

Il a été l'objet d'une longue contestation avec la maison de Saxe-Gotha, & l'héritiere des comtes de Henneberg, qui l'avaient possédé en hypotheque. Un accommodement l'a divisé, & n'a laissé à l'évêque que le château qui donne son nom au bailliage.

Tome II. Part. II.   G

le bourg de *Dermbach* ou *Termbach*, où l'on voit deux églises pour les deux religions, un couvent de cordeliers & huit villages dont les luthériens font les principaux habitans.

Bailliage de Mackenzell.

Mackenzell, qui d'abord cellule devint couvent, enfuite château, & eft aujourd'hui un joli bourg.

Hunefeld, eft une ville depuis 1290; elle a deux églises dont l'une eft collégiale.

Bailliage de Biberftein.

Biberftein, eft un château fur une montagne: plufieurs villages en dépendent. Celui de *Batten* eft encore village: on forma le projet d'en faire une ville en 1282.

Bailliage de Weyers.

Weyers, eft un bourg. *Lutter*, un village affez joli.

Bailliage de Neuhof.

Neuhof, eft un bourg, & un château, fur la *Fulde*: dix villages forment encore ce bailliage.

Bailliage de Motten.

Il renferme quelques villages & une chapelle de la Vierge, fur une montagne.

Bailliage de Brückenau.

Brückenau, eft une ville: des murs la ceignent depuis 1260: près d'elle eft le mont *Volkersberg*, où l'on voit un couvent de cordeliers. Autour font différens villages: celui de *Geroda* eft une paroiffe luthérienne.

Bailliage de Hamelbourg.

Hamelbourg, eft une ville depuis l'an 1242: elle a un couvent de Francifcains: la *Saal* l'arrofe, fes environs font fertiles. Son bailliage comprend trois paroiffes.

Bailliage de Saleck.

Saleck, est un château, sur une montagne, près de la *Saal*: quelques villages sont répandus autour de lui.

Bailliage de Salmünster.

Salmünster, est une petite ville depuis 1320: la *Kins* y passe & arrose son bailliage. Elle a un couvent de cordeliers.

Bailliage d'Urzel.

Il ne renferme que des villages: la *Kins* l'arrose.

Bailliage d'Herbstein.

Herbstein, petite ville déja ancienne, mais pauvre & peu connue.

Prieuré de Blankenau.

C'était un couvent de religieuses qui le désertèrent dans le 16me. siecle. La *Lutter* passe au pied de ses murs: au-dessus s'élève le mont *Blankenberg* où l'on voit les ruines d'un château, jadis repaire de brigands.

L'évêque de *Fulde* a encore des prétentions sur les bailliages de *Salzungen* & de *Lichtenberg*, vendus par ses prédécesseurs, sous droit de retrait; mais aliénés depuis à différentes maisons, & possédés aujourd'hui par les princes de Saxe.

COMTÉ DE WALDECK.

Au sud & à l'est il touche à la Hesse; à l'ouest au duché de Westphalie. Il a dix lieues de long & neuf de large (4). Les montagnes & les forêts dont il est parsemé sont séparés par des champs &

───────────────

(4) Des géographes français lui donnent seize lieues de long & autant de large.

de beaux pâturages. En général il eſt fertile & riche : ſes monts renferment de l'ardoiſe, du marbre, de l'albâtre, du fer, du plomb, du cuivre, & de l'or auſſi pur que celui de Hongrie : l'*Eder* en dépoſe des paillettes ſur le ſable de ſes rives; & le prince en a fait faire des eſpèces & de la vaiſſelle. Ses plaines ont de la tourbe, & ſes collines différentes fontaines médicinales. Ce qu'il produit, aide à ſon commerce, & ce qu'on y fabrique, le rend actif. On y fait de gros draps, des flanelles, des bouracans, des calamandres, des étamines, & d'autres étoffes encore. Il a des papéteries, & on y fabrique le fer : on y compte treize villes & un bourg : ſes états ſont formés par ces villes & par la nobleſſe : ils ne ſe convoquent que pour des cas importans ou preſſans : deux députés de la nobleſſe; ceux des trois villes principales forment un conſeil où ſe traitent les affaires ordinaires : ſes habitans ſont luthériens, reformés ou catholiques; les premiers font le plus grand nombre.

L'origine de ſes comtes eſt ancienne : ils deſcendent des comtes de Schwalenberg; leur maiſon eſt diviſée en pluſieurs branches : celle de *Wildungen* a le rang de prince dans la diette du haut Rhin; mais on ne lui a point encore reconnu cette qualité dans la diette de l'empire. Son mois romain eſt de 120 fl., ſa taxe pour la chambre impériale eſt de 67 écus, 74 kr. à chaque terme. On y ſuit le droit de primogeniture depuis 1697. Ses revenus ſont eſtimés au-delà de 100000 écus d'Allemagne : il entretient cinq compagnies de ſoldats, deux pour le cercle, trois pour ſa défenſe. Ses tribunaux ſont un *conſeil intime*, une *cour féodale*, un *conſeil aulique*, où l'on porte les appels des jugemens de la *chancellerie de juſtice*. Les mêmes membres composent la *régence* & cette *chancellerie*; & si on les joint au sur-intendant général, & au spécial, ils forment le *consistoire*.

Ce comté est divisé en neuf bailliages. Nous parlerons d'abord de ses treize villes, en les rangeant dans l'ordre qu'elles suivent dans les états.

Corbach est divisée en vieille & nouvelle ville: chacune a son église: celle de la nouvelle est ornée d'un monument superbe en marbre & en albâtre, élevé en l'honneur du prince George Frédérich, maréchal général des Provinces-Unies. Elle est le siege du tribunal aulique. On y trouve un gymnase divisé en six classes; elle a été impériale, & l'on y a exploité une mine d'or.

Nieder-Wildungen, est au pied d'une montagne: elle est assez bien bâtie, a une école latine & une maison des orphelins. Dans le chœur de son église est un monument d'albâtre érigé par la république de Venise au comte Josias de Waldeck son général. Autour d'elle sont les fontaines minérales de *Stadtbruun*, de *Thalbrunn*, de *Reizenhagen*, & de *Reinershausen*.

Mengeringhausen, est située sur un ruisseau qui se rend dans la *Twiste*.

Sachsenhausen, est petite. *Rhoden*, est sur une hauteur, & a un château.

Sachsenberg, est sans considération, parce qu'elle est sans richesses.

Landau, est élevée sur une montagne, où l'eau monte par une machine hydraulique.

Freyenhagen, est chétive & n'est connue que par le souvenir d'un tribunal franc, qu'y établit Charlemagne.

Waldeck a reçu son nom d'un château ancien, construit sur un roc, rédifié pour servir de dépôt aux archives du pays, & de prifon : on n'en voit plus que les ruines; un vallon l'en fépare : elle eft petite & affife fur un mont.

Züfchen, eft arrofée par le ruiffeau d'*Elbe* : fes habitans font la plupart reformés.

Furftenberg, eft fur une montagne.

Alt-Wildungen, jouit de la même fituation, a un château & n'eft féparée que par un vallon de Nieder-Wildungen qu'elle a vu naître, & qu'elle voit profpérer.

Arolfen, eft nouvelle : fes rues font tirées au cordeau : elle eft petite; mais chaque jour elle l'eft moins. L'*Aar* l'arrofe; au-devant d'elle eft une avenue de fix rangs d'arbres, & de deux mille pas de long. Tous les tribunaux du pays, excepté le confeil aulique, y fiégent. Son château eft la réfidence ordinaire des princes; il eft beau, & un des comtes en fut l'architecte. Cette ville renferme trois églifes pour les trois cultes. Parlons à préfent des neuf bailliages.

Bailliage d'Eifenberg.

Un château où réfiderent les comtes lui donne fon nom : on en voit les ruines près de Corbach. Ce bailliage eft le plus grand, il comprend douze paroiffes; il eft hériffé de hautes montagnes : de celle de *Hohe-Pœn* découle la *Dimel*. Dans la paroiffe d'*Adorf* il y a des forges de fer, une mine de cuivre, & un rocher fameux, nommé *Cappenftein*. Celle de *Flechtorf* a une maifon de charité, pour cent perfonnes.

Schaken, eft une abbaye luthérienne de dames nobles : fon abbeffe eft toujours de la maifon de Waldeck : près de-là eft une mine de cuivre.

Bailliage de Waldeck.

Il eft parfemé comme le précédent de montagnes élevées, entre lesquelles on remarque l'énorme rocher de *Weiſſenſtein*. On y compte ſix paroiſſes: il renferme le bourg de *Bergheim*, que poſſéde une branche de la maiſon de Waldeck, & le village de *Kleinern*, qui a deux fontaines minérales.

Bailliage de Wildungen.

Le *Keller* ſe fait remarquer parmi les hautes montagnes qu'il renferme, l'*Urff* l'arroſe & fait agir pluſieurs martinets de cuivre : on y compte cinq paroiſſes.

Le bailliage d'*Arolſen* a cinq paroiſſes : celui d'*Eilhauſen* n'en a qu'une. Celui de *Rhoden* en a deux. L'*Urff* arroſe ces deux derniers, qui ſont unis, des uſines de cuivre ſont conſtruites le long de ſon cours.

Le bailliage de *Wetterbourg* a deux paroiſſes, & des mines de cuivre : celui de *Landau* lui eſt uni, & renferme quatre paroiſſes.

Enfin celui de *Lichtenfels*, s'étend ſur trois paroiſſes.

LA HESSE.

Elle fut l'ancien pays des Cattes; mais elle n'eut alors, ni ſous les Francs, les mêmes limites qu'elle a aujourd'ui : elle confine à l'évêché de Fulde, à la principauté de Waldeck, au duché de Weſtphalie, &c. On lui donne une longueur d'environ trente lieues ſur une largeur inégale. L'air y eſt ſain : ſon ſol eſt montueux, couvert de bois, parſemé de vallons rians, de plaines fertiles en blés, de pâturages qui l'enrichiſſent par les beſtiaux qu'ils nourriſſent, des collines dont le penchant eſt couvert de vignobles: le gibier & le poiſſon y ſont communs : il eſt riche en fruits & en miel. On y trouve des fossiles, des carrieres, de l'or, dont il y eut une mine à Frankenberg, & dont on trouve encore des paillettes dans l'*Eder*, de l'argent, du cuivre, du plomb, du fer, de l'alun, du vitriol, du soufre, du charbon de terre, du bol, de la terre de pipe, quelques veines de marbre & d'albâtre, des sources salées, des eaux minérales, des bains médicinaux. On y cultive le houblon: le bouleau y est commun, & l'on en tire une eau agréable & saine. Le *Rhin* en cottaie une partie, le *Mein* en traverse une autre: la *Lchn* ou *Lahn* y reçoit la *Lumbd*, l'*Ohm*, le *Wissemarbach*, le *Kleebach*, le *Zweisserau*, la *Salzbutte*, le *Wisseck*, le *Biber*, la *Dill*, la *Wetz*, le *Weilbach*, l'*Ems*, l'*Elb*, l'*Aar*, l'*Erl*, & le *Mühlbach*. La *Fulde* y reçoit l'*Eder* & se joint à la *Werra*, où se perd la *Dimel*: elle porta aussi le nom de *Wisaraha*, & prend enfin celui de *Weser*.

Le nom de *Hesse* vient de la riviere d'*Esse* ou *Asse*. En 902, il y avait des comtes de Hesse; l'un d'eux fut roi de Germanie, & reçut les deux petits fils du dernier roi de France de la race des Carlovingiens; il créa le plus jeune, comte de Thuringe: du fils ainé de celui-ci (Louis II) descendent les landgraves de Thuringe: de son fils cadet (Berenger de Sangerhausen) descendent les comtes de Hohenstein. Ces landgraves de Thuringe ajouterent bientôt à ce titre, celui de seigneurs de Hesse, qui devint une principauté en 1292, & insensiblement la principauté devint un landgraviat. Il fut divisé, puis réuni sous Philippe le généreux; tige commune des Landgraves qui le divisa encore entre ses quatre fils. L'ainé eut la moitié de la Hesse, & c'est de lui que descend la maison de Hesse-Cassel; le cadet eut la moitié du quart de ce pays, &

fut la tige de la maison de Hesse-Darmstadt: les deux autres freres morts, on partagea leur succession entre les deux maisons restantes, & cette succession fit naître entr'elles des contestations qui ne furent terminées que longtems après, & qui ont laissé plusieurs parties indivises; le rang est alternatif entre ces deux landgraves. Ils ont introduit le droit d'aînesse dans leurs maisons; mais elles ont des princes appanagés: de celle de Hesse-Cassel, relevent les princes de Hesse-Philippsthal, & ceux de Rothenbourg ou Rhinfels: de celle de Hesse-Darmstadt, relèvent les princes de Hesse-Hombourg.

Les états de Hesse sont formés des principaux ecclésiastiques, des administrateurs des grands hôpitaux & de quelques maisons nobles; de la noblesse & du tiers état, divisés en cinq classes, designées sous le nom des cinq rivieres, *Lahn*, *Schwalm*, *Fulde*, *Werra*, & *Diemel*. Ceux de Hesse-Darmstadt sont aussi distingués en trois ordres: leurs assemblées doivent être communes, & se tenir alternativement dans les pays des deux maisons: elles se convoquent rarement, & on peut dire même qu'elles ne se convoquent plus: il n'y a plus que des assemblées particulieres, que les princes convoquent selon qu'il leur plait, & auxquelles ils envoyent des commissaires: c'est ce qu'on appelle, *Jours de communication:* il en est d'autres encore où il ne s'agit ordinairement que de dons gratuits, & celles-là s'appellent *diettes de convocations*.

La maison de Hesse-Cassel, celles de Philippsthal & de Hombourg, professent la religion reformée; celle de Darmstadt la luthérienne; celle de Rothenbourg ou Rheinfels, la catholique: le gouvernement des églises de Hesse-Cassel est confié à deux sur-intendans reformés, à un sur-intendant luthérien, & à des inspecteurs qui ont sous eux des doyens établis sur les ministres. Il y a une université à Marbourg, une à Rinteln, une troisieme à Gieſſen, & divers colléges, gymnases & écoles.

Une *justice commune*, établie à Marbourg, & un *tribunal des revisions ou appellations*, sont les tribunaux communs pour Caſſel & Darmſtadt; mais il en est encore de particuliers aux deux maisons. Caſſel a un conseil intime & une régence; Marbourg une régence encore: chacune de ces villes à un consiſtoire. Il y a de plus une cour souveraine & particuliere des appels, une chambre des finances &c. Darmſtadt a les mêmes tribunaux placés ou à Darmſtadt même, ou à Gieſſen.

Le commerce est fondé en partie sur les productions naturelles du pays, en partie sur des manufactures de dorure, de toiles, de draps, & autres étoffes, de chapeaux, de bas, de gands, de papier, &c. Les revenus de Caſſel montent à environ 1,200,000 rixdalers; ceux de Darmſtadt à 600,000: les maisons des nobles & leurs biens, sont exemts des contributions ordinaires; mais soumis aux extraordinaires: on en excepte les quatre grands hôpitaux & leurs paysans, les biens des églises & des écoles. Le mois romain pour Caſſel est de 1096 fl. 45 kr., & sa taxe pour la chambre impériale est de 472 écus 55 kr., & de plus 25 écus 79 kr. pour le comté de Katzenelnbogen. Le mois romain de Darmſtadt est de 663 florins & de 313 écus pour la chambre impériale à chaque terme, ou tous les trois mois.

Un conseil de guerre dirige l'état militaire. Celui de Caſſel est de trois régimens de gardes à pied, de dix régimens d'infanterie, une garde-du-corps à cheval, un régiment de gens d'armes, trois régimens de cavalerie, deux de dragons, un corps de houssards & un de chasseurs, un d'artillerie, & sept régimens de garnison: celui de Darmstadt est composé d'une garde à cheval, d'un régiment de gardes à pied, de deux escadrons de dragons, de deux régimens d'infanterie, & quatre bataillons de milice réglée.

Cassel a deux ordres de chevalerie institués par le landgrave régnant: l'un est l'Ordre militaire; l'autre est celui du Lion d'or.

La Hesse se divise en haute & basse. La noblesse & le tiers état, divisés en cinq classes, la font diviser aussi en cinq districts: c'est cette division que nous suivrons.

HESSE-CASSEL.

District de la Fulde dans la Basse-Hesse.

Cassel, *Cassilium*, en est la ville directoriale: elle est capitale de la Basse-Hesse, & la résidence du landgrave. La Fulde la partage en deux parties inégales & y reçoit trois petites rivieres, elle s'y partage en deux bras inégaux qui se rejoignent près du château. Elle est le siege des tribunaux du pays, a un conseil des mines, un conseil de commerce, un collége qui forme une espece d'académie, & à laquelle est unie une école de peinture, de sculpture & d'architecture; plusieurs fondations pour soulager les incendiés, les veuves & orphelins d'officiers civils, pour les veuves des ministres réformés & luthériens; diverses manufactures de draps & autres étoffes de laine, de châpeaux fins, de galons d'or & d'argent, de bas de laine & de soie, de tabac, d'une jolie vaisselle façon de porcelaine, &c.

Les Juifs y font libres & aifés: on y compte environ mille-cinq-cent maifons & vingt-cinq-mille habitans, des lanternes éclairent fes rues: elle a huit portes; fes antiques fortifications font changées en jardins. Un pont de pierre long de cent-vingt pas joint la nouvelle ville à la vieille: celle-ci eft la plus grande, mais la plus laide: les rues y font étroites & tortues; les maifons irrégulieres, bâties à l'antique, y font la plupart de bois: leur nombre monte à neuf-cent-foixante. Elle renferme plufieurs églifes, un lombard ou maifon publique où l'on prête fur gages, une maifon de correction, un bel arfenal, une fonderie de canons, de belles cazernes à la hollandaife, une falle de comédie, un théâtre anatomique, des magafins de blés & de bois, des moulins, fix places publiques, le Werder, grande plaine où s'exerce la garnifon; enfin le château, placé fur une éminence d'où l'on a une vue très étendue. Vieux & pefant au dehors, riche au dedans, il renferme encore deux chapelles bien décorées dont l'une eft catholique: près de-là font diverfes maifons feigneuriales ou publiques: telle eft l'ancienne bibliotheque. Ce château eft une fortereffe environnée de remparts élevés: fes foffés ont été en partie changés en un cirque fermé de murs, que deux obelifques décorent au centre, plufieurs belles ftatues à fes extrémités, & au fond duquel s'élève une fuperbe colonnade d'ordre Tofcan, dont la bafe eft un mur garni d'un efcalier de fept marches, dont le periftile eft orné de trente-deux ftatues de héros ou de dieux de l'antiquité, & le milieu, d'un arc de triomphe, enrichi d'un trophée d'armes, &c. Les ailes ajoutent à la magnificence de ce cirque. Près de-là eft le cabinet des raretés, où l'on trouve des ouvrages admirables de la nature ou de l'art. On y voit le tronc d'un laurier abattu par les Français dans la guerre de 1756 & qui avait cinquante-quatre pieds de haut, deux-mille-cinq-cent pierres fines antiques & modernes, gravées en creux & en relief, une épée donnée par Henri IV, où l'on compte mille-cinq-cents diamans, une multitude de vases, d'urnes, de lampes antiques, de statues, d'anciens monumens & de tableaux, la fameuse pendule astronomique, inventée par le landgrave Guillaume IV, exécutée par *Justus Byrgius*. plusieurs instrumens rares pour les mathématiques, ou pour des expériences physiques, ou pour des opérations chirurgiques, des coquilles, des insectes, des plantes marines, &c. Plus loin est le cabinet des modeles, où entr'autres plans en relief, on voit celui de la cascade admirable de Carlsberg.

La ville neuve se divise en supérieure & en inférieure. Celle-ci est la plus petite, aussi mal bâtie que la vieille, elle ne présente de remarquable que quelques édifices publics, tels qu'une maison pour les accouchemens & les enfans trouvés, une autre qui sert d'azile aux hommes condamnés aux travaux publics. Au dehors est un faux-bourg, composé d'une file de cabarets & d'auberges neuves; plus loin une vaste plaine, où la garnison s'exerce, & une fonderie où l'on fait toutes sortes d'ouvrages en laiton & en cuivre: c'est un établissement du landgrave Charles en 1680.

La ville neuve supérieure, s'appelle aussi la ville française, parce que la revocation de l'édit de Nantes lui donna ses premiers habitans. Ses rues sont propres, larges & droites, ses maisons également hautes & d'une architecture riante, sont parsemées de palais magnifiques, d'édifices publics, tel que le palais des états, & une nouvelle bibliotheque qui renferme plus de quatre-mille volumes ; un grand nombre de manuscrits rares, tel que le code hébreu de l'ancien testament ; une galerie de peintures, dont la collection est moins nombreuse que bien choisie ; surmontée d'une galerie de porcelaine, composée de trois salles, & ornée de vases rares, de magots &c., l'ordre y ajoute à leur beauté : une salle d'opera, de belles places publiques dont l'une exactement ronde est bordée d'édifices élégans, & a au centre la statue équestre de Fréderic I, roi de Suède ; enfin des promenades publiques très agréables. Hors de ses murs est *l'Au-garden*, jardin magnifique, où cent-quarante arpens sont couverts de compartimens de fleurs, de groupes, vases & statues en marbre & en bronze, d'allées couvertes en été, d'orangers, de citroniers, de myrthes, de lauriers, & qui en hyver sont renfermés dans le bas du palais d'été du prince, élevé au centre du parterre, & qui est un très bel édifice, orné encore par des peintures à fresque & par de belles statues. Près de-là est un bain magnifique revêtu à l'intérieur de marbre, de jaspe & d'autres pierres rares, formées en statues & en diverses figures allégoriques. A quelque distance est un espace plus grand encore, divisé en promenades, où l'on trouve un bassin d'un quart de lieue de tour avec une isle au milieu, un vaste labirinthe, plusieurs montagnes artificielles, dont l'une est formée de sept monticules, un théâtre champêtre en charmilles, des bosquets, des berceaux, des cabinets de verdure, une grotte en rocailles, des jets d'eaux, des statues colossales, un parc, un jardin botanique, une ménagerie, &c.

Cassel s'appellait *Chassella*, quand elle n'était qu'un village : elle était une petite ville en 945 : c'est le landgrave Charles qui en a fait une grande & belle ville: elle a le droit d'obliger les bâteaux de vivres & de marchandises à les exposer en vente pendant trois jours: elle a deux foires chaque année, & fait un assez grand commerce de commission.

Sa jurisdiction provinciale s'étend sur les trois bailliages de Bauna, d'Ahna & de Neustadt. Dans le premier on trouve *Weissenstein*, château de plaisance, jadis couvent, & dont les jardins sont variés de cascades, de bassins, de bosquets, de jets d'eau, de terrasses & berceaux, d'une montagne en coquilles, d'un joli petit hermitage. Ils s'étendent jusqu'à *Winterkasten*, ou à la *cascade de Carlsberg*, ouvrage étonnant; mais imparfait encore, & trop couteux pour cesser bientôt de l'être. C'est une montagne sur laquelle on monte par deux escaliers collatéraux de huit-cent-quarante-deux marches, décorés de vases, de sieges, de jets d'eau: à son pied est un vaste bassin d'où s'élancent de hauts jets, & où se rassemblent les eaux qui y tombent en nappes sur un pavé en échiquier sur lequel elles se brisent, & présentent dans une chute de vingt pieds un spectacle brillant quand le soleil l'éclaire: derriere sont d'autres bassins, enrichis comme lui de jets d'eaux. La montagne est coupée en quatre terrasses, chacune a des bassins où l'eau se précipite & d'où elle réjaillit, des statues & autres ornemens: la premiere offre un géant qui fait de sa bouche jaillir à plus de cinquante pieds un jet d'eau de la grosseur d'un homme, le ventre du géant est écrasé par un rocher, haut de quatre-vingt pieds, d'où tombent différentes cascades: l'eau jaillit dans la seconde des feuilles d'un artichaut: autour de lui sont des grottes, des arcades, &c. Sur la troisieme est un grand réservoir dans un vaste bâtiment formant différentes arcades majestueuses. La quatrieme se distingue par une piramide de cent piéds de haut, sur laquelle est placée la statue d'Hercule en cuivre, haute de trente-un pieds sans son piédestal, fondue d'un seul jet, & vuide ainsi que sa massue. Le landgrave régnant a augmenté cet ouvrage : il y a ajouté un bassin de deux-cent-septante pieds de long, & un jet qui s'élève à cent-cinquante. Ce monument, plus admirable qu'utile, fut imaginé par le landgrave Charles, & il le fit exécuter en partie.

Six villages sont renfermés encore dans ce bailliage : treize autres forment celui d'*Ahna* : on y remarque un ancien couvent de bénédictins, placé sur un roc escarpé.

Dans le bailliage de *Neustadt*, on remarque *Waldau*, grand village, avec une maison de chasse pour le prince. *Gros-Almerode*, bourg de cent-trente-huit maisons; l'ancien château de *Senfenstein* & *Kauffungen*, *Caufunga*, couvent noble de bénédictins, fondé au milieu d'un bois auquel il donne son nom, par Cunegonde femme de l'empereur Henri II. Ses revenus servent aujourd'hui à dotter les filles d'anciennes familles de Hesse. Il renferme encore plusieurs villages : on y remarque celui de *Sandershausen*.

Bailliages de Lichtenau & de Spangenberg.

Du premier sortent deux rivieres, la *Losse* & la *Wohra* : il renferme la petite ville de *Lichtenau*, située dans un canton froid & stérile; les ruines du château de *Reichenbach*, & quatre villages.

Le second est parsemé de vignobles & de campagnes fertiles où coule la *Fulde*. Les villages sont dans des terreins bas où coulent les rivieres poissonneuses du Pise & de l'Effe.

Spangenberg

CERCLE DU HAUT RHIN.

Spangenberg, est une petite ville sur une colline qu'arrose la Pise, & près d'une montagne sur laquelle est le château de ce nom. *Heyda*, est un ancien couvent de citeaux. *Connefeld*, un village, voisin d'un rocher du plus bel albâtre.

Bailliages de Melsungen & de Fridewald.

La Fulde traverse celui de Melsungen : il a peu de champs : on y fouille une mine de charbon de terre derriere la montagne d'Erlesberg.

Melsungen est une petite ville : elle a un château & un pont sur la Fulde.

Breitenau, était une abbaye de bénédictins : la *Fulde*, avant de recevoir l'*Eder*, y forme des sinuosités singulieres : elle arrose aussi le grand village de *Gravenau*.

Celui de *Fridewald* touche à la principauté d'*Hersfeld* : il a peu de villages ; mais des bois, des ruisseaux poissonneux & des carrieres abondantes. On y remarque la montagne de *Dreyenberg*, la petite ville & le château de *Fridewald*, la jurisdiction de *Hœringen* sur la rive orientale de la *Werra*, où l'on compte cent-vingt-deux feux.

Bailliage de Rothenbourg.

Il est possédé par la maison de Hesse - Rhinfels : nous en parlerons plus bas.

Ce district renferme encore plus de quarante jurisdictions & terres nobles dont les possesseurs siegent aux états.

DISTRICT DE LA WERRA DANS LA BASSE-HESSE.

Bailliages de Vach & d'Allendorf.

C'est dans le premier qu'est *Meisner*, montagne qu'on estime la plus haute & la plus grande de la

Basse-Hesse: on y cueille des plantes salutaires, & on y fouille un charbon de terre ressemblant à du bitume consolidé, enveloppé d'une couche de bois minéralisé. On y remarque *Vach* ou *Fach*, *Opidum Fanum*, petite ville au lieu où l'Ulster se perd dans la Werra: elle a trois-cent-cinquante-neuf maisons, un pont de pierre, est sur la route de Francfort à Leipsic.

Cappel ou *Waldkapel*, ville de cent-soixante-cinq maisons sur la Wohra.

On trouve des vignobles entre de hauts rochers du bailliage d'*Allendorf*; la ville de ce nom à cinq-cent maisons, elle est sur la Werra, & a près d'elle une saline ancienne dont le revenu est considérable.

Les autres bailliages de ce district appartiennent à la maison de Rhinfels. Nous ne parlerons pas de diverses jurisdictions & terres nobles qui s'y trouvent encore.

District de la Diemel dans la Basse-Hesse.

Bailliages de Grebenstein & de Sabbabourg.
Le premier a des terres fertiles, & deux petites villes.

Grebenstein, est près d'un côteau sur l'Esse: elle a deux-cent-cinquante-deux maisons. Sur le pont de l'Esse, des juges siégent en plein air; l'accusé leur paye une amende proportionnée à son délit; & après l'examen, s'il est innocent, on lui rend son argent, & l'accusateur paye le double.

Immenhausen, est petite, a une église où se fit le premier sermon protestant, & près d'elle des mines de fer. Non loin de-là est *Mariendorf*, villlage formé par les refugiés français, que le landgrave Charles y accueillit; & *Wilhelmsthal*, château de plaisance dans une vallée charmante, entourée de montagnes & de bois. Le château a un aspect imposant; il est orné de peintures, a des souterrains bien éclairés, des jardins où sont distribués avec goût des parterres, de longues allées, des colonnades, des jets d'eau, des cascades, des canaux, un théâtre de verdure, des groupes & des statues, un temple, une grotte magnifique, &c.

Le bailliage de *Sabbabourg* a plus de six lieues de long, sur moins de deux de large. On y voit un haras, des montagnes fort élevées, une isle dans le *Weser*, nommée *Gieselwerder*, siége d'une justice: le village de *Lippoldesberg* où fut un couvent de filles, où est un martinet de fer, dont on voit encore une fonderie à *Veckernhagen*. Une longue allée, pénétrant au milieu des forêts de Cassel, conduit au sommet de la montagne *Garneberg*, où le landgrave a une maison de chasse.

Bailliages de Helmershausen & de Trentelbourg.

Helmershausen, est une petite ville sur la Diemel. *Karlshaven*, fut bâtie par le landgrave Charles, au confluent de la Diemel & du Weser: elle a un hôtel des invalides, un port & un canal. *Sybourg* était dans son voisinage.

Trentelbourg, est petite, a un vieux château, est sur la Diemel: on trouve dans ce bailliage six grands villages & les ruines du château de *Schœnberg*.

Bailliages de Hof-Geismar & de Zierenberg.

L'un renferme des contrées fertiles, la ville d'*Hof-Geismar*, où l'on compte trois-cent-quatre-vingt maisons: près d'elle est un vallon qui a une fontaine minérale & un bain. *Karlsdorf*, est un village de réfugiés français.

L'autre est parsemé de hautes montagnes, est arrosé par la Warme qui passe sous un pont de pierres à *Zierenberg*, petite ville sur une colline entre deux montagnes. Il a encore plusieurs grands villages.

Bailliage de Wolfhagen.
L'Erpe l'arrose & se jette dans la Diemel. *Wolfhagen*, est une petite ville, placée sur une éminence : dans ses environs on cultive le houblon. Ce district renferme encore seize jurisdictions ou terres nobles, parmi lesquelles on compte *Liebenau*, ville de quatre-vingt-douze maisons sur la Diemel.

DISTRICT DE SCHWALM.

Bailliage de Gudensberg.
Il se termine à l'Eder, a des champs très fertiles, de grandes plaines, variées par les collines hautes & rapides qui les bornent. Du mont de *Langenberg* sort l'*Ems* qui traverse le district.

Gudensberg, ville de deux-cent-huit maisons : ses anciens comtes possédaient une partie de la Hesse, & l'on voit près d'elle deux châteaux bâtis sur des rochers escarpés, dans l'un desquels ils résidaient.

Neidenstein, est une ancienne & petite ville. *Mexhausen*, est un des grands hôpitaux de la Hesse : il nourrissait des moines inutiles ; il nourrit des femmes pauvres & malades.

Metz, village entre le Rhin & la Matze : on le croit l'ancienne capitale des *Matres* ou *Matziens*.

Geismar, ancien village, auquel d'autres géographes donnent le nom de ville, où, dit-on, Boniface abbattit un chêne sacré pour ses habitants : il y a des eaux minérales.

Bailliages de Felsberg & de Homberg.

L'Eder traverse le premier & sépare sa partie montueuse de celle qui est unie, semée de forêts & bordée de champs fertiles.

Felsberg, ville de cent-vingt maisons : auprès est un roc surmonté d'un château antique. Sur une des collines d'une très haute montagne, était le monastere d'*Eppenberg*, devenu une espece de château nommé *chartreuse*, d'où l'on jouit de la plus belle perspective qu'on ait dans le pays.

Homberg en Hesse, est la ville directoriale du district : elle est divisée en vieille & nouvelle, que l'Esze arrose : son bailliage est vaste, riche en campagnes fertiles, arrosée par l'Esze : on y forge le fer, & y fabrique du verre.

Bailliage de Borken.

Borken, ville de deux-cent maisons, dévastée long-tems par la guerre.

Hundesbourg & Kalbsbourg, vieux châteaux, jadis repaire de brigands, & seize villages.

COMTÉ DE ZIEGENHAYN.

Il eut longtems des seigneurs particuliers : il parvint à la maison de Hesse en 1450. Ce comté renfermait les trois bailliages de *Ziegenhayn*, de *Schœnstein*, de *Neukirchen*, & quelques villes dans la Haute-Hesse.

Ziegenhayn, ville de trois-cent maisons, dans une isle marécageuse. Elle n'a qu'une porte : autour d'elle sont de larges fossés, elle peut inonder ses environs, mais l'air y est mal sain. Son château est antique ; c'est le dépôt commun des archives de la Hesse. Son arsenal est bien fourni.

Frillendorf, est un bourg. *Spies*, un bourg, qu'on

croit au centre de la Hesse : les diettes s'y tenaient autrefois. On y voit une tour sans porte & sans escalier.

Treysa, ville de quatre-cent-trente maisons, sur une colline au bord de la Schwalm. Elle était autrefois la plus grande ville de la Hesse : elle est le cheflieu du comté, & la noblesse y tient ses assemblées : près d'elle on fabrique la tuile, & on y voit le village de *Franzosendorf*, habité par des Français, fabriquans de bonnets & de bas dont ils font un grand commerce.

Neukirchen, ville de deux-cent-cinquante maisons que le Grenf arrose.

Schwarzenborn, a aussi le nom de ville, & c'est la plus ancienne du comté : elle a quatre-vingt-dix maisons.

Grand-Bailliage d'Ober-Aula.

Il renferme de hautes montagnes, plusieurs villages dont le principal lui donne son nom, & a quatre-vingt-dix maisons. Ce district renferme encore trente jurisdictions & terres nobles, dont l'une est un joli vallon terminé par la montagne de Keller, & qui a près de trois lieues de long. Le château de *Lœwenstein* qu'il renferme, lui donne son nom.

DISTRICT DE LA LÆHN DANS LA HAUTE-HESSE.

Bailliage de Marbourg.

Il est fort étendu : on y trouve des mines de fer, du cuivre, de l'argent, des carrieres d'ardoises.

Marbourg, est la capitale de la Haute-Hesse. D'un côté, elle a une montagne surmontée d'un châteaufort ; de l'autre, la Læhn : elle est le siège de divers tribunaux, & d'une université fondée en 1527 par le landgrave Philippe-le-généreux. Le commandeur provincial de l'ordre teutonique est en même tems commandeur de Marbourg; il y siège, & on le choisit alternativement dans les trois religions. Elle a trois églises reformées & une luthérienne, dans laquelle est le corps de Ste. Elizabeth, dans une chasse de vermeil garnie de pierreries. Elle devint ville dans le 13me. siécle. Elle a eu ses princes particuliers. Au tour d'elle sont cinq jurisdictions : le bourg de *Lora* est le chef-lieu de l'une d'elle.

Bailliages de Kirchhayn, de Rauschenberg, & de Wetter.

Kirchhayn, est une ville de quatre-cent maisons, située sur la Wohra : elle a un château.

Rauschenberg, petite ville, près d'une montagne : on y fait de la bonne biere, & on y cultive sur-tout l'ail & l'oignon : elle a fait partie du comté de *Ziegenhain*.

Wetter, petite ville, avait un monastere de filles, dont les revenus réunis à ceux de *Kauffungen* servent à dotter les filles d'anciennes familles de la Hesse.

A ces cinq districts il faut joindre plusieurs villes & bailliages, qui n'en font point partie.

Bailliages de Rosenthal & de Gemünden.

Rosenthal, est une petite ville : près d'elle sont les ruines de l'ancien château de *Melnau*.

Gemünden, est petite, sur le bord de la Wohra, qui arrose le vallon sur lequel elle domine.

Bailliages de Frankenberg & de Haina.

On trouvait autrefois de l'or dans le premier : il y a encore aujourd'hui de la mine de plomb, du cuivre & un peu d'argent.

Frankerberg, est une ville qu'on croit fondée par Thierri roi des Francs, & fortifiée par Charlemagne : une nouvelle ville s'éleva auprès en 1336, qui lui fut réunie en 1556. Elle a déchu de son ancien éclat.

Frankenau, est une petite ville. *Hessenstein*, une maison très ancienne sur la montagne de Silbourg.

Haina, est un des quatre grands hôpitaux de la Hesse, autrefois couvent de citeaux. Aujourd'hui quatre-cent pauvres Hessois, malades & impotens y sont nourris & soignés. Son grand administrateur y réside : il doit être noble, & les deux landgraves le nomment alternativement. Onze villages, & plusieurs fermes en dépendent. Il est sur la Wohra.

Il y a encore vingt-sept jurisdictions ou seigneuries dans ce district, parmi lesquelles on compte la ville de *Schwinsberg*, à qui Louis de Baviere donna en 1332 les mêmes priviléges qu'à Francfort : ces priviléges n'en ont pas fait une ville florissante. Sa situation s'y opposoit : le ruisseau d'*Ohm* coule auprès, & baigne les antiques murs d'un château qui donna son nom à la ville.

HESSE-RHINFELS.

Cette maison possède le quart de la Basse-Hesse, & le bas comté de Katzenelnbogen; mais sous la supériorité territoriale de Hesse-Cassel.

En 1562, le landgrave Maurice déclara son fils Guillaume, seul prince régnant dans son landgraviat, à condition qu'il céderait à ses freres le quart de ses biens présens & à venir : cet arrangement eut lieu; & de-là viennent les possessions dont jouit Hesse-Rhinfels ou Rothenbourg, & les droits régaliens qu'y exercent la maison régnante de Hesse-Cassel.

Dans le district de Fulde, Hesse-Rhinfels possède le bailliage de Rothenbourg, traversé par la Fulde, long d'environ neuf lieues, riche en grains, en forêts, en gibier, en poissons. Il a de beaux pâturages, quelques vignobles, du fer & du cuivre.

Rothenbourg est divisée par la Fulde, en ancienne & nouvelle. Dans la premiere est le château où réside le prince : dans la seconde, l'hôtel où se rend la justice, & une église dont les revenus servent à l'entretien de ministres émérites.

Dans le district de la Werra, elle possède les bailliages de *Sontra*, de *Treffurt*, de *Wanfried*, d'*Eschwège*, de *Ludwigstein*, de *Neven-Gleichen*, & la seigneurie de *Pleissa*.

Sontra, ville de cent-trente-six maisons, située au pied d'une colline, entre des montagnes, sur un ruisseau qui porte son nom : ses habitans labourent leurs champs & gardent leurs brebis : autour d'elle sont neuf villages.

Treffurt avait un seigneur qui s'exerçait au brigandage; les princes de Mayence, de Saxe, & de Hesse, vinrent l'assiéger, prirent sa ville, & se la partagèrent. Elle est située sur la Werra, au pied d'une montagne : ses habitans sont luthériens.

Wanfried, ville de deux-cent-quarante-neuf maisons, à l'embouchure de la Frieda dans la Werra : son château mal bâti, est la résidence du prince de Rhinfels.

Eschwège, ville ancienne sur la Werra, sur laquelle est un pont de pierre. Elle a six-cent-quinze maisons & un château : ses rues sont larges & belles. Autour d'elle sont une vingtaine de villages, qui forment son bailliage.

Ludwigstein, château sur une colline élevée, dont la Werra fait une presqu'isle.

Witzenhaufen, ville de deux-cent-quatre-vingt-dix maifons, fur la Werra.

Neven-Gleichen, vieux château ruiné fur une montagne élevée : fon bailliage renferme huit villages, & une vallée riante que la Garta arrofe.

La feigneurie de *Pleiffa* ou *Pleiffen* eft enclavée dans les états de Brunfwich, qui prétendent en être feigneurs; mais les landgraves la poffédent. Ils payent pour elle un mois de 12 fl. & 8 écus 9 kr. pour la chambre impériale. On y voit encore les reftes du château de *Pleiffa*, fur une haute montagne.

Bovenden eft un bourg fur la Leine, qui eft affez floriffant par fon voifinage de Gœttingue, plufieurs villages font autour; il en eft quelques autres dans le bailliage de *Hœckelheim*, qui doit fon nom à un ancien couvent de filles nobles, dont on confacre les revenus à l'entretien des veuves des miniftres.

BAS COMTÉ DE KATZENELNBOGEN.

Tout le comté échut à la maifon de Heffe en 1479 après la mort de fon dernier comte. Les princes de Naffau y avoient des prétentions, & ils les confervent encore : c'eft en 1648 que le bas comté devint un appanage de la branche de Rhinfels. Il fait partie de la Wetteravie, & touche aux états de Trêves, de Mayence, du Palatinat, de Naffau-Idftein & des quatre feigneurs Son nom vient, dit-on, des Cattes & de la montagne *Meliboçus*, qu'on ne fait où placer : il peut venir d'ailleurs, & peu importe. Ses champs fertiles font occupés par de belles forêts : il a des pâturages, des vignobles, de bonnes eaux minérales. Les habitans font cultivateurs ou fabriquent des draps. Le landgrave y a un commiffaire qui exerce pour lui les droits régaliens.

Ce bas comté est divisé en trois bailliages, qui sont ceux de Rhinfels, de Reichenberg & de Hohenstein.

Rhinfels, forteresse, autrefois couvent, située sur un rocher escarpé, & qui commande toute la largeur du Rhin. A quelque distance, sur un roc, est le fort de *Neu-Catzenelnbogen*, & sur l'autre rive du Rhin le fort de *Gewershausen*. Les princes de Rhinfels ont résisté longtems aux prétentions des Landgraves de Cassel, pour mettre garnison dans cette citadelle; mais enfin ils ont cédé, & ils ont renoncé au droit de défendre le comté & à celui de percevoir les impositions destinées à l'entretien des soldats. Au dessous de Rhinfels, sur la rive du Rhin, est *St. Goar*, ou *St. Gewer*, capitale du comté. Son péage est considérable : son église est catholique. Elle est laide, mal propre, connue par le batême qu'elle imposait à ceux qui y passait. Près d'elle le fleuve forme une cataracte.

Goarshausen, petite ville sur la rive orientale du Rhin : son église est commune aux reformés & aux luthériens.

Reichenberg, château sur un roc élevé; il se termine en dôme & n'a point de toit : il a une chapelle pour les luthériens.

Nastædt, petite ville sur le Mühlbach, dans une grande bruyere : les trois religions y ont leur culte public. Près d'elle est une source d'eau minérale.

Gronau, jadis couvent de bénédictins, aujourd'hui un des quatre grands hôpitaux de la Hesse : ses revenus sont destinés à l'entretien de femmes pauvres & caduques.

Hohenstein, place forte près de l'Aar sur un mont : elle n'est plus qu'un amas de ruines.

Langenschwalbach, bourg célèbre par les eaux minérales qui sont dans son enceinte & dans ses environs: l'une de leurs sources semble bouillir comme sur un grand feu; la principale est dans une prairie. On y voit quelques curiosités naturelles, telle que trois échos qui se répondent; un chêne & un charme, joints l'un & l'autre & croissant ensemble; cinq charmes entrelassés qui n'en font qu'un; deux caves d'où s'élèvent des vapeurs sulphureuses & étouffantes. Deux églises y servent aux trois cultes: plusieurs Juifs y habitent. *Karlsthalerbad* ou *Schlangenbad*, est à deux lieues de-là, c'est un fameux bain médicinal: ses eaux sont froides, & on les chauffe pour s'en servir. Les serpens fourmillent dans ses environs; ils s'approchent de ceux qui se baignent & les effraient quelquefois; mais ne leur font jamais de mal.

Geroldstein, château ruiné, près duquel sont deux villages & un hameau.

La maison de Rhinfels possède la moitié de la *terre des quatre seigneurs*, qui renferme neuf paroisses: l'autre moitié est partagée entre les princes de Nassau.

HAUTE-HESSE.

I. RÉGENCE DE GIESSEN HESSE-DARMSTHAD.

Bailliage de Giessen.

Giessen, est une ville forte, siège des tribunaux de cette partie de la Hesse & d'une de ses deux régences. Elle a sept-cent & quelques maisons; un château, un arsenal grand & bien pourvu, un beau collège, une université luthérienne qui a des revenus considérables.

Giessen, est à peu de distance de la Lahn & de la Wisseck, elle fut achetée par la maison de Hesse en 1270, n'étant encore qu'un village: elle fut une ville dans le 14me. siècle.

Stauffenbourg, est une petite ville, qui voit près d'elle les ruines de sa citadelle.

Grosse-Linde, est un bourg. On trouve encore dans ce bailliage quatorze villages, repartis en trois jurisdictions.

Bailliages d'Allendorf & de Grünberg.

Allendorf, est une petite ville sur la Lumbde. Elle obtint ce titre en 1370.

Grünberg, ville sur un mont, où les rois Merovingiens, & Charlemagne ont tenu leur cour: elle a beaucoup déchu: ses priviléges municipaux sont aussi anciens que les landgraves de Thuringe: sa justice provinciale s'étend sur vingt villages: plusieurs petites rivieres y naissent.

Bailliages de Burggemünde & de Hombourg sur l'Ohm.

Burggemünde, petite ville ou grand village: quatre autres villages forment son bailliage.

Hombourg, sur l'Ohm, est une petite ville, dont les murs touchent à une montagne sur laquelle est un château: treize villages sont autour d'elle.

Bailliages d'Alsfeld & de Grebenau.

Alsfeld, ville ancienne, plus florissante autrefois, & la premiere du pays qui ait adopté la confession d'Augsbourg. Elle a un château antique.

Kirdorf, est une petite ville, sans murs qui la défendent.

Romrod, a un château. Trente-trois villages dispersés autour de ces trois villes forment ce bailliage.

Grebenau, devint une ville en 1605: elle est petite: cinq villages en dépendent.

Lauterbach, ville qui n'est d'aucun bailliage, & dont le faux-bourg n'est pas au landgrave, qui ne possède qu'en commun avec la maison de *Solms-Rœdersheim* le village de *Peterweil*.

Bailliages d'Ulrichstein & de Schotten.

C'est dans le premier que commence la chaine du *Vogelsberg.*

Ulrichstein, est une petite ville, un château, qu'on croit être le plus élevé de toute la Hesse, parce qu'il est sur une fort haute montagne.

Bobenhausen, est un bourg : il renferme encore quatorze villages.

Dans le second naît la Nida.

Schotten, est une petite ville qui commença de l'être en 1354. Cinq villages, une ménagerie, y sont compris avec elle.

Bailliages de Nidda & de Stormfels.

Le premier fut un comté : le sol en est fertile : il a de belles forêts, du gibier, du poisson, des verreries.

Nidda, ou *Nythe*, sur la Nidda, est une ville dont les environs sont fertiles : elle a un château & une saline.

Crainfeld, est un bourg très ancien.

Lisberg, est un bourg & un vieux château : il a été le chef-lieu d'une ancienne seigneurie. Une trentaine de villages ressortissent encore de ce bailliage.

Stormsfels est un château sur un mont : autour de lui sont quatre villages.

Bailliages de Bingenheim & de Rossbach.

Le premier forme ce qu'on appelle, *la marche de la Fulde.* Son sol est gras & uni : c'est au 16me. siècle qu'il passa dans la maison de Hesse.

Bingenheim, est un grand bourg, qui a des privilèges municipaux : il a un château.

Echzell, est un grand bourg encore, dans le canton le plus fertile de la Wetteravie.

Ober-Rossbach, est une petite ville assez chétive.

Bailliages de Bützbach & de Kleeberg.

Bützbach, ville ancienne dans une plaine marécageuse; mais fertile. Elle a un beau château, un jardin de plaisance. Elle appartint d'abord aux comtes de Falkenstein, & par divers changemens elle est parvenue à la maison de Hesse.

Münster, est un bourg, au-dessus duquel est une montagne où croissent de bons vins: le château de *Philippseck* a été bâti sur elle.

Kleeberg, est un bourg & un château ruiné où résiderent les comtes de ce nom. Darmstadt & Nassau-Weilbourg le possédent en commun & y nomment chacun un baillif; mais le premier reçoit les appels pendant deux ans, tandis que Nassau ne les reçoit qu'un an.

Bailliages de Hüttenberg & de Kœnigsberg.

Tous les deux sont dans la Wetteravie: sept villages appartiennent à Hesse-Darmstadt dans le premier; huit dans le second, avec la petite ville de Kœnigsberg: son château ruiné se voit sur la montagne voisine.

Bailliages de Blankenstein & de Biedenkopf.

Dans le premier on trouve de l'argent, du plomb, du mercure, du vitriol, vingt-un villages & le bourg de *Gladenbach*.

Dans le second sont treize villages & la petite ville de *Biedenkopf*, bâtie sur une montagne: on y forge, on y fond le fer, & c'est par-là qu'elle est connue. Près de *Homertshausen* est une montagne avec une mine d'argent.

Hesse-Darmstadt possède les trois huitiemes du canton de Breidenbach, qui touche à ce bailliage.

Bailliage de Battenberg.

Il renferme dix villages, & les villes anciennes de

Battenberg & de *Hatzfeld*. Toutes deux font petites & fur l'Eder.

Seigneurie d'Itter.

La petite riviere d'Itter lui donne fon nom : l'Eder la borne : fon fol eft montueux & cependant fertile. Elle a de belles forêts, de grands pâturages, & de riches mines de cuivre : le gibier & le poiffon y font abondans. Elle eut longtems fes feigneurs particuliers. Les landgraves les protégeaient, & ont acheté en différens tems la plus grande partie de leur héritage. Elle renferme vingt-cinq villages, le bourg de *Vœhl*, & la ville d'*Itter-en-val* ou *Bergftadt*, voifine de quelques mines de cuivre, & qui a une belle églife.

Plufieurs jurifdictions & terres nobles dépendent encore de Heffe-Darmftadt : on diftingue parmi elles la vallée de *Bufeck*, qui renferme neuf villages & cinq-cent fujets.

II. RÉGENCE DE DARMSTADT.

Elle eft compofée du haut comté de Katzenelnbogen, & d'une partie du comté d'Epftein. Le premier touche au Rhin, au Mein, au Palatinat, à l'électorat de Mayence, au comté d'Ifenbourg. Il s'étend dans le Bergftrafs & l'Odenwald. Il eft fertile en blés, vins, amandes, & chataignes.

Bailliage de Darmftadt.

Darmftadt, ville fur la riviere de ce nom, dans un pays fablonneux, mais riant. C'eft le fiége des tribunaux de cette partie de la Heffe. On y voit deux châteaux, une place d'armes couverte d'un toit, un collége, une maifon d'orphelins, un fauxbourg affez joli, une grande place publique : elle a

de

de belles maisons. Elle est la résidence des landgraves qui portent son nom.

Eberstadt, bourg dans le Bergstrasse, & dix-huit villages.

Bailliages de Kelsterbach & Rüsselsheim.

Kelsterbach, est un bourg: c'était une seigneurie achetée par les landgraves, en 1601, pour 356,177 fl. Le Mein l'arrose, & on l'appelle aussi *Dreyeich*, seigneurie des trois Chênes.

Langen, est encore un bourg: tous deux sont près du Mein: autour sont quatre autres villages.

Rüsselsheim, bourg sur le Rhin, a un château fort qui tombe en ruines.

Gros-Gerau, petite ville qui donne son nom à un canton.

Trebur, *Triburia*, bourg qui fut une grande ville. Les rois Carlovingiens y avaient un palais, & y assemblèrent des diettes & des conciles: onze autres villages forment son bailliage.

Bailliages de Dornberg & de Jægersbourg.

Dornberg, *Dornheim*, *Leheim*, sont des bourgs: le premier avait un château où résidaient les anciens comtes; le Neckre en arrosait les murs, & inondait quelquefois ses environs: on l'en a détourné par un grand fossé. C'est près de-là qu'Adolphe de Nassau expira & fut foulé aux pieds par son ennemi.

Ehrfelden, village où le grand Gustave, roi de Suède, fit élever une colonne de cinquante-six pieds, surmontée d'un Lion.

Hofheim, est l'un des quatre grands hôpitaux de la Hesse, destiné pour les femmes pauvres & infirmes.

Jægersbourg, est un château, & un parc, qu'environnent quatre villages.

Tome II. Part. II. I

Bailliages de Zwingenberg & de Lichtenberg.

Dans le premier est la montagne de *Malches*, ou *Malckenberg*, une des plus hautes de l'Allemagne, & qu'on croit être le *melibocus* de Ptolomée, qui peut, avec le nom des Cattes, avoir formé celui du comté.

Zwingenberg, est une petite ville qui doit son existence à un château : elle eut ses priviléges municipaux en 1273. C'est un passage important défendu d'un côté par le Malckenberg, & de l'autre par des marais & des forêts : on voit autour seize villages.

Lichtenberg, est un château ruiné. *Rhinheim*, une petite ville sur la Gernsprenz.

Ernsthofen, *Ueberaus*, *Ober-Ramstadt*, sont des bourgs. Ce bailliage renferme encore trente-sept villages.

Seigneurie d'Umstadt.

Elle est dans l'Odenwald, & le landgrave la partage avec l'électeur palatin : la partie de Darmstadt comprend quinze villages & la ville de *Gros-Umstadt*, ancienne, florissante autrefois, mais bien déchue.

Partie du comté d'Epstein.

Elle fut vendue au landgrave dans le 15me. siècle : elle est située près du confluent du Rhin & du Mein, a des champs fertiles, de bons vignobles, & de belles forêts.

Epstein, petite ville dont une partie appartient à l'électeur de Mayence.

Delkenheim, bourg qui a droit de cité depuis 1320, & onze villages.

Bailliage de Braubach.

Il devrait appartenir au landgrave de Cassel : celui de Darmstadt en jouit par droit de prescription.

Braubach, est une ville sur le Rhin : près d'elle sont des fontaines minérales, le fort de *Marxbourg* sur un rocher, au pié duquel est une mine d'argent & de cuivre, & une vallée dans laquelle est le château de *Philipsbourg*.

Ems, fut une ville, & n'est plus qu'un bourg, connu par les eaux thermales qui sont auprès, embellies de plusieurs édifices.

Katzenelnbogen, bourg & château qui donna son nom aux comtes : près-de-là est une mine de fer. Plusieurs villages sont encore dans ce bailliage.

La maison de Darmstadt a encore des prétentions sur la ville impériale de Wetzlar.

HESSE-HOMBOURG.

Ses possessions sont dans la Weteravie, auprès de la chaine de montagnes qu'on nomme *Die-Hœhe*. Les landgraves de Darmstadt y ont conservé divers droits régaliens, le produit de quelques impôts & le droit de suzeraineté. Les revenus en étaient d'abord fort modiques ; mais l'activité & la sagesse des princes les ont augmentés. Ces possessions ne forment qu'un bailliage.

Hombourg vor der hœhe, ou *Hombourg des monts*, ville peuplée de luthériens & de reformés, sur une colline, divisée en vieille & nouvelle ville : celle-ci est réguliere, jolie, & doit son existence à Fréderic II, son seigneur, qui la peupla & établit près d'elle deux colonies de français. Elle a une maison d'orphelins, est à trois lieues de Francfort, & doit son aisance à diverses manufactures : on fait de beaux verres assez près de-là, & l'on y trouve une saline.

La maison de Hesse-Hombourg possede encore trois bailliages dans le pays de Magdebourg & de Halberstadt.

HESSE-PHILIPPSTADT.

Elle possède le bailliage de *Kreutzberg* dans la principauté de Hersfeld.

Kreutzberg ou *Philippstal*, est un bourg sur la Werra, où était autrefois un couvent, où est aujourd'hui un château.

PRINCIPAUTÉ DE HERSFELD.

Elle est située entre la Haute-Hesse, la Basse-Hesse & l'évêché de Fulde : elle est arrosée par la Fulde, est très fertile & fut autrefois une abbaye immédiate de l'empire, dotée par Pepin & Charlemagne, protégée par les landgraves de Hesse qui en devinrent les administrateurs, & enfin les princes. Ce fut le traité de Westphalie qui la changea en principauté & en fit une partie des états de Hesse-Cassel. Elle lui donne voix & séance dans les assemblées du cercle. Son mois romain est de 60 fl., & sa taxe pour la chambre impériale est de 81 rixdalers 14 kr. Elle est incorporée dans la Basse-Hesse, & fait partie du district de la Fulde.

Hersfeld, est une ville de cinq-cent maisons : elle a un château, un gymnase, un riche hôpital : des murs épais flanqués de tours l'environnent. Son église autrefois abbatiale, a de grandes colonnes d'une seule pièce. Il y a des eaux minérales. Cette principauté se divise en six bailliages & quelques jurisdictions. On y voit encore le bourg de *Nieder-Aula* de soixante & quinze maisons. Son bailliage est le plus grand ; celui de *Landeck* est le plus riche de ce petit pays.

Landeck, est un château voisin de *Schlenklengsfeld*, bourg de quatre-vingt maisons.

CERCLE DU HAUT RHIN.

COMTÉ DE HANAU-MÜNZENBERG.

Il est situé dans la Wetteravie, & touche à l'électorat de Mayence, à l'évêché de Fulde, au territoire de Hesse-Hombourg. Il a quinze lieues de long, & cinq dans sa plus grande largeur: c'est un des pays les plus fertiles & les plus riches de l'Allemagne: on y trouve grains, légumes, vins exquis, fruits délicieux, forêts magnifiques, une riche saline, une mine de cuivre & d'argent, une de cobalt: le *Mein* l'arrose & le traverse; il l'est encore par la *Kinzig*, la *Nidda*, & le *Nidder*. On y compte cinq villes, & quatre-vingt-seize bourgs ou villages. Il est co-seigneur de quatre autres villes & de deux villages. Il est mixte pour la religion; mais les reformés y dominent. Son commerce est florissant, & il a diverses manufactures.

Ses anciens seigneurs devinrent comtes en 1429: ils firent un pacte de succession avec la maison de Hesse-Cassel, & ce pacte, après l'extinction de leur famille a fait passer ce comté aux landgraves en 1736. Il donne à son possesseur l'entrée au collège des comtes immédiats de la Wetteravie; mais le landgrave s'en est séparé. Son mois romain est de 230 fl., sa taxe pour la chambre impériale de 160 écus 25 kr. Son dernier comte en tirait un revenu de 500,000 florins, & on dit que ses salines produisent au-delà de 100,000 écus.

Hanau, est une ville dans une grande plaine, sur le Kinzig, près du Mein. Elle est divisée en vieille & nouvelle ville: la premiere est mal bâtie, a un château antique & vaste, deux églises dont l'une est luthérienne, l'autre est reformée & servit de sépulture aux comtes, un gymnase, une synagogue & une rue pour les Juifs, un grand faux-bourg & un parc. La nouvelle ville est plus grande. La cruauté de Philippe II, roi d'Espagne y amena des Flamands ou Vallons reformés, qui la fondérent sous la protection du comte qui en exigea peu de droits, leur donna celui d'avoir leurs magistrats particuliers, & de les nommer. Ils en jouissent encore quoiqu'ils ne forment pas la moitié de ses habitans. Les rues en sont larges, propres, droites, & les maisons uniformes: elle est ornée d'un bel hôtel de ville, de plusieurs églises, d'un vaste marché au centre duquel est une belle fontaine, & d'une très grande place d'armes qui sert de promenades. On y blanchit la cire, on y fabrique des draps, des étoffes de laine, de soie & de coton, des velours, des galons d'or & d'argent, des bas, des indiennes & de la porcelaine: on y prépare le tabac: on y commerce en bois, en fer brut & fondu, en farines & blés. Sa prospérité vient sans doute de la liberté du commerce accordée à tout homme industrieux.

Bailliage de Bucherthal.

Il renferme quelques forêts. *Philippsruhe*, ou le *repos de Philippe*, est un beau château, orné de jolis jardins, à demi lieue de Hanau.

Darnigheim, est un bourg.

Rumpenheim, un grand village, sur un chemin fréquenté.

Mittelbüchen, *Hochstadt*, sont encore des bourgs, ainsi que *Wachenbüchen*, dont l'eau connue par sa bonté, est conduite à Hanau par des tuyaux de fer.

Brüchkœbel, à qui Charles IV accorda le droit d'être ville, est demeuré village.

Bailliage de Windecken.

Windecken, petite ville où les seigneurs de Hanau résidérent: elle a un château.

Markœbel, est un bourg jouissant de grandes prérogatives : l'empereur Charles IV lui donna, ainsi qu'à *Nieder-Dorfelden*, les mêmes droits qu'à la ville de Hanau : mais l'un est resté bourg, & l'autre village.

Naumbourg, est un château qui fut un couvent de bénédictins.

Bailliage de Bornheimerberg ou Bergen.

Bergen, est un bourg : il a deux églises, & ses environs produisent d'excellens vins : le bourg de *Bichofsheim* jouit du même avantage : celui de *Bockenheim* est grand : les luthériens, les réformés allemands, les reformés français y ont chacun une église, & c'est-là que les protestans de Francfort viennent au sermon.

Seckbach, *Eschersheim*, *Ginheim*, *Vilbel*, sont des bourgs : ce dernier est sur la Nidder.

Bailliages de Rodheim & de Dorheim.

Rodheim, grand bourg à qui Charles IV accorda les mêmes franchises qu'à Francfort, & la permission de se fortifier.

Holzhausen ou *Burgholzhausen*, bourg qui appartint aux seigneurs d'Epstein, qui fut acheté par les comtes de Hanau en différens tems : le tiers leur couta 5555 florins.

Dorheim, bourg sur la Wetter. *Nauheim*, est aussi un bourg : il y a une saline, où malgré la rareté du bois & la suspension du travail durant l'hyver, on cuit trente-mille charges de sel par an.

Bailliages d'Ortenberg & de Brandestein.

Ortenberg, est une ville dont le tiers seulement appartient aux comtes de Hanau. Elle est sur la Nidder, & a un vieux château : six villages sont autour d'elle.

Brandenstein, est un château ruiné : quatre villages forment son bailliage.

Bailliages unis de Steinau & de Schluchtern.

Steinau, petite ville, elle a un château & deux églises pour les luthériens & les reformés.

Schluchtern, petite ville sans murs, sur la Kinzig & l'Elenbach qui s'y réunissent. Son ancienne abbaye de bénédictins est aujourd'hui un gymnase reformé dont le recteur prend le titre d'abbé.

Bailliage unis de Bibergrund & Lohrhaupten.

Le premier a huit villages, & *Bieber*, bourg voisin d'une riche mine de cuivre, d'une usine de fer, & d'une encore où l'on réduit le cobalt en couleur bleue.

Le second est composé de trois villages, & du bourg de son nom, près duquel la Lohr prend sa source.

Bailliage de Schwarzenfels, & d'Alten-Haslau.

Schwarzenfels, est un bourg, neuf villages forment avec lui le bailliage.

Alten-Haslau, ou *Hassel*, bourg environné d'un sol fertile qui produit du bon vin. Six villages du bailliage de *Bey-Alzenau* cédé à l'électeur de Mayence, sont joints aux cinq autres qui formaient ce petit canton.

Bailliages de Babenhausee & de Münzenberg.

Le premier est sur la rive méridionale du Mein.

Babenhausen, est une petite ville où résidérent les comtes de Hanau. Elle a un château & la Gernsprinz coule auprès.

Dudenhofen, est un bourg.

Münzenberg, ville sur la Wetter. Elle est petite & a un vieux château. Toute la ville n'est pas au comte, non plus que les villages de *Treys* & *Heuchelheim* : ce dernier est un fief de l'empire.

Le comté de Hanau renferme encore *Affenheim*, petite ville au confluent de la Niddau & de la Wetter, & en poſſéde un ſixieme.

Rieneck, eſt une ville & château.

Gelnhauſen, ville impériale engagée par l'empereur Charles VI : l'empire a décidé qu'elle était libre encore ; mais les comtes de Hanau veulent qu'elle ſoit toujours ſoumiſe à leur pouvoir.

SEIGNEURIE DE HANAU-LICHTENBERG.

Elle a eu ſes ſeigneurs particuliers juſqu'en 1480 : elle paſſa par ſucceſſion dans la maiſon de Hanau, & de celle-ci dans la maiſon de Heſſe. La fille unique du dernier comte de Hanau avait épouſé le landgrave de Darmſtadt, & c'eſt en cette qualité que ce dernier poſſéde cette ſeigneurie. La plus grande partie de cette ſeigneurie eſt ſituée dans l'Alſace, & dépend de la France : ce qui eſt demeuré terre de l'empire, paye un mois romain de 500 fl. & une taxe de 14 écus 38 kr. pour la chambre impériale.

Les habitans ſont luthériens. Il y a des catholiques & des reformés dans la partie françaiſe & dans le bailliage de Lemberg. Ce qui fait partie de l'empire dans cette ſeigneurie, eſt diviſé en quatre bailliages, qui ſont ceux de Lichtenau, de Willſtædt, de Lemberg & de Schafheim.

Lichtenau, eſt un grand bourg, autrefois ville ceinte de murs.

Neu-Freyſtædt, ville fondée en 1745, par le fils du landgrave de Darmſtadt : quarante maiſons alignées au cordeau la compoſent ; mais elle s'accroîtra : elle a de beaux priviléges : celui du libre exercice de toutes religions, & de ſervir d'azile aux débiteurs insolvables, peut contribuer à la peupler : quinze villages sont encore dans ce bailliage, qui touche à la Suabe & au Rhin, dont le sol est fertile en grains & en chanvre : la pêche, la navigation, le commerce, y font l'aisance des habitans.

Wilstædt, grand bourg avec un vieux château.

Kork, grand village, où siége le bailli. Dix autres villages forment ce bailliage, aussi fertile que le premier, & dont le voisinage de Strasbourg fait la richesse.

Schafheim, est un bourg auquel Charles IV accorda les mêmes priviléges qu'à Hanau, sans en pouvoir faire une ville : il relève de l'électeur Palatin : deux villages forment avec lui ce bailliage, qui fut autrefois une dépendance de celui de Babenhausen dans le comté de Hanau Münzenberg.

Le bailliage de Lemberg prend son nom du village & château de *Lemberg*, & il renferme vingt-huit villages, seize métairies, a pour chef-lieu *Pirmasens*, *Pirminii Sedes*, ville qui tient son nom de l'hermite Pirminius : elle en avait été l'azile. C'était autrefois un hameau & une maison de chasse : elle est devenue une ville réguliere, fermée de hauts murs, où l'on compte trois-cent maisons. Elle a un beau château, deux églises, un corps de cazernes, une maison d'exercice où deux bataillons peuvent manœuvrer à couvert, une école latine & un magistrat municipal.

Nous croyons devoir réunir ici les parties de cette seigneurie que Buching a séparées. Pour la connaître, ainsi que l'étendue des domaines des landgraves de Darmstadt, il serait incommode d'en chercher les parties en Allemagne & dans deux provinces françaises, l'Alsace & la Lorraine.

La partie de cette seigneurie, qui est sous la suzéraineté de la France, est seule la plus étendue de toute l'Alsace : elle est fertile en toutes sortes de grains, en vins, en pâturages, & renferme de grandes forêts, des villes, des bourgs, des châteaux, près de cent villages ; le tout divisé en sept bailliages. Ses habitans forment environ sept-mille feux. Ces bailliages sont celui : 1°. d'*Offendorf*, formé de cinq villages, & arrosé par la Motter. 2°. Celui de *Brumar*, sur la Soor, composé de onze paroisses. *Brumat*, *Brocomagus* est un très beau village, décoré d'un château. Il était sous les Romains une ville florissante. 3°. Celui de *Pfaffenhofen* est composé de neuf paroisses. *Pfaffenhofen* est une petite ville sur la Soor. 4°. Celui d'*Ingweiler* renferme dix paroisses : *Ingweiler* est une petite ville sur la Motter. *Neuviller*, petite ville où est une église collégiale, dont les luthériens occupent la nef & les chanoines le chœur. *Lichtenberg*, village au pied de la montagne, où est bâti un château, situé sur un roc escarpé gardé par des invalides, qui a donné son nom à la seigneurie. 5°. Le bailliage de *Bouxviller* renferme vingt-sept paroisses, & prend son nom d'une ville médiocre, capitale de ce comté ou seigneurie, siège de la régence & du consistoire luthérien. On y voit un château gothique & des jardins agréables. L'église de la ville est aux luthériens ; celle du faux-bourg est aux catholiques. Les officiers du prince sont de la premiere religion; ceux du bailliage sont de la seconde. *Hoch-Azehheim*, est un village près duquel est une chapelle visitée par les pélerins. 6°. Le bailliage de *Werlhofen* a neuf paroisses ; la ville de ce nom est petite, a été fortifiée, est voisine de l'ancien château de *Rosembourg*. *Balbronn*, est un grand village. 7°. Enfin le bailliage de *Wolfisheim* qui n'est pas si étendu que les autres. *Wolfisheim*, est un grand village à une lieue de Strasbourg, où les réformés exercent leur culte public.

COMTÉ DE WITGENSTEIN.

Il touche aux états de Hesse-Darmstadt, & au duché de Westphalie, a sept ou huit lieues de long, & cinq de large, renferme peu de champs, & ces champs ne produisent guères que de l'avoine ; mais il est riche en pâturages, en forêts, en métaux : on y trouve de l'argent, du cuivre, du fer, & l'on y fond & travaille ce dernier. La *Lahn* & l'*Eder* l'arrosent.

Ses comtes descendent des comtes de Sayn. Ils sont divisés en deux maisons, *Sayn-Witgenstein-Witgenstein*, & *Sayn-Witgenstein-Berlebourg* : elles se disputent le rang dans le collège des comtes de Wetteravie : leurs revenus sont évalués à 50,000 rixdalers, leur mois romain est de 28 fl., dont la maison de Berlebourg paye 11 fl. & 12 kr.

Possessions de Sayn-Witgenstein-Witgenstein.

Elles s'étendent sur le comté de Witgenstein proprement dit, & la seigneurie de Vallendar. Le premier est assez étendu : on y compte trois-cent-trente-deux paysans sujets aux corvées, (& pourquoi en compte-t-on encore ?)

Il relève de Hesse-Darmstadt : on y remarque *Witgenstein*, château sur une montagne au pied de laquelle est la petite ville de *Laasphe*, sur la Lahn. *Schwarzenau*, bourg sur l'Eder, où l'on fabrique des bas & des étoffes de laine, & vingt-quatre villages.

La seconde relève de l'électeur de Trèves qui en possède une partie. On y compte quatre villages.

Possessions de Sayn-Witgenstein-Berlebourg.

Elles comprennent le comté de Berlebourg & les seigneuries de Neumagen & de Hombourg. On remarque dans le premier, *Berlebourg*, petite ville sur un ruisseau qui se jette près de-là dans l'Eder. Les comtes y ont un beau château où ils résident. On y compte vingt-deux villages.

Neumagen dont nous avons parlé dans l'électorat de Trèves, parce qu'elle en relève, est sur la Moselle, & son sol est fertile en vins excellens.

Hombourg est enclavé dans le duché de Berg & le comté de la Mark.

ÉVÊCHÉ DE WORMS.

Il est presque environné par les terres du Palatinat, & situé le long du Rhin : diverses petites rivieres l'arrosent : il a cinq lieues d'étendue, a de belles forêts, des champs fertiles, de beaux pâturages & de bons vignobles. Les *Vangiones* l'habiterent, & il en porta le nom : il prit ensuite celui de *Wormerfeld*. Son évêché est ancien, & l'on prétend qu'il a été archevêché. Les revenus en sont fort modiques, & par cette raison, on a cherché à le réunir à l'archevêché de Mayence, dont il est suffragant, sans y réussir. L'évêque convoque & dirige le cercle du Haut-Rhin, il a rang au banc des princes de l'empire & alterne avec Würtzbourg. Son mois romain est de 76 fl., & sa taxe pour la chambre impériale est de 76 écus 64 kr.

Ses tribunaux sont, une régence, une officialité, un conseil aulique, & une chambre des finances : c'est bien des conseils pour un si petit état. Son chapitre réside à Worms où est la cathédrale : il est composé de treize capitulaires & de neuf domiciliaires.

L'évêché est partagé en quatre bailliages, & une recette.

Celui de *Stein* doit son nom à un fort ruiné, & renferme trois paroisses reformées, toujours plus gênées dans l'exercice de leur culte. C'est la régence épiscopale qui nomme leurs ministres, ainsi que ceux de tout l'évêché.

Celui de *Horchheim* est formé de six villages ; *Roxheim*, l'un d'entr'eux, est bâti sur un canal qui communique au Rhin.

Celui de *Dirmstein* est formé de deux villages assez grands, & du bourg de *Dirmstein*, qui a un château où résidèrent les évêques, & une communauté reformée.

Enfin celui de *Neu-Leinengen*, où l'on compte trois villages & la petite ville de ce nom, placée sur une montagne. Son château est ruiné.

La recette de *Neuhausen* est formée de trois villages cédés par l'électeur Palatin, & dont la plupart des habitans sont reformés.

Neuhausen, est un village ancien où était un palais que Dagobert, roi des Francs, convertit en église qui devint collégiale, & fut supprimée par l'électeur Palatin. Ses revenus sont aujourd'hui ceux d'un hôpital pour les orphelins.

ÉVÊCHÉ DE SPIRE.

Il est situé sur le Rhin, & confine au Palatinat, au

duché de Wurtemberg, au marggraviat de Bade, à la principauté de Deux-Ponts. Des géographes lui donnent vingt lieues de long, sur dix & quatre de large; mais ils le font bien plus étendu qu'il n'est: montueux, couvert de forêts, il produit cependant du blé, du vin, des chataignes & des amandes. Les *Nemetes* l'habiterent, & il fit partie du *Spiergau*. La rive orientale du Rhin y est couverte par la forêt de *Lushart*, & la rive opposée par celle de *Bewald*, qu'on nomme aussi *forêt des abeilles*. On ignore le tems où l'évêché fut fondé. On croit que Dagobert le fonda ou le rétablit au commencement du 7me. siécle. Son territoire est si peu considérable qu'on n'y élit, de même qu'à Worms, que des Prélats déja pourvu d'une autre *mense*. Il est suffragant de Mayence, & siége au banc des princes entre les évêques d'Eichstædt & de Strasbourg: il a la seconde place aux diettes du cercle. Son mois romain est de 456 fl., sa taxe de 169 rixd. pour l'évêché & la prévôté de Wissenbourg.

Sa cathédrale, & son chapitre composé de quinze capitulaires & de treize domicillaires, sont à Spire; c'est là encore que résident sa régence, & son officialité; mais son conseil ecclésiastique, son conseil aulique, la chambre des finances & lui-même, résident à Bruchsal.

A l'orient du Rhin sont dix bailliages.

Bailliages de Bruchsal & de Kislau.

Bruchsal, ville sur la Salza, dans le canton de Pruthheim. La grande rue est fort belle; les autres sont communes. On y remarque deux grands fauxbourgs, & le palais episcopal, édifice somptueux, orné d'une cour, de jardins magnifiques, d'une place d'armes, &c. Il est placé dans une enceinte séparée du reste de la ville à laquelle elle communique par une porte. Sur la montagne oppofée eft un refervoir qui fournit aux jets-d'eau de la cour & des jardins ; au-deffus encore eft une maifon riante: l'enfemble offre dans le lointain l'afpect d'une citadelle. On compte encore fix villages dans ce bailliage.

Kiſlau, eft un château de chaffe fur le Craich.

Langenbrücken, eft un village bien bâti qui a une fontaine minérale : celui d'*Ubſtadt* a une fontaine falée.

Mingolzheim & *Oeſtringen*, font deux bourgs : dix autres villages font répandus encore dans ce canton.

Bailliages de Grombach & de Rothenbourg.

Ober-Grumbach, eft une petite ville qui a un château.

Unter-Grumbach a une fontaine minérale : c'eft un village.

Rothenbourg, petite ville, offre les ruines d'un château qui appartient à l'évêque.

Malſch, eft un grand village : fix autres villages forment ce bailliage.

Bailliage de Philippsbourg.

Philippsbourg, eft une ville & une forterefle près du Rhin. On voyait un village au commencement du 14me. fiécle au lieu où elle eft placée : c'était *Udenheim*. Un évêque l'acheta, le ceignit de murs, l'entoura de foffés, y réfida, & en fit une forterefle. Ses fortifications détruites, relevées & perfectionnées, font aujourd'hui affez négligées. Un marais l'environne : les troupes de l'empire la défendent & fes ouvrages extérieurs lui appartiennent, mais la ville eft à l'évêque. Les deux religions s'y exercent en paix.

Huttenheim,

Huttenheim, village que le Rhin força de transporter plus loin de ses rives, & qui s'appellait *Knaudenheim*.

Waghœufel, village où est une maison bâtie en hermitage pour l'évêque, & un couvent de capucins, où l'on accourt vénérer l'image de la Vierge.

Bailliage de Gerspach.

Gerspach, est une petite ville sur le Rhin : son commerce en bois fait sa richesse. Deux autres villages composent ce bailliage, que le marggrave de Bade posséde en commun avec l'évêque.

Weibstadt, ville située dans le Creichgau.

Illingen, village episcopal.

A l'occident du Rhin sont trois bailliages, Kirrweiler, Deydesheim & Marientraut.

Kirrweiler, est une petite ville, qui a un château, nommé *Marienbourg*.

Edesheim, est un bourg : treize villages sont répandus dans ce canton.

Deydesheim, ou *Didinesheim*, ville sur la Hort : elle a un château qui appartient à l'évêque : ses environs sont fertiles en bons vins. Six villages forment avec elle son bailliage.

Hanhoffen, est un village où se voit le château de *Marientraut* : autour de celui-là, on trouve huit autres villages.

Cet évêché posséde encore dans la Basse-Alsace *Lauterbourg* & son bailliage, qui renferme vingt paroisses.

Lauterbourg, *Lutraburgum*, petite ville, siége de la régence de Spire, pour les sujets qu'il a dans la Basse-Alsace. Elle est sur la Lauter, près du Rhin, dans une situation heureuse pour défendre la province. Les Romains y avaient bâti un château fort : elle eut ses comtes particuliers. C'est-là que se

Tome II. Part. II.   K

terminent les lignes de ce nom, hériffées de tours & munies d'un foffé : elles commencent à Wiffenbourg, près des Vofges.

Jockgrim, petite ville fur une colline dont le pied eft baigné par le Rhin. Elle a un château & un châtelain.

Saverne du Rhin, *Taberna*, autrefois fortifiée, aujourd'hui toute ouverte, exifte malgré la guerre & les flammes.

Büchelberg, village bâti dans ce fiécle, fitué dans la forêt de Bienwald.

Bailliages de Madenbourg & de Dhann ou Dahn.

Le premier tire fon nom d'un vieux château ruiné, fur une montagne, près de Landau : il eft formé de cinq villages, dont le plus grand eft *Artzheim*.

Le fecond doit auffi fon nom à un château dont on ne voit plus que des ruines : fept villages le compofent ; les plus confidérables font, Dhan & Fifchbach. Ces trois bailliages font fous la fouveraineté de la France.

PRIEURÉ DE WISSEMBOURG.

C'eft une principauté eccléfiaftique de l'empire, enclavée dans la Baffe-Alface. Elle fut d'abord une abbaye de bénédictins, fondée en 624, dottée par le roi Dagobert en 664, féculariſée par le pape Clément VII, en 1524, réunie à l'évêché de Spire, en 1545. Son fuffrage ne fait qu'un avec celui de l'évêque. Son mois romain eft de 80 florins. Son fiége eft dans la ville de Wiffembourg.

PRIEURÉ IMPÉRIAL D'ODENHEIM.

C'était un couvent de bénédictins, fondé en 1122,

sécularisé en 1494 par le pape Alexandre VI. La crainte des voleurs fit transporter ce chapitre à Bruchsal, sans cesser de prendre le nom de prieuré d'Odenheim. L'évêque de Spire le protége & il en est le prévôt ou le prieur. Le chapitre perçoit les revenus, administre les finances, & paye une pension annuelle à son chef.

Il posséde *Odenheim*, village dans le Craichgau, où l'on voit l'église délabrée de l'ancien couvent, autrefois magnifique. Deux autres villages sont auprès; tous trois lui furent donnés par ses fondateurs: l'évêque en est vidame, & en perçoit une rente annuelle en vins & blés.

Rohrbach, ancien fort & village, près d'Eppingen, sur l'Elsatz.

Landshausen, est aussi un village: tous deux furent achetés par le chapitre, & ne sont point soumis à la vidamie de l'évêque.

Principauté ou grand prieuré de Heitersheim.

C'est un prieuré de l'ordre de St. Jean ou de Malthe. Son chef fut créé prince par Charles-quint, & en cette qualité il siége au banc des princes. Son mois romain est de 200 fl., sa taxe est de 45 rixd. 49. kr.

Heitersheim, est un bourg où réside le prieur, & où se tiennent deux foires annuelles: sept villages forment avec lui cette principauté: ceux qui la possédent ont une commanderie à Fribourg & perçoivent des rentes & dîxmes dans la vallée de *Kirchzarten*. Il prétend être souverain d'Heitersheim

& de quatre villages ; mais la maiſon d'Autriche le regarde comme ſon ſujet pour tous.

ÉVÊCHÉ DE STRASBOURG.

Fondé par Dagobert, il eſt ſuffragant de Mayence, & réſidait à Strasbourg avant que cette ville fut devenue luthérienne. Son ſiége fut alors à Saverne; mais ſa cathédrale & ſon chapitre ſont toujours dans la premiere ville. Comme cet évêque eſt Français, que le plus grand nombre de ſes poſſeſſions eſt en France, c'eſt dans la deſcription de l'Alſace qu'il faut chercher ſes domaines. Nous dirons ſeulement qu'il poſſéde deux bailliages ſur les terres de l'empire, & tous les deux ſont enclavés dans la Souabe. L'un eſt le bailliage d'Oberkirch, dans l'Ortenau. Il renferme *Oberkirch*, petite ville, & château ſur la Rench.

Oppenau, petite ville dans un vallon, d'où ſortent les eaux minérales de *Griesbach* & de *Peterſthal*, & arroſé par la Rench.

Renchen, grand bourg qui doit ſon nom à cette riviere.

L'autre eſt celui d'Ettenheim, dans le Briſgau, qui renferme la petite ville de ce nom, & quatre villages.

ÉVÊCHÉ DE BASLE.

Il touche au Suntgau, au pays de Monbelliard, à la Franche-Comté, au comté de Neufchâtel, aux cantons de Berne, Soleure & Bâle. La religion y eſt celle du pape: il y a cependant des reformés : la langue y eſt un français corrompu. L'abbé de Bellelai préſide aux états compoſés du clergé, de la noblesse, des villes & des bailliages. Telle est la repartition des taxes entr'eux, que sur 30,000 liv. le clergé en paye 2675, la noblesse 538, & le reste est payé par les villes & les bailliages.

On ignore le tems où il fut érigé. L'évêque siége dans le collége des princes à côté de l'évêque de Brixen; il est allié des sept cantons catholiques, qu'il doit secourir & dont il doit être secouru, pour le soutien de leur religion commune, ou en cas de revolte des sujets. Son mois romain est de 84 florins, sa taxe est de 40 rixdalers 54 kr. De plus il verse annuellement 500 fl. dans la caisse du cercle dont il fait partie. Son chapitre est composé de dix-huit chanoines, & c'est parmi eux que se choisit l'évêque: il a ses offices héréditaires, tels qu'un maréchal, un grand sénéchal, un grand-maître, &c. Il est suffragant de Besançon: son diocèse se divise en onze chapitres ruraux: ses tribunaux sont, un conseil privé, un vicariat général, une officialité, une justice aulique, une chambre des finances.

Ce pays a environ quinze lieues de long, sur cinq à sept de large: il est hérissé de montagnes: dans ses vallées & sur ses collines, on trouve des champs & de belles prairies; mais sa richesse est dans ses pâturages où l'on nourrit de nombreux troupeaux de vaches, & où l'on engraisse de beaux bœufs. On le divise en deux parties: l'une fait partie de l'empire, & c'est la plus étendue; l'autre est alliée des Suisses & fait corps avec eux. C'est dans l'article de la Suisse que nous décrirons *Bienne* ou *Biel*, *Bonneville* ou *Neuveville*, avec leurs territoires, la seigneurie d'*Erguel* & d'*Illfingen*, & le *Theenberg*, qui composent cette partie de l'évêché de Bâle.

Porentrui, ou *Bruntrutt*, *Brundufia*, eſt capitale de l'évêché; la Hallen l'arroſe: elle a un beau château où réſide l'évêque, un collége & un gymnaſe où enſeignaient les jéſuites, & deux couvens: elle fait partie du bailliage de Porentrui ou de l'*Elſgau*. *Comitatus Alſaugenſis*, petit pays où l'on compte vingt paroiſſes, dont la principale eſt celle de St. Imier.

Porentrui a ſes magiſtrats particuliers & de beaux priviléges. L'évêque eſt ſouverain de l'Elſgau: la Suſe l'arroſe, & on y trouve d'excellentes truites. La plupart de ſes habitans ſont reformés. Il forme une vallée longue de ſept lieues & large de trois à quatre, depuis la Chaudefonds, village du comté de Neufchâtel, juſques aux terres de Berne.

Delemont, *Delſperg*, *Telamontium*, ville ſituée ſur le penchant d'une colline, dans une vallée étroite qui s'ouvre devant elle, au confluent de la Birs avec la Sorne. Elle a un palais épiſcopal & deux couvens. Le chapitre de *Môtiers-Grand-Val* y réſide. Elle eſt le ſiége du ſénéchal de ſon bailliage, qui s'étend dans la vallée & renferme quinze paroiſſes. Leurs habitans ſont bourgeois de Bâle. Ce bailliage s'étend encore ſur la vallée de Moutiers.

Moutiers-Grand-Val, fut un chapitre qui réſida d'abord dans la vallée de Moutiers, & prit ſon nom du village de Grand-Val où était le monaſtére: il eſt com-bourgeois de Soleure, & fut fondé dans le 8me. ſiécle.

Lauffen, ville médiocre, gouvernée par un maire & dix ſénateurs: elle eſt ſituée dans une plaine agréable & fertile, arroſée par la Birs qui y reçoit la Lutzel.

Ste. Urſanne, *Sonderſitz*, petite ville ſur le Doux,

dans un joli vallon borné par de hautes montagnes: l'hermite Urficin vint s'y fixer, y bâtit une cellule, & une efpéce d'églife; autour fe fit un hameau qui s'étendit & devint ville. Elle a fon confeil particulier & un chapitre de douze chanoines.

Arlesheim, eft un bourg fur la Birs: c'eft là que réfide le chapitre cathédral de Bâle: il officie dans une églife bâtie fur le modéle de celle qu'ils ont quittée. Il fait partie du bailliage de Birfeck, qui renferme encore divers villages.

Schlingen, bourg, chef-lieu du bailliage de ce nom, qui eft fitué dans le Brifgau, fur le Rhin.

Bellelay, riche abbaye de prémontrés, indépendante de l'évêque. Son églife eft grande, & belle; elle eft neuve, ainfi que le couvent. Trois prieurés dépendent de cette abbaye, qui nomme à diverfes cures proteftantes & catholiques. Les fromages qu'on fait dans les environs font recherchés.

Le bailliage de *Pfeffingen* renferme divers villages & le vieux château d'*Angenftein*, près de la Birs.

Celui du *Mont de Bois* ou *Freyenberg*, renferme fix paroiffes. C'eft un groupe de montagnes efcarpées qui produifent peu de grains, point de fruits, mais qui nourriffent du bétail.

La vallée de *Moutiers* eft arrofée par la Birs: plufieurs vallons enclavés dans le Jura la forment: le plus grand a deux gorges ouvertes, probablement par un tremblement de terre; car les rocs oppofés font de même nature, & les parties faillantes de l'un ont la même forme, la même grandeur que les parties rentrantes de l'autre. Les plaines de la vallée produifent des grains: on y trouve une mine de fer, on y recueille & épure de la réfine de fapin rouge. Il y a eu une verrerie; mais son commerce n'a plus pour objet que le bois & les bestiaux. On y compte six paroisses, une seule est catholique: en un coin de la montagne au nord-ouest, on tolère les anabatistes. Tous sont com-bourgeois de Berne, qui doit les protéger & les secourir. A une de ses extrèmités, sur les frontieres de Soleure, près de la source de la Birs, est un passage étroit taillé dans le roc & qu'on nomme *Pierrepertuis*. On le croit l'ouvrage des Romains, taillé sous Antonin le Pieux, pour ouvrir une communication du pays des Rauraques à celui des Helvétiens.

Lucelle ou *Lutzel*, abbaye de citeaux, sur la riviere de ce nom, dont on dit que St. Bernard posa la premiere pierre en 1124. Elle s'enrichit beaucoup dans la suite: elle possède encore à Bâle un hôtel qui porte son nom.

Villes Impériales.

WORMS. Wormatia, Vangiona, Borbitomagus, est située au milieu de l'évêché de son nom. La Prim, l'Els, le Giesenbach, s'y réunissent & vont se perdre dans le Rhin, qui coule à peu de distance de ses murs. Souvent malheureuse, elle a été célèbre par des diettes & des traités; elle est encore florissante. Les luthériens y forment le plus grand nombre de ses habitans, & ses magistrats sont de cette religion: elle y possède quatre églises; les reformés en ont une; les catholiques ont l'église cathédrale, quatre collégiales, six couvens & un gymnase. Elle a droit de suffrage aux diettes de l'empire & y alterne avec Lubeck pour la quatrieme place. Son mois romain est de 21 florins, sa taxe pour la chambre impériale est de 118 rixdalers 34 kr. Les évêques ont souvent voulu la soumettre, & ils prétendent qu'elle leur doit l'être; mais elle s'est maintenue, & jouit de la protection de l'électeur Palatin. Ses environs produisent l'excellent vin nommé *lait de notre Dame*: son territoire consiste en l'isle de *Sponsswærth*, formée par le Rhin, & le *Bürgerfeld*, petit canton divisé en champs & en prairies, qui a deux lieues de tour, mais point de villages.

SPIRE. *Civitas Nemetum*, *Nemidona*: le ruisseau de Spirbach lui donna son nom, il l'arrose & se jette dans le Rhin, à cinq-cent pas au-dessous. Cette ville existait avant l'ère chrétienne. Elle a une église cathédrale, trois collégiales, & plusieurs couvens. Les luthériens y forment le plus grand nombre: les magistrats sont choisis parmi eux; ils y ont deux églises & un gymnase. On y voyait autrefois le palais antique des rois Francs. Une ancienne cérémonie exigeait que l'évêque, avant d'y entrer, termina en un lieu neutre, tous les différens qu'il pouvait avoir avec elle; qu'ensuite entre les portes extérieures fermées, en plein air & la main sur la poitrine, il lui prêta le premier foi & hommage, en lui promettant de maintenir, d'augmenter même ses priviléges & de ne jamais les enfreindre. Ces priviléges sont encore considérables: elle a celui d'obliger les bâteaux qui passent sur le Rhin à exposer leurs marchandises en vente: c'est ce qu'on appelle *jus stapulæ*. C'est dans la diette qui s'y tint en 1529, que le nom protestant prit naissance. Elle n'est plus ce qu'elle a été: les Français la détruisirent en 1689: de-là vient que cette ville antique n'a que des maisons modernes. Elle resta dix ans déserte: elle est loin encore d'avoir atteint son ancienne grandeur : fa belle cathédrale renfermait les tombeaux de huit empereurs & de trois impératrices : on en difperfa les matériaux & les cendres. Son clocher paffait pour le plus beau de l'Allemagne. Le chœur a été rebâti. Le mois romain de Spire eft de 24 fl., fa taxe pour la chambre impériale eft de 118 rixd. 14 kr. Elle occupe la cinquieme place à la diette de l'empire. Elle fut jufqu'à fon défaftre le fiége de la chambre impériale.

FRANCFORT fur le Mein, ou *Frankenfort, Francofurtum,* grande ville fituée dans une contrée agréable, fertile & faine. Les rois Francs y réfidérent : les empereurs, fucceffeurs de Charlemagne y réfidérent auffi ; ils y étaient élus, & on les y couronne encore aujourd'hui. Elle a une lieue & demi de tour. On la divife en quartoze quartiers, où l'on compte quatre mille maifons, & foixante-cinq à feptante-mille habitans. Son enceinte intétérieure eft bordée de tours ; au-delà font des foffés pleins d'eau, des remparts, des baftions, des chemins couverts, un glacis orné d'une allée de charmilles, entremêlées d'autres arbres. Treize compagnies de foldats forment fa garnifon : elle en entretient fept pour fon contingent à l'empire. Le Mein la divife en deux parties inégales : la plus méridionale fe nomme *Saxenhaufen :* l'autre eft *Francfort* proprement dit ; celle-ci renferme douze des quatorze quartiers : c'eft là que le Sénat, les négocians, les gens honnêtes font fixés. Les principales rues font belles, les autres font étroites. Un grand nombre de maifons font antiques, baffes, laides ; mais ce nombre diminue chaque jour. Il y a de beaux hôtels : celui des princes de la Tour-Taxis eft le plus remarquable par fon architecture

& ses richesses. Le *Saalhof* y fut bâti par Louis le Débonnaire, & ce palais d'anciens empereurs, orné d'une belle façade, appartient aujourd'hui à des marchands.

Les catholiques y ont trois églises collégiales; celle de St. Barthelemi est un bâtiment gothique, surmonté d'une haute tour. On y voit le tombeau de l'empereur Gonthier de Schwarzbourg, une vieille horloge d'une construction compliquée: près du grand autel est le conclave où l'on élit l'empereur; c'est dans cette église qu'on le couronne. Ils y ont encore d'autres églises & quatre couvens. Ils dépendent du diocèse de Mayence.

Le luthéranisme y est la religion dominante: elle y a six églises: les reformés y sont riches & nombreux; mais n'y ont point l'exercice public de leur religion. Ils peuvent & ne veulent pas y bâtir une église.

Les Juifs sont entassés dans une rue étroite, malpropre, infecte, où on les renferme tous les soirs. Les maisons en sont de bois, très serrées, très hautes. Cette nation y a une synagogue, un séminaire, un hôpital: elle est exclue des promenades publiques; elle est gênée & méprisée, & cependant s'y trouve bien.

Il y a de beaux édifices publics à Francfort. Le marché aux chevaux est une place publique; d'un côté elle est pavée, & a une fontaine jaillissante dont le groupe représente Hercule étouffant Antée; de l'autre elle est sablée & plantée de quatre rangs de tilleuls. Sur le mont Notre-Dame (*Liebfrauberg*) est une fontaine: du fond du bassin de pierre rouge s'élève une pyramide surmontée d'un soleil doré, ornée de différentes figures en relief, dont les principales représentent des fleuves, qui de leur urne versent de l'eau dans des conques qui les répandent dans le bassin; mais l'eau n'y est pas abondante & n'y coule que par filets. L'hôtel de ville, ou *le Rœmer*, est un bâtiment vaste & antique, dont le bas est formé de voutes soutenues par des colonnes, formant des allées garnies de boutiques. Un large escalier construit avec goût & orné de fresques, y conduit à un corridor formé en dôme, éclairé par le haut où aboutissent plusieurs appartemens: dans l'un sont les portraits des empereurs, & c'est là que mange le nouvel empereur couronné: dans d'autres s'assemblent les électeurs, le sénat, les conférences du cercle, &c. Dans ses archives est la bulle d'or, écrite en latin avec de vieux caractères. Le chapitre noble de *Cronstett & Hynsperg* est formé de douze demoiselles luthériennes, qui peuvent y vieillir ou en sortir, y jouir de tous les plaisirs honnêtes, & vivre en paix sans inquiétude & sans souci: elles ne peuvent être qu'habillées de noir ou de blanc, & portent un ordre dont la marque distinctive est un ovale surmonté d'une couronne d'or; dont un côté émaillé en noir, porte une inscription en lettres d'or; au revers est une croix d'or en champ d'azur, avec ces mots en or: *In hoc signo salus*. Elles occupent un bâtiment vaste, sont soumises à un prévôt femelle & à une doyenne, ont un médecin, un chirurgien, un apothicaire, & des fonds à distribuer aux pauvres. La fondation de *Senkenberg* mérite sur-tout l'attention; elle consiste en plusieurs bâtimens. Ici s'assemblent les physiciens & médecins, pour consulter sur la santé des habitans, sur-tout des pauvres: là est un hôpital magnifique pour les bourgeois; d'un côté est un théâtre anatomique; de l'autre un jardin botanique, un laboratoire chimique, &c. Une vaste bibliotheque & des cabinets d'histoire naturelle, y sont ouverts aux amateurs. Ce vaste établissement est dû à un médecin, qui n'ayant point d'enfans, voulu faire servir ses biens aux progrès de la science qu'il avait exercée, au bien des pauvres & à celui de l'humanité. Outre ces bâtimens, il remit 100,000 fl. à la caisse publique. Il s'appellait *Jean Chrétien Senkenberg.*

Francfort a encore un gymnase luthérien, & une bibliotheque publique, où l'on compte plus de trente-sept-mille volumes, sans les manuscrits. On y voit un exemplaire de la bible, qu'on croit être la premiere imprimée & qui ne l'est pas (6). On y a déposé une table généalogique de la maison d'Autriche, dessinée par un menuisier sourd & muet. Elle a encore un hôpital pour les étrangers, une maison d'orphelins pour les habitans non-bourgeois & les soldats, une maison des pauvres pour les bourgeois, une maison de correction, un corps de petites maisons, un beau manége, un hôtel des monnaies, trois maisons d'arsenal, une fonderie de canons, un lombard & plusieurs promenades publiques: les remparts sont garnis d'allées d'arbres, & de charmilles: l'on y jouit de la fraicheur d'une vue étendue, variée & riante. Il y a des sources sulphureuses dans la ville & au-dehors: diverses fabriques y nourrissent le commerce; on distingue celles de fayence & de soieries. Francfort a sept portes ouvertes sur le Mein, le long duquel est un quai revêtu de pierres de taille.

Saxenhausen ou *Sathsenhausen* lui est jointe par un beau pont de pierre de quatre-cent pas de long,

---

(6) Elle est de 1462. Gustenberg & Faust en imprimérent une en 1450.

& qui repose sur seize arches : elle a l'aspect d'un village ; ses maisons sont de bois, laides, délabrées, habitées par des vignerons, des jardiniers ivrognes, brusques, incivils, & des femmes poissardes : ses rues sont étroites & sales. Elle défend Francfort par ses fortifications ; elle partage ses priviléges, & a part à son gouvernement. Elle renferme quelques églises ; celle de la maison de l'ordre teutonique est jolie.

Francfort a le sixieme rang à la diette : son mois romain est de 500 fl., sa taxe pour la chambre impériale est de 676 écus 26 kr. Ses deux foires lui ont procuré un impôt aussi considérable, & le lui rendent léger. C'est dans la seconde que les villes de Nuremberg, de Worms & de Bamberg, lui envoyent des députations pour la confirmation de l'exemption de péage & d'impôt dont elles y jouissent. Le maire & les échevins siégent & jugent dans la maison de ville en habits de cérémonie : les députés arrivent en manteaux rouges accompagnés d'un trompette, & de deux espéces de flutes qui jouent jusqu'au milieu de la salle. L'un d'eux harangue le maire, en lui présentant une coupe de bois remplie de grains de poivre, une paire de gand antique, une petite aune de bois, une vieille monnaie, &c. Ces présens, la musique, le discours, ont toujours été les mêmes. Cette ville est une des quatre où se déposent les deniers de la contribution appellée, mois romain. Elle renferme deux corps : celui de Limbourg est ce qu'on appelle ailleurs, *les patriciens :* ils descendent d'anciennes familles, ont quatorze places à remplir dans le sénat, ont leur police particuliere, leur chef & leurs assemblées, ils ne doivent point se mésallier, ne point travailler, ni négocier. Le corps de Frauenstein ou de Braunfels est composé de nobles & de gradués qui ont aussi leurs assemblées & leur maison.

Ses magistrats sont divisés en trois bancs : le premier est composé de quatorze échevins ; le second de quatorze conseillers, le troisieme est formé la plupart d'artisans. Le maire préside sur tous, & ils veillent sur le bien de la ville : les deux premiers décident des affaires les plus importantes. Son consistoire est composé de deux échevins, du doyen, de deux anciens ministres & de deux juristes.

Le territoire de la ville renferme un grand nombre de maisons de plaisance & huit villages, qu'elle possède entiérement, ou en commun avec d'autres seigneurs. Parmi les premiers est celui de *Bornheim*; il est grand, & c'est-là que les habitans de la ville vont chercher la campagne & le plaisir. On remarque encore une fontaine célèbre, près de *Niederrod*, nommée *Kœnigslager-Brünnchen*, parce que les trois Francs qui résidaient à Francfort y avaient leurs camp ; & çà & là sont répandus d'anciens tombeaux où l'on trouve des armes, des urnes, &c. *Bonamès* ou *Bomés*, est un bourg ceint de murs.

FRIEDBERG. *Mons Frederici*, est située sur l'Esbach, sur une colline, au pied des montagnes de la *Hœhe*, dans la Wetteravie. Elle est luthérienne, & a le douzieme rang à la diette parmi les villes libres du Rhin. Son mois romain est de 24 fl., sa taxe pour la chambre impériale est de 29 rixdalers 29 kr. Elle a été engagée par l'empereur Charles IV, & c'est par une suite de son engagement qu'elle prête foi & hommage au bourgrave du château impérial : ce bourgrave & ses six adjoints sont états de l'empire, & membres du grand-conseil. Les magistrats sont obligés de les consulter sur les affaires relatives à l'empire ou au cercle. Elle est déchue de son ancienne opulence; cependant le terrain qui l'environne est riant & fertile.

WETZLAR, est sur la Læhn, qui y reçoit d'un côté le Wetzbach, & de l'autre la Dill. Elle est entourée de fossés, de murs flanqués de tours, & par de hautes montagnes. Les magistrats & la plupart des habitans sont luthériens; ils partagent avec les catholiques une église collégiale, ont une chapelle, l'église de l'hôpital & une école latine: les reformés y ont une église, & les catholiques, un couvent & un collége. Son hôtel de ville sert de siége à la chambre souveraine de l'empire depuis 1693. Elle est libre & immédiate depuis Fréderic I, & n'a point dérogé à sa constitution: elle siége à la diette après Friedberg. Son mois romain est de 32 fl.; elle ne paye rien pour l'entretien de la chambre impériale. Le prince de Darmstadt la protége & la garde. Un conseil de vingt-quatre personnes la gouverne.

CERCLE
DE SOUABE OU SUABE.

DE LA SOUABE EN GÉNÉRAL.

LA Suabe doit son nom aux Suèves; ils eurent ce nom de leur longue chevelure. Dans le 5me. siécle, elle fut connue sous le nom d'*Allemannie*, qu'elle a donné à tout l'empire, & dont on voit l'origine dans les deux mots *Allerhand Mænner*, ramas, mélange d'hommes. Il est des parties du cercle de Souabe, qui n'étaient pas & qui ne sont pas même encore partie de la Souabe. Il a environ soixante & dix lieues de long & soixante de large. Les montagnes les plus élevées sont celles de l'Alb ou l'Alp: celles qui couvrent la forêt noire le sont moins, & s'étendent des quatre villes forestieres vers le nord jusques dans le Würtemberg, & vers l'orient jusqu'à l'Alb: des collines qui sont à leur pié découlent le *Danube*, le *Neckar*, l'*Ens*, la *Quinche* ou *Kintzig*, & la *Nagoln*, qui les sépare du pays qu'on appelle *Gau*. A l'occident elles s'élèvent tout-à-coup & présentent vers l'Alsace & le marggraviat de Bade, des sommets d'une hauteur énorme. Les forêts épaisses qui les couvrent leur ont donné leur nom: elles faisaient probablement partie de la forêt *Hercinie*. Elles nourrissent des troupeaux, donnent du bois à l'homme qui sait aider à la nature par l'industrie avec laquelle il travaille ses dons: elles ont des champs cultivés, comme ceux de la plaine, & d'autres, qui tour-à-tour, se couvrent de moissons ou d'une herbe longue & nourrissante. Ces derniers se couvrent de sapins entassés, entremêlés de menues branches, recouvertes de gazon; le feu les consume lentement, & leur cendre répandue fait produire du blé pendant quatre ans. On laisse ensuite ces champs redevenir prairies.

Les montagnes d'Alp s'étendent d'abord à l'orient, puis au nord, ensuite à l'occident, touchent presque à la forêt noire & s'abaissent vers le Danube. De Kœnigsbronn à Ebingen, elle ont vingt-deux lieues de long, trois lieues de large & quelquefois six; c'est vers le nord & le couchant qu'elles s'élèvent le plus, & c'est près du bourg d'Hoherstadt qu'elles sont les plus hautes. La *Brenz*, la *Rems*, la *Fils*, la *Lauter*, l'*Ems*, la *Lauchart*, l'*Aach*, la *Lontel*, &c., y prennent leur source: différentes sources d'eaux vives sortent de leur sein: elles ne sont couvertes que de hêtres, & n'ont point de sapins: on y élève de grands troupeaux de moutons.

La Souabe proprement dite, côtaie le Rhin, & ne va point au-delà de la forêt noire. Le Brisgau, le pays de Bade n'y est point compris: ceux qui l'ont habitée ont porté quelque tems le nom d'Allemans; & après leur défaite par Clovis, ils reprirent celui de Sueves ou Suabes. Ce fut un duché que les rois Francs donnerent à diverses familles; il devint héréditaire dans celle de Fréderic de Hohenstaufen, gendre de l'empereur Henri IV. Ces ducs le furent aussi de la Franconie: ils eurent une cour brillante, exercérent les dignités les plus éminentes de l'empire. Dans les guerres, ils marchaient & combattaient à la tête de l'armée de l'état: sous eux étaient des seigneurs libres qui ne relevaient que de l'empire, & jugeaient avec eux les procès. Les abbayes & couvens avaient des vidames, nommés par les empereurs : les villes libres & impériales étaient gouvernées par leurs magiftrats ; divers villages & diverfes communautés ne reconnaiffaient point leur pouvoir, & avaient des adminiftrateurs.

Sept de ces ducs devinrent les chefs de l'empire ; leur élévation fut grande & leur chute rapide. Pour parvenir au trône & pour s'y maintenir, ils facrifierent leurs domaines, ils armérent contr'eux les foudres du pape qu'ils braverent longtems, & qui les abattirent enfin. Le dernier de cette maifon illuftre périt fur un échaffaut à Naples, & le duché retourna à l'empire. Des préfets impériaux y régirent les biens de l'empire, & y exercérent les droits régaliens : de-là des dénominations qui reftent encore & l'ufage qui oblige quelques villes impériales de faire un préfent au préfet d'Altdorf, & le droit de protection que payent divers couvens. Ce préfet d'Altdorf adminiftre l'ancienne préfecture ; mais fa charge n'eft pas celle de l'ancien préfet.

Outre cette magiftrature, il y a celle du *préfidial libre & impérial de la haute & baffe Suabe* pour les diftricts de *Leutkircher-Heyde* & de *Gepürs*. C'eft un refte des anciens *Placita* : les juges y tenaient leurs affifes à Leutkirch, ou dans la plaine de ce nom & dans des villes voifines. En réuniffant ces deux préfectures, la maifon d'Autriche étendit le reffort de celle-ci & fit naitre des plaintes, qui ne furent pas fans effet. Son reffort actuel s'étend fur Lindau, fur les bords du lac de Conftance, audelà de l'ifle de Reichnau ; il renferme les comtés de Bondorf, de Baar, les haut & bas comtés de Hochberg, la ville de Rotweil, celle de Villingen, celle de Gemünd ; le pont de Reuthe eft fa borné de ce côté, & embraffant enfuite le comté de Kœnifoek-Rothenfels, fes bornes reviennent vers Lindau. Cette magiftrature juge en premiere inftance toutes les matieres civiles des membres médiats & immédiats de l'empire, domiciliés dans fa banlieue. Elle tient quatre affifes par an dans chacune de fes quatre réfidences, qui font *Wangen*, *Yfni*, *Altdorf* & *Ravensbourg*. L'archiduc nomme le principal juge, mais il n'eft reçu qu'après que ces quatre réfidences ont donné leur fentiment fur celui qui eft nommé. Il a quatre affeffeurs nommés par les quatre réfidences & ce font ordinairement leurs premiers magiftrats qui le font. Dans chacune on y joint douze députés, choifis par les magiftrats des lieux où ils fiégent.

Il y a encore quelques autres tribunaux moins confidérables, & pour cette raifon nous n'en parlerons pas.

Dans le moyen âge, la Souabe était divifée en plufieurs diftricts qu'on appellait *Gau*: on en connaît qui ont encore ce nom; tel eft l'*Algau*, l'*Ergau*, le *Brifgau*, le *Craichgau*, le *Rhingau*, le *Turgau*, &c. Une partie de la Souabe dépend de l'Autriche, & nous en avons parlé; une autre partie eft dans le cercle du haut Rhin & dans celui de Baviere: la plus grande partie eft celle qui compofe aujourd'hui le cercle de fon nom.

Du cercle de Souabe en particulier.

Il touche à ceux du haut & de bas Rhin, de Franconie, de Baviere & d'Autriche: fes terres ont environ deux-mille-deux-cent-cinquante lieues de furface. Ses états font divifés en cinq bancs ou claffes.

CERCLE DE SOUABE

Princes ecclésiastiques ou évêques de . .
- Constance.
- Augsbourg.
- Ellwangen.
- Kempten.
- Ces deux derniers alternent pour le rang.

Princes séculiers . .
- Würtemberg.
- Bade-Bade.
- Bade Dourlac.
- Bade Hochberg.
- Hohenzollern - Hechingen & Haigerloch.
- Hohenzollern - Sigmaringen.
- Abbayes de Lindau & de Burchau : elles alternent pour le rang.
- Auersberg, *pour* Thengen.
- Fürstenberg-Heiligenberg.
- Oettingen-Oettingen.
- Schwarzenberg, *pour* Sulz.
- Lichtenstein.
- Fürstenberg-Stüblingen.

Prélats de . . . .
- Salmansweil.
- Weingarten.
- Ochsenhausen.
- Elchingen.
- Yrsée.
- Ursperg.
- Kaisersheim.
- Rogguenbourg.
- Roth.

Prélats de
{ Weiſſenau.
Schuſſenried.
Marchthal.
Petershauſen.
Wettenhauſen.
Zwifalten.
Gengenbach. }

Abbeſſes de
{ Heggbach.
Gutenzell.
Rothmünſter.
Baindt. }

Comtes & ſeigneurs
{ Le commandeur de l'ordre teutonique du bailliage de Bourgogne & d'Alſace, *pour* Alſchhauſen.
Fürſtenberg, *pour* le landgraviat de Baar.
L'électeur de Baviere, *pour* Wieſenſteig.
Fürſtenberg, *pour* la vallée de Kinzig, & *pour* Mœſskirch.
Monfort.
Oettingen-Wallerſtein.
Truchſeſs-Scheer.
Kœnigſegg-Aulendorf.
Kœnigſegg-Rothenfels.
Truchſeſs-Zeil.
Truchſeſſ-Wolfegg.
L'électeur de Baviere, *pour* Mindelheim.
Fürſtenberg, *pour* Gundelfingen. }

CERCLE DE SOUABE.

Comtes & seigneurs .
- Bade-Bade, *pour* Eberstein.
- Branche de Marc Fugger.
- Branche de Jean Fugger.
- Branche de Jaques Fugger.
- Hohenems-Hohenems.
- Würtemberg, *pour* Justingen.
- St. Blaise, *pour* Bondorf.
- Traun, *pour* Egloff.
- Stadion, *pour* Thanhausen.
- Hohen-Gerolseck.
- Taxis, *pour* Eglingen.
- L'électeur Palatin, *pour* une rente fonciere au grand bailliage de Hochstett.
- Niepperg, *pour* quelques biens fonds & une somme d'argent.

Villes libres impériales
- Augsbourg.
- Ulm.
- Esslingen.
- Reutlingen.
- Nœrdlingen.
- Hall.
- Ueberlingen.
- Rothweil.
- Heilbronn.
- Gmünd.
- Memmingen.
- Lindau.
- Dinkelsbuhl.
- Biberach.
- Ravensbourg.
- Kempten.

Villes libres impériales
{
Kaufbeuren.
Weil.
Wangen.
Yfni.
Leutkirch.
Wimpfen.
Giegen.
Pfullendorf.
Buchhorn.
Aalen.
Bopfingen.
Buchau.
Offenbourg.
Gengenbach.
Zell, fur le Hammersbach.
}

On appelle encore à la diette le fuffrage de la feigneurie de Rechberg, quoique adjugée à la nobleffe du quartier du Danube, & celui de la ville de Donauwerth, quoique foumife à l'électeur de Baviere.

L'évêque de Conftance & le duc de Würtemberg convoquent le cercle : le fecond feul le dirige : fes affemblées font à Ulm, & fe tiennent deux fois en tems de paix. L'évêque de Conftance eft le directeur perpétuel du banc des princes eccléfiaftiques : le duc de Würtemberg l'eft de celui des princes féculiers : les autres directeurs font élus à vie. Ulm dirige les villes impériales ; Augsbourg donne fon fuffrage la premiere. Les archives font à Stouttgardt.

Ce cercle eft un des antérieurs. Son contingent eft de 1321 cavaliers & de 2707 fantaffins. Il entretient quatre régimens d'infanterie de douze compagnies chacun, un régiment de dragons, un de

CERCLE DE SOUABE.

cuirassiers, l'un & l'autre de huit compagnies, & ces troupes sont toujours sur pied. Le colonel du cercle a le nom de maréchal des camps. La religion en est mixte. Il envoye deux assesseurs à la chambre impériale; l'un catholique, nommé par l'évèque de Constance en commun avec les co-états de sa religion; l'autre luthérien, nommé par le duc de Würtemberg sur les sujets proposés par les états luthériens. On le divise encore en quatre quartiers, sur lesquels président deux princes & deux évêques: nous ne nous arrêtons pas à cette division, que nous ne suivrons pas.

En général, le pays est fertile en vins, en blés, en pâturages: diverses rivieres l'arrosent & facilitent son commerce.

ÉVÉCHÉ DE CONSTANCE.

Cet évêché est dans la partie méridionale du cercle, sur les deux rives du lac de Constance. Il prend son nom de la ville de Constance où il siégea; mais son siége originaire fut la ville de *Vindonissa*, (aujourd'hui *Windisch*, village du canton de Berne,) détruite dans le milieu du 6me. siécle. L'évêque réside à Mersbourg, son chapitre est à Constance: il est composé de vingt chanoines, & de quatre *expectans*, ou candidats. L'évêché est peu étendu: l'abbaye de *Reichenau* y a été jointe, & avec cette addition, il ne comprend que deux villes, sept villages, vingt-deux hameaux, mille-six-cent-trente-deux pères de familles, mille-quatre-cent-cinquante-huit maisons, deux-mille-cinq-cent-soixante-deux journaux de vigne, neuf-mille-cent-soixante arpens de terres labourables, deux-mille-cent-vingt-deux en forêts, & quatre-mille-six-cent-trente-quatre fauchées (7) de prairies: mais les champs & les prairies, souvent couverts de limon, de sable, d'eaux, & convertis en marécages, n'enrichissent pas ceux qui les cultivent; le vin est le seul objet du commerce des habitans, & ils en recueillent peu.

Il faut ajouter à ces possessions de l'évêque deux seigneuries, dont nous dirons un mot. Son diocèse s'étendait autrefois sur toute la Souabe, & une grande partie de la Suisse: la réformation l'a resserré, mais on y compte cependant encore vingt collégiales, plus de mille paroisses (8), dont plusieurs sont mixtes, & deux-cent-vingt-neuf couvens. L'évêché a ses offices héréditaires, & celui qui le possède est chancelier perpétuel de l'université de Fribourg en Brisgau; il est son juge en premiere & seconde instance. Ses revenus sont de 20000 fl., d'autres les font monter à 60000 livres de France. A la diette de l'empire, il siége entre l'évêque de Strasbourg & celui d'Augsbourg. Son mois romain est de 116 fl. 50 kr. Sa taxe pour la chambre impériale est de 121 rixd. & 68 kr. Ses bulles de confirmation lui sont expédiées de Rome pour 410 fl. Ses tribunaux sont, un conseil ecclésiastique, un conseil aulique, & un conseil des finances. Des sénéchaux & des baillifs y sont les juges inférieurs.

Mersbourg est située sur le lac de Constance: c'est une petite ville; mais l'évêque y réside: elle a un séminaire de clers réguliers & un couvent de dominicains: près d'elle est une croix dans le lac,

---

(7) Journées d'un faucheur.
(8) Lenglet dit, dix-huit-cent paroisses, quatre-cent cloîtres ou monastères. On doit préférer l'autorité de Busching.

fur laquelle est gravé qu'il a dans ce lieu deux-mille-neuf-cent toises de largeur, fur cent-huit de profondeur: les environs de cette ville produifent d'affez bons vins.

Markdorf, petite ville qui eut une collégiale, & n'a plus que deux couvens, dont l'un est hors de fes murs.

Reichenau, *Augia dives*, est une abbaye de bénédictins, fondée par St. Pirmin, autrefois évêque de Meaux: elle a été très riche, & fon abbé, prince de l'empire, pouvait aller à Rome en ne logeant que dans les poffeffions de fon abbaye. Elle déchut bien-tôt, & on l'incorpora à l'évêché. Les moines voulurent défendre leur indépendance; des foldats leur prouvèrent qu'ils avaient tort: ils ont aujourd'hui un prieur, & l'évêque ne prend pas le nom d'abbé, mais de feigneur de Reichenau. On prétend que l'évangélifte St. Marc y est confervé: on ne le dit plus qu'aux imbéciles. Charles le Gros y fut enfeveli, & Charlemagne y fit don d'une pierre verte de deux pouces d'épaiffeur, qui péfe vingt-huit livres & trois quarts, & a eu long-tems le nom d'émeraude, qu'elle ne mérite pas. L'ifle dans laquelle elle est placée a encore deux villages, est fertile en fruits, a de beaux vignobles, est entourée des eaux du lac de Zell, qui n'est qu'une continuation du lac de Conftance.

Ochningen, collége de chanoines réguliers auguftins, près de la ville de Stein. *Geyenhofen*, *Bollingen*, font des mairies.

Ræthelen, feigneurie dans le Kletgau, près du Rhin: elle a trois villages: l'évêque n'y exerce que la baffe jurifdiction.

Conzenberg, est une feigneurie immédiate du grand chapitre de Conftance: elle est fur la rive septentrionale du Danube, près de la ville de Tuttlingen : on y compte sept villages. L'évêque & le chapitre ont encore des possessions dans le Turgaw, le comté de Bade & le canton de Zurich.

Abbaye de Lindau.

C'est un chapitre séculier de douze dames nobles, située dans la ville de ce nom, sur une isle du lac de Constance : l'abbaye siége aux assemblées du cercle, & non aux diettes de l'empire. Elle fut bâtie, dit-on, dans le 9me. siécle, ou plutôt dans le 10me. & n'a que des biens isolés & soumis à la jurisdiction de la ville de Lindau : elle ne peut imposer ses sujets : elle a des rentes fonciéres sur des biens-fonds du voisinage, est protégée par la maison d'Autriche à qui elle donne un muid de vin. L'abbesse peut faire grace une fois dans la ville de Lindau, où elle est obligée de se faire recevoir bourgeoise. Son mois romain est de 7 florins; sa taxe est de 50 rixdalers 64 kr.

Abbaye de Weingarten.

Elle est dans le diocèse de Constance, près du bourg d'Altorf, sur le mont St. Martin. Fondée au 8me. siécle, par Isenhard de Weissenbourg, enrichie des dons de divers princes, protégée par les empereurs, elle devint libre sous l'empereur Charles IV. Son mois romain est de 105 florins; sa taxe est de 147 rixd. & 38 kr. pour la chambre impériale. Elle est de l'ordre de St. Benoit, & possède la seigneurie de *Brochenzell* sur la Schufs, celle d'*Hagnau*, près de Mersbourg, celle de *Blumenegg* au sud du lac de Constance : celle-ci est considérable

CERCLE DE SOUABE. 173

& fut achetée pour 150,000 fl., en 1613, des comtes de Soulz. On y voit le château de ce nom, le prieuré de *St. Gerold* ou *Frieſſen*, ſoumis à la juriſdiction de *N. Dame des Hermites*, en Suiſſe, & ſix villages. L'abbaye a encore la baſſe juriſdiction en divers bailliages de la préfecture d'Altorf : elle y poſſéde des villages, des fermes, & quelques cenſes.

ABBAYE DE WEISSENAU.

Elle eſt dans le diocèſe de Conſtance, ſur la riviere de Schuſs : elle eſt de l'ordre des prémontrés. Ce fut d'abord un hermitage : elle devint couvent en 990, prieuré en 1145, abbaye en 1257; d'autres la diſent fondée par Pepin. Les ducs de Souabe l'ont enrichie, & lui ont donné des villages, des hameaux, des fermes, & divers priviléges. Elle reconnaît la protection que lui ont accordée les empereurs, en leur donnant chaque année vingt boiſſeaux de grains, un muid de vin & une livre de poivre. Son mois romain eſt de 25 fl.; elle paye à la chambre impériale 81 rixd. 14 kr. par terme. Son nom ſignifie *des vignes*.

COMTÉ DE MONTFORT.

Un château dont on ne voit plus que les ruines lui donna ſon nom : une partie eſt au ſud du lac de Conſtance. La tige de ſes premiers comtes ſe diviſa en pluſieurs branches : l'ainée ſous-diviſée en deux rameaux ſe diſtinguait par les noms de *Tettnang* & de *Bregenz* : le dernier a réuni les ſeigneuries de *Tettnan*, d'*Argen* & de *Schombourg*, & ſubſiſte ſeul aujourd'hui. Son mois romain eſt de 68 fl. par mois; ſa taxe eſt de 61 rixd. 28 kr.

Dans la seigneurie de *Tettnang*, on voit la petite ville de ce nom, sur le ruisseau de Mühlenbach, qui se jette dans la Schufs : le village de *Thann*, assez grand, ayant deux couvens d'hermites, dont l'un est à quelque distance : le monastère de *Langnau*, sur l'Arg, quelques villages paroissiaux & quelques fermes. Elle est divisée en cinq petits bailliages.

Dans la seigneurie d'*Argen*, sur le lac de Constance, on voit le grand village de *Langenargen*, près du lac, avec le château d'Argen, & quatre autres villages.

Dans celle de *Schombourg*, on compte trois paroisses, & le château de Schombourg. Elle est arrosée par l'*Ober-Agen*.

COMTÉ DE HOHENEMBS.

Il est au sud du lac de Constance, le long du Rhin, dans la vallée de Rhintal. Ses comtes descendaient d'une famille noble du pays des Grisons, appellée *Oberembs*. Charles V en fit des comtes : leur famille s'est éteinte en 1760, & le comté appartient à la maison d'Autriche. Son mois romain était de 20 fl.; sa taxe est de 60 rixd.

Le vieux & nouveau Hohenembs, *Amisium*, sont deux châteaux fortifiés sur une montagne.

Embs, est un bourg, il a un château : près de lui est un bain sulfureux, & deux étangs, que deux énormes rochers ont creusé en tombant du haut des montagnes voisines.

Lustnau, village antique où les rois Carlovingiens avaient une cour royale. Plusieurs autres villages & hameaux dépendent de ce comté, dont les possesseurs avaient des seigneuries dans la Bohême, & le comté de *Gallerate* dans le duché de Milan.

SEIGNEURIE D'EGLOFF.

On l'appellait jadis, *communauté de Megloff*, & elle ne dépendait alors que de l'empire: la riviere d'Argen l'arrose; les comtes de Traun & d'Abensperg la possédent aujourd'hui: son mois romain est de 16 florins; sa taxe est de 26 rixdalers. On y voit le bourg d'*Egloff*, quelques villages & quelques fermes.

COMTÉS ET SEIGNEURIES DE WALDBOURG TRUCHSESS.

Elles sont dispersées entre l'Iler & le Danube. Des barons auxquels le château de Walbourg avait donné son nom, exercérent long-tems l'office d'échansons héréditaires des ducs de Souabe, & de-là conserverent le nom de *Truchsess* qui les distinguent. L'ainé d'entr'eux est toujours échanson héréditaires du St. Empire; tous en prennent le titre; ils ont celui de comtes depuis long-tems & sont divisés en diverses branches dont quelques-unes sont éteintes. Nous ferons un article pour chacune d'elles. Le mois romain de cette maison entiere est de 245 florins; elle fourni 78 rixdalers pour l'entretien de la chambre impériale. Elle a le privilége de ne pouvoir être citée devant un tribunal étranger, ni pour ceux qui la composent, ni pour leurs officiers.

BRANCHE DE ZEYL-ZEYL.

Elle posséde le comté de Zeyl dans l'Algau, qui fut engagé à cette maison par l'empereur Louis de

Baviere, & cédé comme fief masculin par Charles IV. On y voit le château de *Zeyl*, les bourgs de *Zeyl* & d'*Aichstetten*, le village & seigneurie d'*Altmanshofen*, tous sur le ruisseau d'*Aitrach*, & cinq autres villages.

BRANCHE DE ZEYL-WURZACH.

Elle possède la seigneurie de *Wurzach*, dans l'Algau, où l'on voit la petite ville qui lui donne son nom, sur l'Aitrach, un village, plusieurs hameaux, plusieurs fermes, & la seigneurie de *Martetten* sur l'Iler, près de Memmingen, où l'on remarque le grand village d'*Aitrach*, sur le ruisseau d'Aitrach, près de l'Iler où il se perd. Ses habitans commercent en bois & en poissons salés, qu'on nomme *Nasen*, & qu'on pêche dans l'Iler & l'Aitrach.

Marstetten, est un vieux château sur l'Iler.

BRANCHE DE WOLFEGG-WOLFEGG.

Elle possède: le comté de *Wolfegg*, borné par la préfecture d'Altorf, & qui n'a que des villages, dont l'un reçoit son nom du château de Wolfegg: la seigneurie de *Waldbourg* dans la préfecture d'Altorf, qui y exerça le droit de haute justice, & où l'on voit le château qui donne le nom à cette famille : il est sur une montagne, & près de lui sont deux villages & quelques hameaux : une partie de la seigneurie de *Kisslegg*, près de Wolfegg, où l'on voit le bourg de ce nom, avec un couvent de cordeliers: enfin le village & seigneurie de *Waltershofen*: elle exerce encore la basse jurisdiction dans les seigneuries de *Prasberg* & de *Leypolz*.

BRANCHE DE WOLFEGG-WALDSÉE.

Elle posséde la seigneurie de *Waldsée*, près de *Wolfegg*, où l'on compte vingt-trois villages, hameaux ou fermes, où l'on voit le château de *Waldsée* & la ville de ce nom qui appartient à l'Autriche: la seigneurie de *Winterstetten* sur la Ris, où l'on remarque le bourg de ce nom, & quinze villages, hameaux ou fermes.

BRANCHE DE SCHEER-SCHEER.

Elle posséde: la seigneurie de *Scheer*, dont le sol est dur & infertile, sur le Danube, au bord duquel est la petite ville de *Scheer*, & le couvent de dominicaines qu'on nomme *Emendach*: le comté de *Friedberg*, qui renferme le château de ce nom, un village, quelques hameaux, & *Siesheim*, couvent de dominicaines: la seigneurie de *Dürmenting*, sur le Kanzach qui sort du lac de Feder & se jette dans le Danube: on n'y voit que le bourg de ce nom: la seigneurie de *Buss*, aussi sur le Kanzach; cinq villages ou hameaux avec le château de ce nom la composent. Enfin le village de *Renartsweiler*.

BRANCHE DE TRAUCHBOURG.

Elle posséde: le comté de *Trauchbourg*, qui touche à l'abbaye de Kempten & au comté d'Egloff, dont une partie dépend de la maison d'Autriche: on y voit deux châteaux, dont l'un donne son nom au comté, un village, quelques hameaux, & la forêt d'*Isenharz*: une partie de la seigneurie de *Kisslegg*: la seigneurie d'*Herroth*, où l'on ne remarque que le village de ce nom.

Tome II. Part. II. M

ABBAYE DE KEMPTEN.

Elle est à l'orient des lieux qu'on vient de décrire, & fait partie de l'Algau & de l'Ilergau. Elle fut fondée en 773 par Hildegard, épouse de Charlemagne; elle est de l'ordre de St. Benoit; son abbé est prince de l'empire, archi-maréchal de l'impératrice, & lui présente le sceptre lorsqu'on la couronne: cet office lui donne le droit de s'habiller en séculier après midi; ce droit est important sans doute. L'abbaye a ses grands officiers héréditaires, & les tribunaux du prince sont, une régence, un consistoire & une chambre des finances. Le pays nomme des députés pour assister à la rédition des comptes des deniers publics. Ses domaines renferment un comté & plusieurs seigneuries.

Kempten, petite ville qui touche à la ville impériale de ce nom. Elle renferme l'église collégiale où résident douze moines, divers bâtimens publics, plusieurs maisons de particuliers & une société littéraire.

Buchenberg, est un bourg depuis 1485. *St. Martins-Zell* est aussi ancien que lui: l'Iler l'arrose. *Legau* & *Thingau* devinrent bourgs dans le même tems. *Günzbourg* le fut en 1407. *Dietmansried*, en 1586. *Grænenbach*, est le plus considérable d'entr'eux. *Zurich* nomme le pasteur de son église: son château sur un mont, a près de lui une église collégiale. L'abbé réside ordinairement dans le couvent de *Ste. Hildegard*: il possède encore les seigneuries de *Sulzberg*, de *Wagegg*, de *Westerried*, de *Rotenstein*, de *Deisselberg*, de *Kemnath* & de *Hohenthan*. Des châteaux & quelques villages sont tout ce qu'elles renferment.

CERCLE DE SOUABE.

ÉVÊCHÉ D'AUGSBOURG.

Il a quarante-cinq lieues de long, sur dix à trois de large : près du Tyrol, il est montueux & peu fertile : ailleurs il a de belles prairies & des champs féconds : on voit quelques lacs dans la partie du milieu. Il prend son nom de la ville d'Augsbourg, qui n'en fait pas partie : il faisait partie autrefois de la Vindelicie, & est arrosé par le Danube, l'Iler & le Lech. Il fut fondé vers l'an 590, & enrichi successivement par diverses donnations. Henri II fit de son évêque un prince de l'empire : il est suffragant de Mayence; son diocèse touche à ceux de Ratisbonne, de Freisengen, de Brixen, de Coire, de Constance, d'Eischtetten & de Vurtzbourg. Son grand chapitre est composé de quarante personnes. Ses tribunaux sont : un vicariat général, un conseil ecclésiastique, un consistoire, une régence, une chambre des comptes & une cour féodale. Ses revenus montent à 100,000 écus d'empire : ceux d'un chanoine vont de 1000 à 1700 florins. L'évêché a ses offices héréditaires, & dans la ville d'Augsbourg l'évêque a une justice du château, un bureau des finances, un de poids & de péages, une recette des grains, une trésorerie des tailles & un palais; mais où il ne peut demeurer autant qu'il lui plait. Son mois romain est de 652 fl.; sa taxe est de 189 rixd. 31 kr.

Dillingen est sur le Danube, & n'est pas une grande ville : l'évêque y réside : ses anciens comtes étaient puissans. Elle a un chapitre & trois couvens. Son bailliage renferme divers villages, dont celui de *Wittislingen* est le principal & fut un comté. On y remarque encore le couvent de bénédictines de *Fultenbach*.

Ayslingen, bourg & bailliage sur le Danube.

Weſtendorf & *Killenthal*, sur la Lech, sont deux bailliages : le dernier renferme *Holtz*, couvent de dominicaines.

Zuſmershauſen, bourg sur le Zuzam ; c'est un bailliage qui comprend encore le bourg de *Dinkelſcherben*.

Pfaffenhauſen, est un bourg & un bailliage sur la Mindel.

Schœneck, sur le Günz, est un village & un bailliage qui renferme *Beuren*, couvent de cordelieres.

Bobingen, est un bailliage entre la Wertach & le Lech : il renferme divers villages : on a dit & on dit encore dans le pays, que les cendres de St. Uldarie ne permettent point que les rats & les souris y puissent vivre. Il n'a fallu qu'un moment pour créer ces contes absurdes, & il faut des siécles pour les détruire.

Schwabmünchen, est un bourg où l'on fabrique des bas de cotton. Son bailliage s'étend sur une vaste plaine qu'arrose le Lech.

Buchlœ, bourg & bailliage sur le Gebnach.

Leeder, bourg & bailliage, est près du Lech : il a un château où l'évêque passe quelquefois l'été.

Oberdorf, est un bourg & un bailliage, sur la Wertach.

Neſſelwang, est un bourg & bailliage, qui renferme la petite ville de *Fueſſen*, sur le Lech. Elle a une abbaye de bénédictins & un couvent de cordeliers.

Sonthofen, est un bourg : son bailliage est arrosé par l'Iler qui y naît : il renferme une mine de fer, le bourg d'*Oberſdorf* & plusieurs villages.

L'évêque possede encore diverses terres nobles, & le grand chapitre, divers villages, terres & rentes,

Abbaye d'Ursperg.

Elle est de l'ordre des prémontrés & du diocèse d'Augsbourg: la Mindel & la Kamblach la bornent: c'était un prieuré qui devint abbaye en 1349. Son mois romain est de 30 fl., sa taxe est de 32 rixd. 41 kr. Son territoire ne renferme que trois villages.

Abbaye de Roggenbourg.

Elle est aussi de l'ordre des prémontrés & du diocèse d'Augsbourg: la Günz l'arrose. Elle fut prieuré en 1126, & devint abbaye en 1440: la ville d'Ulm la protége. Son mois romain est de 49 fl.; sa taxe est de 54 rixd. 12 kr. Elle posséde huit villages & quelques hameaux: elle en possédait davantage au 15me. siécle.

Seigneuries de Mindelheim et de Schwabeck.

Celle de Mindelheim est dans l'Algau; elle touche à l'abbaye d'Yrsée & au territoire des comtes Fugger, a trois ou quatre lieues en tout sens: & appartient à l'électeur de Baviere, ainsi que la seigneurie de *Schwabeck*. Son mois romain est de 76 fl., sa taxe est de 92 rixdalers. On voit dans la premiere *Mindelheim*, petite ville sur la Mindel, où est un gymnase & un couvent de cordeliers, & vingt villages: celui de *Dasperg* a un bain nommé *Masmühle*. On voit dans la seconde le bourg de *Türkheim*, sur la Wertach, & le château de *Schwabeck*.

SIGNEURIE DE WIESENSTEIG.

Elle appartient à l'électeur de Baviere, touche au territoire de la ville d'Ulm, & a trois ou quatre lieues d'étendue en tout sens. Son mois romain est de 24 fl., sa taxe est de 10 rixdalers 73 kr. On y voit la petite ville de *Wiesensteig* sur la Fils, dans un vallon que forment de hautes montagnes. Elle a un château & un couvent occupé par des chanoines de St. Cyriac.

Deckingen, est un bourg sur la Fils.

Wildenstein, est un château taillé en partie dans deux rochers escarpés près du Danube. On y compte encore six villages.

ABBAYE D'YRSÉE.

Son ancien nom était *Ursin*: la Wertach en arrose le territoire: elle fut fondée en 1182, par un marquis de Rumsperg. Son mois romain est de 43 fl., sa taxe est de 81 rixd. 14 kr. On compte dans son patrimoine neuf villages dont l'un porte son nom. C'est une abbaye de bénédictins.

TERRES DES COMTES FUGGER.

Ces comtes descendent de Jean Fugger, habitant du village de Graben, près d'Augsbourg, dont un mariage le rendit bourgeois: il était Tisseran comme ses peres, ses fils furent commerçans & devinrent très riches; ses petits fils ajoutérent encore aux richesses qu'ils avaient reçues de leurs peres. Ils acheterent divers comtés & diverses seigneuries: l'empereur Maximilien les fit nobles; Charles V leur donna la dignité de comtes & de barons de l'empire.

Ils se divisent en deux lignes principales ; celle de Raymond & celle d'Antoine, sous-divisées elles-mêmes en un plus grand nombre de branches. Ces deux branches ont chacune leur administration, & l'aîné de chaque branche est toujours administrateur. Leur titre commun est, comte de Kirchberg & de Weissenhorn ; ils se distinguent par leur nom de batème & celui des seigneuries particulieres qu'ils possédent : ils en possédaient davantage autrefois ; la plupart leur étaient engagées & ont cessé de l'être. Dans les assemblées du cercle, la ligne Antonine a trois suffrages : elle paye un mois romain de 168 fl., une taxe de 70 rixd. Une partie du domaine de ces comtes est dans les terres de l'Autriche : tels sont les comtés de Kirchberg & de Weissenhorn, possédés par la ligne de Raimond : ils versent un mois romain de 28 fl. dans la caisse de l'Autriche, & payent une taxe de 67 rixd. 54 kr.; l'autre partie est dans le cercle de Souabe. Nous avons parlé de la premiere dans le cercle d'Autriche : nous parlerons de la derniere, possédée presque toute par la branche Antonine, & divisée encore en terres dépendantes du cercle, & terres comprises parmi celles de la noblesse immédiate de Souabe : celles-ci seront décrites ensemble ; nous nous bornons dans cet article aux possessions dépendantes du cercle, situées entre le Danube, l'Iler & le Lech.

La branche moderne de Marc Fugger posséde la seigneurie de *Norndorf*, où l'on voit le bourg de ce nom. Elle posséde encore cinq villages.

La branche de Jean Fugger se divise en trois rameaux : celui de Kirchheim posséde les seigneuries de *Kirchheim*, d'*Eppichhausen*, de *Turkenfeld* & *Schmüchen* : la premiere renferme le bourg de *Kirchheim*, où est un château, un couvent, & qu'arrose l'Hoffach, deux villages paroissiaux & trois hameaux, dont l'un, *Tieffenried*, honore une image miraculeuse de la Vierge, nommée N. D. de bon secours: les dernieres ont chacune une paroisse de leur nom. Celui de *Muckhausen* posséde les seigneuries de *Mickhausen* & de *Schwindegg*. Le troisieme posséde les seigneuries de *Glœtt*, de *Hilgartschberg*, d'*Oberndorf* & de l'*Elgau*, dont la premiere est arrosée par le Glœtt, & a un bourg de ce nom.

La branche de Jaques Fugger se divise en deux rameaux. Celui de Babenhausen, posséde les seigneuries de *Babenhausen* & de *Boss*. La premiere a un bourg, un château & trois villages, elle est sur la Günz: la seconde est sur l'Iler, a un beau bourg, un château & trois villages. Celui de Wasserbourg ou Wœllenbourg, posséde la seigneurie de *Wallenbourg*, de *Gaiblingen*, de *Biberbach*, & le bailliage de *Rættenbach*. Celle de *Biberbach* a un beau bourg & quatre villages: le bailliage en renferme trois.

SEIGNEURIE DE THANNHAUSEN.

Elle est sur la Mindel & touche à l'abbaye d'Usperg: son possesseur a voix & séance à la diette depuis 1677, qu'elle cessa d'être partie des terres de la noblesse immédiate. Son mois romain est peu de chose; sa taxe est de 8 rixd. & 8 kr. On n'y remarque que le bourg de ce nom.

PRIEURÉ DE WETTENHAUSEN.

Il est du diocèse d'Augsbourg, est dans le marquisat de Burgau, & fut fondé en 982. Il est occupé par des chanoines réguliers, & leur couvent est sur la rive du Kamblach. Il posséde quatre villages, des hameaux, des fermes, nomme deux grands prévôts & un baillif. Son mois romain est de 20 fl., sa taxe est de 54 rixd. 8 kr.

Abbaye de Roth.

Elle est du diocèse d'Augsbourg, & touche à l'abbaye d'Ochsenhausen, est de l'ordre des prémontrés, & fut fondée en 1126. Elle a été plus riche autrefois; elle ne posséde plus que deux villages & quelques hameaux. Charles IV la mit sous la protection de l'empire. Son mois romain est de 15 fl., sa taxe est de 54 rixd. 12 kr.

Principauté d'Œttingen.

Elle est au nord du Danube & du cercle de Souabe, à l'orient elle touche au duché de Neubourg, & à l'occident à la prévôté d'Ellwangen. Elle a dix lieues de long, & sept de large: la *Wemitz*, la *Sulz* & l'*Eger* l'arrosent: le Danube le borne au sud-ouest. Ses comtes descendent d'Otton, qui vivait dans le 12me. siécle. Léopold donna le rang de prince à l'aîné de la famille qui se divisait alors en deux branches, dont l'une est éteinte depuis 1731: l'autre est sous-divisée en divers rameaux qui posséent la principauté en indivis: mais l'aîné de la famille dirige la communauté. Le mois romain de toute cette maison est de 276 fl., sa taxe est d'environ 107 rixd.

La religion romaine & le luthéranisme sont également professées dans le pays. Un sur-intendant & trois doyens y président sur quarante-deux pasteurs luthériens. Le prince d'Oettingen siége comme prince à l'assemblée du cercle & comme comte à la diette de l'empire. Les autres comtes de cette maison n'ont qu'une voix. Ils exercent l'ancienne justice impériale du canton de *Riefs*, & l'étendent sur les seigneurs établis dans ce district. Le territoire du prince se divise en cinq bailliages & une mairie.

Bailliage d'Oettingen.

Il est réuni à celui de *Schneidheim*, & fait partie du canton de Riefs.

Oettingen, ville qu'arrose la Wemitz, où réside le prince, & qui est le siége d'une cour de justice, d'une chambre des finances, du consistoire luthérien & de son sur-intendant. Elle a une société littéraire, une école latine, une maison d'orphelins, & une commanderie de l'ordre teutonique qui possède trois villages & la moitié de trois autres sous la souveraineté du prince. On voit dans ce bailliage quelques villages & la vallée de *Sechta* dans laquelle coule la riviere de ce nom: cette vallée formait le bailliage de Schneidheim.

Bailliage d'Aufkirch.

Il appartient aux comtes d'Oettingen-Spielberg, renferme le bourg d'*Aufkirch*, au-dessous du confluent de la Wemitz & de la Sulz, divers autres villages & hameaux.

Bailliage de Münchsroth.

Les comtes d'Oettingen-Spielberg le possèdent: on y compte trois villages paroissiaux: celui de *Münchsroth* avait autrefois une abbaye de bénédictins. Leur couvent y sert d'église.

Bailliage de Durrwangen.

La Sulz l'arrose: les terres d'Onstsbach l'entourent: il renferme le bourg & le château de *Durrwangen*.

Bailliage de Spielberg & de Sammenheim.

Le marquisat d'Onolsbach l'environne : on y compte deux bourgs, *Spielberg* & *Gnotzheim*. *Sammenheim* n'est qu'un village.

La mairie de *Dornstatt* ne renferme qu'un village.

Etats d'Oettingen-Wallerstein.

Ils sont en partie dans l'*Hartfeld*, pays sablonneux, sec & ingrat. Quelques bailliages dépendent de la régence de Wallerstein.

Le bailliage de *Wallerstein* renferme le bourg de ce nom. Celui de *Marktoffingen* reçoit aussi son nom d'un bourg. Celui de *Dhannhausen* le doit à un village. Celui de *Flohberg* touche au territoire de Bopfingen. Enfin le bailliage de *Neresheim* est dans le Hartfels, & reçoit son nom d'une petite ville.

La seigneurie de *Bissingen* est arrosée par le Kœssel : elle renferme des villages, des hameaux, & le bourg d'Ober-Bissingen.

Erdling est une commanderie de l'ordre de St. Jean, protégée par le comte, ainsi que *Kirchheim* & *Mœhing*, couvent dont il est vidame.

Quelques autres bailliages dépendent d'une régence particulière, & sont luthériens. Celui d'*Alerheim*, a le grand village de ce nom, & le bourg de *Holzkirch*. Celui de *Harbourg* renferme le bourg de ce nom ; il est grand, arrosé par la Wornitz, est le siége d'un doyenné qui préside sur huit paroisses. Celui d'*Hohaus* ne forme qu'une paroisse.

Klosterzimmern, économat, formé d'un ancien couvent de religieuses de citeaux, & devenu une paroisse luthérienne.

Christgarten est un bailliage formé d'une ancienne chartreuse.

Deggingen, abbaye de bénédictins, dont les comtes sont protecteurs & vidames.

Diemanſtein, *Burgberg*, villages, & ancienne ſeigneurie.

Tröchtelfingen, bourg ſur l'Eger, dont la cinquiéme partie appartient aux comtes: le reſte eſt partagé entre quatre ſeigneurs.

Etats d'Oettingen-Baldern.

Ils forment quatre bailliages de *Baldern*, de *Rœting*, d'*Aufhauſen*, & de *Katzenſtein*. On y voit le bourg de *Baldern*, celui de *Mark-zæhing*, divers villages & pluſieurs hameaux.

Abbaye de Neresheim.

C'eſt un couvent de bénédictins, près de la petite ville de Nereſheim dont nous avons deja parlé. La maiſon d'Oettingen la protégeait & en était vidame; mais un traité lui a donné une entiére indépendance. Son mois romain eſt de 14 fl. 6 kr., ſa taxe eſt de 9 fl.

Abbaye de Kaysersheim.

Elle eſt de l'ordre de citeaux, eſt voiſine de Donauwerth, ne dut avoir d'abord d'autre vidame & d'autre protecteur que Jéſus; mais les ducs de Baviere s'étant ſaiſis de cette prérogative, les empereurs donnerent à l'abbaye le droit de ſe choiſir tel protecteur qu'elle voudrait: elle a d'abord donné ce titre au comte Palatin, pourvu qu'il reſpecta ſon indépendance, & ſe joignit au cercle de Baviere: elle s'en ſépara & ſe joignit à celui de Souabe en 1757.

Elle lui paye une contribution annuelle de 300 fl., sa taxe pour la chambre impériale est de 338 rixd. 23 kr. Elle posséde le comté de Graisbach, & l'abbaye de *Pillenhofen* lui est incorporée.

SEIGNEURIE D'EGLINGEN.

Elle touche au comté d'Oettingen & au duché de Neubourg: des comtes la posséderent jusqu'en 1727. Leur famille éteinte, les princes de la Tour-Taxis l'acheterent pour 200,000 fl. Elle leur donne droit d'entrer dans les diettes du cercle. Son mois romain est de 20 fl., sa taxe est de 5 rixd. 36 kr. On y voit le bourg d'*Eglingen*, & quelques hameaux.

ABBAYE DE MARCHTHAL.

Elle est de l'ordre des prémontrés, du diocèse de Constance, & est placée sur un roc près du Danube. Ce fut d'abord un chapitre fondé en 1000, par les ducs de Souabe; ce fut un prieuré en 1171, & une abbaye en 1418. Elle devint indépendante en 1575. Son mois romain est de 32 fl., sa taxe est de 81 rixd. 14 kr.

Son territoire qui s'étend jusqu'au lac de Feder, renferme neuf villages & plusieurs hameaux: elle tient comme un fief de l'empire la jurisdiction criminelle sur le village de *Marchtal*, en latin *Martellum*.

ABBAYE D'ELCHINGEN.

Elle est de l'ordre de St. Benoit, & fut fondée en 1128, dans un vieux château fameux par les brigandages qu'on y exerçoit, a eu le nom d'*Aichlingen*, est sur une montagne près du Danube, environnée du territoire d'Ulm, qui veut la protéger malgré elle. Son mois romain est de 50 fl., sa taxe est de 162 rixd. 29 kr. Son territoire bien plus étendu autrefois, se divise en quatre bailliages, qui renferment quatorze à quinze villages.

Abbaye de Buchau.

Fondée au 10me. siècle, par Adelinde, pour le repos de l'ame de son époux, Othon de Kesselberg & de trois de ses fils tués dans une bataille contre les Hongrais, son siége est dans la ville impériale de ce nom: son abbesse est princesse de l'empire, mais elle n'a point de voix à la diette; elle n'en a qu'aux assemblées du cercle. Ce fut d'abord un couvent de bénédictines; mais les religieuses ont été changées en chanoinesses, & pour l'être, il faut être fille de comte ou de baron. Elles peuvent sortir du monastère pour se marier: l'abbesse seule ne le peut pas. Son mois romain est de 48 fl., sa taxe est de 40 rixd. 45 kr.

L'abbaye possède la seigneurie de *Strasberg* dans le duché de Würtemberg, qui renferme la petite ville de ce nom, deux villages & une verrerie.

Elle exerce divers droits & prérogatives dans les villes de *Sulgau* & de *Mengen*, & nomme à différentes cures.

Abbaye d'Ochsenhausen.

Elle fut d'abord un prieuré de bénédictins, dépendant de l'abbaye de St. Blaise, fondé en 1100, elle fut érigée en abbaye indépendante en 1391. Son abbé fut investi par l'empereur en 1706 de la jurisdiction civile & criminelle sur tout son territoire: son mois romain est de 100 fl., sa taxe est de 139 rixd. 69 kr. Elle a une régence où l'on appelle des jugemens de ses baillifs. Près d'elle est le bourg d'*Ochsenhausen* sur le Rottam; le reste de son territoire est divisé en six bailliages, où l'on compte dix-huit paroisses. Ces bailliages sont ceux d'*Umendorf*, de *Hornbach*, de *Fischbach*, de *Thanheim*, de *Haut-Sulmentingen*, & de *Bas-Sulmentingen*. C'est un des pays les plus fertiles de la Souabe.

Abbaye de Schussenried.

Elle est de l'ordre des prémontrés & du diocèse de Constance, au sud de la ville de Buchau. Elle fut fondée en 1188. On l'appelle aussi *Soreth*, *Abbatia Sorethana*. Son mois romain est de 35 fl., sa taxe est de 67 rixd. 56 kr. La Schufs prend sa source dans son territoire, autrefois plus étendu; mais qui renferme encore quatre villages & quelques hameaux & fermes.

Terres des comtes de Kœnigsegg.

Leur famille est une des plus anciennes de l'empire: elle forme deux branches. Ferdinand II leur donna le rang de comtes: elles n'ont qu'une voix & alternent pour le rang. Leur mois romain est de 84 fl., leur taxe est de 59 rixd.

Les comtes de Kœnigsegg-Rothenfels possèdent le comté de *Rothenfels* & la seigneurie de *Stauffen*. Le premier est dans l'Algau, & a huit lieues de long sur environ cinq de large. On y remarque le château qui lui donna son nom; le bourg d'*Immenstadt*, peuplé, étendu, sur un ruisseau qui sort de l'Alpsée pour se jetter dans l'Iler, avec quinze à seize paroisses. La seigneurie s'étend sur une montagne & sur la vallée d'Ach, vallée peuplée & agréable.

Les comtes de Kœnigsegg-Aulendorf possédent le comté de *Kœnigsegg* & la baronnie d'*Aulendorf*. Le premier renferme le château de ce nom & trois villages : la seconde ne compte qu'un bourg & quelques hameaux. Ce bourg a un château, il est sur une montagne dont la Schufs baigne le pié.

COMMANDERIE D'ALSCHHAUSEN.

Elle dépend du bailliage que l'ordre teutonique possède en Alsace & en Bourgogne : celui qui la possède est en même tems commandeur provincial ; il est compté parmi les prélats de l'empire & il siége à la premiere place du banc des comtes aux assemblées du cercle ; mais il ne paraît point à la diette. Son mois romain est de 60 fl., sa taxe est de 101 rixd. 45 kr.

Cette commanderie renferme le château d'*Alschhausen*, où réside le commandeur, & autour sont quatre villages, quelques hameaux & fermes qui en dépendent. Le village d'*Alschhausen* n'est point compté parmi ceux-là : il est impérial & libre.

Cet ordre possède encore d'autres commanderies dans l'enceinte du cercle de Souabe. Celle de *Rohr* & de *Waldstetten* s'étend sur une partie du marquisat de Burgau, où est le bourg de Rohr sur la Kamblach, environné de quelques villages, & sur différentes possessions dispersées près d'Ulm, dans le comté de Montfort, près du margraviat de Nellenbourg : on y compte en tout trois châteaux, trois villages & le bourg de *Herrlingen*.

Meinau est une de ces commanderies : elle doit son nom à une petite isle agréable, fertile en blé &

& en vins, dans le lac d'Uberlingen ou de Bodmen; elle en fait partie. Elle s'étend encore fur trois petits bailliages, où l'on ne remarque que la petite ville de *Blumenfeld* fur l'Aach, & quelques villages.

Beuggen est encore une commanderie : un village près de Rheinfelden, & deux recettes la composent. Celle de *Fribourg* en Brisgau renferme huit villages.

Abbaye de Salmansweyler.

Elle a aussi le nom de *Salem:* l'Aach en arrose le territoire, qui touche à l'évêché de Constance : elle jouit de tous les droits qui caractérisent un état libre de l'empire, & fut fondée en 1134 pour l'ordre de citeaux, par Gontran, baron d'*Adelsreuter*, qui lui donna sa seigneurie. On la croit la plus riche que son ordre ait en Allemagne; elle ne relève que du pape, est sous la protection perpétuelle des empereurs, & son abbé jouit du premier rang parmi les prélats de Souabe. Son mois romain est de 76 fl., sa taxe est de 169 rixd. 8 kr.

L'abbé a une cour aulique à laquelle on a recours pour revoir les jugemens de baillifs : quinze villages sont dispersés autour du couvent : plus loin sont les bailliages d'*Owingen* & d'*Osterath*, la seigneurie de *Schemmerberg*, la grande prévôté de *Stochach*, & trois économats. Cette abbaye a sur ses villages & hameaux droit de haute & basse justice.

Comme l'abbé de *Salem* dirige les abbayes de *Heggbach*, de *Guttenzell*, de *Rothmünster* & de *Baindt*, nous les réunissons ici : toutes sont de l'ordre de citeaux.

Abbaye de Heggbach.

Elle est au nord de Buchau, & fut fondée dans le 11me siécle : elle est dans le diocèse de Constance, & son mois romain est de 16 fl., sa taxe est de 16 rixd. 46 kr. C'est une abbaye de femmes, ainsi que les trois suivantes. Son patrimoine consiste dans un village & quelques hameaux.

Abbaye de Guttenzell.

Elle fut fondée en 1240 : son nom traduit en latin est *bona Cella* : elle a eu celui de *Dei Cella*, *Gottenzell*. Son abbesse siége à la diette & aux assemblées du cercle, comme celle qui la précéde & celles qui la suivent. Son territoire est peu de chose : son mois romain est de 10 fl., sa taxe est de 13 rixd. 46 kr.

Abbaye de Rothmünster.

Le Neckar en arrose le territoire : elle est près de la ville de Rothweil, & son nom latin est *Vallis beatæ Mariæ Virginis*. Elle n'a le nom qu'elle porte, & n'est dans le lieu qu'elle occupe, que depuis 1224. Son mois romain est de 19 fl., sa taxe est de 40 rixd. 54 kr. Son territoire renferme six villages & quelques hameaux.

Abbaye de Baindt.

La Schufs l'arrose : elle fut fondée en 1240, dédiée un an après, & eut le nom de *Hortus floribus*, qui annonce une situation heureuse. Elle occupe la derniere place du banc des prélats, n'a aucun sujet contribuable, & point de domaines particuliers: la préfecture d'Altorf en est la protectrice. Son mois romain est de 4 fl., sa taxe est de 13 rixd. 46 kr.

ETATS DES PRINCES ET LANDGRAVES DE FURSTENBERG.

Cette maison reconnaît pour fondateur Egenon d'Urach, qui vivait dans le 13me. siécle: elle se divisa en diverses branches qui se sont éteintes en différens tems, & leurs possessions se sont réunies sur la seule qui subsiste encore: c'est celle de *Stühlingen*. Le chef de cette maison & son fils ainé ont le titre de princes; les freres & ses autres enfans ont celui de landgraves. Toutes leurs possessions sont dans le cercle de Souabe; il en faut excepter la seigneurie de *Weytra* dans l'Autriche, au-dessus de l'Ens: elles donnent six voix au prince dans les assemblées du cercle: il siége dans le banc des princes à la diette de l'empire depuis 1667. Le mois romain de tous ses états monte à 372 fl., leur taxe réunie monte à 291 rixd.

Les tribunaux du prince sont, un conseil aulique & de justice, une chancellerie qui est en même tems cour féodale, & une chambre des comptes: tous siégent à Doneschingen.

ETATS DE WERDENBERG.

Ils sont composés du comté de *Heiligenberg*, de la seigneurie de *Jungnau*, & de celle de *Trochtelfingen*.

Comté de Heiligenberg.

Il est au couchant de Kœnigseck, au nord du

territoire de Constance. Il eut ses comtes particuliers, parvint aux comtes de Werdenberg & d'eux à la maison de Furstenberg. C'est là qu'on trouve le *présidial de Schakébúch*, un des plus anciens tribunaux établis en Souabe par les empereurs: sa jurisdiction ne s'étend pas au-delà des bornes du comté. Le château qui lui donne son nom, (Heiligenberg ou Saint Mont) le doit aux reliques de plusieurs Saints déposées dans ce lieu: il est sur un roc élevé. On remarque encore dans ce comté onze villages, plusieurs hameaux & des fermes.

Seigneurie de Jungnau.

La Laucher l'arrose: elle touche au territoire d'Autriche, & renferme le bourg de *Jungnau*, un village & un hameau.

Seigneurie de Trochtelfingen.

Elle est bornée par le Würtemberg, l'abbaye de Zwiefalten & le comté de Hohenzollern. On y voit la petite ville de son nom, sur la Schmeich, dans les monts de l'Alb, les bourgs de Steinhübbe, de Melchingen & quelques villages.

LANDGRAVIAT DE STUHLINGUE.

Il touche au canton de Schaffouse & au Brisgau: il a cinq lieues de long & trois de large, est médiocrement fertile, & appartint aux comtes de Lupfen, à la maison de Pappenheim; & de celle-ci elle passa à celle de Furstenberg. Il renferme le landgraviat propre, la seigneurie de Heben & Engen, & le grand bailliage oe Neustadt.

Landgraviat propre.

Stuhlingue, petite ville sur la Wutach: elle a un château. *Berau*, couvent de bénédictines. *Rieder*, nom de deux couvens d'augustins & d'augustines, voisins l'un de l'autre : douze villages & divers hameaux sont autour de ces couvens & de la ville.

Seigneurie d'Heben & d'Engen.

Elle a eu ses maîtres particuliers : on y voit le château de *Hohenheben*, ou *Hawen*, la ville d'*Engen*, petite, agréable, ayant deux couvens ; plusieurs hameaux & dix villages.

Bailliage de Neustadt.

On y voit le bourg de *Neustadt*, sur la Wutach, orné d'un couvent. On y remarque encore *Grünwald*, couvent d'hermites & divers villages.

LANDGRAVIAT DE BAAR.

Sa situation, le long de la forêt noire, & son terrain uni, dénué de bois, lui a fait donner le nom qu'il porte, & qui signifie *nud* ou *ras*. C'est-là que les rivieres de Brigach & de Brege se joignent à un petit ruisseau qui porte le nom de Danube, & le leur donne.

Furstenberg, petite ville, & château sur une montagne : elle a donné son nom à la famille qui y régne.

Blumberg, *Huffingen*, sont de petites villes : celle de *Leffingen* est dans un vallon fertile, & a un bain médicinal. *Fehrenbach* est sur la Brege.

Geisingen, *Moringen*, sont sur le Danube. *Nedling* est un bourg sur le même fleuve, orné d'un couvent de femmes de citeaux, où l'on ensevelit les princes.

Donaveschingen ou *Doneschingen*, est encore un bourg : c'est-là que le prince réside, là que siégent ses tribunaux ; le Danube y prend son nom. *Fridenweiler* est une abbaye de femmes de citeaux. *Amptenhausen* ou *Amptausen*, est un couvent de bénédictines.

Seigneurie de Hausen.

Elle est arrosée par la Quinche, dans la vallée de ce nom, dans la forêt noire. On y voit les trois petites villes de *Hausen*, de *Hasslach* & de *Wolfach*, toutes sur la Quinche. On y remarque encore deux couvens.

Wittichen, est une abbaye de Clarisses, & *Rieplinsau* est une prieuré de bénédictins, près duquel est une source minérale très fréquentée.

Seigneurie de Mœsskirch.

Le Danube l'arrose & elle touche au territoire d'Alschhausen, à celui de Petershausen, à la seigneurie de Waldsperg. Elle passa dans la maison de Furstenberg en 1627. On y voit la petite ville de *Mœsskirch*, dans le Hegau, ayant un couvent de capucins, le bourg de *Meningen*, & divers villages.

Seigneurie de Waldsperg.

Elle touche au territoire d'Alschhausen, au landgraviat de Nellenbourg, à la seigneurie de Masskirch: c'était une terre noble, & la noblesse immédiate du cercle prétend y avoir droit de collecte qu'on lui refuse: on n'y remarque que deux villages & quelques hameaux.

Seigneurie de Gundelfingen.

Elle a d'un côté le Wurtemberg, & de l'autre l'abbaye de Zwifalten. Un mariage l'a fait passer dans la maison de Furstenberg. Elle renferme la petite ville de *Haingen*, sur la Lauter, & contient deux villages, dont l'un donne son nom à la *seigneurie*, & la petite seigneurie de *Neufra*, près du Danube.

COMTÉ DE THENGEN.

Il est dans le Hegau, & touche au canton de Schaffhouse : achetée par l'empereur Charles V, un de ses successeurs l'échangea contre le comté de Mitterbourg en Carniole, & par cet échange, la branche cadette des comtes d'Augsberg posséda Thengen, & devint prince de l'empire. Son mois romain est de 76 fl., sa taxe est de 65 rixd.

Ce comté renferme *Thengen*, petite ville, & trois paroisses.

ABBAYE DE PETERSHAUSEN.

Fondée en 980, occupée par des bénédictins, protégée par la maison d'Autriche, elle est vis-à-vis de la ville de Constance. Une grande partie de ses biens est aliénée : elle vendit à la ville de Constance la jurisdiction du faux-bourg de *Petershausen*, pour 3000 fl. Elle possède encore les seigneuries de *Stauffen*, de *Hilzingen*, & de *Rietheim* ; quelques bourgs, comme *Herdwangen*, *Sauldorf*, &c., & quelques villages, semés entre les possessions de la maison de Furstenberg. Son mois romain est de 20 fl., sa taxe est de 40 rixd. 54 kr.

PRINCIPAUTÉ DE LICHTENSTEIN.

La reconnaissance fit entrer cette maison dans les assemblées du cercle : elle lui avait prêté sans intérêt une somme assez considérable ; & il l'en récompensa par cette admission. Les deux seigneuries de

Vadutz & de *Schellenberg* forment cette principauté: elle fut érigée en 1719. Elle est située sur le Rhin, & touche à la Suisse. Son mois romain est de 17 fl., sa taxe est de 18 rixd. 60 kr. On n'y remarque que le bourg de *Vadutz*, au-dessus duquel s'élève le château sur un rocher escarpé, le couvent de *Banderen*, sur le Rhin, habité par des prémontrés, & cinq villages, dont l'un est *Treisen*, connu par une bataille.

LANDGRAVIAT DU KLETTGAU.

Il est connu aussi sous le nom de *comté de Soulz*. Il est placé près du lieu où le Rhin sort du lac de Constance. L'empereur Léopold lui donna le titre de principauté. Il est peu étendu ; mais il est fertile en blés & en vins, dont le rouge est recherché : le gibier y est abondant. La tige mâle des comtes de Souls s'éteignit en 1687 ; le prince de Schwarzzenberg, gendre du dernier lui succéda dans le landgraviat ; il est aussi prévôt héréditaire de l'hôtel impérial de Rothweil. Il siège comme prince aux assemblées du cercle, & comme comte à celles de l'empire. Son mois romain est de 60 florins par mois, sa taxe est de 37 rixdalers 79 kr. On voit dans ce landgraviat la petite ville de *Tiengen* ou *Thüngen*, sur la Wutach ; le prince & sa régence y siégent. On y compte douze paroisses, & le village de *Cadelbourg*, où le comté de Bade a droit de milice, & où l'abbaye de Zurzach exerce le droit de basse jurisdiction. Un *présidial de l'empire* siége dans l'enceinte de ce landgraviat.

ÉTATS DE HOHENZOLLERN.

Cette maison est très ancienne : vers la fin du

12me. siécle elle se divisa en deux branches, dont l'une eut le bourggraviat de Nuremberg, & parvint à l'électorat de Brandebourg; l'autre conserva ses anciennes possessions & se divisa encore en deux branches, qui existent aujourd'hui. Les aînés de ces deux branches ont le titre de prince ; les cadets n'ont que celui de comte. Ils sont chambellans héréditaires du St. Empire, titre qu'ils reçoivent de l'électeur. Aux assemblées du cercle ils ont deux voix : ils n'en ont qu'une à la diette de l'empire. Les terres qu'ils possédent sont fertiles, arrosées par le *Danube*, la *Lauchart*, l'*Eyach* & la *Starzell*. Chacun des princes a un revenu d'environ 30,000 fl., chacun a sa régence & sa chambre des finances. Ils payent un mois romain de 290 fl., & une taxe de 43 rixd. 25 kr.

Le prince de Hohenzollern-Hechingen, posséde le comté de *Hohenzollern*, où l'on remarque l'antique forteresse de ce nom, bâtie sur une montagne, la ville de *Hechingen* où siége le prince : la Starzell l'arrose, elle a une collégiale, & près d'elle est un couvent de cordeliers, le bourg de *Grosselfingen*, & treize paroisses, dont les plus considérables sont celles de *Stetten*, village où est un couvent de dominicains, ainsi que dans celui de *Rangendingen*: celle de *Kuller*, village dans une jolie vallée à laquelle il donne son nom, & *Stein*.

Le prince de Hohenzollern-Sigmaringen posséde le comté de *Sigmaringen*, & les seigneuries de *Haigerloch*, & *Wœhrstein*. Le premier renferme la petite ville de *Sigmaringen*, sur le Danube, résidence du prince, cinq villages paroissiaux, & quelques couvens. La maison d'Autriche y prétend le droit de suzeraineté : elle l'exerce sur le comté de *Wœringen*, qui renferme trois paroisses. Les secondes renferment *Hargerloch*, petite ville sur l'Eyach, onze paroisses & un couvent de dominicaines, nommé *Kilchberg*.

ABBAYE DE ZWIFALTEN.

Elle est du diocèse de Constance, de l'ordre de St. Bénoit, entre les monts de l'Alb & le Danube. Elle fut fondée en 1089 : la maison d'Autriche prétend y avoir le droit de protection : les ducs de Würtemberg l'y ont exercé jusqu'en 1751 : alors seulement elle s'est affranchie & a eu entrée aux diettes de l'empire. Son mois romain est de 20 fl., sa taxe est de 40 rixd. Le couvent est dans une vallée, sur deux petites rivieres qui lui donnent son nom, *Zwifaltach*, *Duplices aquæ* : son patrimoine renferme seize villages, la seigneurie de *Reichenstein*, où l'on voit deux villages & un château, le château de *Mochenthal*.

DUCHÉS DE WÜRTEMBERG ET DE TECK.

Le Würtemberg a au nord l'évêché de Spire & le Palatinat : au levant le comté de Limbourg, & le comté d'Oettingen : au sud les domaines de l'Autriche, les états de Furstenberg & le Brisgau : au couchant l'évêché de Strasbourg & les terres de Bade. Les parties qui se touchent ont vingt-six lieues de long ; sa largeur est presque égale. C'est le pays le plus fertile de la Souabe. De Heilbronn à Stoutgard l'air est doux, le pays uni : de-là vers la forêt noire, l'air devient âpre & froid, quoique cette contrée soit plus méridionale ; mais elle est élevée & semée de bois. Ce pays est rempli de vallées qui doivent leurs noms aux rivieres qui les arrosent, & qui se distinguent par la variété de leurs productions : près des rives occidentales du Neckar, sont des champs couverts de choux ; ailleurs sont des forêts remplies de gibier, de vastes prairies & des terres fertiles en blés : l'épautre, le seigle & le froment y sont cultivés ; mais sur-tout le premier qui en fait la richesse : le long de l'Alb, les vallées sont couvertes d'arbres fruitiers, & le cidre y supplée au vin qu'il produit, mais qui ordinairement est trop cher : il y est sain & agréable : on le connaît sous le nom de vin de Neckar. On y cultive la soye ; on s'y sert de la tourbe, parce que les forêts de hêtres, de chênes, de sapins, s'y éclaircissent tous les jours. L'Alb nourrit de nombreux troupeaux de moutons. On y trouve des mines d'argent, de cuivre, de fer, du soufre, du cobolt & du charbon de terre. Il a des salines, & fournit de l'argille, de la terre de porcelaine, du beau marbre différemment coloriés, de l'albatre transparent, des agates, des cailloux crystallliques qui taillent le verre, de l'ambre noir, les pierres de meules, & des bains d'eaux minérales. Le *Neckar* (*Nicer*) l'arrose, & on l'a rendu navigable : l'*Enz*, la *Nagold*, la *Silz*, & la *Rent* s'y jettent.

La religion dominante est la luthérienne : les reformés y sont tolérés : les ducs sont catholiques ; mais ils ont garanti aux états par des déclarations solemnelles & repétées, qu'ils ne changeraient rien à la constitution religieuse de tout le duché : qu'on n'enseignerait dans les écoles que le luthéranisme ; qu'on n'érigerait au culte romain, ni églises, ni chapelles, ni autels, qu'on n'y tolererait aucune processions & pélerinages; qu'ils n'exerceraient, ni ne feraient exercer aucun acte du culte catholique, excepté dans la chapelle de la cour; qu'ils réduiraient les habitans catholiques de Louisbourg, à une dévotion privée; qu'ils ne conféreraient d'emplois qu'aux luthériens; que le conseil d'état, sans la participation du prince, connaîtrait de toutes les affaires qui ont trait à la religion.

Ce pays renferme des colonies de Vaudois; ils labourent, ou fabriquent des bas & des chapeaux: deux ou trois familles juives sont protégées de la cour; aucune autre n'est soufferte ailleurs.

La noblesse n'est plus un membre des états: quatorze prélats, & soixante-huit villes ou bailliages les composent. Ces prélats sont des titulaires d'anciens couvens, qui exercent le ministère, & dont les principaux sont quatre sur-intendans, qui veillent sur les doyens, lesquels ont chacun un certain nombre de paroisses sous leur inspection. Les diettes y sont rares, & sont composées de ces prélats, & d'un bourguemaître de chaque ville. Elles s'assemblent à Stoutgard. Tout le corps des états est ordinairement représenté par quatre prélats & douze bourguemaîtres, qu'on sous-divise en grand & petit comité qui s'assemblent deux ou trois fois par an, pendant quatre ou huit semaines.

On compte dans le duché soixante-huit villes, mille-deux-cent bourgs, villages & hameaux; cinq-cent-cinquante-cinq paroisses luthériennes, huit-cent-vingt-neuf annexes & cinquante diaconés; & près de cinq-cent mille ames. Les paroisses sont distribuées en trente-huit doyennés, ceux-ci en quatre sur-intendances générales affectées aux abbés de Bebenhausen, d'Adelberg, de Maulbronn & de Denkendorf.

La reformation y fit naître quatre espéces de biens ecclésiastiques. Les revenus de l'université de Tubingue étaient autrefois ceux d'un couvent d'Augustins; les monastères qui avaient des prélats furent conservés & convertis en écoles; les communautés des filles furent destinées à la fabrique des églises, &c. On compte dans le duché cinquante écoles latines, visitées chaque année par les magistrats & le clergé du lieu, joints à un professeur en philosophie de Tubingue, dans une partie du pays, & au recteur du gymnase de Stoutgard dans l'autre. Ces visiteurs choisissent les écoliers propres à la théologie, les font étudier trois ans & subir trois examens à Stoutgard; de-là on les transplante dans les couvens de Bebenhausen, d'Adelberg, de Maulbronn & de Denkendorf; selon leurs progrès, ils passent de l'un à l'autre; toujours logés, habillés, nourris, instruits, dans ces maisons; mais ils s'obligent, avec leurs parens, à payer 60 florins pour chaque année qu'ils y auront restés, s'ils désertent, ou commettent quelques fautes graves qui les excluent du ministère. Le séminaire de Tubingue renferme trois-cents étudians; & tant de secours & de soins y rendent les ecclésiastiques instruits & savans, plus communs qu'ailleurs.

On fabrique dans le pays de la belle potterie, de la porcelaine, des glaces, des papiers dorés & colorés, des toiles damassées & peintes, des draps, d'autres étoffes de laine & de soie, des bas & des chapeaux: tous ces objets réunis, avec les productions naturelles, donnent un commerce d'exportation considérable.

Il y eut des comtes de Würtemberg dès le 12me. siécle: quelques-uns disent que Clovis conféra ce pays à Emeric, à titre de baronnie; d'autres prétendent que ces comtes descendent d'Everhard, grand-maître de la maison de Charlemagne: ces princes accrurent leur puissance par des achats & des héritages. Henri IV, empereur, les fit comtes de l'empire. En 1473, cette famille conclut un pacte de famille qui y établit le droit de primogeniture, & déclara ses possessions indivisibles. En 1495, Maximilien I donna le titre de duc au comte Everhard & à ses successeurs. Un de ceux-ci eut la principauté de Monbelliard, & son petit-fils réunit cette principauté au Würtemberg. Ulric, en 1519, s'empara de la ville impériale de Reuttingen, par violence, fut mis au ban de l'empire, perdit son duché & ne le recouvra qu'à titre d'arriere-fief de l'empire. En 1599, la féodalité fut annullée; mais à condition que l'Autriche succéderait aux ducs, à défaut d'enfans mâles; & depuis ce tems la maison d'Autriche prend le nom de duc de Würtemberg.

Le premier duc de Teck qu'on connaisse, était fils d'un duc de Zœhringen & vivait au 12me. siécle: les ducs de Würtemberg achetérent ce petit pays en 1381; il ne renfermait qu'un château qu'on ne retrouve plus, & la ville de Kirchheim.

Les ducs de Würtemberg sont grands-veneurs de l'empire, & c'est ce qui leur fit instituer le grand ordre de chasse dont la marque distinctive est une croix octogone d'or émaillée en couleur de rubis, dont les pointes portent chacune un aigle d'or, l'angle rentrant un cor-de-chasse, le milieu un écusson de sinople chargé d'un W d'or, surmonté d'un chapeau ducal: la croix se porte en écharpe à un large ruban ponceau. Le crachat représente dans son milieu, la marque de l'ordre, avec cette devise: *Amicitiæ virtutisque fœdus.*

Les ducs ont des maréchaux, des échanfons, des hambellans, des grands-maîtres heréditaires, & le gouvernement eft formé par une chancellerie d'état, un miniftère intime, un fecrétariat privé, un confeil de régence, un confeil de guerre, une chambre des finances, une chambre eccléfiaftique, & divers bureaux. Les revenus peuvent monter à trois millions de florins d'empire : fon état militaire était compofé en 1759, d'environ cinq régimens de cavalerie, de huit régimens d'infanterie, & d'un corps d'artillerie, qui lui coûtent 1,621,868 fl. Son mois romain était de 1828 fl., & l'eft peut-être encore, fa taxe eft de 953 rixd. 53 kr.

Depuis Stoutgard s'étend une chaine de montagnes, nommées *Boyferfteig, Weinteig* & *Hafenfteig*, qui divife le pays en deux parties, l'une au-delà, l'autre au-deffous de la montagne. Nous fuivrons la divifion de Bufching qui fuit ici l'ordre chronologique des tems de la réunion de ces provinces au duché : nous le fuivons, dis-je, parce qu'il nous eft difficile d'en fuivre un meilleur.

Villes & Bailliages.

Stoutgardt, réfidence des ducs, depuis 1321, eft fur le Nefenbach, qui fe joint au Neckar une lieue au-deffous : fon enceinte eft refferrée, fes rues étroites, fes maifons font la plupart de bois; mais elle a deux vaftes faux-bourgs, dont l'un porte le nom de *riche*, l'autre celui d'*Efslingen*; leurs rues font larges & droites, leurs maifons font belles. Le château moderne eft magnifique; d'un côté de l'ancien eft l'hôtel de la chancellerie, édifice maffif; de l'autre, un parc & une maifon de plaifance admirée des connaiffeurs. Sa façade eft à deux étages, qui renferment chacun un fallon, dont le fupérieur fert à l'opéra, & a deux cent pieds de long, soixante & onze de large, cinquante-un de haut. Son plafond est un superbe dôme sans colonne. Les curiosités rares sont dans le pavillon des princes. On remarque encore dans cette ville l'hôtel des états, quelques églises luthériennes, dont l'une a le nom de collégiale, & le gymnase divisé en sept classes. Stoutgard a une académie de peinture, sculpture & architecture, depuis 1701, & une manufacture où l'on fabrique des étoffes de soie, des bas & des rubans. L'origine de cette ville est incertaine; elle est dans un fond & ne peut être forte; mais elle a des murs & des fossés; les collines qui l'environnent sont chargées de vignobles, le prospect en est agréable. Son domaine renferme deux hameaux; son bailliage est riche en vins, a un bain médicinal, nommé *Hirschbad*, & il comprend vingt paroisses, parmi lesquelles on remarque la petite ville de *Waltenbuch*, où est un château que les ducs habitent dans le tems de la chasse; & *Degerloch*, village où commence la plaine fertile en choux dont nous avons parlé.

Canstadt, *Cantaropolis*, petite ville, bien peuplée & jolie, dans une situation heureuse, assise sur la rive orientale du Neckar, ayant un faux-bourg de l'autre, & dans son enceinte trois sources d'eaux salutaires à diverses maladies. Elle a une imprimerie de toiles peintes. Auprès d'elle est la campagne où les anciens comtes tenaient leurs assises, trois châteaux & le village de *Berg*, où est une manufacture en soie & une fontaine médicinale. A mille pas à l'orient, on voit une colline où l'on a découvert en 1700 des ossemens de différens animaux & des restes d'un édifice romain. Son bailliage renferme treize paroisses: dans son enceinte, sur une montagne, est l'antique château de *Würtemberg*, qui

qui donna son nom au pays. Les paroisses de *Fell-bach*, d'*Ulbach* & d'*Unter-Türckheim*, produisent d'excellens vins.

Waiblingen, petite ville arrosée par la Rems, dont le nom est, dit-on, l'origine de celui de Gibelin. Elle est à six lieues de Stoutgard, a un château, & c'est dans son sein que naquit Conrad III. Son bailliage renferme huit paroisses; il est fécond en grains & en vins. On y remarque *New-waiblingen*, bourg ceint de murs.

Schorndorf, ville forte, mais petite, sur la Rems, dans une vallée, devenue ville en 1230. Son ancien château a un arsenal: son bailliage s'étend sur dix-huit paroisses. Parmi elles est le bourg de *Beutelspach*, autrefois ville; près de lui est le château de *Cappelberg*, résidence des comtes, & où était un chapitre dont l'église renferme les cendres de ces princes. Les environs de celle de *Gross-Heppach* produisent du bon vin.

Leonberg, petite ville, sur le Glems: elle est assez bien bâtie, & a servi de douaire aux duchesses. Elle a un château. Son bailliage renferme seize paroisses, il est dans l'ancien *Glemgau*, & dépend des comtes d'Asperg.

Gœppingen, ville sur la Fils, ou Vils, dans une plaine riante: elle a eu un chapitre, & a encore un château ducal. Ses fabriques de toutes sortes d'étoffes de laine la font prospérer. Auprès d'elle est l'excellente fontaine minérale, appellée *Schwalbrunn*. Son bailliage s'étend sur dix-huit paroisses. Celle de *Hohenstauffen* a donné son nom à une famille illustre: celle de *Boll* a une source minérale. *Heinengen* ne fut jamais qu'un village paroissial; mais il a reçu le droit de cité de Fréderic III. Près d'Hohenstat, l'Alb est, dit-on, dans sa plus grande hauteur.

Urach, petite ville, au pied de l'Alb. Elle a un château & a eu un chapitre & une chartreuse: elle était capitale du comté de son nom, acheté en 1265. On y fabrique des toiles de lin & damassées: une société de commerce les exporte. Elle est dans une vallée, arrosée par l'Erms, & où de belles blanchisseries, des forges, des papéteries, sont répandues. L'Erms la sépare de la forteresse de *Hohem-Urach*, élevée sur un mont. Son bailliage renferme trente-une paroisses, & dans son enceinte on trouve de la belle terre blanche, de beaux haras où étaient autrefois des couvens, & le long d'une montagne haute & escarpée, le canal de *Holzrutche*, formé d'un fer épais, dont la cavité a deux ou trois pieds de profond, & neuf-cent de long, commençant au sommet de la montagne, & descendant jusqu'auprès d'Urach & de l'Erms: le bois coupé sur l'Alb, se conduit par ce canal jusqu'à la riviere qui le conduit près de Stoutgard. La paroisse de *Dettingen* fait un grand commerce de bois: celle de *Laichingen* a reçu de Charles IV le droit de devenir ville.

Münsingen, petite ville, près de l'Alb. Elle a un château: son bailliage renferme dix paroisses: il y a un haras à *Marpach*, & dans celle de *Magolsheim*, on remarque deux curés pour les deux religions.

Nürtingen, jadis *Nüwertingen*, est une petite ville sur le Neckar. Elle est ancienne, a un château & un hôpital, le plus riche de Würtemberg. On y fabrique de bons instrumens de musique. Son bailliage comprend dix paroisses, dans lesquelles on remarque *Grœtzingen*, petite ville, autrefois seigneurie, & *Ober-Ensingen*, d'où l'on tire de belles meules.

Backnang, ville sur la Murr, dans une vallée agréable: elle a une riche collégiale. Son bailliage ren-

Cercle de Souabe.

ferme deux paroisses & deux châteaux. La paroisse de *Spiegelberg* a son bailif particulier: on y voit une fabrique de belles glaces, & de toutes sortes de verreries.

Marpach, ou *Marbach*, petite ville, sur le Neckar & la Murr, qui s'y réunissent. Elle est au sein d'une vallée riante, & les vignobles, les prairies, les champs, y sont également fertiles. Son bailliage s'étend sur quatorze paroisses. Dans celle de *Binningen* on découvrit les restes d'une forteresse romaine, bâtie sur les ruines de l'ancienne ville de *Veneria* ou *Sicca-Veneria*: dans celle de *Riethenau* est un bain médicinal. *Steinheim sur la Murr*, est un bourg qui renferme un couvent de filles, nommé *Marienthal*.

Beilstein, petite ville, autrefois comté, qui appartint successivement à diverses familles. Elle a des bains chauds: son bailliage renferme trois paroisses, le bourg d'*Oberstenfeld*, où est un couvent immédiat de demoiselles luthériennes, gouvernées par une abbesse, & la seigneurie de *Stettenfels*, qui appartenait en 1735 aux comtes Fugger, qui voulurent y bâtir un couvent de capucins. Le duc, comme suzerain, s'y opposa, & de-là nâquit un procès terminé en 1747, par l'achat que le duc fit de cette seigneurie, où l'on voit le bourg de *Gruppenbach*, le château de *Stettenfels*, & quelques hameaux.

Neuffen, petite ville, autrefois seigneurie: auprès d'elle, sur une montagne élevée, est la forteresse de *Hohen-Neuffen*. Son bailliage comprend huit paroisses.

Calw, petite ville sur le Nagold: elle a une manufacture d'étamines & de serges: on y fabrique de la porcelaine. Elle a été un comté, & le château était fur une montagne voifine. Son bailliage a huit paroiffes.

Zavelftein, eft une petite ville fur une montagne, au pied de laquelle eft un vallon étroit, où l'on remarque le hameau & le ruiffeau de *Deynach*: il eft connu par des eaux minérales, agréables au goût & falutaires à la fanté. *Wildbad* eft encore une petite ville, au milieu d'un bois, dans une vallée profonde qu'arrofe l'Enz. Elle a d'excellens bains thermaux: un incendie l'a fait rebâtir plus belle, plus réguliere & plus commode.

Neuenbourg, petite ville, dans un vallon où ferpente l'Enz : fon château eft fur une montagne peu éloignée, & le grand foreftier l'habite. Autour d'elle font d'anciennes mines, où l'on trouve d'excellentes pierres ferrugineufes de différentes efpéces. Son bailliage renferme neuf paroiffes, dont l'une, *Palmbach*, eft habitée par des Vaudois.

Rofenfels, petite ville, fur les limites du comté de *Hohenberg*, acquife en 1317, par le comte Everard. Son bailliage renferme huit paroiffes.

Brackenheim, ville, autrefois capitale du Zabergaü, eft fur le ruiffeau de Zaber, & fut acquife en 1321. Son bailliage a neuf paroiffes. Celle de *Nordhaufen* eft peuplée de Vaudois : celle de *Cléébrun* eft partagée par un ruiffeau en deux communautés, dont une appartient à l'électeur de Mayence : elles ont leurs officiers, leur maifon de ville, & leurs cimétieres particuliers ; mais leur églife & leurs biens patrimoniaux font communs. Dans l'enceinte de ce bailliage eft, *Kirchheim fur le Neckar*, bourg qui a été libre & impérial ; la petite ville de *Klein-Gartach*, & le village de *Gros-Gartach*, qui fut autrefois impérial.

Dornstetten, ville sur le ruisseau de Glatt, dans la forêt noire : elle faisait partie du *Nagoldgau*. Elle est petite & a peu de commerce : son bailliage comprend cinq paroisses, & une montagne qui renferme, dit-on, des minéraux. Il se tient dans son enceinte & deux fois par an, une justice forestale, dont ressortissent huit villages.

Winnenden, petite ville, où était une commanderie de l'ordre teutonique, dont l'hôtel fut converti en château. Son bailliage n'a que trois paroisses.

Güglingen, petite ville, sur la Zaber ou Zeinzaber. Son bailliage a six paroisses : près de l'ancien couvent de *Kirchbach* est un château & une ménagerie.

Marggræningen ou *Græningen*, ville sur la Glems : elle a été ville impériale. L'empereur en fit la récompense de la valeur de Conrad de Schlüsselbourg, qui avait porté la grande banniere à la bataille de Mühldorf. Il la vendit au comte Ulric, pour six-mille livres d'Allemagne, & l'empereur l'en investit comme d'un attribut de l'office de *porte banniere de l'empire*. Son bailliage a six paroisses : dans le village d'*Osweil*, le duc a le droit de saisir les vagabonds & gens sans aveu, & de se les asservir; c'est ce qu'on appelle *droit de Wildfangiat*.

Vayhingen, ville sur l'Enz. Elle a eu ses comtes particuliers : son château, bâti sur une montagne voisine, fortifié à la moderne, est important pendant la guerre. Son bailliage a dix paroisses. On y remarque *Ober-Riexengen*, petite ville, & *Enzweyhingen*, village où l'on trouve de l'albatre transparent.

Tubingue, ville sur le Neckar, dans un terrain inégal, entre deux montagnes qui la séparent de deux vallées ; au midi, elle en a une troisieme qu'arrose le Steinlach qui lui donne son nom: c'est près de ce ruisseau & de *Belsen*, qu'est le bain médicinal de *St. Blaise*. Tubingue est assez grande & bien peuplée; elle est le siege d'une justice aulique, & d'une université fondée en 1477, renouvellée en 1770; elle a une riche bibliothèque. C'est à Tubingue qu'est le séminaire de théologie, & une académie ou collège illustre qui ne peut être habité que par des princes & des comtes; il est aujourd'hui fermé. Des murs, un fossé sec, le château fortifié de Hohen-Tübingen la défendent: son origine est incertaine: les comtes Palatins de Souabe y avaient leur palais. Elle a diverses fabriques. Son bailliage renferme vingt-une paroisses.

Herrenberg, petite ville, dont une partie est sur la pente d'une montagne & l'autre dans la plaine. Elle a un château, une école latine & eut autrefois un monastère ou chapitre. Son bailliage a dix paroisses.

Bœblingen, petite ville, près de la forêt de Schanbuch, abondante en gibier: près d'elle est un petit lac où la Wirm prend sa source. Elle est sur une élévation environnée d'un terrain fertile. Son bailliage est riche par ses productions naturelles, & s'étend sur quatorze paroisses. La petite ville de *Sindelfingen* y est renfermée: c'était un village qui devint ville en 1263: l'empereur Rodolphe lui donna les mêmes privilèges qu'à Tubingue, sans lui donner le même sort.

Heubach, ville chétive, près de la source de la Rems: Son bailliage n'a que deux paroisses.

Lauffen sur le Neckar, ville ancienne, assez belle, dans une contrée riante & fertile. Elle a été ville impériale: son pont, le plus long du duché, conduit à un village qui fait une partie de la ville &

porte son nom : c'est-là qu'est la principale église &
qu'habitent les ecclésiastiques. Près d'elle est un
grand étang. Son bailliage n'a que deux paroisses.

Botwar ou *Groſs-Botwar*, reçoit son nom de la
riviere qui l'arrose : elle est ancienne, petite, dans
une contrée fertile en bons vins. Son bailliage a
trois paroisses.

Tuttlingen ou *Duttlingen*, ville près du Danube :
elle était encore un village en 1334. Près d'elle sont
deux châteaux & la vallée de *Ludwigs* où l'on fond
& forge le fer. Son bailliage a sept paroisses : c'est
dans celle de *Schwenningen*, au milieu d'une plaine
que le Neckar prend sa source, qui, à un quart de
lieue plus loin, fait tourner un moulin.

Dornhan ou *Dornheim*, petite ville sur la forêt
noire. Un duc de Teck lui donna le rang de cité
en 1271. Son bailliage renferme deux paroisses dont
l'une est catholique, & la terre domaniale de *Sterneck*, seigneurie, qui renferme un château & cinq
villages.

Nagold, est dans la forêt noire : la riviere de
ce nom l'arrose : cette ville est petite, elle a un
château ruiné, une fontaine médicinale & un bailliage qui renferme cinq paroisses, parmi lesquelles
on comprend deux petites villes : *Haiterbach* &
Ebingen.

Hornberg, petite ville dans la forêt noire, sur la
Gutach. Elle a quelques fortifications : son bailliage renferme la petite ville de *Schitach* & plusieurs
hameaux. La montagne de *Hohenberg* renferme une
mine de fer excellent. A *Tennebronn* est une mine
de cuivre & d'argent. Dans la vallée d'*Offenbach* est
une terre blanche dont on fait de la porcelaine à
Calw.

O 4

Kirchheim sous Teck, est une assez belle ville, près du Laut, entourée de murs en 1270. Le château de *Teck* est au-dessus; mais il est ruiné: il dominait sur une montagne qui domine sur celle dont la ville est environnée, & sous laquelle on trouve de l'ambre noir, qui a les propriétés du jaune, sans en avoir le parfum. Son bailliage renferme seize paroisses: on y compte deux petites villes: *Owen* & *Weilheim*.

Murhard, petite ville sur la Murr, connue par un ancien monastère de St. Bénoit, fondé en 816, & dont les abbés sont luthériens depuis 1572. La ville est moins ancienne : son bailliage a deux paroisses.

Bahlingen, petite ville sur l'Eyach, dans une contrée fertile. Elle a près d'elle une fontaine médicinale, & une montagne fameuse pour la populace crédule. Son bailliage renferme quatorze paroisses.

Bietigheim, ville au confluent du Metterbach & de l'Ens. Elle n'est ville que depuis 1364. Son bailliage n'a que trois paroisses.

Wildberg, ville sur le Nagold. Tous les ans, le jour de la St. Barthelemi, les bergers s'assemblaient à Marggrœningen : ils allaient au sermon en procession & au son d'instrumens de musique. De-là, ils courraient vers un but pour remporter un prix; ce prix est un beau mouton, orné de rubans, & une cuillere d'argent. Ensuite tout le monde danse: pour la commodité des bergers, on célèbre aujourd'hui cette fête à *Wildberg* & à *Aurach*. Près de la ville était le riche couvent de filles de *Reuthin*. Son bailliage comprend cinq paroisses, & l'on y trouve la petite ville de *Bulach*, ou *Neu-Bulach*, où l'on exploitait autrefois une mine de cuivre & d'argent.

Blaubeuren, *Aræ-Flaviæ*, ville sur le Blau, qui prend sa source dans une montagne voisine. D'un couvent on y a fait une école où vingt-cinq étudians sont nourris, élevés, instruits gratis par deux professeurs, sous l'inspection de l'abbé. Cette ville est dans les monts de l'Alb: son bailliage a cinq paroisses.

Sulz, ville sur le Neckar, où l'on exploite deux salines qui suffisent presque à la consommation du duché: elle est voisine du château d'*Albeck*, qui termine les montagnes de l'Alb. Son bailliage consiste en quatre paroisses: celle de *Fluorn* a une bonne mine de fer.

Pfullingen, ville sans murs, dans une vallée fertile, & surtout en fruits. Elle est à l'extrèmité de l'Alb. Son bailliage a six paroisses. Celle d'*Engsteingen* est catholique & a une fontaine médicinale. Près de la ville est la grotte de *Nebelloch*, où l'on voit diverses figures formées par des stalactites.

Weinsberg, ville sur la Sulmgau, située en partie sur la pente d'une montagne ronde, surmontée d'un château délabré, & en partie dans une vallée agréable, où l'on voit d'excellens vignobles. Cette ville est célèbre par l'exemple d'affection que les femmes y donnerent à leurs époux en 1140. L'empereur Conrad qui l'assiégeait permit aux femmes de sortir & d'emporter ce qu'elles auraient de plus précieux: elles sortirent avec leurs maris sur leurs épaules: ce fait est antique. Le bailliage de *Weinsberg* a huit paroisses: près d'elle était le couvent de filles de *Lichtenstein*, dont le bailliage renferme deux paroisses.

Neustadt, petite ville assez agréable, au confluent du Kocher & de la Brettach. On y voit un château ducal, & l'on y voyait un énorme tilleul, soutenu par cent appuis, & peut-être on l'y voit encore. Son bailliage a quatre paroisses, & comprend une partie du Kochergau & du Brettachgau.

Meckmühl, ville sur la Jaxt. Elle avait une collégiale : son bailliage comprend trois paroisses & une partie de la ville de *Widdern*. Meckmühl existait en 800.

Maulbronn, couvent qui fait partie du domaine soumis à la chambre des finances, près de la source du ruisseau de Salzbach. Il fut fondé en 1137; il est changé en école où vingt élèves sont instruits par deux professeurs. Son bailliage renferme vingt-quatre paroisses luthériennes & quatre de Vaudois réformés. Celle de *Rossvaag* est fertile en vins estimés. Celle d'*Unter-Oewisheim* a une côte qui produit un vin rouge délicieux. La ferme d'*Elfingen* a d'excellens vignobles. Ce bailliage comprend encore la petite ville ou grand bourg de *Knitlingen*, où naquit *Faust*.

Heydeheim, seigneurie qui fut un état de l'empire. Elle est voisine de la forêt d'*Aalbuch*, dans une vallée où coule la Brenz qui lui donne son nom. Les comtes de Würtemberg l'acquirent en 1440. Elle renferme la ville de *Heydenheim*, petite, assez agréable, sur la Brenz : on y fabrique de beaux ouvrages de poterie. Près d'elle est le château d'*Hellenstein*. Le bailliage d'*Heydenheim* renferme treize paroisses; il a de bonnes mines de fer & des forges. Cette seigneurie renferme encore le couvent de *Herbrechtingen*, où l'empereur Fréderic I plaça des moines de St. Augustin, & dont les prieurs sont aujourd'hui luthériens, & la forteresse d'*Hohentwie*.

Duellium, forteresse sur une haute montagne : le roc qui lui sert de base est escarpé de toutes parts, & soutient une platte forme où est un vignoble de quarante journaux. On dit que ceux qui veulent la visiter sont obligés de porter une grosse pierre jusqu'au sommet.

Steufslingen, ancienne baronnie, aujourd'hui bailliage, qui renferme trois paroisses, dont deux sont catholiques.

Béfigheim, est une ville au confluent de l'Enz & du Neckar. Elle appartint aux marggraves de Bade, qui l'ont vendue en 1594. Ses environs produisent de bons vins, & son bailliage a deux paroisses, qui doivent leurs noms à deux bourgs: ce sont ceux de *Walheim* & de *Heffigheim*.

Mundelsheim est un bourg: ses campagnes produisent d'excellens vins, & forment un bailliage.

Freudenstadt, est une ville sur un rocher, fortifiée à la moderne, défendue par une citadelle, près du mont *Kniebifs* (8) dans la forêt noire. Elle fut bâtie en 1599, pour être l'asyle des protestans qu'on persécutait en Allemagne. Elle est jolie & mal peuplée: son église est bâtie en équerre, les femmes & les hommes séparés, y voient le prédicateur, & ne peuvent s'y voir: c'est une raison peut-être pour la moins fréquenter. Son bailliage renferme une terre noble & une seigneurie. Près de la ville est la vallée de St. Christophe où est une mine de cuivre & d'argent. Aux environs se trouve une espèce de marbre dur & rougeâtre, avec des veines blanches, jaunes & brunes.

Altensteig, est une ville dans la forêt noire: elle

---

(8) On donne aussi ce nom à la gorge que ce mont termine d'un côté, & qui est un passage important de la forêt noire.

est petite ; la Nagold l'arrose. Elle appartient à la maison de Bade. Ce bailliage a neuf paroisses.

Liebenzell ou *Zell*, petite ville, dans une gorge, sur la Nagold. Près de la riviere sont deux bains d'eaux thermales, qu'on recommande, dit-on, aux femmes stériles. Le bailliage de *Zell* a deux paroisses.

Sachsenheim ou *Gros-Sachsenheim*, petite ville qui donna son nom à des nobles qui la possédaient : elle passa en 1581 au duc de Würtemberg. Son bailliage a trois paroisses.

Hœpfighen, village, paroisse & bailliage. On y recueille d'excellens vins. Les ducs l'ont acquis pour 53000 florins.

Louisbourg. Ce n'était au commencement de ce siecle que deux fermes. En 1705, il y eût une maison de chasse ; puis on y bâtit un vaste & superbe château, où sont deux chapelles pour les deux religions. La galerie des tableaux en est estimée. Environ six-cents maisons se sont élevées autour de ce chateau & y ont formé une ville réguliere, qui ne peut être fortifiée. Sa situation n'est pas avantageuse : elle se dépeuple depuis que les ducs ne l'habitent pas. Il y a une maison de force où l'on fabrique de bons draps. Elle a des manufactures de toiles damassées & de papiers à couleurs. Entre elle & Stoutgard, qui en est éloignée de trois lieues, est *la Solitude*, château magnifique, sur un mont. Le duc y réside l'été : il y a établi une école militaire. Le bailliage de Louisbourg renferme dix paroisses. On y voit les bourgs d'*Aldingen*, de *Geussingen*, & de *Heutingsheim*, le village de *Hoheneh*, qui députe aux diettes & que son excellent vin enrichit ; & la forteresse de *Hohen-Asperg*, sur une montagne isolée de l'ancien *Glemgau* : ses environs font de vastes champs fertiles: au-dessous de cette petite ville est un bourg qui porte son nom.

ÉCONOMATS DU DUC.

Ce sont des biens soumis à la chambre économique, dont les revenus sont ce qu'on appelle, *la cassette du duc:* il n'est pas obligé d'y puiser pour les besoins publics. Nous ne parlerons que des principaux lieux qui les forment.

Heimsheim, petite ville très ancienne, achetée dans le 15me siécle, de différentes familles nobles. Une paroisse de *Gomaringen*, bourg Vaudois, en dépend. *Stetten*, est un village: les vignobles de ce dernier donnent un vin exquis, appellé *eau panée*, par sa couleur.

Gochsheim, est une petite ville sur le ruisseau de Craich: elle a un château, & appartint autrefois aux comtes d'Eberstein: son bailliage renferme le bourg de *Waldangeloch*.

Wendlingen, est une petite ville sur le ruisseau de Lauter, qui s'y joint au Neckar: elle couta 29000 fl. au duc Ulric, en 1545.

Kœngen, est un grand village sur le Neckar, qu'on y passe sur un pont de pierre.

Neidlingen, est un bourg & château, qui appartint à la maison de Freyberg.

Brenz, est un bourg sur la Brenz, ancienne colonie romaine.

Weiltingen, est un bourg & château, sur la Wernitz: il appartint aux comtes d'Ottingen.

Ochsenberg, est une petite ville & un château, près du Zaber.

Justingen, est une seigneurie, & dépend aussi des économats: nous en ferons un article à part.

Couvents.

Blaubeuren, est un couvent dont le bailliage a six paroisses. Près de celle de *Seissheim*, est une caverne spacieuse : sa voûte humide est tapissée de stalactites.

Anhausen, est sur la Brenz, & fut fondé en 1125. Son bailliage a trois paroisses.

Kœnigsbronn, fut fondé en 1302, & était de l'ordre de citeaux : près de lui sont des forges de fer. Son bailliage contient cinq paroisses.

Adelberg, est au milieu des bois, & fut fondé en 1178 : il renfermait deux communautés, l'une d'hommes, l'autre de femmes. Son abbé est luthérien, depuis 1565 : son bailliage s'étend sur six paroisses.

Denkendorf, est sur une colline, près du Kersch, sur l'autre bord duquel est un bourg qui porte son nom. Le couvent fut fondé en 1124, & vingt élèves y sont instruits par deux professeurs.

Bebenhausen, est dans la forêt de Schœnbuch : il fut fondé en 1183. Il a un college de vingt élèves, régentés par deux professeurs, & pris dans l'école de *Blaubeuren*. Son bailliage a neuf paroisses.

Hirsau, est sur la Nagold, & fut fondé en 830 : c'est le plus ancien couvent du duché. Son bailliage a trois paroisses.

St. George ou *Jœrgen*, est dans la forêt noire, sur la Brige, une des sources du Danube, qui naît à une lieue de-là, vers le couchant. Son bailliage n'a qu'une paroisse.

Lorch ou *Liebenfrauenberg*, couvent & village, sur une montagne, & arrosé par la Rems. Un duc de Souabe l'a fondé ; ses cendres, celles de sa femme, & de plusieurs de ses successeurs, y reposent. Son bailliage renferme trois paroisses.

Alpirspach, dans la forêt noire sur la Kinzig : il fut fondé en 1095 : son bailliage s'étend sur onze paroisses : celles de *Gaisslingen* & de *Noroweil*, sont catholiques. Près du couvent est un moulin, où le cobalt est broyé & changé en un fondant d'azur. A *Kœnigstein* on trouve une mine d'argent.

Herrenalb est sur la riviere d'Alb, près des terres de Bâle : il fut fondé en 1148. Il possede trois bailliages, dans lesquels on remarque le bourg de *Merklingen*.

Lieux étrangers.

Ce sont ceux qui relèvent de la maison de Würtemberg : tel est le comté de *Lœwenstein*, conquis par le duc Ulric en 1504, & rendu à ses possesseurs comme un fief. Il a deux bailliages ; la Murr l'arrose, la petite ville de *Lœwenstein* en est le chef-lieu ; près d'elle sont des bains salutaires. Les couvens dont nous avons parlé ont des recettes dans diverses villes. Les ducs ont droit de patronage sur six cures dans les lieux qui les avoisinent.

Seigneurie de Justingen.

Des anciens seigneurs de Justingen, elle passa dans la maison de Freyberg, qui la vendit au duc de Würtemberg en 1751, pour la somme de 300,000 fl. Elle lui donne séance & voix aux diettes de l'empire, au banc des comtes. Son mois romain est de 20 fl., sa taxe est de 15 rixd. 11 kr. Ses habitans sont catholiques : elle renferme quatre villages.

Les ducs de Würtemberg possedent encore la seigneurie de *Welzheim*, dans le cercle de Franconie. Nous croyons devoir placer ici la principauté de Montbelliard : notre plan exige que nous rassemblions autant qu'il est possible les possessions d'un même prince, qu'il serait fatiguant de chercher parmi les terres immédiates de l'empire & dans deux provinces de France.

Principauté de Montbeliard.

Elle a douze lieues de long, & dix dans sa plus grande largeur : elle est enclavée entre l'Alsace, la Lorraine, la Franche-Comté & l'évêché de Basle. C'était un comté qui parvint en 1419 à la maison de Würtemberg, par le mariage d'Eberhard V, avec la fille du dernier comte de Montbelliard. En 1617, tous les états de cette maison furent divisés entre les cinq fils du duc Fréderic. L'un d'eux, (Louis Fréderic) eut la principauté de Montbelliard, & devint prince de l'empire en 1653. Sa postérité la posséda après lui ; tantôt protégée, tantôt vexée par la France, elle s'éteignit en 1723, & laissa son héritage au duc de Würtemberg régnant qui ne put la posséder qu'en 1748; la France l'ayant tenue jusqu'alors en sequestre.

Une partie de cette principauté est une terre immédiate de l'empire : elle donne à son possesseur séance & voix à la diette : elle est censée faire partie du cercle de Souabe, qui cependant refuse de la reconnaître pour un de ses membres, ainsi que celui du Haut-Rhin. L'autre partie est sous la souveraineté de la France. Par un accord fait à Vienne, en 1758, le prince Eugène a renoncé à cette principauté, & reçoit du duc de Würtemberg son frère, à qui il l'a cédée, 14000 florins par an.

I. Partie qui relève de l'empire.

Montbelliard ou *Montbeillard*, en allemand *Mümpelgard*, qu'on croit être l'ancienne *Amagetobria*, dont

dont parle César, est située au confluent de l'Alan & de la Rigole, qui réunies, portent le nom d'*Aldua*, & se jettent dans le Doux, à une lieue de-là. Son château est vaste & antique; il est placé sur un roc: une partie a été rebâtie; mais on y remarque deux tours qui l'ornent depuis plusieurs siécles: dans son enceinte est une église où prient les protestans allemands: sous elle sont de grands & beaux caveaux taillés dans le roc, où reposent les cendres des anciens princes de Montbelliard. La ville n'était qu'un espéce de bourg avant le 16me siécle: elle se peupla en devenant reformée. Elle a une belle église, dont on posa la premiere pierre en 1601. Elle est bâtie en pierre de taille: son plafonds a quatre-vingt pieds de long, & cinquante de large, & se soutient sans colonnes. Elle fut long-tems la seule de l'Europe où les luthériens fissent le service divin en français. Montbeliard a encore une autre église dans son faux-bourg, d'une structure moins singuliere, mais plus moderne: on enseigne les langues & les belles lettres dans son gymnase, qui n'a que trois classes. La régence siége dans les *halles*, bel édifice élevé dans la place du marché, qui renferme une douane, un magazin pour le blé, un autre pour le sel, & des voûtes où les marchandises peuvent se déposer à couvert. L'hôtel de ville est antique, & c'est par-là seulement qu'il est remarquable.

Cette ville eut une citadelle & des fortifications que la France fit démolir en 1677. Sa situation est avantageuse, son terrain fertile; l'air qu'on y respire est sain; ses habitans sont honnêtes & dans l'aisance. On y fait un grand trafic en toiles blanches & barrées, en cuirs, bas, & couteaux, dont on estime la trempe. Près du château est un parc couvert de bois, ceint d'un mur & qui a une lieue de tour: le jardin du prince le touche, & c'est la plus belle promenade de la ville. Dans les campagnes voisines, on cultive la vigne; les champs fertiles y récompensent les soins du laboureur: les ruisseaux & les rivieres y rendent le poisson commun. A quelque distance de la ville sont de riches mines de fer, qu'on travaille sur-tout à la forge d'*Audincourt*: à demi lieue est le village de *Sochaux* où l'on fabrique des indiennes.

Couthenans, est un village près duquel est une source d'eau salée, & des monts d'ardoise: il est à deux lieues de la capitale.

Ste. Susanne, est un village à demi lieue de Montbelliard, placé au pié d'un rocher, où l'on voit un antre qui s'enfonce sous terre dans l'espace de deux-cent pas. Au bout est une caverne élevée, spacieuse, semblable à un de ces petits temples souterrains, où les Druides célébraient leurs mystères: l'imagination croit y voir des figures singulieres; par exemple, celle d'une femme dont le sein fait découler une eau limpide qui vient former une fontaine à l'entrée, & de-là serpente en se rendant dans l'Aldua ou l'Allan. Près de ce rocher est le *Mont-Bard*. Son nom, & divers vestiges de bâtimens qu'on y voit dispersés, ont fait penser qu'il a été la demeure des poëtes philosophes, qu'on nommait *Bardes*. Au pié de la montagne est un côteau couvert de vignes, qui donnent d'excellent vin blanc, & un village qui a le nom de *Bard*.

Etobon, est un petit bourg au pié d'un mont isolé, sur le sommet duquel sont les masures d'un vieux château. De-là l'on jouit d'un coup d'œil très étendu.

Mandeure, fut autrefois une colonie des Romains, & le chef-lieu des *Mandubii* qui habitaient les rives du Doux qui l'arrose. Elle n'est plus aujourd'hui qu'un grand village & une communauté, qui jouit de grands privilèges, & reconnaît deux seigneurs, l'archevêque de Besançon & le duc. Ses environs montrent encore des restes de palais, de temples, de bains, & d'un beau pont sur le Doux. On y a déterré des urnes, des images de divinités payennes, des médailles & monnaies romaines, une colonne itineraire, dédiée à Trajan.. On croit que *Mandubia*, connue après sa chute, sous le nom d'*Epamanduodurum*, fut détruite par Attila.

Allenjoïe, est un grand village qu'arrose l'Allan: on y voit un château. Le nom latin de ce lieu (*Alanum Jovis*) fait croire qu'il y eut autrefois un temple dédié à Jupiter.

Sponeck, est un vieux château sur le bord du Rhin, dans le Brisgau. Il a le titre de comté & le droit de regale sur les marchandises qui descendent le Rhin.

Franquemont est une seigneurie: son vieux château est sur le Doux, & lui donna le nom qu'elle porte. Elle est située dans la montagne franche, sur les frontieres de la Franche-Comté, & alliée les Suisses. L'évêque de Basle y avait des droits, qu'il a cédés: c'est cependant encore à ce prince que les habitans prêtent foi & hommage.

II. *Partie qui relève de la France.*

Comté d'Horbourg.

Il est situé entre le Rhin & l'Ill, dans la haute Alsace: il prend son nom d'un château démoli, près de Colmar. Il eut ses seigneurs particuliers, jusqu'en 1324, qu'ils le vendirent à *Ulric*, comte de Würtemberg. Les habitans en sont luthériens, plusieurs fiefs en dépendent, & il renferme onze villages. *Horbourg*, son chef-lieu, est sur l'Ill, auprès des ruines d'*Argentuaria*, où l'on gardait les trésors de la province : on a trouvé dans ses environs diverses antiquités. *Argentuaria* fut détruite par les Vandales, & l'on dit que Colmar fut bâtie de ses débris.

Seigneurie de Riquewir.

Elle est bornée par l'Ill & les Vosges, & unie au comté que nous venons de décrire. Elle renferme la petite ville de *Riquewir* ou *Riqueville*, où l'on voit un château ruiné au pié des montagnes : ses environs sont couverts de vignobles, où croit le meilleur vin de l'Alsace : on y trouve du plâtre. Son église sert pour les deux cultes : un consistoire & une justice baillivale y siégent. A cette ville sont joints trois grands villages.

Seigneurie d'Ostheim.

Elle touche à celle de Riquewir & en fit autrefois partie. On y compte trois villages & deux châteaux : on croit que la plaine qui touche à celui d'*Ostheim* est celle qui fut célébre autrefois sous le nom de *champ du mensonge*, (*Lügenfeld*). Il y a des preuves que c'est près du village d'*Ochsfeld* & non dans celui-ci. Ces terres ne peuvent être aliénées par les ducs de Würtemberg sans le consentement de toute leur maison.

Les seigneuries d'*Héricourt*, de *Blamont*, de *Clermont*, de *Châtelot*, de *Grange* & de *Passavant*, sont dans la Franche-Comté, & font partie du ressort du bailliage de Baume. Le duc n'y jouit que des droits utiles.

Seigneurie d'Hericourt.

Elle comprend onze paroisses. On y remarque la petite ville d'*Hericourt*, sur la Rigole, chef-lieu d'un bailliage, & le village de *Chagey*, placé dans des bois, près d'un étang poiſſonneux. La ville a été fortifiée, & il lui reſte deux châteaux: elle a des halles, & une égliſe commune aux luthériens & aux catholiques. Le village a un fourneau & une forge où l'on travaille d'excellent fer.

Seigneurie de Blamont.

Elle renferme treize paroiſſes. *Blamont*, (Albus Mons), petite ville, eſt le ſiége d'un gouverneur & d'un bailliage. Elle a un château fort, des halles, une égliſe, qui ſervait aux deux cultes; mais qui ayant été conſumée par le feu & rebâtie, n'a plus ſervi qu'aux catholiques. Les proteſtans vont prier dans un village voiſin. Elle eſt aujourd'hui aſſez bien fortifiée. *Mesliere*, eſt un village, & il a une papéterie. *Bondeval* eſt environné de bois & de vignobles. Près du village d'*Audincourt* eſt une forge de fer & une uſine de fer blanc, qui appartiennent en toute ſouveraineté au duc.

Seigneurie de Clémont.

On y compte cinq paroiſſes. *Clémont* fut une ville & n'eſt plus qu'un hameau; mais non loin de-là eſt le bourg de Montcheroux, riche, aſſez bien bâti, ſitué ſur le penchant de la montagne de Lomont. Il a deux foires fréquentées, & on y fabrique d'excellens ouvrages en fer & en acier.

Seigneurie de Châtelot.

Elle a dix paroiſſes. *Châtelot* eſt un village ſur le Doux: une vieille tour voiſine lui donna ſon nom. Une partie du village de Lougre en dépend, & près de lui, en 1601, on découvrit une ſource d'eau médicinale, nommée la *Sainte fontaine*: les malades qui y accourent & qui en reviennent ſains ou ſoulagés, ſoutiennent ſa réputation, & lui donnerent le nom qu'elle porte.

Seigneuries de Granges, de Cleval & de Paſſavant.
Granges eſt un bourg & un vieux château, qui eut le titre de grande baronnie. *Saulnot*, eſt un village qui a dans ſes environs une ſource d'eau d'où l'on tire un ſel excellent en la faiſant évaporer au feu du charbon de terre qu'on trouvait près de-là. Il y a auſſi une carriere de gyps.

Cleval, bourg, ou petite ville ſur le Doux. On y voit un château antique.

Paſſavant eſt un petit bourg. C'eſt près de-là qu'eſt une caverne ou glaciere naturelle, où l'on deſcend par un antre de trois-cent pas de long. De cette caverne éclairée & haute de ſoixante pieds deſcendent des glaçons qui ſe forment, à ce qu'on aſſure, durant l'été & ſe fondent en hyver. On y trouve des pierres qui reſſemblent à des citrons confits.

COMTÉ DE BONDORF.

Il touche au Briſgau, & a cinq lieues de long ſur une à trois de large. Il a eu ſes comtes particuliers; il appartient aujourd'hui à l'abbaye de St. Blaiſe, & lui donne voix aux diettes de l'empire. Son mois romain eſt de 25 fl. 30 kr.; ſa taxe eſt de 12 rixd. 15 kr. Son territoire comprend dix à onze villages, & le bourg de *Bondorf*, où eſt un couvent d'hermites de l'ordre de St. Paul.

COMTÉ DE HOHEN-GEROLDSECK.

Il eſt ſitué dans l'Ortenau, & il eſt caché par la forêt noire: il touche au marggraviat de Bade. Il a environ trois lieues en tout ſens. La famille de ſes anciens poſſeſſeurs s'éteignit en 1634, & laiſſa des droits à la maison de Bade, qui n'a pu les faire prévaloir sur la volonté de l'empereur Léopold. Il en mit en possession le comte de la Leyen, qui en 1711, devint comte de l'empire & siégea aux diettes. Son mois romain est de 16 fl., sa taxe est de 8 rixd. 9 kr. Ce comté renferme plusieurs métairies, quelques villages & deux châteaux, dont l'un lui donna son nom.

Abbaye de Gengenbach.

Elle est de l'ordre de St. Bénoit, fut fondée en 740, & appartient au diocèse de Strasbourg. Les princes de Furstenberg en sont protecteurs: son abbé siége dans les diettes. Son mois romain est de 7 fl., sa taxe est de 40 rixd. 54 k. Elle a perdu une grande partie de ses biens: elle a cependant encore des receveurs à Offenbourg & à Zell.

Marquisat ou Marggraviat de Bade.

Il est situé sur la rive orientale du Rhin, entre le Palatinat, l'évêché de Spire, l'Ortenau & le Würtemberg. Il a trente-cinq lieues de long sur trois à dix de large. L'*Enz*, la *Wurms*, la *Nagold*, la *Pfinz*, l'*Alb*, le *Pferderbach*, le *Murg*, la *Saubach*, l'*Oelbach* & la *Sulzbach*, l'arrosent, avant de se jetter dans le Rhin. Ce pays à fait partie de l'Austrasie; il est beau, fertile en blés, en vins, en chanvre, en lin & en fruits; il abonde en bois, & ses prairies sont belles.

L'origine de la maison de Bade remonte à *Herman*, fils de Berthaud, duc de Zœhringen, mort en 1130. Ses descendans formerent deux branches, qui se réunirent en 1503, & se diviserent encore en deux nouvelles, qui embrasserent la reforme de Luther; mais le duc de Baviere ayant été tuteur d'un jeune margrave de Bade-Baden, profita de l'autorité qu'il exerçait dans le pays pour y rétablir la religion romaine qui s'y est maintenue jusqu'à nos jours. Cette branche aînée s'éteignit en 1771, & le marggrave de Bade-Dourlac a réuni ses états aux siens. Les terres que le margrave de Bade-Baden possédait en Bohème, & la préfecture de l'Ortenau, en sont exceptées.

Ce prince jouit de trois suffrages à la diete: il alterne pour le rang avec le landgrave de Hesse, & les ducs de Pomeranie & de Würtemberg: sa famille, ses officiers & ses sujets, ne sont soumis qu'au tribunal aulique de l'empire. Le margrave Charles y institua, en 1715, l'ordre de la fidélité. Une croix octogone d'or, émaillé de gueules, les coins chargés de deux C entrelassés, ayant au centre des rochers, au milieu d'un champ émaillé de fleurs, avec l'inscription, *Fidelitas*, en est la marque distinctive: au revers est l'écu de Bade; elle est portée au cou, à un cordon couleur d'orange liséré d'argent. Tous les princes de cette maison en sont chevaliers nés.

Le marggrave a un conseil d'état avec sa chancellerie, une régence ou conseil aulique avec la sienne, un conseil ecclésiastique, une chambre matrimoniale, une chambre des finances, &c. Ces colléges siégent à *Carlsrouhe*. Son mois romain est de 566 fl., sa taxe est de 349 rixd.

Le marggrave & une partie de ses états, sont luthériens; les catholiques y ont pleine liberté de conscience, & n'y ont rien à craindre d'un gouvernement sage & tolérant. Les reformés y sont protégés comme eux: les Juifs y sont tolérés; mais cette tolérance entiere ne s'étend que fur un certain nombre de familles. Les revenus y font d'un million de florins. Un prince fage, philofophe éclairé, & humain, y répand un efprit de vie: l'agriculture & le commerce y fleuriffent ; l'ordre eft dans les finances, & la fenfibilité de fon cœur en fait un peuple fortuné. Heureux ceux qui naiffent & peuvent mourir fous fes bienfaifantes loix !

BAS MARQUISAT DE BADE.

Grand bailliage de Calsrouhe.

C'eft un pays uni, fablonneux, fertile en blés, en chanvre, en lin, en navets, &c. Près de la rive du Rhin, font de belles prairies couvertes de bétail & fur-tout de chevaux : les ifles du Rhin y fourniffent beaucoup de poiffon. Au milieu eft la forêt d'*Harwald*, longue de quatre lieues.

Carlsrouhe eft fituée dans cette forêt: elle eft bâtie prefque toute en bois, a la forme d'un éventail déployé, dont le château forme le manche. La forêt eft percée de trente-deux allées dans la direction des trente-deux vents: la ville s'élève fur neuf de ces allées, & du château on en voit les rues principales. Ces rues fe joignent ou répondent aux allées des magnifiques jardins qui la féparent du château. C'eft-là que réfident les principaux tribunaux du pays; il y a un gymnafe, dirigé par huit inftituteurs. On y compte quatre églifes, dont deux font pour les catholiques & les reformés; les juifs y ont une fynagogue: on n'y compte pas encore quatre-cent maifons, & toutes font d'une hauteur égale. Elle fut fondée en 1715; le terrain y eft fablonneux d'un côté & marécageux de l'autre : l'orangerie, le jardin botanique, y font dignes de l'attention des curieux: il y a encore une ménagerie & une faisanderie: près d'elle est le petit *Carlsrouhe*, & les restes de l'ancien couvent de bénédictins, qu'on nommait *Gottsau*.

Le bailliage de *Carlsrouhe* est divisé en quatre autres, qui ne présentent de villes que celle de *Mühlbourg*: elle est petite & l'Alb l'arrose. *Graben* est un bourg: treize villages y sont répandus; quelques-uns sont occupés par des Français.

Grand bailliage de Dourlac.

Il est plus abondant en fruits & en vins que le précédent: ses productions sont d'ailleurs les mêmes.

Dourlac, est une petite ville sur la Pfinz, au pié du mont *Thurnberg*. Elle a un château où l'on bat monnaie: de beaux jardins sont auprès. Il y a une école latine, une manufacture de fayence, quelques-unes de toiles & d'étoffes, & dans ses environs sont de belles carrieres, & à une demi lieue un étang habité par des canards. On compte huit villages dans ce bailliage: le marggrave y a le château d'*Augustenberg*.

Grand bailliage de Pforzheim.

On y trouve beaucoup de blés, de bois, assez de de fourage, du lin & du vin excellent.

Pforzheim, est sur l'Enz, qui y reçoit la Nagold & la Würm: c'est la plus grande ville du marquisat. On y trouve une fonderie de fer, des forges considérables, une blanchisserie de toiles, de bonnes manufactures de bas, d'étoffes de laine, de draps & de pannes. On y fait un grand commerce en bois, en ouvrages d'acier & en horlogerie: elle a une maison de correction où l'on reçoit les orphelins, les malades & les foux. Les marggraves y ont leur sépulture. Son bailliage renferme les bourgs

Cercle de Souabe.

d'*Elmendingen* & de *Tiefenbrunn*; le premier recueille du vin recherché: on y compte encore dix-neuf à vingt villages.

Stein, est un bourg & château: son bailliage s'étend sur sept paroisses: on y voit le beau bourg de *Kœnigsbach*.

Langensteinbach, est un bourg, qui a un château, une fontaine thermale & des eaux minérales. Son bailliage comprend trois paroisses.

Roth, ou *Rhod sous Riepourg*, est un beau bourg, qui recueille des vins excquis: il est au-delà du Rhin.

Münzesheim, dans le Craichgau: c'en est la partie la plus fertile, & il produit d'excellens vins. Ce beau bourg appartint aux comtes d'Eberstein.

Haut marquisat de Bade.

Il touche au nord-est, à celui que nous venons de décrire. On y trouve les bourgs & bailliages suivans.

Rastadt, est située dans une grande plaine sur la Murg. Elle est neuve, réguliere, & a un château magnifique où résidaient les marggraves de Bade-Baden. Elle renferme différens tribunaux, un couvent de cordeliers, une école latine, une maison d'éducation qu'occupent les filles de la congrégation de Notre Dame. Le prince Louis de Bade en est le fondateur. Son bailliage renferme le château de la *Favorite*, & la petite ville de *Kuppenheim*.

Bade, ville située sur une éminence où coule l'Oelbach, environnée de vignobles. Il y a un couvent de capucins, des bains salutaires, & on y compte douze sources d'eau chaude, qui coulent dans les rues par des espéces de canaux; leur célébrité est ancienne. Son château donna son nom aux marggraves: il est sur une hauteur. Son bailliage renferme le couvent de *Lichtenthal*, occupé par des religieuses de citeaux: on y déposait les restes des princes.

Ettlingen, petite ville sur l'Alb: elle a un couvent: son bailliage renferme le grand village de *Daxlanden*, sur le Rhin.

Steinbahc, est une petite ville, & un petit bailliage.

Bühel, est un bourg & un bailliage, qui renferme deux villages: celui d'Affenthal recueille de bons vins.

Stollofen, petite ville près du Rhin, environnée de marais: de-là partaient des lignes qui s'étendaient jusqu'à la Forêt-noire. Son bailliage s'étend sur onze villages, & sur le bourg de *Schwarzach*, qui lui donne aussi son nom. *Schwarzach*, est une abbaye de bénédictins.

Beinheim, est une petite ville & bailliage, qui renferme deux villages, & qui est située sur la rive occidentale du Rhin dans l'Alsace.

Kehl, forteresse ruinée, & petite ville qui doit son nom au village de Kehl, vis-à-vis de Strasbourg.

Stauffenbourg, est une seigneurie & bailliage dans l'Ortenau.

Mahlberg, est une seigneurie qui parvint entiere aux marggraves en 1629. La religion y est mixte: elle est dans l'Ortenau. On y trouve la petite ville de ce nom, sur une montagne où siégeait jadis un tribunal de justice, nommé *Mallus*, qui a donné son nom à la ville: le bourg de *Kippenheim*, & douze villages, dont quelques-uns sont fort grands.

MARQUISAT DE HOCHBERG.

Il est en partie enclavé dans le Brisgau. Près du

Rhin & le long des rives de l'Enz : il abonde en grains & en chanvre : fur les montagnes on nourrit des beftiaux. Une partie a le nom de *Kaiferftul* (Trône impérial), parce qu'il y eut autrefois un tribunal des empereurs : il y a de bons vignobles. Ce pays fut l'appanage d'une branche de la maifon de Bade qui s'éteignit en 1603. *Hochberg*, fut une fortereffe, & n'eft plus qu'un bien domanial. *Emmendingen*, petite ville fur l'Enz: elle a un fauxbourg bien bâti, & les tribunaux du pays y fiégent. *Weifweil* eft un village remarquable, en ce qu'il eft le feul du pays dont les habitans ne foient pas ferfs. Entre *Kaiferftul* & le Rhin, font quatre paroiffes. Vers le même lieu & du côté de la montagne, on en compte quatre encore. Entre lui & les montagnes on en compte huit. Dans les montagnes font divers diftricts, où l'on ne voit pas de villages; mais un grand nombre de fermes ifolées. celui de *Freyamt*, eft compofé de cinq villages.

BAILLIAGE DE SULZBOURG.

Il eft foumis à celui de *Hochberg*, & en eft féparé par le Brifgau autrichien : il comprend la petite ville de Sulzbourg, près de laquelle eft une ancienne mine d'argent, & un excellent bain. Près d'elle font deux villages.

SEIGNEURIE DE RŒTHELN.

Elle appartint aux marggraves de Hochberg, après l'extinction de fes anciens poffeffeurs. Elle eft très fertile en blés; il y a de beaux pâturages, & les vins en font exquis. Son chef-lieu eft la petite ville de *Lœrrach*, qui eft bien bâtie, a une école latine

& une fabrique de toiles peintes. Elle devint ville en 1756. Vingt-six villages sont répandus dans cette seigneurie.

LANDGRAVIAT DE SAUSENBERG.

Ancien domaine des marggraves de Hochberg: le bois, le vin, le blé, les bestiaux, en font la richesse. C'est un pays montueux: on en tire un fer excellent & de belles agathes. On y voit la petite ville de *Schopfheim* sur la Wiese: elle a une blanchisserie de toiles & de cotonnades, une fabrique de fil de fer & quelques autres manufactures. Une trentaine de villages y sont dispersés, avec le bourg de *Kaudern* & l'abbaye de *Bürglen*, dépendante de l'abbaye de St. Blaise.

SEIGNEURIE DE BADENWEILER.

Des comtes de Frybourg, elle passa aux marggraves de Hochberg. C'est le plus beau pays des possessions de la maison de Bade. C'est-là que vient le plus beau blé, le plus beau fromage du pays. Elle a du bois, un vin recherché & de bons minéraux. *Badenweiler* est un bourg, où l'on voit des eaux thermales & des forges. Son château est ancien. *Mülheim*, est un bourg grand & bien bâti, dont les habitans sont les plus riches des environs. Là, siégent les officiers du marggraves: il y a une école latine. Elle renferme encore vingt-un ou vingt-deux villages.

COMTÉ D'EBERSTEIN.

Il est situé entre le marggraviat de Bade & le duché de Würtemberg. La *Murg* l'arrose & porte dans le Rhin beaucoup de bois. Le premier comte de ce nom que l'on connaisse, vivait en 1120. Sa famille s'éteignit en 1660, & le comté passa à la maison de Bade en vertu d'un traité fait en 1505. Il donne séance & voix au prince dans la diette de l'empire. Son mois romain est de 16 fl., sa taxe est de 10 rixd. 73 kr. La religion y est mixte. *Eberstein* est un bourg & un château. *Gerspach*, est une petite ville sur la Mürg. *Mückensturm*, est un bourg. *Frauenalb*, est une abbaye de bénédictins, sur l'Alb, & qui possède quelques villages.

Nous avons parlé de la seigneurie de *Græfenstein*, dans l'article du comté de Sponheim. La maison de Bade possède la premiere & une partie du second, ainsi que les seigneuries de *Rodemachern* & *Gesperingen*, dans le Luxembourg.

PRÉVOTÉ D'ELLWANGEN.

Elle touche au duché de Würtemberg, & aux frontieres du cercle de Franconie. C'était un couvent de bénédictins, fondé en 764, érigé ensuite en abbaye, puis en prévoté séculiere en 1461. Son chef a le rang de prince. Son chapitre a douze membres: elle a des dignités héréditaires, & est protégée par le duc de Würtemberg. Son mois romain est de 80 fl., sa taxe est de 175 rixd. 78 kr.

Le prince a une régence, un conseil ecclésiastique & une chambre des finances.

Ellwangen, est une petite ville sur le Jaxt, dans un terrain bas: près d'elle, sur une montagne, est le château d'Ellwangen. Vis-à-vis est une autre montagne où est l'église de *Schænberg*, célèbre par les pélerins qu'elle attire.

Jaxt-cell, *Neuler*, *Rœthlein*, *Wafferalfingen*, *Abtfg-münd*, *Heuchlingen*, sont des bourgs & des bailliages. La Kocher prend sa source dans celui de *Kocherfperg*.

L'électeur Palatin est membre du cercle de Souabe & paye les contributions sur le bailliage de *Hochstætt* qui y est renfermé. Les comtes de Neipperg y ont été aussi reçu, & ont assigné quelques bien-fonds, situés à *Bebenhausen*, qui étaient étrangers à l'empire, & ils y ont ajouté une somme de 8000 fl., pour suppléer encore à ces fonds.

VILLES IMPÉRIALES.

AUGSBOURG. *Vindelica*, ou *Augusta Rhœtorum*, ville libre, l'une des plus belles de l'Allemagne, située sur une hauteur, dans une contrée agréable, saine & fertile, entre les rivieres de Lech & de Wertach, qui se joignent dans ses environs. Sa circonférence extérieure est de neuf-mille pas. Elle est ceinte de murs, de remparts, de fossés profonds; a quatre grandes portes, six petites, & entre deux de celles-là est une entrée qui s'ouvre & se ferme d'elle-même, & par laquelle on laisse entrer dans la ville ceux qui le désirent: il suffit qu'ils se nomment; elle fut imaginée au 16me siécle. On la divise en trois quartiers; *St. Ulric*, *St. Etienne*, & *St. Jaques*. Les rues y sont droites, pavées d'un marbre jaunâtre; quelques-unes sur une surface montueuse, d'autres sont larges, plates, & ornées de maisons élégantes, peu sont en pierres de taille; presque toutes sont blanchies en dehors, ou chargées de peintures. L'église cathédrale fut commencée par St. Zymprecht, évêque: elle a quatorze chapelles; les catholiques y ont six églises; les luthériens

autant,

autant, & un gymnase muni d'une bibliothèque considérable. Les Juifs demeurent à une lieue de la ville & payent un florin par heure quand ils y entrent. Elle a une académie d'arts libéraux, & plusieurs hôpitaux pour les pauvres, les orphelins & les malades des deux religions. L'évêque y a un palais. L'hôtel de ville, bâti en six ans, est, dit-on, le plus beau de l'Allemagne; il est de belles pierres de taille, & le portail de marbre: on y admire la salle d'or, haute de cinquante-deux pieds, longue de cent-dix, large de quatre-vingt-cinq, pavée de marbre jaspé, & ornée de tableaux rares: nulle colonne ne la soutient, mais le plafond est encore ce qu'elle a de plus beau: la tour *Perlachthurm* est très haute, & l'arsenal est bien pourvu; on y voit une couleuvrine de cuivre de vingt-six pieds de long. Les comtes Fugger y ont de beaux hôtels, & un quartier qui porte leur nom, composé de cent-six maisons, pour y loger de pauvres bourgeois à un prix modique. Une petite branche du Lech arrose la ville; ses eaux sont claires & bonnes; trois tours placées sur ses bords ont au sommet des reservoirs; des moulins, au bas, font mouvoir des pompes qui y élèvent l'eau, qui de-là se distribue par toute la ville, fournissent à des puits publics & à cinq grandes fontaines: l'une de celles-ci est ornée d'un mercure de bronze auquel l'amour attache des brodequins ailés; une autre a un Hercule tenant l'hydre; une autre a un César sur un pié-destal, orné d'autres figures, & le bassin l'est aussi. Six mille bourgeois y sont gouvernés par des magistrats des deux religions. Le sénat est composé de trente-un patriciens, de quatre citoyens unis par des mariages avec les premiers, de cinq du corps des marchands, & cinq des communes: ils partagent entr'eux l'administration. La police y eſt belle, le luxe y eſt banni, le travail en honneur, & la juſtice toujours active. Chaque communion y a ſes membres à nombre égal, a ſoin de ſon égliſe & de ſes temples, & procéde à l'élection de ſes magiſtrats. Il eſt encore un grand conſeil de deux-cent-quarante perſonnes; mais il eſt ſans autorité, & n'exiſte que pour préſenter un ſimulacre de république. On y compte huit couvens. Cette ville fut ſoumiſe aux Vindeliciens, aux Romains, aux Goths, puis aux Francs, & enſuite aux évêques. Avec du tems, de l'argent, de la conſtance, & le ſecours des empereurs, elle redevint libre, & obtint le droit de ſe choiſir un protecteur. Le commerce n'y eſt plus ce qu'il était avant celui de la Hollande; mais l'induſtrie l'y ſoutient. La gravure y eſt encore dans ſon éclat; ſes ouvrages d'orfèvrie & de poterie d'étain ſont recherchés. La banque s'y fait avec ſuccès: il y a une fabrique d'indiennes ou perſiennes, qui ſurpaſſe ou égale tout ce qui ſe fait de mieux en Europe en ce genre. Une garniſon de trois-cents hommes veille ſur ſes remparts: ſes environs ſont fertiles en fruits, ont de beaux pâturages, de belles plaines, de belles forêts fournies de gibier, ſont arroſés de ruiſſeaux & de ſources, embellis par des jardins & de jolies maiſons de campagnes. Ils manquent de vignobles & n'en ſont que plus rians. Son territoire n'a qu'un village: la préfecture dont l'empereur Sigiſmond lui accorda le titre & les fonctions, a une juriſdiction plus étendue, & l'on y compte trois villages. Son mois romain eſt de 600 fl., ſa taxe eſt de 507 rixd. 20 kr.

ULM, ville ſur le Danube, le Blau & l'Iler qui s'y réuniſſent. Elle eſt luthérienne; les catholiques y exercent leur culte librement dans un couvent d'Auguſtins. Sa principale égliſe eſt très vaſte; elle eſt placée au centre de la ville, & on y voit ſoixante-trois cuves de cuivre, remplies d'eau; précaution contre le feu. Elle a un gymnaſe, un couvent pour les filles patriciennes qui en ſortent pour ſe marier, un beau pont de pierre ſur le Danube, un hôtel de ville aſſez apparent, & un arſenal. Son ſénat eſt formé de quarante-un membres, la plupart patriciens. Elle eſt commerçante: elle eſt l'entrepôt du vin qui vient des bords du Rhin & de l'Italie pour être tranſporté ſur le Danube; & trafique en fer, en laine, en futaine & en toiles. Vers l'an 1300, une paliſſade & un foſſé la fermaient. Charlemagne donna ſur elle des droits (*) à l'abbaye de Rheichenau; mais ne lui donna pas la ville. Les empereurs la déclarèrent ville impériale en différens tems. Ses fortifications ſont bien entretenues: elle paye ſix compagnies pour la garder. Elle eſt la troiſieme ville à la diette de l'empire, & la ſeconde du cercle dont les archives y ſont dépoſées. Son mois romain eſt de 600 fl., ſa taxe de 595 rixd. 14. kr. Son territoire a dix lieues de long & ſept de large: cependant elle doit encore pluſieurs millions. Il eſt montueux, a des champs fertiles, d'excellentes prairies, & de vaſtes forêts. On le diviſe en haute & baſſe ſeigneurie.

La haute ſeigneurie eſt ſou-diviſée en ſept bailliages & une prévôté. On y remarque les petites villes de *Leipheim* & d'*Albeck*: celle-ci eſt au pied de l'Alb: celle-là eſt près du Danube: le grand bourg de *Langenau*, vingt-deux villages, & pluſieurs hameaux.

---

[*] *Lenglet* le dit d'Augsbourg, & ſe trompe.

La basse seigneurie renferme treize bailliages & la seigneurie de *Wain*. On y remarque la petite ville de *Geisslingen*, dans un vallon comme enseveli entre des montagnes hautes & pierreuses. On y fait en os & en yvoire de jolis ouvrages au tour. Près d'elle est un bain minéral, un château & les ruines d'un autre. *Altenstadt*, est un bourg sur la Fils. *Uberkingen*, est aussi sur la Fils : c'est un village qui a une bonne source minérale, trente-cinq ou trente-six villages sont encore dispersés dans cette enceinte.

Esslingen, ville sur le Neckar, qui s'y divise. Elle est petite, mais elle a trois grands fauxbourgs ; l'un est dans une isle que forme la riviere, & c'est-là que le cercle de Souabe a son arsenal. La ville, & ses magistrats sont luthériens : les catholiques y ont une chapelle. Elle occupe la troisieme place à la diette & la troisieme aux assemblées du cercle. Son territoire renferme quatre villages, & il est enclavé dans le Würtemberg ; le duc en est le protecteur. Elle a de beaux hôtels : ses environs produisent d'excellens vins, connus sous le nom de *Neckarhalden*. Son mois romain est de 37 fl., sa taxe pour la chambre impériale est de 177 rixd. 51 kr.

Rutlingen. Elle est à deux petites lieues de Tubingue sur l'Echetz qui se jette dans le Neckar. Elle est petite, a un hôpital, une maison d'orphelins, & une école latine. Elle est luthérienne, & un sénat de vingt-huit citoyens la gouverne. Sa liberté ne datte que de l'an 1500. Elle suit pour le rang *Esslingen*, & a le même protecteur. Son territoire renferme quatre paroisses : dans ses environs on a découvert en 1716, une fontaine sulphureuse. Son mois romain est de 80 fl., sa taxe de 57 rixd.

44 kr. Elle paye encore à la préfecture d'Altdorf une redevance annuelle de 16 fl. en or, pour l'office de sa prévôté.

NOERDLINGEN, est arrosée par l'Eger, dans le canton de Riess, au comté d'Oettingen, bâtie d'abord sur la montagne voisine, elle est aujourd'hui dans une plaine fertile, & partagée en belles prairies. Quelques murs antiques la défendent. Les luthériens y ont trois églises & les catholiques une: les magistrats sont choisis dans les premiers. Elle est libre dès le 13me siécle. Son mois romain est de 150 fl., sa taxe est de 219 rixd. 72 kr. Elle est comme le boulevard du cercle de Franconie contre la Baviere. Son territoire comprend trois paroisses, & quelques autres en partie.

HALL, en Suabe, est sur le Kocher, qui la sépare de son fauxbourg: elle est près du comté de Limbourg & du Würtemberg, environnée de montagnes. Elle est divisée en trois quartiers, distingués par de beaux édifices, tels que l'église principale, l'hôtel de charité & le gymnase. Le luthéranisme est sa religion; deux bourguemaîtres & vingt-deux conseillers la gouvernent. Elle compte mille-cinq-cent peres de famille bourgeoise. Une source salée lui donna l'existence & le nom: son eau donne trois onces de sel sur seize d'eau, entretient cent-onze chaudieres, & en fournit chaque année pour environ 13000 florins. La noblesse jouit de son domaine utile; d'autres bourgeois jouissent, mais ne peuvent ni engager ni aliéner ce qu'ils y possédent. Tous réunis, font des loix auxquels chacun se conforme. Les nobles y étaient autrefois les maîtres; mais dans le 14me siécle le peuple s'indigna & sentit sa force; il partage depuis avec elle le gouvernement. Une partie des nobles se retira. Elle a le neuvieme rang à la diette, & le fixieme aux aſſemblées du cercle. Son mois romain eſt de 180 fl., ſa taxe de 140 rixd. 63 kr. Elle porte une banniere de l'empire. Son domaine eſt étendu, riche par ſon agriculture & les beſtiaux qu'il nourrit. Il eſt diviſé en ſept bailliages. On y voit la petite ville d'*Izhofen*, qui n'eſt point ceinte de murs; celle de *Velberg*, le bourg de *Honhard*, cent-vingt-ſix villages, & quelques autres dont elle partage la ſeigneurie avec d'autres.

UBERLINGEN, eſt ſituée dans une eſpéce de golfe du lac de Conſtance, ſur un rocher. Ses foſſés ſont des carrieres. Elle eſt diviſée en trois quartiers, & l'un d'eux eſt un mont couvert de vignobles. Elle a trois égliſes, trois couvens, & un riche hôpital : près d'elle ſont de bonnes ſources minérales. Elle tient la onzieme place à la diette, & la ſeptieme aux aſſemblées du cercle. Ses habitans & ſes magiſtrats ſont catholiques : ſon commerce conſiſte en grains. Son mois romain eſt de 139 fl., ſa taxe de 167 rixd. 24 kr. Son domaine renferme ſix paroiſſes & deux châteaux.

ROTHWEIL, eſt près du Neckar, ſur une hauteur, entre le Wurtemberg & les terres de Furſtemberg. Sa religion eſt la catholique : elle a trois couvens; eſt une des plus anciennes villes impériales, & fut alliée des Suiſſes juſqu'en 1632 : ſon rang eſt le dixieme à la diette; le huitieme aux aſſemblées du cercle. Son mois romain eſt de 14 fl., ſa taxe de 157 rixd. 20 kr. Ses fortifications ſont antiques : ſon domaine eſt compoſé de preſque tous les biens allodiaux des comtes de *Zimmern* qu'elle acheta en 1519, pour 8800 fl. Il eſt compoſé de dix paroiſſes.

Cette ville est le siége d'une justice aulique de l'empire, établie vers le tems de l'empereur Louis de Baviere, & qui a un présidial, un lieutenant, & sept asseseurs: il dépend uniquement de l'empereur, & sa jurisdiction s'étend autour de lui dans le cercle de Souabe, sur ceux de Franconie, de haut & de bas Rhin: elle concourt avec celles des états immédiats de son ressort, & les appels de ses jugemens vont aux cours souveraines de l'empire.

HEILBRONN, est sur le Neckar, près des frontieres du bas Palatinat. Elle est bien bâtie, a trois églises, un gymnase, une bibliothèque, divers hôtels, deux couvens, & des bains fréquentés. Son gouvernement est aristocratique, & les magistrats, comme presque tous les habitans, sont luthériens: l'empereur Henri IV, fut, dit-on, son fondateur, Conrad III en fit une ville impériale, Fréderic III lui donna une livrée & des armes. Son mois romain est de 104 fl., sa taxe de 148 rixd. 71 kr. Ses environs offrent une contrée riante & fertile, de bons vignobles & de beaux villages. Son domaine renferme quatre paroisses.

GEMÜND, est situé à l'entrée d'une vallée que la Rembs arrose & à laquelle elle a donné son nom. Elle touche au Würtemberg & au territoire d'Aalen. Tous ses magistrats sont pris dans le peuple, & tous ses habitans sont catholiques: elle a quatre églises & six couvens. Son principal commerce consiste en chapelets, denrée qui peut baisser de prix. Elle est la treizieme à la diette, & la dixieme aux assemblées du cercle. Son mois romain est de 142 fl. sa taxe de 101 rixd. 41 kr. Son territoire renferme treize paroisses.

MEMMINGEN, est près de l'Iler, sur le ruisfeau d'Aach. Ses magistrats sont pris parmi les nobles & parmi le peuple : ils sont au nombre de dix-neuf, & luthériens ainsi que le plus grand nombre de ses habitans : les catholiques y partagent avec eux une église, & y ont trois couvens. Elle est assez grande, est entourée de quelques fortifications, & a trois hôpitaux : elle était libre sous Fréderic I. Son mois romain est de 76 fl., sa taxe de 281 rixd. 32 kr. Elle commerce avec la Suisse & l'Italie : le sel de Baviere, les toiles qu'elle fabrique, les futaines, le papier, le houblon, des grains, & d'autres denrées, sont les objets de ce commerce. Ses environs sont rians & fertiles. Son territoire est étendu, & renferme environ vingt villages. Celui de *Künersberg* a un bain médicinal, une terre sigillée & une belle manufacture de fayence. Celui de *Lauben* a une fabrique de lames & de fil de laiton. Près de celui d'*Erkheim*, qui est grand, & a deux églises pour les deux cultes, est une fontaine martiale. La plus grande partie de ce territoire est soumis à un droit de chasse pour les seigneurs voisins.

LINDAU, est bâtie sur deux isles du lac de Constance, jointes au continent par un pont : l'une de ces isles est entourée de murs, & remplie de vignobles & de jardins. Sa situation lui fait donner le nom de petite Venise; un tilleul (*) lui donna celui qu'elle porte. Son sénat est luthérien, ainsi que la plupart des bourgeois. Elle est ancienne, le château, & une tour, sont, dit-on, l'ouvrage des Romains. Elle s'appellait *Curtis Lintowa* sous les rois Carlovingiens, était libre dans le 12me siécle, est aujourd'hui un des siéges du présidial de Souabe. Elle

──────────

(*) En allemand, *Linde*.

a un gymnase & un riche hôpital. Son mois romain est de 130 florins, sa taxe de 150 rixd. Son territoire renferme quatorze villages. Celui d'*Eschach*, ou *Aeschach*, fut autrefois une ville qui se peuplait par les ravages que souffrit Lindau en 948 ; mais celle-ci rétablie, *Eschach* redevint village.

Dinkelsbühl, *Tricollis* ou *Zeapolis*, touche au comté d'Oettingen & à la principauté d'Anspach. Trois collines (*) sur lesquelles elle est assise, & qui se couvraient autrefois de moissons d'épautre, lui donnent son nom. Le plus grand nombre des habitans sont luthériens ; la moitié des magistrats est catholique. Elle a deux couvens, un hôpital & deux écoles. En 982, elle fut ceinte d'un mur. Son mois romain est de 90 fl., sa taxe est de 148 rixd. 71 kr. Son territoire est petit, rempli d'étangs, & n'a qu'un hameau.

Biberach, est dans un vallon qu'arrôse la Riess, assez près du Danube. Les magistrats & les habitans sont de l'une & l'autre religion : l'église & l'hôpital leur sont communs. Elle a encore deux couvens : chaque communion y a son école. Elle a une manufacture de futaine. Son mois romain est de 65 fl., sa taxe de 81 rixd. 14 kr. Son territoire renferme cinq villages & plusieurs hameaux.

Ravensbourg, est à quelque distance du lac de Constance, dans une vallée de l'Algaw qu'arrose la Schufs. Les catholiques & les luthériens y ont les mêmes droits & y sont à peu près en même nombre : elle a trois couvens & quatre églises : elle était libre dans le 12me siécle. Son mois romain est de 100 fl., sa taxe de 60 rixd. 77 kr. Elle est

---

[*] Trois collines, *Bühel*, *Epautre*, *Dinkel*.

un siége du tribunal de Leutkirch, & l'est depuis longtems. Son territoire renferme cinq à six villages; & la préfecture d'Altdorf y exerce des droits & reçoit de la ville chaque année un don de 100 livres.

KEMPTEM, *Campidona*, est dans l'Algau. L'Iler la sépare de son faux-bourg: elle prétend être plus ancienne que l'abbaye, & nie de lui avoir jamais été soumise comme à son souverain. L'abbaye prétend qu'elle lui a donné l'existence, l'a fermée de murs & lui a donné un gouvernement. Cette discution n'empêche pas qu'elle ne soit libre & ne l'ait été dans le 13me siécle. Elle a acheté les droits & les revenus de l'abbaye pour 30,000 fl. d'or, & celle-ci s'engagea encore à ne point s'entourer de fortifications. Son mois romain est de 52 fl., sa taxe de 40 rixd. 54 kr. Elle ne posséde aucun village; mais beaucoup de terres, de rentes, de censes & de dimes.

KAUFFBEUREN, est voisine de Kemptem, dans l'Algau, dans la vallée que la Wertach arrose & distingue par son nom; autrefois celui de la ville était *Beuren*. Un sénat de douze membres la gouverne, quatre d'entr'eux sont catholiques, & le même mélange se trouve parmi les bourgeois. Elle a un couvent, & près d'elle un château. Son mois romain est de 53 fl. & demi, sa taxe de 44 rixd. 65 kr. Son domaine renferme cinq villages.

WEIL, ou *Weilestadt*, est enclavée dans le Würtemberg, & la Wurm passe sous ses murs. Elle est catholique, a deux couvens & un riche hôpital. Son mois romain est de 30 fl., sa taxe de 45 rixd. 10 kr. Son domaine n'est rien: sa gloire est d'avoir vu naître Kepler.

WANGEN, est petite, l'Argen l'arrose, le catholicisme est son culte, elle a un couvent & un hôpital. Son mois romain est de 40 fl., sa taxe de 36 rixd. 43 kr. Elle est un des sièges du présidial de Leutkirch. Son commerce consiste en toiles, papier & quaincailleries. Son territoire comprend quatre paroisses & peut avoir deux lieues de circuit.

Ysni, touche à la seigneurie d'Egloff & au comté de Hoheneck. Ses magistrats sont luthériens: quelques-uns de ses bourgeois sont catholiques. Elle renferme une abbaye de bénédictins (*), dont elle dépendit & dont elle se racheta pour une somme modique. Son mois romain est de 38 fl., sa taxe de 43 rixd. 75 kr. C'est encore un des sièges du tribunal de Leutkirch. Le ruisseau d'Isne l'arrose.

Leutkirch, sur l'Eschach & l'Aitrach, au milieu d'une plaine ou bruyère qui porte son nom. Le plus grand nombre de ses magistrats & de ses bourgeois sont luthériens. Les catholiques y ont une église & un couvent: sa liberté remonte à Rodolphe I. Son mois romain est de 21 fl., sa taxe de 33 rixd. 69 kr. L'Eschach n'est qu'un torrent; Le patrimoine de la ville n'a ni villages ni hameaux.

Wimpffen, *Cornelia*, est près du lieu où la Franconie, la Souabe & le bas Palatinat confinent ensemble: la Jaxt s'y jette dans le Neckar: elle est formée de deux villes, l'une sur la montagne, & l'autre dans la vallée. Tous les magistrats sont luthériens & le plus grand nombre des bourgeois le sont aussi: Wimpffen, dans la vallée, a un chapitre & un couvent catholiques. Les Huns l'avaient détruite; elle s'était rétablie dans le 13me siécle.

―――――――――――――――――――

[*] Celle de St. Grégoire.

Son mois romain est de 22 fl., sa taxe de 51 rixd. 75 kr. Son patrimoine a un village.

GIENGEN, est sur le ruisseau de Bregentz: elle est luthérienne. La seigneurie de *Heidenheim* l'environne. Son mois romain est de 36 fl., sa taxe de 27 rixd. 6 kr.

PFULLENDORF, est dans le Hegau, entre le Danube & la ville d'Uberlingen. On a pensé qu'elle était l'ancienne *Bragodurum* dont parle Ptolomée: elle est catholique & a deux couvens. Elle devint libre en 1204. Son mois romain est de 46 fl., sa taxe de 33 rixd. 69 kr. Son domaine s'étend sur quatre paroisses.

BUCHHORN, est sur le lac de Constance: elle eut des comtes, fut partie du comté d'Altdorf & ne devint libre qu'au 13me siécle. Elle est luthérienne & la ville d'Ueberlingen la protége. Son mois romain est de 13 fl., sa taxe de 20 rixd. 27 kr. Elle possède la seigneurie de *Baumgarten*, qui renferme le bourg d'*Eriskirch*: Cette ville est l'entrepôt des marchandises qui se transportent sur le lac. Près d'elle est le couvent de *Liebenthal*.

AALEN, est dans une vallée qu'arrose le Kocher: elle est luthérienne, & fut libre en 1360. Son mois romain est de 38 fl., sa taxe de 18 rixd. 56 kr. Son nom vient, dit-on, du mot allemand *Aal*, anguille, poisson commun dans ses environs. Son domaine renferme cinq hameaux.

BOPFINGEN, est sur l'Eger, dans le comté d'Oettingen: elle est luthérienne. Son mois romain est de 20 fl., sa taxe de 13 rixd. 16 kr. La seigneurie de la moitié d'un village forme son domaine.

BUCHAU, est située sur le lac de Feder. C'est une petite ville, le catholicisme est son culte: son domaine n'est rien. Son mois romain est de 4 fl., sa taxe est de 16 rixd. 19 kr. Son rang à la diette est le trente-sixieme & le vingt-huitieme aux assemblées du cercle. C'est avec de l'argent qu'elle est devenue libre.

Offenbourg, petite ville sur la Kinzig, dans l'Ortenau : elle est catholique, & a deux couvens. Libre dans son origine, engagée ensuite, elle se racheta. Elle est la vingt-septieme à la diette, & la vingt-neuvieme aux assemblées du cercle. Son mois romain est de 33 fl., sa taxe de 22 rixd. 88 kr. L'Autriche la protége, & le grand baillif de l'Ortenau y réside.

Gengenbach, est voisin d'Offenbourg : elle est dans l'Ortenau & sur la Kinzig comme elle. Elle dépendit long-tems de l'évêque de Strasbourg. Elle est catholique; paye un mois romain de 24 fl., une taxe de 22 rixd. 88. kr., est la trente-deuxieme à la diette, & la trentieme dans les assemblées du cercle.

Zell, *sur le Hammersbach*, est située près de la précédente dans une vallée à laquelle on donne le nom de la riviere qui l'arrose. Elle suit le culte Romain, & son mois romain est de 21 fl., sa taxe de 11 rixd. 46 kr. Son rang à la diette est le trente-troisieme, & aux assemblées du cercle la trente-unieme; c'est le dernier. La maison d'Autriche la protège : elle est unie aux deux dernieres pour la conservation de leurs droits & immunités. La vallée paye le tiers des contributions de la ville, & en est indépendante, a un conseil, une jurisdiction particuliere, présidée par un maire. On la qualifie d'état immédiat de l'empire.

Le cercle de Souabe renferme quelques terres immédiates qui ne sont point états de l'empire. Nous les décrirons ici en peu de mots.

Abbaye d'Ottobeuren.

Elle est à deux lieues de Memmingen, est de l'ordre de St. Bénoit, & le plus beau couvent qu'il possède en Souabe: son église est magnifique. Il fut fondé en 764 par Sylach, comte d'Illergew. L'évêque d'Augsbourg en est le protecteur; il en était le seigneur autrefois, & reçut 100,000 fl. pour cesser de l'être. Près du couvent est un bourg qu'elle possède comme fief de l'empire, elle est seigneur de douze à treize villages & de plusieurs terres. L'abbaye de *Klosterwald* est regardée comme son annexe: des bénédictins gouvernés par un prieur l'habitent.

Abbaye de St. Ulric et de Ste. Affre.

Elle est dans la ville d'Augsbourg: des bénédictins l'occupent; elle est sous la protection de l'empereur & sous celle d'Augsbourg qui en reçoit à ce titre un droit annuel de 100 fl. d'or, & qui l'a aggregée à sa bourgeoisie. Elle possède cinq villages & ne peut être citée devant aucun autre tribunal que devant l'empereur même. Son abbé siége parmi les prélats du banc du Rhin & paye à l'empire un mois romain de 20 florins, qu'il remet à l'évêque d'Augsbourg.

Villages de la Chartreuse de Buxheim.

Ce sont quatre villages & trois hameaux, situés

le long de l'Iler & de la Roth, dépendans de la chartreuse & collectables du cercle.

SEIGNEURIE DE NEU-RAVENSBOURG.

Elle appartient à l'abbaye de St. Gall en Suisse; & touche aux territoires des villes de Lindau & de Wangen: l'Argen l'arrose.

VILLAGE DE MÜNSTER.

Il est situé sur le Danube, au-dessous de Donauwerth, où est le couvent de Ste. Croix qui le possède, & à qui les comtes d'Oettingen le vendirent. Le cercle de Baviere prétend avoir le droit d'en percevoir les contributions, mais celui de Souabe les reçoit.

NOTES ET TABLE

POUR LA PARTIE

DE L'ALLEMAGNE

renfermée dans le Tome II.

INdiquer les cartes de chaque état de l'Allemagne, ce serait trop s'étendre : nous nous bornerons à indiquer celles des cercles & des grandes provinces qui n'y font pas renfermées. Quant aux armes & aux titres que prennent les princes, nous donnerons ceux des électeurs. Il convenait d'autant mieux de se borner dans cette partie, qu'elle est très étendue en Allemagne, & assez étrangere à la géographie.

Les meilleures cartes de l'Allemagne font celles de *Homann*; mais elles font bien imparfaites encore. On distingue celle du professeur *Mayer*, publiée en 1750, & celle des postes de cet empire, dessinée par *Heger*, & gravée chez les héritiers d'Homann en 1764: on préfére celle que *Jæger*, libraire à Francfort sur le Mein, publia en 1768, divisée en quatre-vingt-une petites feuilles qui peuvent se réunir.

La plus ancienne carte de la Bohême est celle de *Greginger*, gravée en 1568. Les meilleures sont celles de *Christophe Müller*, gravée en 1720 : celle qu'on peut trouver le plus facilement fut gravée par *Boudet* à Paris en 1751.

La premiere Carte de la Moravie eſt celle de *Paul Fabricius*, publiée en 1570 : la meilleure eſt encore celle de *Müller*, imitée par *Baurain*, & quelques autres.

Toutes celles du Cercle d'Autriche ſont imparfaites : la plus commune eſt celle de *Sanſon* le jeune : la meilleure, celle de *Mayer*, publiée en 1747.

La plus connue de celle du Cercle de Bourgogne eſt celle dé *De Lisle*, la plus moderne eſt celle des heritiers de *Homann* publiée en 1747 ; & celle de *Le Rouge* en 1745.

On a un grand nombre de Cartes des parties du Cercle de Weſtphalie pour les Cartes générales, celle de *Jean Gigas* eſt une des moins mauvaiſes : la meilleure eſt celle des héritiers d'*Homann* publiée en 1761.

Il y a des Cartes du Cercle du bas-Rhin, ou du Cercle Electoral de divers auteurs, entr'autres de *Sanſon*, de *Jaillot* de *Homann* : les deux dernieres ſont les meilleures.

Parmi celles du Cercle du Haut-Rhin on diſtingue celles de *Homann* & de *Gerard Valk* : la dernière eſt la plus correcte.

La Carte de *David Selzlin* eſt une des plus anciennes du Cercle de Soüabe : les meilleures ſont celles de *Matthieu Merian*, & de *Homann*.

Les Titres de l'Empereur Joſeph II, ſont les mêmes que ceux de l'Impératrice-Reine ſa mere : les voici. *Empereur Romain élu, toujours Auguſte, Roi de Germanie, de Hongrie, de Bohême, de Dalmatie, de Croatie, d'Eſclavonie, Archiduc d'Autriche, Duc de Bourgogne, de Lorraine, de Stirie, de Carinthie & de Carniole, Grand Duc de Toſcane,*

Grand Prince de Transylvanie, Marggrave de Moravie, Duc de Brabant, de Limbourg, de Luxembourg, de Gueldres, de Würtemberg, de la haute & basse Silesie, de Milan, de Mantoue, de Parme, de Plaisance & de Guastalla, de la Calabrie, de Bar, de Monferrat & de Teschen, Prince de la Souabe & de Charleville Comte & Prince de Habsbourg, de Flandres, de Tyrol, de Hainaut, de Kibourg, & Gœrtz, & de Gradisca, Marggrave du St. Empire Romain, de Burgau, de la haute & basse Lusace, de Pont-à-Mousson & de Nomeny, Comte de Namur, de Provence, de Vaudemont, de Blankenberg, de Zütphen, de Saarwerden, de Salm & de Falkenstein, Seigneur de la Marche Vénéde, & de Malines, &c.

Les armes de l'Empereur & de l'Empire sont un aigle noir à deux têtes, & aîles déployées en champ d'or, ayant au dessus de la tête une couronne impériale. On ajoute aux armes de l'Empereur celles des Pays héréditaires. Celles de la Bohème sont un Lion d'argent à double queue au champ de gueules. Celles de la Hongrie sont un écu parti, dont le champ droit est de gueules coupé en quatre bandes d'argent, & le champ gauche aussi de gueules à la croix Archiepiscopale d'argent, posée sur un triple mont de sinople. Celles de la Moravie sont un aigle couronné & échiqueté en argent & en gueules, dans un Champ d'Azur. Les nouvelles armes de l'Archiduché d'Autriche sont une fasce d'argent dans un champ de gueules. L'énumeration des armes de toutes les autres Provinces nous meneroit trop loin: nous nous bornons à celles-là.

Le titre de l'Electeur de Mayence est *N. N. par la grace de Dieu, Archevêque du St. Siége de*

Mayence, Archi-Chancelier de Germanie & Electeur du St. Empire, ses armes sont de gueules à une roue de six rais d'argent, joint à celles de la famille de l'Electeur actuel.

Le titre de l'Electeur de Treves est *N. N. par la grace de Dieu, Archevêque de Treves, Archi-Chanchelier des Gaules & du Royaume d'Arles, Electeur du St. Empire, Administrateur de Prum.*

Ses armes sont écartelées d'argent à une croix de gueules pour Treves, & de gueules à un agneau la tête contournée d'argent sur une terre de sinople, avec une banniere croisée dans sa longueur d'une croix d'argent, dont le bâton lui passe derriere l'épaule entre les deux pieds de devant.

Le titre de l'Electeur de Cologne, est: *Par la grace de Dieu, N. N. Archevêque de Cologne, Archi-Chanchelier de St. Empire pour l'Italie, & Electeur, Legat né du St. Siége Apostolique, Duc d'Engern & de Westphalie, &c.*

Ses armes sont écartelées d'argent, à la croix de sable pour l'Archevêché de Cologne; de gueules à un cheval d'argent pour le Duché de Westphalie; de gueules à trois cœurs d'or pour le Duché d'Engern & d'Azur à un aigle éployé d'argent en champ becqué, & membre d'or pour le Comté d'Arensberg.

Le titre & les armes de la Bohème sont renfermées dans celles de l'Empereur.

Le titre actuel de l'Electeur Palatin, est: *Comte Palatin du Rhin, Archi-Tresorier & Electeur du St. Empire Romain, Duc de Baviere, de Juliers, de Cleves & de Berg, Prince de Meurs, Marquis de Berg-op-Zoom, Comte de Veldenz, de Sponheim, de la Mark, & de Ravensberg, Seigneur de Ravenstein.*

Ses armes font, de fable au Lion rampant d'or pour le Palatinat du Rhin; fufelés en 21 bandes d'argent & d'azur pour la Baviere; d'or au Lion de Sable pour Juliers; de pourpre à huit liftigés & paffés en double fautoir d'or & liés au milieu, où ils fe croifent d'un petit écuffon d'argent pour Cleves, d'or au Lion contourné de gueules, couronné d'or, l'ampaité d'azur pour Berg; d'or à la fane de Sable pour Meurs, un petit écuffon paillé pour Berg-op-Zoom, d'argent au Lion rampant d'azur, couronné d'or pour Veldenz; d'or à trois tires d'échiquiers en fafce d'argent, & de gueules pour la Mark, d'argent à trois chevrons de gueules pour Ravensberg, d'argent aux bois de cerf de gueules pour Ravenftein.

NB. *On trouvera à la fin de la Defcription de l'Allemagne une Table des rapports de fes monnaies avec celles de France, auffi exacte qu'il fera poffible.*

TABLE

Pour la partie de l'Allemagne renfermée dans le Tome II.

A.

Ach, P. I.	Page 214	
Aalen, P. II.	252	
Abtsgmünd, P. II.	240	
Achaffenbourg, P. II.	34	
Adelberg, P. II.	222	
Adolphfek, P. II.	80	
Aggfpach, P. I.	140	
Ahrweiler, P. II.	13	
Ala, P. I.	Page 204	
Albein, P. I.	176	
Aldenahr, P. II.	13	
Aldenau, P. II.	13	
Allendorf, P. II.	114	
Allendorf, P. II.	125	
Almen, P. II.	11	
Almetz, P. I.	197	
Aloft, P. I.	250	
Alpen, P. II.	16	

DE L'ALLEMAGNE.

Alpirfpach, P. 11.	Page 223	Affenede, P. 1.	Page 253
Alfchhaufen, P. 11.	192	Affenheim, P. 11.	90
Alfenz, P. 11.	79	Affenheim, P. 11.	137
Alsfeld, P. 11.	125	Ath, P. 1.	259
Alfter, P. 11.	12	Attendorn, P. 11.	9
Alt-Bitfchou, P. 1.	82	Aufkirch, P. 11.	186
Alt-Buntzlaw, P. 1.	66	Augsbourg, Evéc. P. 11.	179
Altdorf, P. 1	213	Augsbourg, V. J. P. 11.	240
Altenftadt, P. 1.	94	Auersberg, P. 1.	174
Altenfteg, P. 1.	140	Aulendorf, P 11.	192
Altenfteig, P. 11.	219	Aunboft, P. 1.	84
Alt-Kenin, P.1.	85	Aufchti, P. 1.	67
Alt-Tifchein, P. 1.	97	Aufpitz, P. 1.	101
Alt-Weilnau, P. 11.	80	Auffée, P. 1.	94
Alt-Wildungen, P. 11.	102	Auffée, P. 1.	156
Alzenau, P. 11.	33	Aufterlitz, P. 1.	101
Alzey, P. 11.	54	Aufti, P. 1.	67
Amana, P. 11.	36	Autriche, Archid. P. 1.	109
Amorbach, P. 11.	34	Ayflingen, P. 11.	180
Andenne, P. 1.	262		
Andernach, P. 11.	12	B.	
Anhaufen, P. 11.	222		
Antenhofen, P. 1.	162	Baar, Landg. P. 11.	197
Antoing, P. 1.	260	Babenhaufen, P. 11.	136
Anvers, P. 1.	234	Bacharach, P. 11.	55
Anweiler, P. 11.	63	Backnang, P. 11.	210
Aquilée, P. 1.	183	Bade, Margg. P. 11.	231
Arch, P. 1.	201	Bade, P. 11.	235
Aremberg, P. 11.	16	Baden, P. 1.	131
Arensberg, P. 11.	8	Badenweiler, P. 11.	238
Argenthal, P. 11.	60	Badovilers, P. 11.	70
Arlesheim, P. 11.	151	Bahlingen, P. 11.	216
Arlon, P. 1.	242	Baindt, Abb. P. 11.	194
Arnsberg, P. 11.	89	Ballenborg, P. 11.	35
Arnsheim, P. 11.	55	Balve, P. 11.	9
Arnftein, P. 11.	27	Bar, P. 11.	6
Arolfen, P. 11.	102	Barau, P. 1.	75
Arquennes, P. 1.	232	Basberg, P. 1.	70
Arfchol, P. 1.	229	Bafle, Evec. P. 11.	148
Afcha, P. 1.	134	Bas-Rhin, P. 11.	3
Afche, P. 1.	233	Baftogne, P. 1.	242
Afling, P. 1.	169	Battenberg, P. 11.	128
Afpœrn, P. 1.	138	Bauffau, P. 1.	94

Bebenhaufen, P. II.	Page 222	Binche, P. I.	Page 260
Beber-Reifferfcheid, P. II.	14	Bingen, P. II.	36
Bechin, Cer. P. I.	75	Bingenheim, P. II.	126
Bechyn, P. I.	76	Birckftein, P. I.	68
Beilftein, P. II.	17	Birkenfeld, P. II.	68
Beilftein, P. II.	211	Bifchofsheim, P. II.	35
Beinheim, P. II.	236	Bifein, P. I.	204
Belike, P. II.	8	Biffentz, P. I.	99
Bellelay, P. II.	151	Biftritz, P. I.	97
Belvedere, P. I.	129-130	Blamont, P. II.	229
Benatki, P. I.	65	Blankenau, P. II.	99
Benefchow, P. I.	67	Blansko, P. I.	101
Benfche, P. I.	87	Blatna, P. I.	75
Bensheim, P. II.	35	Blaubeuren, P. II.	217
Beraun, Cer. & V. P. I.	84	Blaubeuren, P. II.	222
Bergen, P. II.	135	Bleyftatt, P. I.	71
Berlebourg, P. II.	141	Blumenegg, P. II.	172
Berncaftel, P. II.	22	Blumenfeld, P. II.	193
Berg-Reichenftein, P. I.	75	Bluniberg, P. II.	197
Bergftad, P. I.	96	Bobenhaufen, P. II.	126
Bergftadt, voy. Itter.	1	Bochoul, P. I.	253
Bergftrafs, P. II.	27	Bockenheim, P. II.	135
Bergzabern, P. II.	63	Bœblingen, P. II.	214
Berfchetz, P. I.	177	Bœhmifch-Viefenthal,	
Befenboig, P. I.	140	P. I.	70
Befigheim, P. II.	219	Bœmifch-Brod, P. I.	80
Beveren, P. I.	251	Bogkowitz, P. I.	100
Beutelfpach, P. II.	209	Boheme, P. I.	55
Biberbach, P. II.	184	Bohmifch-Aycha, voy. But.	
Biberach, P. II.	249	Boleflas, voy. Buntzlaw.	
Bichofheim, P. II.	135	Bondorf, Com. P. II.	230
Bichoflak, P. I.	169	Bonn, P. II.	11
Biden, P. I.	177	Bopfingen, P. II.	252
Bieber, P. II.	136	Boppard, P. II.	25
Biedbourg, P. I.	243	Bor, P. I.	73
Biedenkopf, P. II.	127	Borken, P. II.	117
Biefme, P. I.		Bornheim, P. I.	253
Bietigheim, P. II.	216	Boskowitz, P. I.	94
Bierbeeck, P. I.	226	Botzen, P. I.	196
Bilin, P. I.	68	Bourgogne (Cercle de)	
Bilitz, P. I.	88-89	P. I.	222
Billigheim, P. II.	53	Bourg-Schwalbach, P. II.	80
Billftein, P. II.	9	Bourg-Sponheim, P. II.	68

Bournonville, P. I.	Page 233	Brſeſnitz, P. I.	Page 75
Bouvigne, P. I.	262	Bub, P. I.	65
Bouvillen, P. II.	139	Buchau, P. II.	252
Bovenden, P. II.	122	Buchau, P. I.	76
Boxberg, P. II.	53	Buchau, Abb. P. II.	196
Brabant Aut. P. I.	223	Buccaritza, P. I.	187
Brackenhein, P. II.	212	Buchen, P. II.	35
Braine-le-Comte, P. I.		Buchlowitz, P. I.	99
Brandenbourg, P. I.	246	Buchorn, P. II.	252
Brandetz, P. I.	80	Budiſſan, P. I.	97
Braubach, P. II.	130	Budweiſs, P. I.	76
Braunau, P. I.	82	Bühel, P. II.	236
Brauneggen, P. I.	200	Bukari, P. I.	186
Braunfels, P. II.	88	Bulach, P. II.	216
Braunſeltten, P. I.	94	Bulka, P. I.	138
Brauweiler, P. II.	14	Buntzlaw. C. & V.	64-65
Bredelar, Abb. P. II.	10	Burgau, P. I.	214-215
Bregentz, P. I.	208	Burggemünde, P. II.	125
Brenta, Riv. P. I.	190	Burghaun, P. II.	97
Breitenfurt, P. II.	130	Burglitz, P. I.	84
Breitenau, P. II.	113	Burken, P. II.	35
Brenz, P. II.	221	Burkheim, P. I.	218
Bretten, P. II.	52	Burnkrat, P. I.	138
Bretzenheim, P. II.	76	Butſchowitz, P. I.	102
Breulingen, P. I.	218	Bützbach, P. II.	127
Brilon, P. II.	10	Buyngue, P. I.	228
Briſac, P. I.	218	Byſtritz, P. I.	102
Briſgau Aut. P. I.	215		
Brixen, P. I.	205	C.	
Bruchſal, P. II.	143		
Bruck, P. I.	132	Calenberg, M. P. I.	110
Bruck ſur la Mur, P. I.	156	Calw, P. II.	211
Bruckenau, P. II.	98	Camberg, P. II.	26
Bruges, P. I.	254	Canſtadt, P. II.	208
Brühl, P. II.	13	Cappel, P. II.	114
Brumal, P. II.	139	Cappenſtein, P. II.	102
Brumau, P. I.	99	Carden, P. II.	25
Brunn, Cercle, & Voy. P. I.	100-101	Carinthie, Duc, P. I.	157
		Carlobago, P. I.	188
Bruneggen, P. I.	206	Carlſrouhe, P. II.	233
Brunn, P. I.	132	Carlsbad, V. Wary.	
Brüggen, P. II.	13	Carlſtein, P. I.	85
Bruxelles, P. I.	229	Carniole, Duc. P. I.	163

Caſſel, P. II.	Page 31	Créange, P. II.	Page 76
Caſſel, P. II.	107	Creutzenach, P. II.	65
Caſtelaum, P. II.	67	Cromlau, P. I.	105
Caſtua, P. I.	178	Culpaz, P. I.	165-166
Caub, P. II.	56	Cunaſtein-Engers, P. II.	24
Cavales, P. I.	204	Czaſlaw, Cer. P. I.	78
Celles, P. I.	232		
Charleroi, P. I.	261	D.	
Chateau-Thierri, P. I.	262		
Chatelot, P. II.	229	Dabhauſen, P. II.	88
Chebbe, voy. Egra.		Dachſtul, P. II.	75
Chemnitz, V. Kamenitz.		Damme, P. I.	258
Chieres, P. I.	260	Danube, Fl. P. I.	53
Chiny, P. I.	243	Darmſtadt, P. II.	128
Choltitz, P. I.	78	Darnigheim, P. II.	134
Chomoton, P. I.	70	Datſchitz, P. I.	107
Chotiebors, P. I.	79	Delemont, P. II.	150
Chotuſitz, P. I.	79	Deggingen, P. II.	188
Chotzemitz, P. I.	80	Delkenheim, P. II.	130
Chrudim, Cercle, & V. P. I.	77	Demer, R. P. I.	223
		Denkendorf, P. II.	222
Chulm, P. I.	71	Dermbach, P. II.	98
Cilli, P. I.	154	Deutſchbrod, P. I.	79
Cirknitz, Lac. P. I.	172	Deutſchleuten, P. I.	90
Cirle, P. I.	194	Deux-Ponts, Princ. P. II.	61
Clagenfurt, P. I.	159	Deydesheim, P. II.	145
Clauſen, P. I.	205	Deynſe, P. I.	252
Clemont, P. II.	229	Dickrich, P. I.	244
Cleval, P. II.	230	Dieſt, P. I.	228
Coblence, Baill. P. II.	16	Die-Mauer, P. I.	133
Coblence, V. P. II.	24	Diebourg, P. II.	33
Cologne, Elec. P. II.	4	Diernſtein, P. I.	140
Comines, P. I.	256	Dietſchin,	67
Commotau, V. Chomoton.		Dillingen, P. II.	179
Conſtance, Evec. P. II	169	Dillsberg, P. II.	51
Conſtance, P. I.	210	Dimringuen, P. II.	72
Contavel, P. I.	185	Dingelſtadt, P. II.	40
Conz, P. II.	21	Dirmſtein, P. II.	142
Conzenberg, P. II.	171	Ditkirchen, P. II.	26
Corbach, P. II.	101	Dixmude, P. I.	257
Courtrai, P. I.	251	Dobrſany, P. I.	73
Crainfeld, P. II.	126	Dobrotiwa, P. I.	85
Crautheim, P. II.	35		Domaz-

DE L'ALLEMAGNE.

Domazlitz, P. 1.	Page 73	Ehlingen, P. l.	Page 219
Donauefchingen, P. ll.	197	Ehrenberg, P. l.	194
Dongelberg, P. l.	227	Ehrenbreitftein, P. ll.	24
Dornberg, P. ll.	129	Eibenfchitz, P. l.	105
Dornhan, P. ll.	215	Eichhorn, P. l.	103
Dornheim, P. ll.	129	Eifchfeld, P. ll.	27-39
Dornftetten, P. ll.	213	Eifenberg, P. l.	70
Dorften, P. ll.	6	Eifenærtz, P. l.	156
Dourlac, P. ll.	234	Elbe, Fl. P. l.	54
Doxan, P. l.	84	Elchingen, Abb. P. ll.	189
Drabotaufch, P. l.	98	Ellwangen, Prov. P. ll.	239
Drave, Riv. P. l.	190	Elmendingen, P. ll.	235
Dreyhaken, P. l.	72	Elnbogen, Cer. P. l.	71
Drolshagen, P. ll.	9	Elz, P. l.	194
Drofchau, P. l.	73	Elzbach, P. l.	219
Drofendorf, P. l.	140	Embs, P. ll.	174
Drfchwohoftitz, P. l.	97	Emmindingen, P. ll.	237
Duchtfchow, P. l.	68	Ems, P. ll.	131
Duderftad, P. ll.	41	Endingen, P. l.	218
Duellium, P. ll.	218	Engelport, P. ll.	24
Duitz, P. ll.	13	Engelsberg, P. l.	89
Durbuy, P. l.	244	Engen, P. ll.	197
Dürkheim, P. ll.	87	Enghien, P. l.	259
Dürmenting, P. ll.	177	Enkirch, P. ll.	67
Dürrwangen, P. ll.	186	Ens, Riv. P. l.	112
		Ens, P. l.	144
E.		Enzersdorf, P. l.	137
		Eppingen, P. ll.	52
Ebenfurth, P. l.	132	Epftein, P. ll.	91
Eberbach, P. ll.	52	Epftein, P. ll.	130
Eberfdorf, P. l.	132	Epternach, P. l.	243
Eberftadt, P. ll.	129	Erfort, P. ll.	37
Eberftein Com. P. ll.	238	Ernfthofen, P. ll.	130
Ebingen, P. l.	211	Efch, P. l.	246
Ebingen, P. ll.	215	Efchwege, P. ll.	121
Echzell, P. ll.	126	E flingen, P. ll.	244
Eder, Fl. P. ll.	104	Eftalle, P. l.	244
Efferding, P. l.	142	Etobon, P. ll.	226
Egenbourg, P. l.	139	Ettlingen, P. ll.	236
Eger, Fl. P. l.	61	Eulenberg, P. l.	94
Eglingen, P. ll.	189	Eversberg, P. ll.	10
Egloff, P. ll.	175	Ewig, P. ll.	10
Egra, P. l.	72	Eylau, P. l.	80

S

Eywanowitz, P. I.	Page 94	Fribourg, P. I.	Page 216
		Fridau, P. I.	136
F.		Fridau, P. I.	153
		Fridberg, P. I.	154
Falkenbourg, P. II.	63	Fridewald, P. II.	113
Falkenow, P. I.	70	Friedberg, V. J. P. II.	158
Falkenstein, P. II.	74	Friedberg, P. I.	86
Falkenstein, P. I.	138	Fridengen, P. I.	212
Feistritz, P. I.	155	Friedek, P. I.	89
Feldkirch, P. I.	207	Friedland, P. I.	94
Feldsbourg, P. I.	138	Frillendorf, P. II.	117
Fels, P. II.	64	Friesch, P. I.	107
Felsberg, P. II.	117	Frioul, P. I.	179
Fernitz, P. I.	154	Fritzlar, P. II.	36
Feuchting, P. I.	170	Fuessen, P. II.	180
Fiume, P. I.	185	Fulde Evêc. P. II.	95
Flandres Aut. P. I.	247	Fulde, Ville, P. II.	96
Floref, P. I.	262	Fulnek, P. I.	97
Fleurus, P. I.	262	Furnes, P. I.	257
Fæcklabrug, P. I.	142	Furstenberg, P. II.	102
Francfort, V. J. P. II.	154	Furstenberg, P. II.	195
Frankenau, P. II.	120	Furstenberg, P. II.	197
Frankenbourg, P. I.	143	Furstenbourg, P. I.	195
Frankenthal, P. II.	49	Furstenfeld, P. I.	153
Frankerberg, P. II.	120		
Frankstad, P. I.	96	**G.**	
Frankstad, P. I.	97		
Franquemont, P. II.	227	Gablona, P. I.	65
Frauenthal, Cou. P. I.	79	Galligniana, P. I.	177
Frauenthal, P. I.	153	Gambach, P. II.	89
Fredebourg, P. II.	9	Gand, P. I.	249
Freiberg, P. I.	97	Gannowitz, P. I.	155
Frein, P. I.	105	Gatzendorf, P. I.	132
Freinsheim, P. II.	55	Gaya, P. I.	99
Freudenstadt, P. II.	219	Gedern, P. II.	91
Freudenthal, P. I.	89	Geisingen, P. II.	197
Freyenœhl, P. II.	8	Geismar, P. II.	116
Freyheil, P. I.	82	Gellheim, P. II.	79
Freynthurn, P. I.	174	Gelnhausen, P. II.	137
Freysac, P. I.	161	Gemblours, P. I.	227
Freystadt, P. I.	89	Gemund, P. I.	140
Freyenhagen, P. II.	101	Gemünd, P. I.	247
Freystadt, P. I.	146	Gemünden, P. II.	119

Genap, P. l.	Page 232	Grætzingen, p. ll.	Page 210
Gengenbach, P. ll.	231	Graffchaft, p. ll.	9
Gengenbach, P. ll.	253	Grammont, p. l.	251
Gerkow, P. l.	70	Granges, p. ll.	230
Germesheim, P. ll.	53	Graflitz, p. l.	72
Gernsheim, P. ll.	36	Gratzen, p. l.	76
Geroda, P. ll.	41	Grebenau, p. ll.	125
Gerfpach, P. ll.	145	Grebenftein, p. ll.	114
Gerfpach, P. ll.	239	Greden, p. l.	197
Gefecke, P. ll.	7	Grein, p. l.	147
Geffenetz, P. l.	94	Greifenftein, p. l.	136
Geiíslingen, P. l.	244	Greifenftein, p. ll.	88
Geyfs, P. ll.	97	Greffenberg, M. p. l.	115
Gheel, P. l.	237	Grevenmacheren, p. l.	243
Ghiftel, P. l.	258	Grevenftein, p. ll.	8
Gieboldenhaufen, P. ll.	41	Grieskirchen, p. l.	143
Giengen, P. ll.	252	Griffen, p. l.	162
Giefelwerder, Ifl. P. ll.	115	Grimberge, p. l.	233
Gieffen, P. ll.	124	Grimburg, p. ll.	22
Gilemnitz, P. l.	82	Grimming, M. p. l.	148
Gitfchin, P. l.	82	Grifenheim, p. ll.	32
Gladenbach, P. ll.	127	Grœtz, p. l.	87
Gleiberg, P. ll.	79	Gronau, p. ll.	123
Glurns, P. l.	195	Gros-Almerode, p. ll.	112
Gmünd, P. l.	163	Gros-Bitefch, p. l.	106
Gmunden, p. l.	142	Grofs-Botwar, p. ll.	215
Goar (St.) p. ll.	123	Groffe-Linde, p. ll.	125
Goarshaufen, P. ll.	123	Gros-Meferitfch, p. l.	107
Gochsheim, p. ll.	221	Gros-Umftadt, p. ll.	53
Codræmftein, P. ll.	53	Gros-Umftadt, p. ll.	130
Gœding, P. l.	102	Grumbach, p. ll.	72
Gœppingen, p. ll.	209	Grünberg, p. ll.	125
Gœzingen, p. ll.	65	Grünftadt, p. ll.	85
Goldenftein, p. l.	94	Gudensberg, p. ll.	116
Goltfen-Jenikow, p. l.	79	Gueldre Aut. p. l.	247
Gomaringen, p. ll.	221	Güglingen, p. ll.	213
Goritz, p. l.	179	Gulden-Kron, p. l.	77
Gottefgab, p. l.	71	Gundelfingen, p. ll.	198
Gottfchée, p. l.	174	Gunzbourg, p. l.	215
Gottwich, p.	136	Gurk, p. l.	162
Gradifca, p. l.	179	Gurkfeld, P. l.	171
Grænenbach, p. ll.	178	Guttenzell, Abb. p. ll.	194
Grætz, p. l.	151		

S 2

H.

Hagenbach, p. II.	Page 64	Heggbach, Abbaye, p. II. Page	194
Haigerloch, p. II.	202	Heidelberg, p. II.	48
Haina, p. II.	120	Heidelsheim, p. II.	52
Haiden, p. I.	200	Heibronn, p. II.	247
Haingen, p. II.	198	Heiligenftadt, p. II.	40
Hainaut Aut. p. I.	258	Heimsheim, p. II.	221
Hainbourg, p. I.	132	Heinengen, p. II.	209
Hainfpach, p. I.	68	Heiligenberg, Comté, p. II.	195
Haiterbach, p. II.	215	Heitersheim, Gran. Prin. p. II.	147
Halen, p. I.	228	Helmershaufen, p. II.	115
Hall, p. I.	145	Hennefdorf, p. I.	97
Hall, P. I.	193	Heppenheim, p. II.	35
Hall, p. II.	245	Herbemont, p. I.	245
Hallent, p. I.	259	Herbolzheim, p. I.	219
Hallemberg, p. II.	10	Herbftein, p. II.	99
Hallftadt, p. I.	143	Herenthals, p I.	237
Hambach, p. II.	53	Hericourt, p. II.	228
Hamelbourg, p. II.	98	Hermann-Mieftetfch, p. I.	78
Hanau, p. II.	133	Hernals, p. I.	133
Hanau-Lichtenberg, Com. p. II.	137	Herrenalb, p. II.	223
Hanau Munzenberg, p. II.	133	Herrenberg, p. II.	214
Hangen, p. II.	89	Herrftein, p. II.	68
Hannuye, p. I.	228	Hersbach, p. II.	18
Harbourg, p. II.	187	Hersfeld, p. II.	132
Hardberg, p. I.	153	Herve, p. I.	239
Hardeg, p. I.	140	Heffe, p. II.	103
Haufen, p. II.	198	Herzendorf, p. I.	130
Haffel, p. II.	136	Heffe-Rheinfels, p. II.	120
Hafflach, p. II.	198	Heubach, p. II.	214
Haftopetfchky, p. I.	98	Heuchlingen, p. II.	240
Hattenheim, p. II.	33	Heverle, p. I.	226
Hatzfeld, p. II.	128	Heydeheim, p. II.	218
Hauenftein, p. I.	219	Heymertfen, p. II.	11
Haufrusk, Quart. p. I.	141	Hildegard, p. II.	178
Haut-Dormael, p. I.	228	Hillesheim, p. II.	23
Haut Rhin, Cer. p.	57	Hilfpach, p. II.	52
Hayn aux 3 Chênes, p II.	93	Himmelporten, p. II.	8
		Himmelrode, p. II.	23
Hechingen, p. II.	201	Hirfau, p. II.	222

Hirschhorn, p. ll.	Page 35	Hostcletz, p. l.	Page 82
Hirschstein, p. ll.	33	Hostinney, p. l.	82
Hluboka, p. l.	75	Hotzeplotz, p. l.	98
Hochberg, Comté, V. p. ll.	236-37	Houffalize, p. l.	246
		Hradetz, Cer. p. l.	81
Hochheim, p. ll.	36	Hradisch, Cer. & V. p. l.	99
Hœckelheim, p. ll.	122		
Hœchst, p. ll.	32	Hradistie, p. l.	66
Hœnstadt, p. l.	94	Hraditz, p. l.	93
Hœring, p. ll.	33	Hrochow, p l.	78
Hof-Geismar, p. ll.	215	Hüfingen, p. ll.	197
Hofheim, p. ll.	32	Hulein, p. l.	97
Hofheim, p. ll.	129	Hulpen, p. l.	232
Hoff, p. l.	94	Huls, p. ll.	15
Hohenberg, p. l.	211	Hunefeld, p. ll.	98
Hohenfurt, p. l.	77	Hungarisch-Brod, p. l.	99
Hohenembs Com. p. ll.	174	Hünningen, p. ll.	85
Hohen-Geroldseck, p. ll.	230	Husten, p. ll.	8
Hohen-Solms, p. ll.	89	Huyngen, p. ll.	13
Hohenstein, p. ll.	123		
Hohenzollern, p. ll.	200	**J.**	
Holeschau, p. l.	98		
Holzhauzen, p. ll.	135	Jablunka, p. l.	88
Homberg, en Hesse, p. ll.	117	Jœrgen, (St.) p. ll.	222
		Jagenheim, p. ll.	84
Hombourg, p. ll.	62	Jamnitz, p. l.	105
Hombourg, p. ll.	84	Janowitz, p. l.	73
Hombourg sur l'Onn. p. ll.	125	Jaromieritz, p. l.	105
		Jaromirs, p. l.	82
Hombourg des Monts, p. ll.	131	Jauche, p. l.	227
		Jauernick, p. l.	86
Honningen, p. ll.	25	Jaxt-cell, p. ll.	240
Hoogstraten, p. l.	236	Jayspitz, p. l.	106
Horasdiowitz, p. l.	75	Idstein, p. ll.	80
Horb, p. l.	212	Jean, (St) p. ll.	66
Horbourg, p. ll.	227	Jean (St.) p. ll.	82
Horn, p. l.	140	Igel, p. l.	243
Horn, p. ll.	60	Iglau, Cer. & V. p. l.	106
Hornbach, p. ll.	62	Imier, (St.) p. ll.	150
Hornbergbach, p. ll.	6	Immenhausen, p. ll.	114
Hornberg, p ll.	215	Inn, Riv. p. l.	189
Horsitz, p. l.	82	Incourt, p. l.	227
Horzovitz, p. l.	85	Ingweiler, p. ll.	139

Innichen, p. l.	Page 200	Kauffbeuren, p. II. Page	250
Infpruck, p. l.	192	Kauffungen, p. II.	112
Jochmfthal, p. l.	71	Kaunitz, p. l.	102
Jockgrim, p. II.	146	Kaurzim, p. l.	80
Jœgerndorf, p. l.	87	Kavurzim, Cer. p. l.	79
Joflowitz, p. l.	106	Kayfersheim, p. II.	188
Ips, p. l.	135	Kayferfwerth, p. II.	56
Ifchel, p. l.	143	Kehl, p. II.	236
Ifenbourg, p. II.	17	Kelfterbach, p. II.	219
Ifenbourg, Ital. Co. p. II.	92	Keltfch, p. l.	98
		Kempen, p. II.	15
Ifenbourg-Budingen, p. II.	94	Kempten, Abb. V. p. II.	178
		Kempten, V. J. p. II.	250
Ifer, R. p. l.	190	Kenfingen, p. l.	218
Ifera, p. l.	201	Keti, p. l.	108
Iftrie, P. l.	177	Kindorf, p. II.	125
Itter, P. II.	128	Kirchberg, p. II.	66
Judenbourg, P. l.	155	Kirchhayn, p. II.	119
Judiciarie, P. l.	204	Kirchheim Poland, p. II.	79
Judoigne, P. l.	228	Kirchheim, p. II.	183
Jung-Bunzlaw, Voy. Malda.		Kirchheim fur Neckar, p. II.	212
Jungnau, P. II.	196		
Juftingen, P. II.	223	Kircheim fous Teck, p. II.	216
Izhofen, P. II.	246		
		Kirchfchlagen, p. l.	147
K.		Kirn, p. II.	70
		Kirrweiler, p. II.	145
Kadan, p. l.	70	Kirzberg, p. II.	8
Kagaron, p. l.	138	Kifflegg, p. II.	176
Kahl, p. II.	33	Kitzbühl, p. l.	193
Kaiferfefch, p. II.	25	Kladrau, p. l.	74
Kaldenhart, p. II.	8	Klattowy, p. l.	73
Kaltenftein, p. l.	86	Kleeberg, p. II.	78
Kamenitz, p. l.	67	Klééberg, p. II.	127
Kamenitz, p. l.	76	Kléébourg, p. II.	63
Kammer, p. l.	143	Klein-Gartach, p. II.	212
Kanftein, p. II.	11	Klettgau, p. II.	200
Kapelle, p. l.	234	Klingenmünfter, p. II.	53
Karlfthalerbad, p. II.	124	Klobuk, p. l.	99
Katzelsdorf, p. l.	133	Klofter-Neubourg, p. l.	130
Katzenelnbogen, bas C. p. II.	122	Knin, p. l.	85
		Knitlingen, p. II.	218
Katzenelnbogen, p. II.	131	Knoke, p. l.	257

Kocherfperg, p. II.	Page 240	Kupferberg, p. l.	Page 70
Kochheim, p. II.	23	Kuppenheim, P. II.	235
Kœnigsbach, p. II.	235	Kuttel, P. II.	63
Kœnigsberg, p. II.	127	Kuttenberg, P. l.	78
Kœnigsbronn, p. II.	222	Kuttenplan, P. l.	74
Kœnigsfeld, p. II.	13	Kylbourg, P. II.	23
Kœnigsegg, Com. p. II.	191		
Kœnigsheim, p. II.	35	**L.**	
Kœnigshoffen, p. II.	35		
Kœnigs-Saal, p. l.	85	Laab, P. l.	137
Kœnigstein, p. II.	91	Laas, P. l.	174
Kœnigstetten, p. l.	136	Laafphe, P. II.	140
Kœnigswinter, p. II.	12	Laafs, P. l.	195
Kofel, p. l.	202	Lac-zum-Laach, P. II.	25
Kogetin, p. l.	95	Lœffingen, P. II.	197
Kolin, p. l.	80	Lœtfch, P. l.	195
Koritfchane, p. l.	99	Lahr, P. II.	81
Korn-Neubourg, p. l.	137	Lambach, P. l.	143
Kofmonos, p. l.	66	Lambsheim, P. II.	54
Koftel, p. l.	103	Landau, P. II.	101
Kofteletz, p. l.	80	Lande, P. l.	228
Kofteteletz, p.	96	Ladenbourg, P. II.	52
Koftl, p. l.	174	Landey, P. l.	194
Krainbourg, p l.	169	Landftrafs, P. l.	171
Kralitz, p. l.	95	Lanen, P. l.	196
Kreibitfch, p. l.	68	Langen, P. II.	129
Krembs, p. l.	139	Langenau, P. II.	243
Kremfier, p. l.	97	Langen-Diebach, P. II.	93
Kreutzberg, p. II.	132	Langen-Selbold, P. II.	93
Krink, p. l.	178	Langenfchwalbach,	
Kronberg, p. II.	32	P. II.	123
Krfifanau, p l.	102	Langensteinbach, P. II.	235
Krfiwoklad, p. l.	84	Langentoïs, P. l.	140
Krumbach, p. l.	215	Langsdorf, P. II.	89
Krumlow, p. l.	77	Lavamynd, P. l.	162
Krupka, p. l.	68	Laubach, P. II.	60
Kuffstein, p. l.	193	Laubach, P. II.	90
Kühlsheim, p. II.	35	Laufenbourg, P. l.	220
Kuitterfeld, p. l.	156	Lauffen, P. II.	150
Kukus, p. l.	83	Lauffen fur Neckar,	
Kumberg, p. l.	171	P. II.	214
Kunsberg, p. l.	87	Launy, P. l.	70
Kunftatt, p. l.	103	Laurana, P. l.	178

Lauterbach, P. I.	Page 71	Limbourg, Aut. P. I.	Page 238
Lauterbach, P. II.	125	Linange P., II.	84
Lautern, P. II.	60	Lindau, P. II.	41
Lauterbourg, P. II.	145	Lindau, Abb. P. II.	172
Lautereck, P. II.	61	Lindau, P. II.	248
Lautschka, Vallée, P. I.	69	Lindenfels, P. II.	53
Laxenbourg, P. I.	130	Linn, P. II.	15
Laybach, P. I.	168	Linz, P. II.	12
Leoh, P. I.	194	Linz, P. I.	141
Ledetsch, P. I.	79	Lippey, P. I.	67
Leeder, P. II.	180	Lisberg, P. II.	126
Leeuve, P. I.	228	Liffa, P. I.	65
Leghenich, P. II.	13	Lithay, P. I.	171
Leheim, P. II.	129	Litomysl, P. I.	77
Leibnik, P. I.	98	Litschau, P. I.	140
Leibnitz, P. I.	153	Littau, P. I.	95
Leipheim, P. II.	243	Littorale, Pr. P. I.	181
Leitomierkitz, P. I.	67	Lobkowitz, P. I.	80
Leoben, P. I.	156	Lœhnberg, P. II.	78
Leonberg, P. II.	209	Lœrrach, P. II.	237
Lessines, P. I.	259	Lœwenstein, P. II.	223
Lettowitz, P. I.	103	Logater, P. I.	176
Leun, P. II.	88	Lohnstein, P. II.	33
Leuse, P. I.	259	Lokeren, P. I.	253
Leutkirch, P. I.	213	Loket, P. I.	71
Leutkirch, P. II.	251	Lomnitz, P. I.	103
Leutmeritz, Cerc. P. I.	66	Loo, P. I.	257
Levig, P. I.	204	Lorch, P. I.	145
Lewin, P. I.	68	Lorch, P. II.	222
Leybach, R. P. I.	165	Lorchflusen, P. II.	33
Liberich, P. II.	15	Lorsch, P. II.	33
Lich, P. II.	89	Lorsch, Abb. P. II.	35
Lichtenau, P. II.	137	Loschitz, P. I.	95
Lichtenau, P. II.	112	Louisbourg, P. II.	220
Lichtenstein, P. I.	133	Louvain, P. II.	225
Lichtenstein, P. II.	199	Lowositz, P. I.	68
Liebau, P. I.	97	Lucelle ou Lutzel, P. II.	152
Liebenzell, P. II.	220	Luditz, P. I.	70
Liebenau, P. II.	116	Luetenberg, P. I.	153
Lienz, P. I.	200	Lueg, P. I.	176
Lier, P. I.	237	Lukawetz, P. I.	79
Ligne, P. I.	260	Luxembourg Aut. P. I.	240
Limbourg, P. II.	26	Luxembourg, P. I.	241

Macken-

DE L'ALLEMAGNE. 273

M.

Mackenzell, P. ll. Page 98	
Machland, Quart. P. I. 146	
Mœnnerſtorf, P. l. 133	
Mahlberg, P. ll. 236	
Mahlenbourg, P. ll. 6	
Mahriſch-Budreis, P. l. 106	
Malckenberg, P. ll. 130	
Malin, P. l. 79	
Malines, P. l. 237	
Mals, P. l. 195	
Mandeure, P. ll. 226	
Manheim, P. ll. 44	
Marbourg, P. l. 152	
Marbourg, P. ll. 118	
Marche, P. I. 242	
Marcheck, P. l. 138	
Marchthal Abb. P. ll. 189	
Marggræningen, P. ll. 213	
Mariæ-Schein, P. l. 68	
Mari æzell, P. l. 157	
Narkdorf, P. ll. 171	
Markowitz, P. l. 95	
Marpach, ou Marbach, P. ll. 211	
Matrey, P. l. 197	
Matthias (St.) P. ll. 21	
Mauthauſen, P. l. 147	
Maulbronn, p. ll. 218	
Mauten, p. l. 163	
Mautern, p. l. 135	
Mautern, p. l. 157	
Maximin, (St.) p. ll. 21	
Mayen, p. ll. 25	
Mayence, Elect. p. ll. 27	
Mayence, V. p. ll. 30	
Meckenheim, p. ll. 12	
Meckmühl, p. ll. 218	
Medebach, p. ll. 10	
Meerholz, p. ll. 95	
Mehrenberg, p. ll. 78	

Mehrerau, P. l. Page 208	
Mein, Fl. P. l. 54	
Melk, P. l. 136	
Melſungen, P. ll. 113	
Memmingen, P. ll. 247	
Menden, P. ll. 9	
Menin, P. l. 252	
Meran, P. l. 195	
Merchten, P. l. 233	
Merſbourg, P. ll. 170	
Meinau, P. ll. 192	
Meiſenheim, P. ll. 64	
Meſchede, P. ll. 8	
Meiſner, Mont. P. ll. 113	
Meiſſau, P. l. 138	
Mengeringhauſen, P. ll. 101	
Meſſines, P. l. 256	
Mexhauſen, P. ll. 116	
Michowitz, P. l. 80	
Middelbourg, P. l. 258	
Mielnick, P. l. 65	
Milewsko, P. l. 76	
Millacker, P. l. 146	
Millowitz, P. l. 70	
Milſtæt, P. l. 163	
Miltenberg, P. ll. 34	
Mindelheim, P. ll. 181	
Mirkœbel, P. ll. 135	
Mirotilz, P. l. 75	
Mirowitz, P. l. 75	
Miſtelbach, P. l. 138	
Mitterbourg, P. l. 177	
Mlada-Boleſlaw, P. l. 65	
Mœdling, P. l. 133	
Mœhriſch-Neuſtad, P. l. 95	
Mœhriſch-Oſtrau, P. l. 97	
Mœhriſch-Trebau, P. l. 95	
Mœrſtorf, P. l. 244	
Mœfskirch, P. ll. 198	
Mœttling, P. l. 174	
Mœuſethurm, P. ll. 36	
Moldau, Fl. P. l. 61-62	
Mons, P. l. 259	

T

Monfée, P. 1.	Page 143	N.	
Montabaur, P. 11.	26		
Montbeliard, P. 11.	224	Naarlebecke, P. 1.	Page 252
Montfort, Com. P. 11.	173	Nachod, P. 1.	83
Montréal, P. 11.	25	Nagold, P. 11.	215
Mont-Sacré, P. 1.	94	Namur, Comté P. 1.	260
Mont-St-Sebaftien, P. 1.	70	Namur, V. P. 1.	261
Mont-St-Wilerg, P. 1.	227	Napayol, P. 1.	99
Monzingen, P. 11.	66	Naffau-Weilbourg, P. 11.	78
Moravie, P. 1.	90	Naffawrk, p. 1.	78
Morfchitz, P. 1.	95	Naftœdt, P. 11.	123
Mosbach, P. 11.	52	Nauheim, P. 11.	135
Mofchenize, P. 1.	179	Nauliefto, P. 1.	95
Mofelle Fl. P. 11.	18	Naumbourg, P. 11.	36
Moft, P. 1.	70	Neagedeyn, P. 1.	73
Moutiers Grand Val. P. 11.	150	Neckar-Gemünd, P. 11.	50
		Neckar, Fl. P. 11.	203
Moutiers, Val. P. 11.	151	Nechanitz, P. 1.	83
Mückenfturm, P. 11.	239	Nedling, P. 11.	197
Muglitz, P. 1.	95	Neerftraffe, P. 11.	16
Muhl, Quart. P. 1.	146	Neheim, P. 11.	8
Muifeas, P. 1.	238	Neidenau, P. 11.	35
Mülheim, P. 11.	238	Neidenftein, P. 11.	116
Mülsberg, P. 11.	234	Nellenbourg, P. 1.	214
Münchengrats, V. Hradiftie.		Nepomuk, P. 1.	74
Mundelsheim, P. 11.	219	Neresheim, P. 11.	187
Munder Kirgen, P. 1.	211	Neresheim, P. 11.	188
Münfter, P. 11.	127	Nerwinde, P. 1.	228
Münfingen, P. 11.	210	Netolitz, P. 1.	75
Münfter, P. 11.	254	Neuftadtl, P. 1.	73
Münfter-Eyffel, P. 11.	12	Neuftadt, P. 1.	82
Munfter-Meinfeld, P. 11.	25	Neuftadt, P. 1.	131
Muntzbach, P. 1.	147	Neudftadt, P. 11.	36
Müntzfelden, P. 11.	84	Neudftadt fur la Hort. P. 11.	54
Münzenberg, P. 11.	88		
Münzenberg, P. 11.	136	Neuftadt, P. 11.	197
Münzesheim, P. 11.	235	Neuftadt, P. 11.	217
Murau, P. 1.	156	Neuenberg, P. 11.	212
Murhard, P. 11.	216	Neuenbourg, P. 1.	207
		Neuenbourg, P. 1.	218
		Neverbourg, P. 1.	246
		Neuern, P. 1.	73

Neufchateau, P. I.	Page 245	Nufdorf, P. I.	Page 133
Neuffen, P. II.	211	Nuys, P. II.	14
Neuhaus, P. I.	76	Nymbourg, P. I.	65
Neuhaus, P. I.	131		
Neuhof, P. II.	98	Q.	
Neukirchen, P. II.	118		
Neumœrktl, P. I.	170	Ober-Gœſſing, P. I.	133
Neumagen, P. II.	22	Ober-Grumbach, P. II.	144
Neumarck, P. I.	73	Ober-Ingelheim, P. II.	55
Neumark, P. I.	197	Oberkirch, P. II.	148
Neureiſch, P. I.	107	Ober-Laybach, P. I.	176
Neuſtœdtel, P. I.	103	Ober-Leutersdorf, P. I.	68
Neuviller, P. II.	139	Ober-Moſchel, P. II.	64
Neu-Baumberg, P. II.	36	Obernburg, P. II.	34
Neu-Bidſchou, P. I.	82	Oberndorf, P. I.	212
Neu-Cilli, P. I.	155	Ober-Ramſtadt, P. II.	130
Neu-Freyſtœdt, P. II.	137	Ober-Riexengen, P. II.	213
Neu-Leinengen, P. II.	142	Ober-Roſsbach, P. II.	126
Neu-Linange, P. II.	85	Oberſtenfeld, P. II.	211
Neu-Paka, P. I.	82	Ober-Steinheim, P. II.	33
Neu-Ravensbourg, P. II.	254	Ober-Weſel, P. II.	26
		Ober-Urſel, P. II.	95
Neu-Saarwerden, P. II.	79	Ochen, P. I.	246
Neu-Titſchein, P. I.	98	Ochningen, P. II.	171
Neu-Weilnau, P. II.	80	Ochſenberg, P. II.	221
Nidda, P. II.	126	Ochſenhauſen, Abb. P. II.	190
Nieder-Aula, P. II.	132		
Nieder-Brechen, P. II.	26	Odenbach, P. II.	64
Niedernhall, P. II.	35	Odenheim, Prieuré, P. II.	146
Nieder-Ingelheim, P. II.	55		
Nieder-Selters, P. II.	26	Oder, Fl. p. I.	55
Nieder-Valſée, P. I.	136	Oderberg, p. I.	89
Nieder-Wildungen, P. II.	101	Odernheim, p. II.	54
		Odrau, p. I.	87
Nieuport, P. I.	257	Œltingen, p. II.	185-186
Nikolsbourg, P. I.	103	Œlinghauſen, p. II.	9
Ninove, P. I.	251	Œttingen-Baldern, p. II.	188
Nivelle, P. I.	232		
Nœrdlingen, P. II.	245	Offenbach, p. II.	72
Nons, V. p. I.	204	Offenbach, p. II.	93
Norndorf, P. II.	183	Offenbourg, p. II.	253
Nürnberg, P. II.	81	Oggersheim, p. II.	54
Nürtingen, P. II.	210		

Ohlm, p. II	Page 32	Penzing, p. I.	Page 134
Olbersdorf, p. I.	89	Pernstein, p. I.	103
Ollbrück, p. II.	76	Persen, p. I.	204
Olmutz, Cer. & V. p. I.	93	Petau, p. I.	152
		Petershausen, p. II.	199
Olpe, p. II.	9	Peterswald, p. I.	69
Opatowitz, p. I.	83	Petrau, p. I.	100
Opotschna, p. I.	83	Petronell, p. I.	134
Oppenau, p. II.	148	Petschau, p. I.	71
Oppenheim, p. II.	55	Petzwar, p. I.	79
Orb, p. II.	33	Pfaffenhofen, P. II.	139
Orchimont, p. I.	244	Pfalzel, p. II.	21
Ortenau, p. I.	215	Pfedersheim, p. II.	55
Ortenberg, p. II.	92	Pforzheim, p. II.	134
Ortenberg, p. II.	135	Pfullendorf, p. II.	252
Osseg, Couv. p. I.	69	Pfullingen, p. II.	217
Ostende, p. I.	256	Philippsbourg, p. II.	144
Ostheim, p. II.	228	Philippstal, voy. Kreutzberg.	
Ostrau, p. I.	99	Pierre-Pertuis, p. II.	152
Ostrow, Couv. p. I.	85	Pilsen, Cerc. & V. p. I.	72
Oswietzim, p. I.	108	Pirmasens, p. II.	138
Ottakrin, p. I.	134	Pisek, p. I.	74
Ottenheim, p. I.	146	Pisenberg, p. I.	138
Otterberg, p. II.	60	Pixendorf, p. I.	136
Ottobeuren, p. II.	254	Plan, p. I.	73
Ottweiler, p. II.	83	Planiany, p. I.	80
Oudenarde, p. I.	251	Plass, Cou. p. I.	84
Oudenborg, p. I.	257	Plassendaal, p. I.	257
Over-Ische, p. I.	232	Platten, p. I.	71
Owen, p. II.	216	Pleybourg, p. I.	161
		Pludentz, p. I.	208
P.		Plumenau, p. I.	96
		Pocksties, p. I.	138
Padberg, P. II.	11	Podhorsan, p. I.	70
Palatinat du Rhin, P. II.	41	Podibrad, p. I.	83
Pardubitz, p. I.	78	Podstata, p. I.	97
Passavant, P. II.	230	Pœlig, Couv. p. I.	66
Passberg, p. I.	178	Pohrlitz, p. I.	104
Patzow, p. I.	76	Poleschowits, p. I.	100
Paul (St.) Pr. P. II.	21	Politschka, p. I.	77
Pays libre, p. I.	256	Polna, p. I.	79
Pechlarn, p. I.	135	Ponteba, p. I.	163
Pelbrzimow, p. I.	76	Poperingen, p. I.	257

DE L'ALLEMAGNE. 277

Poppelsdorf, p. 11.	Page 11	Ratolzell, P. l.	Page 211
Porentrui, p. 11.	150	Ravensbourg, P. 11.	249
Porto, Ré. p. l.	187	Raufchenberg, p. 11.	119
Potfchatki, p. l.	76	Raygern, P. l.	103
Pottenftein, p. l.	83	Recklinghaufen, p. 11.	6
Prachatitz, P. l.	75	Reichelsheim, p. 11.	79
Prachim, Cer. P. l.	74	Reichenau, p. 11.	171
Prague, p. l.	62	Reichenbach, p. 11.	61
Prefecture de Souabe, P. l.	212	Reichenberg P. l.	66
		Reicherwaldau, P. l.	90
Prerau, p. l.	98	Reichftatt, P. l.	66
Prefnitz, p. l.	70	Reiff, P. l.	203
Procope (St.) p. l.	81	Reiffenftein, p. 11.	40
Prodzelden, p. l.	34	Reffnitz, P. l.	174
Prædlitz, p. l.	96	Reifferfcheid, p. 11.	13
Profecco, p. l.	185	Rein, P. l.	155
Proftnitz, p. l.	96	Reineck, Bourgr. p. 11.	18
Prfelautfch, p. l.	78	Reipolts-Kirchen, p. 11.	74
Prfefftitz, p. l.	73	Rekelsbourg, P. l.	154
Prfibiflaw, p. l.	79	Remich, P. l.	243
Prfibram, p. l.	85	Renchen, p. 11.	148
Prüm, Abb. p. 11.	77	Rens, ou Rees, p. 11.	12
Prundel, p. l.	188	Refchenau, P. l.	83
Prutz, p. l.	194	Rettelftein, P. l.	157
Purnitz, p. l.	107	Rheinbach, p. 11.	12
Pufter, P. l.	198	Rheinbrück, p. 11.	25
Puftumirftfch, P. l.	104	Rheinfels, p. 11.	123
		Rheingrafenftein, p. 11.	73
R.		Rhin, Fl. P. l.	54
		Rhinberg, p. 11.	16
Raby, P. l.	75	Rhinfelden, P. l.	220
Rœmerftein, P. l.	96	Rhingau, p. 11.	32
Rœtheln, P. 11.	237	Rhinheim, p. 11.	130
Rahenftein, P. l.	70	Rhoden, p. 11.	101
Rahnoft, P. l.	98	Rhüden, p. 11.	7
Rakersbourg, P. l.	153	Reineck, p. 11.	137
Rakownitz, Cer. V. P. l.	83	Rieplinfau, p. 11.	198
Rankweil, P. l.	207	Riefengebirge, M. P. l.	64
Randftadt, p. 11.	91	Rineffe, P. l.	251
Raps, P. l.	140	Riquewir, p. 11.	228
Raftadt, p. 11.	235	Roche en Famine, P. l.	244
Ratmansdorf, P. l.	169	Rochefort, P. l.	245

Rockenhausen, p. II.	Page 60	**S.**	
Rodelheim, p. II.	90		
Rodemachern, P. I.	246	Saar, P. I.	Page 104
Rodheim, p. II.	135	Saarbourg, p. II.	22
Rœtz, P. I.	137	Saarbrück, p. II.	82
Rœul, P. I.	259	Saarverden, p. II.	83
Roggenbourg, Abb. p. II.	181	Saatz, Cerc. p. I.	69
		Sacco, p. I.	201
Rohitfch, P. I.	155	Sachfenberg, p. II.	101
Rohr, p. II.	192	Sachfenbourg, p. I.	163
Rokitfchany, P. I.	73	Sachfenhaufen, p. II.	101
Rolduc, P. I.	239	Sachfenheim, p. II.	220
Romrod, p. II.	125	Sœben, p. I.	205
Roo, P. I.	233	Salm, p. I.	245
Rofenau, P. I.	98	Salm, p. II.	69-70
Rofenberg, P. I.	76	Salmanfweyler, Abb. p. II.	193
Rofenfels, p. II.	212		
Rofenthal, p. II.	84	Salmünfter, p. II.	99
Rofenthal, p. II.	119	Sandhoren, p. I.	237
Roffelaere, P. I.	256	Santvliel, p. I.	236
Rofwald, P. I.	98	Sanweil, p. I.	246
Rotermann, P. I.	156	Sarca, Riv. p. I.	190
Roth, p. II.	185	Saverne du Rein, p. II.	146
Roth ou Rhod, p. II.	235	Saufenberg, p. II.	238
Rothenbourg, P. I.	211	Saxenhaufen, p. II.	157
Rothenbourg, p. II.	121	St. André, p. I.	161
Rothenbourg, p. II.	144	St. Antoine de la Bruyere, p. II.	15
Rothmünfter, Abb. p. II.	194		
		St. Blaife, p. I.	219
Rothweil, p. II.	246	St. Ghisbain, p. I.	259
Rovereith, P. I.	201	St. Hubert, p. I.	246
Roy, P. I.	90	St. Hypolite, p. I.	135
Ruckingen, p. II.	93	St. Jaques fur mer, p. I.	179
Rüdesheim, p. II.	33		
Rudolphfwerth, P. I.	171	St. Jean fous le roc, C. p. I.	85
Rudolpftatt, P. I.	77		
Rumbourg, P. I.	69	St. Léonard, p. I.	161
Rupelmonde, P. I.	253	St. Mard, p. I.	243
Ruremande, P. I.	247	St. Michel, p. I.	196
Rüffelsheim, p. II.	129	St. Paul, p. I.	196
Rutlingen, p. II.	244	St. Serf, p. I.	177
Ruyflede, P. I.	252	St. Veit, P. I.	161

St. Vit, p. l.	Page 130	Schwartzenthal, p. l.	Page 83
St. Ulric, p. l.	254	Schwarzach, p. l.	208
St. Wolfgang, p. l.	143	Schwarzenborn, p. ll.	118
Schadeck, p. ll.	86	Schwarz-waffer, p. l.	88
Schafheim, p. ll.	138	Schwerdtberg, p. l.	147
Schaken, p. ll.	102	Schwetzinger, p. ll.	50
Scheer, p. ll.	177	Schwinsberg, p. ll.	120
Scheibs, p. l.	136	Schwœchat, p. l.	134
Schemberg, p. l.	212	Sckozow, p. l.	88
Schenberg, p. l.	96	Seckau, p. l.	153
Schlanders, p. l.	195	Seckingen, p. l.	220
Schlœgel, p. l.	146	Sedletz, p. l.	79
Schlingen, p. ll.	151	Sedlitz, p. l.	70
Schlackenwerth, p. l.	71	Seidfchitz, p. l.	70
Scherpenheuvel, p. l.	229	Sekau, p. l.	156
Schildberg, p. l.	94	Selau, P. l.	79
Schitag, p. ll.	215	Selgenthal, p. ll.	35
Schlenklengsfeld, p. ll.	132	Seligenftadt, p. ll.	34
Schluckenau, p. l.	69	Seltfchau, P. l.	85
Schluchtern, p. ll.	136	Sengs, P. l.	187
Schlœdming, p. l.	157	Senofetfch, P. l.	176
Schlofshof, p. l.	138	Sexten, P. l.	200
Schmalenberg, p. ll.	10	Sichen, p. l.	229
Schmerlenbach, p. ll.	34	Sigmaringen, P. l.	210
Schnalls, p. l.	195	Sigmaringen, p. ll.	201
Schœnbrunn, p. l.	130	Silberberg, P. l.	75
Schœnfeld, P. l.	71	Silefie, Bohem. P. l.	86
Schœnau, p. ll.	50	Simmern, p. ll.	59-60
Schœnlinden, P. l.	69	Simmern fous Dhaun, p. ll.	74
Schœrfenberg, P. l.	172	Sindelfingen, p. ll.	214
Schönberg, p. ll.	23	Sinzheim, p. ll.	52
Schodwien, P. l.	134	Sivering, p. l.	134
Schönecken, p. ll.	23	Siwietz, p. l.	108
Schopfheim, p. ll.	238	Skalitz, p. l.	83
Schorndorf, p. ll.	209	Slan, p. l.	84
Schotten, p. ll.	126	Slawkow, P. l.	71
Schrattenthal, p. l.	138	Slonitz, P. l.	84
Schreckenftein, p. l.	69	Sobernheim, P. ll.	66
Schriesheim, p. ll.	51	Sobieflaw, p. l.	76
Schuffenried, Abb. p. ll.	191	Sobotka, P. l.	65
Schwabmünchen, p. ll.	180	Soignies, P. l.	259
Schwalbach, p. ll.	88	Sol, V. p. l.	204
Schwanaftatt, p. l.	143		

Soleuvre, p. 1.	Page 246	Stirie Duc. P. I.	Page 147
Solms, Comté, p. 11.	87	Stœrzing, P. 1.	197
Sommerda, p. 11.	38	Stokerau, P. 1.	139
Sonneberg, P. 1.	70	Stollofen, P. 11.	236
Sonneberg, p. 1.	209	Storkftadt, P. 11.	34
Sonnenberg, p. 11.	81	Stoutgardt, P. 11.	207
Sonthofen, p. 11.	180	Strakonitz, p. 1.	75
Sontra, p. 11.	121	Strang, p 1.	202
Sottegheim, p. 1.	250	Strasberg, P. 11.	190
Souabe, Cer. p. 11.	161	Strasbourg, Evec. p. 11.	148
Souabe Aut. p. 1.	209	Strasbourg, p. 1.	161
Spaichingen, p. 1.	212	Strafnitz, P. 1.	100
Spangenberg, p. 11.	113	Stromberg, p. 11.	60
Spies, p. 11.	117	Strfibro-Mies, P. 1.	73
Spilberg, p. 1.	145	Stuhlingue, p. 11.	196
Spire, Evec. P. 11.	142	Sugan, P. 1.	202
Spire, V. J. P. 11.	153	Sulgau, P. 1.	211
Sponeck, P. 11.	227	Sulz, p. 11.	217
Sponheim, p. 11.	64-65	Sulzbourg, p. 11.	237
Sprendlingen, p. 11.	66	Sufanne (Ste.) p. 11.	226
Stab, P. 1.	74	Suffenberg, P. 1.	172
Stadtberg, p. 11.	10	Sutchütz, P. 1.	74
Stadt-Worbis, p. 11.	40	Swietla, P. 1.	79
Stams, p. 1.	194	Swingk, P. 1.	178
Stankowy, p. 1.	74		
Starfch, P. 1.	106	T.	
Staudernheim, p. 11.	71		
Stauffenbourg, p. 11.	125	Tabor, P. I.	76
Stauffenbourg, p. 11.	236	Tachow, P. 1.	74
Stechnitz, P. 1.	70	Tœbling, P. 1.	134
Steckborn, P. 1.	211	Tœnieftein, p. 11.	13
Stein, P. 1.	139	Talfang, p. 11.	71-72
Stein, p. 1.	162	Taufim, P. 1.	73
Stein, P. 1.	169	Teinetfch, P. 1.	84
Steinau, p. 11.	136	Telin, P. 1.	85
Steinbach, p. 11.	236	Teltfch, P. 1.	107
Sternberg, P. 1.	80	Tenzemonde, P. 1.	253
Sternberg, P. 1.	96	Teplitz, P. 1.	68
Steufflingen, P. 11.	219	Ter-Heyen, P. 1.	229
Steyr, P. 1.	144	Terlan, P. 1.	196
Steyreck, P. 1.	147	Terres des Comtes Fugger,	
Stockach, P. 1.	214	p. 11.	182
			Terfat

Terſat, P. 1.	Page 187	Troppau, P. 1.	Page 87
Teſchen, P. 1.	87-88	Tryberg, P. 1.	219
Teſchenau, P. 1.	77	Trzebechowitz, P. 1.	83
Tettnang, P. 11.	174	Tſchaſlaw, P. 1.	78
Teyn-Horſchow, P. 1.	73	Tſcherna-hora, P. 1.	104
Teynna-Wttawa, P. 1.	76	Tſchneml, P. 1.	174
Thal-Ulmen, P. 11.	23	Tubingue, P. 11.	213
Thengen, P. 11.	199	Tulmino, P. 1.	180-181
Thielt, P. 1.	252	Tuln, P. 1.	135
Thiengen, p. 11.	200	Turkheim, P. 11.	181
Thoroul, P. 1.	257	Turnaw, P. 1,	65
Tiefenthal, p. 11.	33	Turnhout, P. 1.	236
Timavo, R. P. 1.	175	Tuttlingen, P. 11.	215
Tirlemont, P. 1.	226	Tybein, P. 1.	176
Tiſchnowitz, P. 1.	104	Tyrnau, P. 1.	97
Tobitſchau, P. 1.	97	Tyrol, P. 1.	188
Toblac, P. 1.	200	Tyrol, P. 1.	196
Tœpl, P. 1.	74		
Torbola, P. 1.	201	V.	
Tournay, P. 1.	252		
Tour-Taxis, P. 11.	56	Vach, P. 11.	114
Trarbach, P. 11.	67	Vadutz, P. 11.	200
Traſe, P. 1.	206	Valcourt, P. 1.	261
Traſmaur, P. 1.	135	Vallendor, P. 11.	25
Trauchbourg, P. 11.	177	Valſugana, P. 1.	202
Traukirchen, P. 1.	145	Vardel, P. 11.	38
Traun, Quart. P. 1.	144	Vayhingen, P. 11.	213
Traueſtein, M. P. 1.	111	Uberlingen, P. 11.	246
Traun, Riv. P. 1.	112	Ubrtſchutz, P. 1.	96
Trautenau, P. 1.	82	Veberaus, P. 11.	130
Trebenitz, P. 1.	67	Vehrheim, P. 11.	27
Treffurt, P. 11.	41	Velberg, P. 11.	246
Treffurt, P. 11.	121	Veldenz, P. 11.	60-61
Trebitſch, P. 1.	107	Veldes, Lac, P. 1.	170
Trebur, P. 11.	129	Vellach, P. 1.	163
Trente, P. 1.	202-203	Vemſt, P. 1.	194
Trentelbourg, P. 11.	115	Vienne ou Vianden, P. 1.	245
Treves Elec. P. 11.	18	Vilbel, P. 11.	91
Treves, V. P. 11.	20	Vilgreil, P. 1.	201
Trieſte, P. 1.	184	Villach, P. 1.	163
Trifels, P. 11.	63	Villingen, P. 1.	218
Treyſa, P. 11.	118	Vilvorden, P. 1.	238
Trochtelfingen, P. 11.	196		

Vintsgau, P. l.	Page 194	Waldfée, p. l.	Page 211
Virton, P. l.	243	Waldshut, P. l.	220
Uladiflaus, P. l.	107	Waldbourg-Truchfefs, P. ll.	175
Ulm, P. ll.	242		
Ulrichftein, P. ll.	126	Waldfperg, P. ll.	198
Unkel, P. ll.	12	Wallerftein, P. ll.	187
Unfer-Lieben, P. l.	75	Walrabenftein, P. ll.	80
Unter-Grehweiler, P. ll.	73	Walsdorf, p. ll.	80
Unter-Kirchberg, P. l.	210	Waltenbuch, P. ll.	208
Unter-Reichenftein, P. l.	75	Walthürn, P. ll.	35
		Wanfried, p. ll.	121
Unter-Tarowitz, P. l.	102	Wangen, p. ll.	250
Unter-Traabourg, P. l.	162	Waring, p. l.	134
Vofsberg, P. l.	161	Warneton, p. l.	256
Volkenmark, P. l.	161	Wartenberg, p. ll.	75
Volkmarfen, P. ll.	11	Warften, p. ll.	7
Volouska, P. l.	178	Warth, p. ll.	34
Voitsberg, P. l.	152	Wary, p. l.	71
Voratlberg, P. l.	207	Warwick, p. l.	252
Vrach, P. ll.	210	Watfch, p. l.	170
Urdingen, P. ll.	15	Watton, p. l.	257
Urfanne (Ste.) P. ll.	150	Wavre, p. l.	227
Urfperg, Abb. P. ll.	181	Weibftadt, p. ll.	145
Ufingen, P. ll.	80	Weichfelbourg, p. l.	171
		Weickendorf, p. l.	139
W.		Wehen, p. ll.	80
		Weidenau, p. l.	86
Waas, (Pays de) P. l.	253	Weil, p. ll.	250
Wachenbüchen, P. ll.	134	Weilbourg, p. ll.	78
Wachenheim, P. ll.	54	Weilheim, p. ll.	216
Wacquen, P. l.	252	Weilmunfter, p. ll.	78
Walfersheim, P. ll.	89	Weingartein, p. ll.	52
Wælhem, P. l.	234	Weingarten, Abb. p. ll.	172
Wœringen, P. l.	211	Weinheim, p. ll.	50
Wœrftadt, P. ll.	71	Weinitz, p. l.	175
Wœxenberg, P. l.	146	Weinsberg, p. ll.	217
Wagftadt, P. l.	87	Weiskirch, p. l.	98
Waiblingen, P. ll.	209	Weiffeberg, M. p. l.	64
Waidhoren, p. l.	136	Weiffenau, Abb. p. ll.	173
Waidhoven, p. l.	140	Weiffenborn, p. l.	210
Waldeck, Co. P. ll.	99	Weiffenfels, p. l.	170
Waldeck, V. P. ll.	101	Weitra, p. l.	140
Waldkirck, p. l.	218	Weifs-Waffer, p. l.	66

Wellebrad, p. 1.	Page 100	Wimpffen, p. 1.	Page 251
Welmich, p. 11.	26	Windecken, p. 11.	134
Wels, p. 1.	142	VVindesheim, p. 11.	71
Welfchbillig, p. 11.	22	VVindhœg, p. 1.	147
Welshofen, p. 11.	55	VVindifchgœrften, p. 1.	145
Welftein, p. 11.	65	VVindifchgrætz, p. 1.	155
Weltersbourg, p. 11.	86	VVinkel, p. 11.	33
Welwarn, p. 1.	84	VVinnenden, p. 11.	213
Wemiftitz, p. 1.	106	VVinterberg, p. 11.	10
Wendel, (St.) p. 11.	22	VVinterkaften, p. 11.	111
Wenings, p. 11.	93	VVinterftetten, p. 11.	177
Wendlingen, p. 11.	221	VVinweiler, p. 11.	75
Werdenberg, p. 11.	195	VVipach, p. 1.	176
Wering, p. 11.	14	VVipthal, p. 1.	197
Werl, p. 11.	8	VVirtheim, p. 11.	34
Werlhofen, p. 11.	139	VVisbaden, p. 11.	80
Wefer, Fl. p. 1.	55	VVifchau, p. 1.	104
Weffely, p. 1.	100	VVifflock, p. 11.	50
Wefterbourg, p. 11.	86	VVifſembourg, Prieuré.	
Weftphalie, Duc. p. 11.	6	p. 11.	146
Wettenhaufen, p. 11.	184	VVifſoky-meyto, p. 1.	77
Wetter, p. 11.	119	VVifſowitz, p. 1.	100
Wetzlar, V. J. p. 11.	160	VVittgenau, p. 1.	76
Wetzlas, p. 1.	141	VVittlich, p 11.	22
Weyer, p. 1.	157	VVitzenhaufen, p. 11.	122
Weyers, p. 11.	98	VVochein, p. 1.	170
Weyperte, p. 1.	70	VVodnany, p. 1.	75
Weyr, p. 1.	145	VVœchtersbach, p. 11.	94
Wiblingen, p. 1.	209	VVœhl, p. 11.	128
Wienne, p. 1.	122	VVœlz, p. 1.	156
Wiefenfteig, p. 11.	182	VVolfegg - VValdfée,	
Wigftadtel, p. 1.	87	p. 11.	177
Wild & Rhingrave,		VVolffach, p. 11.	198
p. 11.	68	VVolfegg - VVolfegg,	
Wildau, p. 1.	153	p. 11.	176
Wildbad, p. 11.	212	VVolfhagen, p. 11.	11
Wildberg, p. 11.	216	VVolffeck, p. 1.	144
Wildenbourg, p. 11.	72	VVolfftein, p. 11.	60
Wilgenftein, Com. p.11.	140	VVolynie, p. 1.	75
Wilhelmfthal, p. 11.	115	VVordernberg, p. 1.	157
Wilftœdt, p. 11.	138	VVorms, Evêché, p. 11.	141
Wiltz, p. 1.	245	VVorms, V. J. p. 11.	152
Wimberg, p. 1.	75	VVfcheruby, p. 1.	73

TABLE POUR LA PARTIE &c.

VVürtimberg, Duc.
p. ll. Page 202
VVzetin, p. l. 100

Y.

Ydrie, ou Idrie, p. l. 181
Ypres, p. l. 255
Yſni, p. ll. 251

Z.

Zatetz, p. l. 69
Zator, p. l. 108
Zaſmuki, p. l. 80
Zazawa, p. l. 80
Zavelſtein, p. ll. 212
Zbirow, p. l. 85
Zbraſlavitz, p. l. 79
Zdiar, p. l. 79
Zell in Hamm, p. ll. 23
Zell, p. ll. 253

Ziegenhayn, p. ll. Page 117
Zehringen, p. l. 219
Zepilſch, p. l. 178
Zeyl-VVurzach, p. ll. 176
Zeyl, p. ll. 176
Zierenberg, p. ll. 116
Zinwald, p. l. 69
Ziſterſdorf, p. l. 138
Zlabings, p. l. 108
Zlin, p. l. 100
Znoim, Cer. & V.
P. l. 104-105
Zoll-Engers, P. ll. 24
Zons, p. ll. 14
Zuckmantel, P. l. 86
Zulpich, p. ll. 13
Züſchen, P. ll. 102
Zweibrücken, P. ll. 62
Zwetl, P. l. 140
Zwifalten, Abb. p. ll. 202
Zwingenberg, p. ll. 130
Zwittau, p. l. 95

FIN DE LA TABLE.

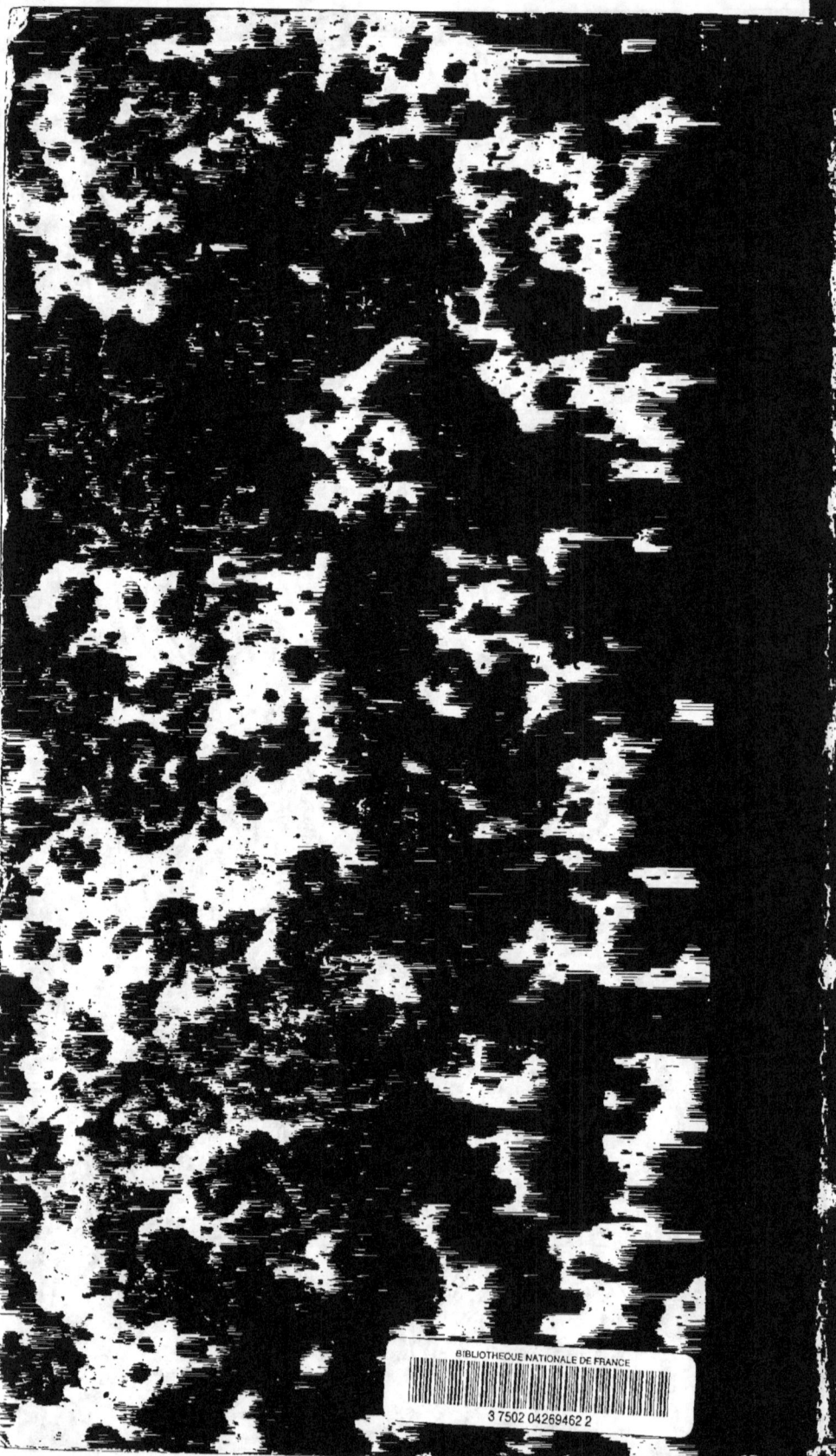

www.ingramcontent.com/pod-product-compliance
Lightning Source LLC
Chambersburg PA
CBHW060759230426
43667CB00010B/1629